华中师范大学中国近代史研究所　主办

近代史学刊

中文社会科学引文索引
（CSSCI）来源集刊

JOURNAL
OF
MODERN
CHINESE HISTORY

第21辑

马敏　主编

社会科学文献出版社
SOCIAL SCIENCES ACADEMIC PRESS (CHINA)

本刊编委会

目　录

东北海关二五附加税的开征和中日交涉

张弘毅

内容摘要　中国东北海关是日本进入中国海关体系并扩展其在海关势力的基础，北京政府在东北海关开征二五附加税，触动了日本的既得利益，日本遂挑起了对中国东北海关乃至中国政府的对抗。起初东北海关监督面对日本的压迫，采取了“告而不征”的手法，但很快受天津海关成功对日商征税的鼓舞决定执行征收。附加税开征逐渐明朗，币原喜重郎与奉天总领事吉田茂讨论后，要求日商只能在租借地和附属地外向海关或税捐局缴纳附税。出于对外务省政策的不满，吉田茂还设想对奉系集团在东北开征附加税表示谅解，以此为条件扩大日本在满蒙的权益，但其设想被外务省否决，与奉天省长莫德惠的交涉也无疾而终。尽管东北各关坚决开征附加税，但各关还是对日本做出了较大的妥协，这使得中日间矛盾逐渐激化，北京政府时期东北二五附加税问题终成悬案。

关键词　二五附加税　东北海关　满蒙问题　中日关系

起源于第一次鸦片战争后清政府对英条约的中国近代海关，是当时英国对华政策的基石。[①] 在英国在华势力的影响下，通过李泰国和赫德两任英籍总税务司的管理，中国海关逐渐成为一个“国际官厅”，来自欧美国家的洋员长期把持着中国海关的核心事务，形成了以英国为核心、多国共同参与的中国近代海关体系。但这一体系随着日本的崛起发生了变化。日本以甲午战争的胜利赢得了管理中国海关体系的入场券，数年后对俄战争的胜利又进一步强化了其在中国海关体系中的话语权。

---

① 参见 Donna Brunero, *Britain's Imperial Cornerstone in China*: *The Chinese Maritime Customs Service*, *1854 – 1949*（London：Routledge，2006）。

中国东北海关是日本进入中国海关这一“国际”体系并对其发起挑战和冲击的基石。日本的大陆扩张政策以侵略中国东北为基础，故东北海关是日本在中国近代海关体系的核心利益所在。在东北海关中，大连关根据条约须由日本人担任税务司；[①] 安东关因地处日本势力范围，副税务司等职位也长期由日人充任；[②] 日本还控制了中朝边境的通关和关税等事务。[③] 自 1899 年开始，大泷八郎、岸本广吉、黑泽礼吉、立花政树、福本顺三郎、赤谷由助等日本人逐渐在中国近代海关中作为高级关员扮演了非常重要的角色，而他们大部分也有在东北海关任职的经历。[④] 日本在东北地区建立了强大的殖民系统，试图全面掌控东北各项利权，故东北海关的运转深受日本的干预。一方面，日本一直希望增强其在中国海关特别是在东北海关的势力，乃至进一步控制东北海关，这对其他列强试图维持的所谓中国海关的“国际”性造成了冲击；另一方面，中国政府和海关总税务司颁行的各种措施推行到东北海关时，会受到日本不同程度的干扰，导致政策在最终执行时出现变异，中国海关的整体性受到极大的挑战。

日本对中国东北海关的冲击，在中国关税自主时期达到了高潮。中国政府将关税自主推行到东北海关，势必极大触动日本在东北海关的既得利益，于是日本百般对抗，中日间也由此发生一系列争端和冲突。这其中，二五附加税问题贯穿着东北关税自主问题，还牵涉到日本的所谓“满蒙问题”，使东北海关推行关税自主的过程非常曲折。

二五附加税是中国政府自行开征的关税，在东北海关开征该税是中国政府将关税自主推行到东北的第一个尝试。民国以来，中国政府一直试图与列强交涉修订税则以提高关税，但由于列强的阻挠，特别是日本在关税特别会议上坚决反对中国政府开征作为关税自主前过渡税的二五附加税，[⑤]

---

① 王铁崖编《中外旧约章汇编》第 2 册，三联书店，1959，第 402—405 页。

② 綦锋：《近代安东海关研究（1907—1932）》，硕士学位论文，辽宁大学历史学院，2014，第 12—13 页。

③ 中日条约研究会编《中日条约全辑》，中日条约研究会，1932，第 341 页；王铁崖编《中外旧约章汇编》第 2 册，第 893—894 页。

④ 参见孙修福编译《中国海关高级职员年表》，中国海关出版社，2004。

⑤ 参见张丽《日本阻挠中国开征二·五附加税始末》，《抗日战争研究》2015 年第 3 期；张丽：《英国政府与广东开征二·五附加税》，《广东社会科学》2014 年第 4 期；单冠初：《中国收复关税自主权的历程：以 1927—1930 年中日关税交涉为中心》，学林出版社，2004，第一章。

中国在列强协调一致体系下达成关税增征的尝试落空。于是，在列强一致同意无望的情况下，广东国民政府于 1926 年 10 月率先开征二五附加税，[①] 随后北京政府也于 1927 年 1 月 12 日发布大总统令，定于 2 月 1 日在包括东北地区的全国范围内开征二五附加税。[②] 日本本就拒绝承认中国开征二五附加税，对东北开征二五附加税更是要极力阻止。1927 年 1 月 21 日牛庄关在东北地区率先宣布将开征二五税，[③] 这开启了中日间关于此问题旷日持久的对峙和冲突。虽冲突多以中国的妥协收场，但中国也被迫采取了非正常手段收缴税款，中日在东北海关问题上的冲突日益激化，在中国近代海关体系中的对抗也渐趋白热化。

学术界对中国海关与中日关系问题，特别是东北海关与中日关系的问题，虽已有了不少的关注，但仍然有较大的深入探讨空间。[④] 日本如何干涉东北海关的二五附加税开征，如何运用在东北的一整套殖民体系对东北海关施加影响，并将其一步步推向日本殖民化的边缘，是一个非常值得探讨

---

① 《粤政府十一日起开始征收附加税　使团静俟本国政府训令始答复》，《顺天时报》1926 年 10 月 14 日，第 2 版；《粤进口附税亦开始征收　于税关外另设税局》，《晨报》1926 年 10 月 17 日，第 3 版。

② 《北京对于关税之三令　二·五税自二月一日实行》，《大公报》1927 年 1 月 13 日，第 2 版。

③ 《牛庄关通知征收附税》，《晨报》1927 年 1 月 21 日，第 2 版。

④ 关于东北海关的中文研究成果，参见马跃、刘喜涛《日本侵华背景下的东北近代海关研究评论》，《日本侵华史研究》2017 年第 3 卷。外文研究成果主要有：副島円照「『満洲国』による中国海関の接収」京都大学人文科学研究所『〔京都大学人文科学研究所〕創立五十周年記念論文集』、1979、第 135—153 頁；松野周治「1920 年代における日本の対『満州』関税政策」『經濟論叢』第 142 巻第 4 号、1988 年、第 383—402 頁；小瀬一「一九世紀末中国開港場間流通の構造：営口を中心として」『社会経済史学』第 54 巻第 5 号、1989 年、第 644—672 頁；金子文夫『近代日本における対満州投資の研究』近藤出版社、1991；山本有造『「満洲国」の研究』京都大学人文科学研究所、1993；臼井勝美『日中外交史研究：昭和前期』吉川弘文館、1998、第四章；山本有造『「満洲国」経済史研究』名古屋大学出版会、2003；堀和生「近代満州経済と日本帝国——貿易構造の分析」『経済論叢（京都大学）』第 180 巻第 1 号、2007 年、第 97—118 頁；北野剛『明治・大正期の日本の満蒙政策史研究』芙蓉書房、2012、第一章；Stanley F. Wright, *China's Struggle for Tariff Autonomy, 1843 – 1938* (Shanghai: Kelly & Walsh, Limited, 1938, Republished by New York: Paragon Book Gallery, LTD., 1966); Donna Brunero, *Britain's Imperial Cornerstone in China: The Chinese Maritime Customs Service, 1854 – 1949* (London: Routledge, 2006), Chapter 6; Robert Bickers, "Anglo-Japanese Relations in China: the case of the Chinese Maritime Customs Service, 1899 – 1941," in Antony Best, ed., *The International History of East Asia, 900 – 1968: Ideology, Trade and the Quest for Order* (London: Routledge, 2010), pp. 35 – 56; Chihyun Chang, *Government, Imperialism and Nationalism in China: The Maritime Customs Service and Its Chinese Staff* (London: Routledge, 2013), Chapter 5；等等。

的问题。在学术界已有的对于二五附加税问题的研究的基础上，① 本文主要以亚洲历史资料中心现可公开查阅的日本外交档案为核心资料，以日本对东北海关开征二五附加税一事展开的干涉行动为核心，探讨中国试图在东北迈出关税自主的重大一步时，日本对中国近代海关体系发起的挑衅；通过呈现日本对东北海关关税自主进程的干涉以及中国海关和中国政府的抵御，并基于对东北海关在关税自主时期所处危局的分析，追溯日本劫掠东北海关的策源。

一 日本的交涉攻势与开征困局

对于北京政府要开征二五附加税一事，币原喜重郎所代表的日本外务省本省，与包括芳泽谦吉在内的一部分在华日人，其意见是有差异的。芳泽谦吉认为，时逢中国提出与日本进行通商条约改订交涉的要求，若能够实现中日之间的单独交涉，并对中国民族主义者释放善意，日本能够在关税问题上取得更多主动，② 因此，主张对北京政府的行动做出一定的让步。而币原喜重郎主张在华日人要采取坚决措施以延缓二五税的开征。③ 他认为在先行开征二五税的广东海关，即便当局出动纠察队协助征收附加税，包括日商在内的外商都没有纳税，④ 而北京政府能力不足，没有海关的帮助会难以开征，因此他要求芳泽谦吉对于英国的对华政策备忘录必须坚持不承认的立场，尽最大的努力使附加税开征暂缓。⑤

---

① 关于海关二五附加税征收问题，时人的关注主要有陈震异《二五附税与财政计划》，民国大学消费社，1927；武堉干：《中国关税问题》，商务印书馆，1929；南満洲鉄道株式会社庶務部調査課編『満洲に於ける支那の特殊関税制度』南満洲鉄道株式会社、1928；南満洲鉄道株式会社庶務部調査課編『最近に於ける支那関税問題』南満洲鉄道株式会社、1929；篠崎嘉郎『支那輸出二分五厘附加税と現実五分税との比較考査』大連商工会議所、1929；Stanley F. Wright，*China's Struggle for Tariff Autonomy*，*1843 – 1938*；等等。今人的研究，可参阅傅亮《民国海关税款的保管与分配（1912—1945）》，博士学位论文，华东师范大学，2017，第 70 页。

② 外務省編纂『日本外交文書　昭和期 I　第一部第一巻』外務省、1989、第 773 頁。

③ 外務省編纂『日本外交文書　昭和期 I　第一部第一巻』、第 830 頁。

④ 「合第一三号　二分五厘付加税問題件　在支公使本大臣宛第五三号及本大臣発在支公使宛電報第二八号ニ関シ」（1927 年 1 月 14 日）、JACAR（アジア歴史資料センター）Ref. B09040080400（第 103 画像目から）、各国関税並法規関係雑件/中国ノ部/附加税関係　第一巻（E – 3 – 1 – 2 – X1_C1 – 2_001）（外務省外交史料館）。

⑤ 「第二八号」（1927 年 1 月 12 日）、JACAR（アジア歴史資料センター）Ref. B09040080400（第 72 画像目から）、各国関税並法規関係雑件/中国ノ部/附加税関係　第一巻（E – 3 – 1 – 2 – X1_C1 – 2_001）（外務省外交史料館）。

形势对日本非常有利。1月12日，海关税务司代理易纨士向重光葵表态，海关将不会征收二五税；[①] 1月19日，海关总税务司向大连海关税务司下发了内部通知，称通过海关征收附加税需要各国的承认，要求大连海关暂不行动。[②] 日本在外交团的活动也取得了成效。1月27日，外交团会议召开研究二五附加税和共同宣言问题，芳泽在会上表示希望在表明反对北京政府的开征行为时，劝其从速重开关税会议，并由南北政府一同议决。最后列强在外交团会议上因为日本的种种意见，并没能达成共同抗议书，[③] 事实上使日本后续的行动得以不过于受外交团的束缚。

日本在东北的领事和其他殖民机构人员依照币原喜重郎的要求展开活动。按照要求，如果大连海关要征附加税，关东厅就与日本驻奉天总领事吉田茂联系磋商阻止手段。[④] 1927年1月18日山海关（即牛庄关）监督就附税开征一事照会当地领事。[⑤] 然而山海关监督孟昭汉面对日本驻牛庄领事岸田英治的诘难，称关于实施的方法还没有接到任何训令，附加税短期内不会开征。岸田英治还试图寻求英国驻牛庄领事和山海关税务司来安仕的表态和支持，然而英国领事声称将不会对附加税开征问题做出回应，北京外交团也没发来任何训令，[⑥] 来安仕则表示若北京政府开征二五附加税，他将不会阻止。[⑦] 哈尔滨日本总领事天羽英二则向币原喜重郎表示如果滨江关

① 「第五三号　二分五厘付加税ノ問題ニ関シ」(1927年1月13日)、JACAR（アジア歴史資料センター）Ref. B09040080400（第89画像目）、各国関税並法規関係雑件/中国ノ部/附加税関係　第一巻（E-3-1-2-X1_C1-2_001）(外務省外交史料館)。

② 「第二号　貴電第二号ニ関シ」(1927年1月20日)、JACAR（アジア歴史資料センター）Ref. B09040080500（第193画像目）、各国関税並法規関係雑件/中国ノ部/附加税関係　第一巻（E-3-1-2-X1_C1-2_001）(外務省外交史料館)。

③ 外務省編纂『日本外交文書　昭和期I　第一部第一巻』、第843—844頁。

④ 「第二号　貴電第一号ニ関シ」(1927年1月17日)、JACAR（アジア歴史資料センター）Ref. B09040080500（第136画像目から）、各国関税並法規関係雑件/中国ノ部/附加税関係　第一巻（E-3-1-2-X1_C1-2_001）(外務省外交史料館)。

⑤ 《牛庄关通知征收附税》，《晨报》1927年1月21日，第2版；《营口亦将征附税》，《顺天时报》1927年1月21日，第3版。

⑥ 「第五号　往電第三号ニ関シ」(1927年1月26日)、「機密第三四号」(1927年1月26日)、JACAR（アジア歴史資料センター）Ref. B09040080700（第395画像目、第408画像目から）、各国関税並法規関係雑件/中国ノ部/附加税関係　第一巻（E-3-1-2-X1_C1-2_001）(外務省外交史料館)。

⑦ 「機密第三五号　二分五厘付加税問題ニ関スル件」(1927年1月27日)、JACAR（アジア歴史資料センター）Ref. B09040080800（第444画像目から）、各国関税並法規関係雑件/中国ノ部/附加税関係　第一巻（E-3-1-2-X1_C1-2_001）(外務省外交史料館)。

开征附税，日商事实上毫无办法，只能认缴。因为从通关手续上看，不向结算关税的中国银行支付附加税，正税的领收印章也将被银行拒绝盖印，导致货物无法及时通关，日商会由此蒙受损失，于是天羽英二只能与商业会议所协商措施。①

与此同时，上海日商因为孙传芳也要开征二五附加税，担心通关不畅，遂向日本驻上海总领事矢田七太郎表达了希望缴税通关的想法。② 面对哈尔滨和上海日商的要求，币原允许他们采取附抗议纳税（附带抗议声明地缴纳关税）的方法确保利益。他对天羽英二和吉田茂表示，日本一方面仍将尽力阻止英美等国对附加税开征的承认，如果出现实际操作上十分不利的情况，可以允许附抗议纳税，但现在还是先不要让日商纳税，而是继续抗议，除对附加税征收本身抗议外，对征收方法也要随机应变提出抗议。③ 但 28 日的电文中，币原又向矢田和吉田表示，在日商利益受损的状况下，日本政府不会对日商自发的纳税方式有异议，只是为了日本的立场需要采用附抗议纳税。④

币原的这种“不得已的情况”，早在国民政府在广东和汉口开征附加税时，就已经出现过。广东国民政府开征附加税时，外交团未能如日本所愿达成一致抗议，于是币原喜重郎不得不先允许广东日商附抗议纳税。⑤ 而在实际操作中，日商为了货物能够及时通关，也为了防止日后可能出现的麻烦，采取了以华商买家的名义缴纳附加税的做法，但是华商发现以日商名义缴纳附加税手续非常复杂，因此后来直接以日商的名义向国民政府缴税。⑥ 在汉口开征二五附加税时，币原喜重郎就要求汉口总领事高尾亨，除

---

① 「第二一号　貴電合第三三号ニ関シ」（1927 年 1 月 23 日）、JACAR（アジア歴史資料センター）Ref. B09040080600（第 280 画像目）、各国関税並法規関係雑件/中国ノ部/附加税関係　第一巻（E－3－1－2－X1_C1－2_001）（外務省外交史料館）。

② 外務省編纂『日本外交文書　昭和期Ⅰ　第一部第一巻』、第 842 頁。

③ 「暗第九号　二分五厘付加税問題件　貴電第二一号ニ関シ」（1927 年 1 月 26 日）、「暗第一五号　二分五厘付加税問題件」（1927 年 1 月 26 日）、JACAR（アジア歴史資料センター）Ref. B09040080800（第 412 画像目から、第 416 画像目）、各国関税並法規関係雑件/中国ノ部/附加税関係　第一巻（E－3－1－2－X1_C1－2_001）（外務省外交史料館）。

④ 外務省編纂『日本外交文書　昭和期Ⅰ　第一部第一巻』、第 844—845 頁。

⑤ 外務省編纂『日本外交文書　大正十五年　第二冊下巻』外務省、1985、第 1050—1051 頁；Sir J. Tilly to Sir Austen Chambelain, Oct. 15, 1926, in Kenneth Bourne and D. Cameron Watt eds., *British Documents on Foreign Affairs: Reports and Papers from the Foreign Office Confidential Print* (New York: University Publications of America, 1993), Part Ⅱ, Series E, Vol. 31, p. 274.

⑥ 外務省編纂『日本外交文書　大正十五年　第二冊下巻』、第 1099 頁。

向汉口当局提起抗议外，也让商人附抗议纳税。[①] 因此，币原非常清楚日商在整个局势下其实很难不缴税，但是对他而言，缴不缴税并不重要，最关键的是必须要维持日本不承认二五附加税的立场，不能让日商的某些行动被中国视为承认附加税。因此他希望奉天、哈尔滨等东北地区的日商也如此应对。币原喜重郎后来还致电芳泽谦吉，表示如果日商无力抗拒附加税的征收，可以采取附抗议纳税的方法，不要再对外交部提出严正抗议。[②] 然而东北地区的形势和日商的利益所在，与南方并不一致。币原的应对策略，此后反而加大了日本政府与其在东北的殖民系统之间的分歧（下节将详述）。

日本决定先对东北海关施压。基于外交团会议的“成果”和日本在东北地区的势力，日本对东北海关特别是海关监督的交涉攻势，使中国东北海关承受了巨大的压力，附加税如期开征无望。由于北京政府在 1 月 31 日以不愿开征二五附加税为由罢免海关总税务司安格联，导致中国海关内部出现了群龙无首的局面，东北海关以未收到来自海关总税务司的训令为由，对开征二五附加税不置可否。北京政府内部的混乱也使如期开征落空。2 月 1 日，东北包括大连、哈尔滨、营口、安东、奉天各海关都声称没有收到任何来自北京的开征通告。[③]

东北海关迫于日本的压力和北京政府的催促，采取了“告而不征”的做法。2 月 7 日营口等关的海关监督布告，自即日起征收二五附加税。[④] 但 2 月 8 日牛庄海关监督表示，虽然接到了财政部所寄的附加税奢侈品表，但还没有接到开始征收的命令。[⑤] 安东海关监督姚启元 2 月 7 日发布开征布告，并且开始向日本印版师要求雕刻附加税征收时使用的领收印章，[⑥] 日本

---

① 「広東不法課税　暗第一号　貴電第四一六号ニ関シ」、JACAR（アジア歴史資料センター）Ref. B09040080400（第 28 画像目）、各国関税並法規関係雑件/中国ノ部/附加税関係　第一巻（E－3－1－2－X1_C1－2_001）（外務省外交史料館）。

② 外務省編纂『日本外交文書　昭和期Ⅰ　第一部第一巻』、第 853 頁。

③ 「第三一号」（1927 年 2 月 3 日）、JACAR（アジア歴史資料センター）Ref. B09040081100（第 70 画像目）、各国関税並法規関係雑件/中国ノ部/附加税関係　第二巻（E－3－1－2－X1_C1－2_002）（外務省外交史料館）。

④ 《东省各海关征收二五附税　自昨日起》，《晨报》1927 年 2 月 9 日，第 3 版。

⑤ 《牛庄亦未开征附税监督未接到命令》，《晨报》1927 年 2 月 10 日，第 3 版。

⑥ 「機密第四八号　関税付加税徴収方ノ件」（1927 年 2 月 14 日）、JACAR（アジア歴史資料センター）Ref. B09040081300（第 208 画像目から）、各国関税並法規関係雑件/中国ノ部/附加税関係　第二巻（E－3－1－2－X1_C1－2_002）（外務省外交史料館）。

驻安东领事馆闻讯于2月8日派员前往抗议，姚启元则表示在1月20号财政部训令到达之时，就要求关员暂缓公告了，但鉴于上级的要求和自己的职责，目前只能公告并向日美领事照会，但他本人无意强征。[①] 2月15日，奉天东边道尹兼安东交涉员邴克庄再次向日本驻安东领事馆领事冈田兼一发去照会，声称将在安东关开征附加税，[②] 但实质性开征依然无期。奉天关海关监督1月31日发布征税布告后，海关税务司对日本的打探表示，暂未接到总税务司的任何训令。[③] 面对如此形势，奉天省长莫德惠也不得不承认附加税开征的困难，[④] 并派奉天交涉员公署人员于2月17日访问奉天日领馆，传达了他的意向，向日本保证在北京形成解决案前奉天省不会开征附加税。[⑤]

大连和哈尔滨的日人则比较强硬。在大连，海关税务司岸本有吉与关东厅达成协议，内容为：第一，中国今后不征收附加税；第二，如果进口商有申请免重征专照单，依然向其发放；第三，万一经由大连的进口商品转运至中国内地，受到的任何课税（比如奉天的销场税）都与大连海关没有关系。[⑥] 在滨江关，天羽英二叫嚣只要滨江关管区开征附加税，就将对海关提出严正抗议，[⑦] 还将与商业会议所协商如何阻止实施。此外，满洲里、坡格拉尼奇那雅、珲春关也声称尚未收到总税务司关于征收附加税的

① 「第一五号」（1927年2月10日）、JACAR（アジア歴史資料センター）Ref. B09040081200（第137画像目）、各国関税並法規関係雑件/中国ノ部/附加税関係　第二巻（E－3－1－2－X1_C1－2_002）（外務省外交史料館）。

② 「機密第五五号　関税付加税徴通告ニ関スル件」（1927年2月18日）、JACAR（アジア歴史資料センター）Ref. B09040081300（第249画像目から）、各国関税並法規関係雑件/中国ノ部/附加税関係　第二巻（E－3－1－2－X1_C1－2_002）（外務省外交史料館）。

③ 「第三八号」（1927年2月12日）、JACAR（アジア歴史資料センター）Ref. B09040081200（第188画像目）、各国関税並法規関係雑件/中国ノ部/附加税関係　第二巻（E－3－1－2－X1_C1－2_002）（外務省外交史料館）。

④ 《奉天附税实已展期　落地税亦缓展》，《顺天时报》1927年2月16日，第3版。

⑤ 「第四二号　往電第三八号ニ関シ」（1927年2月18日）、JACAR（アジア歴史資料センター）Ref. B09040081300（第247画像目）、各国関税並法規関係雑件/中国ノ部/附加税関係　第二巻（E－3－1－2－X1_C1－2_002）（外務省外交史料館）。

⑥ 「第三四号　関東長官発本官宛電報第七号御参考迄ニ転電ス」（1927年2月3日）、JACAR（アジア歴史資料センター）Ref. B09040081100（第71画像目）、各国関税並法規関係雑件/中国ノ部/附加税関係　第二巻（E－3－1－2－X1_C1－2_002）（外務省外交史料館）。

⑦ 《东北边地海关尚未征收附税日领决提抗议》，《晨报》1927年2月18日，第3版。

命令。[①]

一方面，东北的附加税开征面临困局，甚至有媒体消息称，2月7日外交部长曾非正式通知日本总领事，在奉天的附加税将会撤回并与日本继续谈判。[②] 另一方面，尽管日本摆出一副要严正抗议的姿态，但是就连关东厅也承认日本事实上难以阻止商人为了自身利益而不贯彻日本政府的方针。[③] 然而毕竟附加税无法开征的困局是日本乐于见到的结果。币原也认为自己取得了暂时的胜利，还认为北京政府为解决安格联被罢免的问题，会考虑对各海关下发训令，暂缓征收附加税。[④]

就在东北海关面临二五附加税开征困局时，天津海关通过在海关内设置附加税征收处，由海关监督执行附税征收，并就此与日商交涉，迫使日商愿意附抗议纳税，实现了北方海关附加税征收的突破。1927年2月10日，天津海关监督通告在津各国领事，附加税征税处设在津海关的交通银行办事处，附加税的征收将在津海关监督之下执行。2月11日，天津海关交通银行代收关税处贴出规定，必须缴完附加税，获得附加税收据，方可缴纳正税。[⑤] 但是日商拒缴附加税，日本驻天津副领事冈本一策为此向天津海关提出抗议，而天津海关表示附加税征收并不属海关事务。13日，天津海关对日本领事馆以正式文书回复，而日本决议继续对津海关提出抗

① 《东北边地海关尚未征收附税日领决提抗议》，《晨报》1927年2月18日，第3版；「機密第七一号　付加税徴収問題ニ関スル件」（1927年2月15日）、JACAR（アジア歴史資料センター）Ref. B09040081300（第225画像目）、各国関税並法規関係雑件/中国ノ部/附加税関係　第二巻（E-3-1-2-X1_C1-2_002）（外務省外交史料館）。坡格拉尼奇那雅即 Pogranichnaya，中东铁路前往海参崴方向的中俄边境关口。

② "Mukden Withdraws Consumption Surtax," *The China Press* (9th February, 1927): 8.

③ 「第三四号　関東長官発本官宛電報第七号御参考迄ニ転電ス」（1927年2月3日）、JACAR（アジア歴史資料センター）Ref. B09040081100（第71画像目）、各国関税並法規関係雑件/中国ノ部/附加税関係　第二巻（E-3-1-2-X1_C1-2_002）（外務省外交史料館）；「第五号」（1927年2月8日）、JACAR（アジア歴史資料センター）Ref. B09040081200（第120画像目）、各国関税並法規関係雑件/中国ノ部/附加税関係　第二巻（E-3-1-2-X1_C1-2_002）（外務省外交史料館）。

④ 「暗第三号　二分五厘付加税問題件　貴電第五号ニ関シ」（1927年2月14日）、JACAR（アジア歴史資料センター）Ref. B09040081300（第205画像目）、各国関税並法規関係雑件/中国ノ部/附加税関係　第二巻（E-3-1-2-X1_C1-2_002）（外務省外交史料館）。

⑤ 《天津自昨日起开始征收二·五附税　由附税管理处办理　日商货物尚拒不纳》，《大公报》1927年2月12日，第2版；《天津开征附税与日本　明日星期一如何解决?》，《大公报》1927年2月13日，第1版。

议，[①] 津海关税务司由此强硬勒令征税处停征附税，征税处副处长据理力争，津海关税务司允许继续征收附税，此后三井洋行等日商开始缴纳附税。[②]

随后，参照天津海关的做法，奉天省政府也试图在东三省各海关所在地一律征收附加税，并着手制作相关文书和奢侈品明细表，决定派遣前洮南道尹李友兰去大连关负责附加税征收事宜。大连海关根据条约不设海关监督，奉天省此举是一个突破条约束缚的尝试，[③] 日人将此举视为中国政府试图按照天津的方法进入大连海关，对此强烈抨击。[④] 而东北各日本领事也随即进一步与各地海关税务司和海关监督进行接触。山海关、安东关、滨江关作为东北最为重要的几个通商口岸的海关，附税的开征对日商的影响极大，因此日本在这些地方的对抗行动尤为激烈。

在营口，山海关监督孟昭汉准备参照津海关设置监理所，由海关监督任所长，并在海关内设立派出所征收二五附加税，税款由中国银行处理。[⑤] 孟昭汉担心日本的强烈反应，多次向日领岸田英治表示他只是遵照上级的指示，希望日本能够在海关问题上给予谅解。[⑥] 见山海关监督态度较为强硬，岸田英治再次寻求英国驻营口领事和山海关税务司来安仕的支持，但

① 《日领抗议征收附税》，《益世报》1927 年 2 月 14 日，第 11 版。

② 《津海关征收附加税之经过　中日交涉情形》，《益世报》1927 年 2 月 17 日，第 10 版。

③ 「第一四号　本官発奉天宛電報　第七号　往電第六号ニ関シ」（1927 年 3 月 4 日）、JACAR（アジア歴史資料センター）Ref. B09040081600（第 30 画像目）、各国関税並法規関係雑件/中国ノ部/附加税関係　第三巻（E－3－1－2－X1_C1－2_003）（外務省外交史料館）；「第二〇号　往電第一七号ニ関シ」（1927 年 3 月 15 日）、JACAR（アジア歴史資料センター）Ref. B09040081600（第 89 画像目から）、各国関税並法規関係雑件/中国ノ部/附加税関係　第三巻（E－3－1－2－X1_C1－2_003）（外務省外交史料館）。

④ "New Percent Surtax Problem: What Dairen Customs Will Do," *Manchuria Daily News* (1st March, 1927): 1.

⑤ 「第一一号」（1927 年 2 月 24 日）、JACAR（アジア歴史資料センター）Ref. B09040081300（第 272 画像目）、各国関税並法規関係雑件/中国ノ部/附加税関係　第二巻（E－3－1－2－X1_C1－2_002）（外務省外交史料館）。

⑥ 「第一四号　本官発奉天宛電報　第七号　往電第六号ニ関シ」（1927 年 3 月 4 日）、JACAR（アジア歴史資料センター）Ref. B09040081600（第 30 画像目から）、各国関税並法規関係雑件/中国ノ部/附加税関係　第三巻（E－3－1－2－X1_C1－2_003）（外務省外交史料館）；「第二〇号　往電第一七号ニ関シ」（1927 年 3 月 15 日）、JACAR（アジア歴史資料センター）Ref. B09040081600（第 89 画像目から）、各国関税並法規関係雑件/中国ノ部/附加税関係　第三巻（E－3－1－2－X1_C1－2_003）（外務省外交史料館）。

最终日本的要求均无法得逞。[①]

海关税务司决定采取不介入的态度，这为海关监督提供了比较自由的操作空间。3月15日，山海关监督孟昭汉与附加税征收专员范殿栋联署发布附加税实施的布告并对各国领事发去照会。布告称营口的附加税预计在结冰期结束开河后开征，要求中外商人在海关附加税征收署缴纳附加税，以便发放税单，不缴纳附加税的税单将被认为无效。海关监督将设立并掌管海关附加税征收署，特派财政部员范殿栋作为附加税专员主持开征，奢侈品类别也已经完备。面对此种状况，岸田英治只能对孟昭汉再次提出抗议，指责山海关强行实施附加税，孟称只是执行上司的命令，并称将把日本的抗议迅速上报，又反复称附加税将在东三省海关一律开征，如果在营口开征附加税而其他东北各地未见开征附加税，将会返还商人已经缴纳的税款。[②]

而在安东关，海关监督不得不考虑日本在安东的强大势力。海关监督姚启元对安东领事冈田兼一称，在财政部和省长的训令下来之前，将不会采取任何行动开征附加税。[③] 在滨江关，滨江关海关税务司和海关监督都不愿对日本明确开征意向，只是对日本总领事馆表示目前仍在请训中，[④] 但哈尔滨的中文报纸刊登了一些附加税实施的文章，称预计于4月1日开征，海关监督向北京财政部请训参照天津海关开征方式的电文也被日系报

① 「第二一号　往電第二〇号ニ関シ」（1927年3月15日）、JACAR（アジア歴史資料センター）Ref. B09040081600（第88画像目）、各国関税並法規関係雑件/中国ノ部/附加税関係　第三巻（E-3-1-2-X1_C1-2_003）（外務省外交史料館）；「第二二号　貴電第二一号ニ関シ」（1927年3月16日）、JACAR（アジア歴史資料センター）Ref. B09040081600（第99画像目）、各国関税並法規関係雑件/中国ノ部/附加税関係　第三巻（E-3-1-2-X1_C1-2_003）（外務省外交史料館）。

② 「第二三号」（1927年3月18日）、JACAR（アジア歴史資料センター）Ref. B09040081600（第100画像目から）、各国関税並法規関係雑件/中国ノ部/附加税関係　第三巻（E-3-1-2-X1_C1-2_003）（外務省外交史料館）；「機密第九五号　関税付加税実施ニ関スル山海関監督ノ照会文並布告報告ノ件」、JACAR（アジア歴史資料センター）Ref. B09040081700（第106画像目から）、各国関税並法規関係雑件/中国ノ部/附加税関係　第三巻（E-3-1-2-X1_C1-2_003）（外務省外交史料館）。

③ 「第二二号」（1927年2月28日）、JACAR（アジア歴史資料センター）Ref. B09040081300（第308画像目）、各国関税並法規関係雑件/中国ノ部/附加税関係　第二巻（E-3-1-2-X1_C1-2_002）（外務省外交史料館）。

④ 「第四七号」（1927年3月5日）、JACAR（アジア歴史資料センター）Ref. B09040081600（第43画像目）、各国関税並法規関係雑件/中国ノ部/附加税関係　第三巻（E-3-1-2-X1_C1-2_003）（外務省外交史料館）。

纸曝光。[①] 面对日总领馆的质问，海关监督魏绍周也只是含糊其词，不愿明确开征意向。[②] 在延吉，总税务司发来训令，要求海关税务司不参与一切未经过列国承认的行动，[③] 而龙井村海关监督兼延吉道尹陶彬 3 月 12 日对日本领事馆透露，将在延吉海关内设立附加税征收处以征收附税，北京财政部派遣了征收主任前来主持相关事务，其他的事务员则由海关关员兼任。日领馆对此提出抗议。[④] 在瑷珲关，瑷珲关海关监督此前收到黑龙江省长公署发来的附加税征收的布告，财政部和税务处的训令也已到达，3 月 15 日发出对奢侈品征收附加税的布告，称从 3 月 16 日开始，从当地中国银行向海关和邮局派遣行员开征附加税。[⑤]

日本一开始的交涉攻势，迫使东北海关慎重考虑开征附加税可能导致的日本反对问题，同时由于海关税务司没有收到相关的训令，海关监督也无法得到应有的支持，只能先发公告但暂缓行动，导致东北海关的附加税迟迟无法落地。然而天津海关在北方范围内率先对日本实现附加税征收，对东北各关是一大鼓舞。东北海关由此发现，没有海关税务司的支持，没有日本的首肯，中国也有权基于华府条约征收二五附加税，而且日商会因为通关所导致的经济损失放弃对抗。

再者，北京政府的附加税征收是由海关监督和北京政府特派员一同进行的，这事实上使得辛亥革命以来处于弱势地位的海关监督的作用重新凸显。在赫德治下，海关监督与海关税务司理应是互不干预的，而且海关监督理论上是海关的最高长官，[⑥] 但事实上税务司与海关监督之间还是有不少

① "25 Percent Surtax at Harbin: Revenue Inspector Waiting to Hear from Peking," *Manchuria Daily News* (7th March, 1927): 1.

② 「普通第一九三号　華府付加税問題ニ関スル件」(1927 年 3 月 12 日)、JACAR（アジア歴史資料センター）Ref. B09040081600（第 67 画像目から）、各国関税並法規関係雑件/中国ノ部/附加税関係　第三巻（E-3-1-2-X1_C1-2_003）(外務省外交史料館)。

③ 「第一五号」(1927 年 3 月 3 日)、JACAR（アジア歴史資料センター）Ref. B09040081600（第 28 画像目)、各国関税並法規関係雑件/中国ノ部/附加税関係　第三巻（E-3-1-2-X1_C1-2_003）(外務省外交史料館)。

④ 「第六号　本官発間島総領事宛電報第二号」(1927 年 3 月 15 日)、JACAR（アジア歴史資料センター）Ref. B09040081600（第 90 画像目から）、各国関税並法規関係雑件/中国ノ部/附加税関係　第三巻（E-3-1-2-X1_C1-2_003）(外務省外交史料館)。

⑤ 「第二二号」(1927 年 3 月 17 日)、JACAR（アジア歴史資料センター）Ref. B09040081700（第 103 画像目)、各国関税並法規関係雑件/中国ノ部/附加税関係　第三巻（E-3-1-2-X1_C1-2_003）(外務省外交史料館)。

⑥ 海关总署《旧中国海关总税务司署通令选编》编译委员会编《旧中国海关总税务司署通令选编》第 1 卷，中国海关出版社，2003，第 182—189 页。

冲突的。辛亥革命期间海关税务司获得了税款保管权，海关监督的地位和作用日渐式微。[①] 到了关税自主时期，中国政府以民族主义浪潮为支持，自行开征新关税，海关监督由此得到了中国政府及地方实力派的支持，使其得以不只是税务司的附庸，还可以为中国政府关税政策的推行发挥重大作用。虽然赫德体制下不干预政治是海关税务司的信条，但海关税务司参与政治的情况也时有发生，面对着民族主义浪潮下的中国政府决意实现关税自主，海关税务司认识到无力阻止这一大潮，遂不干预海关监督，而天津等地的日商想必也认清了这一点，遂放弃对抗海关。在天津海关的示范作用下，东北各关的海关监督开始筹备开征。然而由于东北地区日本势力错综复杂，附加税落地仍有变数。

二　附抗议纳税分歧与满蒙权益交换设想

币原喜重郎不反对日商纳税，附抗议纳税遂成为奉天乃至东北地区的附加税开征的解决方案。面对奉天省着手准备征收附加税，日本外务省和在东北日人只能开始磋商应对之策。

早在 1926 年 12 月，东北的日商就预感到北京政府将会开征二五附加税。当时，大连商业会议所会长佐藤至诚致信日本驻上海总领事馆商务参赞横竹平太郎，陈述了东北日商的有条件承认的立场，其称如果中国政府开征二五附加税大势已定，至少需要提供六个月的缓冲期，以缓和日商的损失。[②] 附加税开征消息坐实后，奉天商业会议所向吉田茂提出，对在中国各地征附加税的货物，在大连根据运输单据的金额，与正税一同缴纳。[③]

另一些日商则主张采取十分激进的动作，迫使中国海关屈服。安东车站站长在 2 月 9 日与安东商业会议所评议员一起向安东日领馆申诉，提出一旦中国方面在安东车站内的海关派出所开征附加税，希望满铁协助代办货

① 参见任智勇《晚清海关再研究：以二元体制为中心》，中国人民大学出版社，2012，第七章第四节、第六节。

② 「支那関税付加ニ関シ請願ノ件」（1926 年 12 月 27 日）、JACAR（アジア歴史資料センター）Ref. B09040080400（第 45 画像目）、各国関税並法規関係雑件/中国ノ部/附加税関係　第一巻（E-3-1-2-X1_C1-2_001）（外務省外交史料館）。

③ 「機密公第七五号　支那関税付加税実施後ニ於ケル影響予想其他ニ関スル件」（1927 年 2 月 10 日）、JACAR（アジア歴史資料センター）Ref. B09040081200（第 163 画像目から）、各国関税並法規関係雑件/中国ノ部/附加税関係　第二巻（E-3-1-2-X1_C1-2_002）（外務省外交史料館）。

物通关的安东车站采取相关对策。随后满铁铁道部长于 2 月 18 日致电奉天铁道事务所长，提出了包括与中国交涉变更缴税银行、存入相当于正税金额的附加税款委托银行保管，甚至强制通关等满铁希望在安东采取的应对策略，但是要求满铁避开一切直接交涉，而由安东领事负责一切交涉。[①]

面对日商的不同诉求，日本外务省与其派出机关的分歧逐渐凸显。对日本驻奉天总领事吉田茂而言，他需要尽力满足在东北日商的经济利益诉求，又不能违背日本政府的“满蒙”政策。吉田茂偏向现实考虑，希望通过一切方式维护日本在东北的经济利益，他称自己为“实际论”；而坚持不承认附加税，并要求日商采取各种方式规避可能导致日本立场不明确的币原喜重郎，则被吉田茂称为“条约论”。

“实际论”和“条约论”的博弈点，表面上在于奉天省的附加税开征和附抗议纳税的方式。事实上，大连海关地处租借地，安东海关南满铁路的部分关卡在“满铁附属地”内，日本将中国在这些地方设立附加税征收处，视作对其“满蒙”权益的莫大“侵犯”。然而，对于东北日商来说，确保经济利益、确保货物及时完整通关是首要目标，故希望认缴，并希望在海关内缴税以确保货物通关顺利，因为日商担心奉天省税捐局在检查过程中会损坏货物并因检查烦琐导致通关延误。对此，吉田茂也不断向外务省表示希望日本政府尊重日商意愿，若奉天省开征附加税，则在海关内缴税。

稍早之前，奉天省政府宣布废除 1907 年以来实行的免重征专照制度，代之以开征销场税，这极大地触动了日商的利益，于是日本将二五附加税和销场税同时与奉天省政府交涉。1926 年 8 月 25 日，奉天省政府为了解决财源问题，宣布要征收销场税，10 月 23 日由奉天关监督、10 月 25 日由奉天交涉员宣布废除专照单制度，要从 1926 年 11 月 1 日开始在专照中明确载明货物到达地的商埠地点，不是运往专照上载明区域的专照将无效，如果货物从奉天省各商埠转运至其他口岸，需要缴纳 3.3% 的销场税。由于触动了日商利益，中日间产生了较大争端。1927 年 1 月 16 日，奉天省长莫德惠正式宣布废止专照单制度，并要求课 3.3% 的销场税。1927 年 2 月 7 日，奉天交涉署长高清和表示承认此前的专照单效力，但之后奉天省政府要求当货物交付给奉天城内的中国商人时，征收落地税，

---

① 「機密第六七号　関税付加税徵収方ノ件」（1927 年 2 月 24 日）、JACAR（アジア歴史資料センター）Ref. B09040081300（第 287 画像目から）、各国関税並法規関係雑件/中国ノ部/附加税関係　第二巻（E－3－1－2－X1_C1－2_002）（外務省外交史料館）。

意即变相征收销场税。①

于是，二五附加税问题就与销场税问题叠加，使日本与奉天省政府的交涉更为复杂。一方面，吉田茂与币原喜重郎之间基本达成了附抗议纳税的共识，剩下的分歧是如何让日商在符合日本政府立场的要求下，尽可能完备地缴税通关，双方分歧的核心在于是否默认在海关内缴税；另一方面，吉田茂与莫德惠的交涉重点在于撤回销场税，虽然吉田茂继续持不承认二五附加税的立场，但对于吉田茂和日商而言，二五附加税的开征是大势所趋，而如果能通过交涉使莫德惠撤回销场税，对于日商而言也算得益。

由于币原允许附抗议纳税，吉田茂考虑到，奉天省政府已经着手进行附加税征收的准备工作，如果日本继续抗议则势必与张作霖发生冲突，如果继续阻止课税，东三省各地税捐局的强制课税行动，会对日商百般检查苛求，致使货物受损乃至通关不顺，使日本在华商业交易蒙受损失，因此最好对奉天省政府的开征动作表示谅解，以缓和日奉间的矛盾。② 芳泽谦吉也公开表示，日本对于二五附加税的抗议不会撤回，但是日本事实上已采取了默认态度，因为日商俱已缴纳附加税，实际上已经没有抵抗的可能。③

但是币原并不甘心就此妥协，他依然希望能够在一定程度上同时确保日本的立场和日商的利益。他反对吉田茂的提议，称对张作霖的附加税开征给予谅解并不是最理想的做法，即便考虑秘密联络张作霖，他也依然坚持不承认附加税。在大连和安东地区必须绝对阻止征附加税，至于东北地区其他地方，一方面要继续抗议，另一方面如果实在无法阻止征税，则可以学习津海关日商的做法附抗议纳税。大连和安东两地上岸并运出至满铁附属地外的货物，中国方面也会尝试征税，对此日商可以考虑在附属地内销售卖出，如果中方的客户要求日商纳附加税，同样允许附抗议纳税。④

---

① 参见海关总署《旧中国海关总税务司署通令选编》编译委员会编《旧中国海关总税务司署通令选编》第 3 卷，第 72—73 页；中浜義久『支那関税制度綱要』南満洲鉄道株式会社、1929、第 64—66 頁；「機密公第三七四号　奉天省内不当課税調査書送付ニ関スル件」(1927 年 6 月 20 日)、JACAR（アジア歴史資料センター）Ref. B08060804500（第 379 画像目)、中国ニ於ケル租税及負担金関係雑件/不当課税関係　第二巻（E－1－3－2－1_2_002）(外務省外交史料館)。

② 外務省編纂『日本外交文書　昭和期Ⅰ　第一部第一巻』、第 128—129 頁。

③《日本已默认征收二五附税　芳泽日公使有此表示》,《益世报》1927 年 2 月 25 日，第 3 版。

④ 外務省編纂『日本外交文書　昭和期Ⅰ　第一部第一巻』、第 129—130 頁。

3月1日，奉天交涉员公署人员作为省长莫德惠的代理来访奉天日本总领事馆，希望日本能够谅解在东三省开征二五附加税，并希望日本能够允许中国向大连海关派遣税务署员。次日吉田茂与莫德惠会面，莫德惠称二五附加税暂时不会直接着手实施，并以善意对附加税问题慎重考虑。[①] 莫德惠的如此“善意表态”，使得吉田茂产生了缓和解决的设想。3月4日，吉田茂致电币原，希望他遵从日商的意愿，允许奉天省的日商在海关内缴税，否则日商须在各地税捐局按照海关发放的免重征专照单所载明的票面价额缴税，致使通关不顺。由于二五附加税认缴是大势所趋，从商人的便利角度考虑，在海关所在地缴税最为妥当。[②]

但币原坚决反对吉田茂的谅解策略，认为若在海关所在地内进行附加税的征收，即代表日本默认中国违反条约，鉴于租借地和附属地的性质，日本绝难同意也不能默认。为了避开在海关内设处征税的问题，币原建议，第一，进口货物全部包装完好后，在运出附属地时，附上专照单或者子口单，各地税捐局按照这些单据进行课税，就可以避免中国随意课税。第二，与在海关机关内进行征税时进口货物能够做到全数课税相比，如果让日商在附属地内向中国方面交易，货物多少能免除一些附加税，日商得以避免纠纷且可得益。币原喜重郎也担心在海关内征税，会引发持激进态度的日人的强烈不满，还会得罪满铁，因为满铁决定对在海关征收附加税持反对态度；而且如果让所有日商都在海关内缴税，可能会造成日商利益遭受损害。币原认为奉天省方面会认可他之前所提出的方案，但也担心日商在附属地内将货物包装拆解或者在不拆解运出铁道附属地时，税捐局会无视包装上所附专照单或者子口单，在货物检查时故意刁难，报复日本反对在海关内缴纳附加税。因此币原喜重郎要求吉田茂与当地的各方业者联络，探讨对于前述两个棘手问题的应对之策。[③]

东北日商坚持要在海关内承认并缴纳附加税，奉天商业会议所、贸易商、棉纱布商联合体等日商团体对吉田茂表示，中国税官的苛刻随意课征、奉票价值暴落导致实际的税额提高、主要商品交易点在满铁附属地外等问

---

① 「第五三号」（1927年3月3日）、JACAR（アジア歴史資料センター）Ref. B09040081600（第29画像目）、各国関税並法規関係雑件/中国ノ部/附加税関係　第三巻（E－3－1－2－X1_C1－2_003）（外務省外交史料館）。

② 外務省編纂『日本外交文書　昭和期Ⅰ　第一部第一巻』、第130頁。

③ 外務省編纂『日本外交文書　昭和期Ⅰ　第一部第一巻』、第131—132頁。

题，使在海关外缴纳附加税是不现实的，而且虽然可以由华商进口经销商纳税，但若大连海关不征附加税，只会导致市场上出现免税和有税两种货物的竞争，对日商极为不利。此外，安东日商和满铁对于附加税的态度不是非常坚决。面对日商的强烈要求，吉田茂再次向币原表示，日本政府的“条约论”处理对日商而言没有实际获益，还会招致日商的怨恨。附抗议纳税就已经对所谓的条约原则暂时予以处理了，如果尊重日商的实际利益，就需要讨论出其他的方案而不是一味地坚持条约原则。①

币原喜重郎依然坚持不得让中国附加税征收处进入满铁附属地，不得先向中国妥协，并且要求日商也服从于日本政府的原则，通过抵制附加税换取中国对附抗议纳税的认可。日商的诉求和吉田茂的设想也被币原否决，他认为日商一旦在海关缴纳附加税就等于日本默认附加税，这与他之前所坚持的立场完全不容，至于日商所谓的报复纠纷的担心，他则认为日商既已缴税，中国方面也会示好。因此为了避免日商的“立场”导致日本在附加税问题上的立场出问题，他让吉田茂等待在东北各地出差的蜂谷辉雄的复命，以与奉天商业会议所乃至各方日商探讨合适的对策。②

日商在海关内缴纳附加税的要求被外务省否决，吉田茂转而向外务省表达以附加税承认为条件，通过与奉天省长莫德惠的交涉，换取中国承认并扩大日本在“满蒙”的特权。为此，吉田茂多次与外务省电信往来表达他的设想。3 月 8 日吉田茂与莫德惠会面时，莫德惠表示将会赴北京为张作霖庆生，其间将会就实施方法与北京政府尽可能地详细协商。③ 吉田茂据此以为，既然莫德惠已经向日本释放善意，向其提出希望允许日本扩大在东北的权益的提议。莫德惠则表示将就提案的相关事项与张作霖协商。

吉田茂希望通过二五附加税的承认解决的问题主要包括：承认辽阳满洲纺织会社产品根据北京政府制定的《机制洋式货物税现行办法》纳税；允许东亚劝业会社收购土地；允许满铁扩展事业用地；延长本溪湖煤矿合

---

① 外務省編纂『日本外交文書　昭和期Ⅰ　第一部第一巻』、第 133—134 頁；「第六二号　貴電第二七号ニ関シ」（1927 年 3 月 11 日）、JACAR（アジア歴史資料センター）Ref. B09040081600（第 59 画像目から）、各国関税並法規関係雑件/中国ノ部/附加税関係　第三巻（E－3－1－2－X1_C1－2_003）（外務省外交史料館）。

② 外務省編纂『日本外交文書　昭和期Ⅰ　第一部第一巻』、第 135 頁。

③「第六四号」（1927 年 3 月 12 日）、JACAR（アジア歴史資料センター）Ref. B09040081600（第 59 画像目から）、各国関税並法規関係雑件/中国ノ部/附加税関係　第三巻（E－3－1－2－X1_C1－2_003）（外務省外交史料館）。

办期限和为合并周边煤矿提供便利；放松对东北大米的出口管制和降低出口许可费；免除安东向朝鲜所输送电力的关税；扩大南满制糖会社的原料种植面积。而为了让莫德惠暂停征收销场税、恢复免重征专照制度，避免奉系为了财源问题而导致日商利益受损，日本能以奉天交易所和大连交易所的税收支持奉系集团的财源。① 甚至，吉田茂还设想，由于销场税收入能够达到一百万元，日本可以提供融资方案，使莫德惠能够撤回销场税，当然也可以采取其他的方案以实现一百万元。②

吉田茂认为，当下他的“实际论”与外务省的“条约论”是相左的，如果日本政府继续坚持“条约论”，继续坚持不承认附加税立场，乃至要求日商为了日本政府的立场而向税捐局缴纳附加税，将会给日商造成巨大的损失。张作霖的目的就是征税，日本坚持所谓的“条约论”只会导致中日间的纠纷。而且莫德惠面临中外商人对废除免重征专照制度的声讨，内心可能有所动摇，所以如果采取对奉系集团谅解的做法，对于日本利用张作霖以及维护日商的利益是有好处的。③

吉田茂的这一设想，不仅没有得到外务省的首肯，反而进一步加大了他和外务省间的意见分歧。亚细亚局的木村锐市坚决反对吉田茂允许中国在租借地和铁道附属地内征附加税的做法，还反对吉田茂擅自交涉的做法，认为“满蒙”问题的解决还需考量，并质问吉田茂绕过外务省斡旋，通过满铁大仓组和东亚劝业会社之手向张作霖提供一百万的融资。他要求吉田茂对莫德惠绝不能释放善意，一定要坚决地谈判。④

莫德惠从北京回来后，也对吉田茂的所谓“满蒙”权益交换要求明言拒绝，并拒绝撤回销场税，这使吉田茂大为恼火。吉田茂认为，莫德惠此前如此含糊其词，还向日本释放善意，其实只是中国一直以来的谈判策略罢了，目的就是让日本不得不接受开征相关税种的事实。因此他寄希望于

① 「吉田茂発木村鋭市宛件」（1927 年 3 月 14 日）、JACAR（アジア歴史資料センター）Ref. B09040081600（第 82 画像目から）、各国関税並法規関係雑件/中国ノ部/附加税関係　第三巻（E-3-1-2-X1_C1-2_003）（外務省外交史料館）。

② 「吉田茂発木村鋭市宛件」（1927 年 4 月 4 日）、JACAR（アジア歴史資料センター）Ref. B09040081700（第 86 画像目から）、各国関税並法規関係雑件/中国ノ部/附加税関係　第三巻（E-3-1-2-X1_C1-2_003）（外務省外交史料館）。

③ 「吉田茂発木村鋭市宛件」（1927 年 3 月 14 日）、JACAR（アジア歴史資料センター）Ref. B09040081600（第 82 画像目から）、各国関税並法規関係雑件/中国ノ部/附加税関係　第三巻（E-3-1-2-X1_C1-2_003）（外務省外交史料館）。

④ 外務省編纂『日本外交文書　昭和期Ⅰ　第一部第一巻』、第 139 頁。

芳泽谦吉通过与张作霖或杨宇霆的交涉，向莫德惠下达迅速撤回销场税的训令。[①]

由于上海、南京等地被中国国民党控制，东北地区若不能确保征收，将会极大威胁北京政府的财政，因此北京政府内有声音认为，应该从速征收附加税，并希望以某日为限，如果日商依然抗缴，将设法禁止其货物通关和在市面流通，一面再与日本进行协商接洽。[②] 奉天城也出现了未纳附加税的商品被禁止流通、抵制日货乃至种种纷扰事件。在吉田茂与莫德惠交涉期间，奉天省税捐局要求一切华商向税捐局报告日货买入情况，[③] 还派员严厉监视奉天城日商的一切交易，[④] 一时间奉天城的日商深感恐慌。

3 月 28 日，莫德惠来访日领馆，吉田茂指责莫德惠因销场税和二五税问题发起抵制日货运动，莫德惠则否认自己发动排日运动，又称课税是华洋商民一体征收的，后续将会由交涉员进一步交涉。3 月 29 日，张作霖与芳泽谦吉会面，表示希望能够向日本方面借款500 万，并且附加税在东北无法征收事关自己的脸面，由此北京政府还推迟了东北海关的附加税开征，希望日本能够谅解。芳泽谦吉回应称当前借款实属难事，而附加税问题日本如今只是暂时将条约问题搁置，领事蜂谷辉雄已前往东北，与东北日人商讨附加税缴纳方式。[⑤]

同日，交涉员来访吉田茂，称张作霖希望通过与吉田茂的交涉，使日本政府能在附加税问题上给予谅解。交涉员问吉田茂如果撤回销场税，日本是否能承认附加税。吉田茂称此前已经与莫德惠就销场税问题约定维持现状，但莫德惠从北京回来态度大变，日本政府对此难以接受。[⑥]

尽管张作霖与莫德惠对销场税打算给予一定的让步，但是吉田茂已经

---

① 「第六六号　本官発在支公使宛電報　第五〇号」（1927 年 3 月 22 日）、JACAR（アジア歴史資料センター）Ref. B09040081700（第 130 画像目から）、各国関税並法規関係雑件/中国ノ部/附加税関係　第三巻（E-3-1-2-X1_C1-2_003）（外務省外交史料館）。

② 《张作霖与日使会见内容　拟实行东省之附加税　政府现拟强征附加税》，《益世报》1927 年 3 月 31 日，第 4 版。

③ "Boycott of Japanese Goods in Disguise: By Verbal Gubernatorial Order," *Manchuria Daily News* (28th March, 1927): 2.

④ "Second Petition of Japanese Chamber of Commerce, Mukden: Against Chinese Dual Levy & Customs Surtax," *Manchuria Daily News* (30th March, 1927): 2.

⑤ 外務省編纂『日本外交文書　昭和期Ⅰ　第一部第一巻』、第 142—143 頁。

⑥ 「第七六号　貴電第三六号ニ関シ」（1927 年 3 月 31 日）、JACAR（アジア歴史資料センター）Ref. B09040081700（第 170 画像目から）、各国関税並法規関係雑件/中国ノ部/附加税関係　第三巻（E-3-1-2-X1_C1-2_003）（外務省外交史料館）。

对莫德惠的交涉失去了耐心。芳泽虽然告知张作霖日本对奉天省附加税问题的做法，但是依然没有明确承认二五附加税，只是把问题推给了在东北的殖民机关。而吉田茂为了让莫德惠撤回销场税——事实上，他已经主张采取强制措施迫使中国屈服[①]——还希望由外务省向满铁下达训令，让满铁采取一些措施以干扰中国的销场税征收。[②] 3 月 26 日，奉天商业会议所的庵谷忱也向日本外务省及在东北的日本殖民机关发文，要求日本政府设法阻断京奉铁路的武器运输，迫使奉天省撤回"不法"税收。[③] 形势的发展意味着吉田茂以承认附加税换取莫德惠撤回销场税和允许日本扩展在东北的利益的设想宣告破产。最终，外务省的反对和莫德惠的强硬表态，使吉田茂以"满蒙"权益交换附加税的交涉设想破灭。

币原喜重郎坚决反对中国势力进入东北租借地和附属地，是基于他对待"满蒙"问题的既定路线。他的"协调外交"虽然声称不干涉中国内政，但是中国和中国人民收回权利的正当要求和行动不得"侵害"日本的"正当权益"，否则日本将"诉诸一切正当手段加以维护"。[④] 而吉田茂的海关内缴纳附加税设想，以及随后的"满蒙"权益交换设想，都代表了东北日人在东北经济利益问题上愿意暂时对中国做出一定的让步。币原的"满蒙"政策乃至日本一直以来以侵略东北为核心的大陆政策，面对中国民族主义浪潮下中国政府出现的一定程度的强硬，难以按既定路线推进。东北日人面对这一情况，暂时选择了现实主义的做法，吉田茂擅自交涉和绕过外务省的融资斡旋，即是东北日人面对现实的选择的体现，事实上也显示出东北日人对日本的"满蒙"政策的不满。东北日人这种对于日本"满蒙"政策的不满以及对中国民族主义浪潮的恐慌，在积蓄之后便逐渐爆发。

---

① 「第七五号　安東、営口各領事ヘモ電報セリ」（1927 年 3 月 30 日）、JACAR（アジア歴史資料センター）Ref. B09040081700（第 166 画像目）、各国関税並法規関係雑件/中国ノ部/附加税関係　第三巻（E－3－1－2－X1_C1－2_003）（外務省外交史料館）。

② 「吉田茂発木村鋭市宛件」（1927 年 4 月 4 日）、JACAR（アジア歴史資料センター）Ref. B09040081700（第 86 画像目から）、各国関税並法規関係雑件/中国ノ部/附加税関係　第三巻（E－3－1－2－X1_C1－2_003）（外務省外交史料館）。

③ 「普通第二六〇号　支那官憲ノ不当課税其他ニ関スル陳情書伝達ニ関スル件」（1927 年 4 月 7 日）、JACAR（アジア歴史資料センター）Ref. B09040081800（第 220 画像目から）、各国関税並法規関係雑件/中国ノ部/附加税関係　第三巻（E－3－1－2－X1_C1－2_003）（外務省外交史料館）。

④ 〔日〕信夫清三郎：《日本外交史》，天津社会科学院日本问题研究所译，商务印书馆，1980，第 502 页。

币原所主张的在“协调外交”下不干涉中国任何一方势力、不愿支持张作霖进行内战的做法，早已遭到日本国内的批评。郭松龄叛乱时，币原最开始是反对出兵的，但是关东军司令白川义则坚持采取必要措施，日本国内舆论也对东北局势非常在意和担心，最终日本暗中帮助张作霖平定乱局。① 在二五附加税问题上，币原如若同意了吉田茂的计划，会导致与奉系集团合作的事实，这是币原的外交路线所难以接受的。因此，吉田茂擅自行动，根源还是在于东北日人对币原不干涉中国政局做法的不认可。吉田茂希望通过日本的势力，对张作霖给予一定的压迫，或者向张作霖施予“蜜罐”，从而在更大程度上更好地掌握东北大局。因此，吉田茂在与莫德惠谈判决裂后，就转而采取了激进做法，但这依然是东北日人的“实际论”的思维模式。他们为了“实际”，更可不惜代价。

三　附加税开征与政策异变

3 月 24 日，开河的营口关按照此前山海关监督与奉天省政府的安排，如期开征附加税，自此，东北各海关的附加税征收开始进入实质阶段。这毫无疑问激起了日本的强烈反应。尽管币原喜重郎很快就批准并允许了日商缴纳二五附加税，但日本外务省内分歧仍存，各地日商实际行动不一。中国方面，东北各海关因为日本的各种交涉攻势，不得不做出一些让步，附加税征收打了折扣，政策推行也发生各种异变。

此前顾维钧就曾向芳泽谦吉寻求日本对北京政府开征二五附加税的谅解，而芳泽谦吉一方面坚持日本不承认的立场，另一方面也对中方表态，为了日商利益考虑，会等待日本驻奉天总领事馆代理总领事蜂谷辉雄的调查反馈后，再向中国方面提出租借地、附属地附加税缴纳的方案。顾维钧则对此表示谅解。② 于是，日本通过蜂谷辉雄等人，在所谓的日本政府立场框架下，形成了一个日商的附加税缴纳方案。

对于将货物从租借地和满铁附属地运至华界时该如何操作的问题，蜂谷辉雄认为，尽管大连海关有实力在日本的控制下无视二五附加税，但是

① 〔日〕信夫清三郎：《日本外交史》，第 507 页。

② 「第二七一号」(1927 年 3 月 18 日)、JACAR (アジア歴史資料センター) Ref. B09040081700 (第 119 画像目)、各国関税並法規関係雑件/中国ノ 部/附加税関係　第三巻 (E-3-1-2-X1_C1-2_003) (外務省外交史料館)。

大连日商和日人担心拒绝纳税只会徒增中国方面对租借地的反感，而且在大连拒绝纳附税还会导致东北内陆地区的纠纷，所以他们也同意认缴附加税。因此，他提出在大连关和附属地的附加税缴纳采取满铁协助方案。满铁的协助方案有三个：

（1）货物上岸后，委托大连海关指定的正金银行或中国银行保管日商缴纳的附抗议纳附加税金，或者在纳税的放行单上索取完税证明。

（2）在日中商业会议所协定下，设立民间机关，以其他名义委托保管，民间自发地缴税后在放行单上索取完税证明。

（3）货物从大连上岸并缴纳正税后，运输到目的地并准备运出附属地时，收货人根据放行单所载金额在各附属地外的税捐局缴纳附加税，然后凭借完税证明和放行单从满铁领取货物。满铁则需要负责检查放行单持有者的附加税完税证明，未缴纳附加税者满铁需要通知税捐局。而中国的税捐局要允许只凭借附加税完税证明和放行单就可以通关，免除其他的检查手续，由此打消日商对中国税捐局苛征的疑虑。

蜂谷辉雄个人比较倾向于第三个方案，[①] 币原喜重郎也认可第三个方案，但认为把满铁作为附加税征收的协助方不妥，同时日商在附属地内成功向华商转卖货物后，如果还强制日商缴纳附加税，也存在违背日本反对附加税的原则的可能性。因此币原喜重郎认为要向中国提出，日商在将货物运出附属地时持有放行单或者其他类似文件，即可免除繁杂的检查手续快速通关的要求。此外，币原指出，东北日商的进口货物大部分从大连、安东先行运输到奉天、辽阳、铁岭、开原、长春、四平等数个主要市场，再进一步转卖到各地，中方税捐局在这些地方都有十分完备的征税设施，征税非常方便，大连业者不必担心可能导致的抵制日货情绪的加剧。至于营口关，由于不涉及租借地问题，就让日商在海关附抗议纳税。[②]

在奉天，吉田茂继续与莫德惠进行销场税的交涉，日商对销场税交涉久拖未决表示不满。但很快，奉天省交涉员与吉田茂进行磋商后达成共识，如果张作霖能够同意完全撤回销场税，吉田茂将向日本政府尽力请示，让日本政府在附加税问题上取谅解的态度。吉田茂对币原喜重郎致电称，如果中国同意撤回销场税，就按照此前蜂谷辉雄所提出的第三个方案缴纳附加税，但无须满铁参与，日商向税捐局出示已有完纳附加税证明的放行单

① 外務省編纂『日本外交文書　昭和期Ⅰ　第一部第一卷』、第137—138頁。

② 外務省編纂『日本外交文書　昭和期Ⅰ　第一部第一卷』、第140—141頁。

后，税捐局允许对货物不进行检查手续而放行。[①] 有学者据此认为张作霖同意撤回销场税，[②] 事实上销场税的谈判在此后依然继续，但确实由于吉田茂的谈判，最终中国方面决定不对日本人征收销场税，转而对华商征收。[③]

然而，吉田茂依然对币原喜重郎的征收方案，特别是其最希望日商直接把货物在附属地内卖掉的做法，表达了强烈的不满。他认为沿线铁道附属地对中国人进行土地租赁是有限制的，也不允许自由地将土地所有权转让买卖，沿线商品交易的中心还是在中国人社区，附属地不是经济中心，因此像币原所述的直接在附属地内完成商业交易的想法是不可能的。因此吉田茂主张，如果真的要发展满铁附属地的经济，就要取消附属地内对中国商人和外国人的附属地内所有权和转卖权等的相关限制。[④] 吉田茂依然希望采取一些实际办法，以利东北日商的商业利益，但这注定与日本的“立场”直接抵触，日本在东北的殖民系统与币原乃至外务省的分歧依然十分突出。

尽管以吉田茂为代表的东北日人对于币原的策略十分不满，但 4 月 13 日币原还是回复并同意吉田茂所述的日商先在海关缴纳正税，再在税捐局缴纳附加税，并要求税捐局免予检查快速通关的做法，认为这符合日本的立场要求。[⑤] 他同时又致电哈尔滨领事天羽英二，让其在哈尔滨引导日商附抗议纳税。[⑥] 值得注意的是，币原喜重郎在 4 月 6 日就已起草了对天羽英二所述问题的意见。由此可见，到此时，币原喜重郎已经认为在中国各地对于附加税，日本只能采取有条件的默认的态度，并允许各地附抗议纳税。

币原喜重郎将租借地和非租借地采取两套解决方案的做法，使在非租借地的日商大感失望，这加剧了日商对日本外交政策的不满和对“币原外

---

① 外務省編纂『日本外交文書　昭和期Ⅰ　第一部第一巻』、第 144 頁。

② 如陈祥《奉系军阀抵制日本侵略的研究——以张作霖与吉田茂为中心》，郭春修主编《张氏父子与东北军事近代化》，辽宁人民出版社，2014，第 451 页。

③ 「領事会議並連合会議々事要録送達ノ件」（1927 年 6 月 14 日）、JACAR（アジア歴史資料センター）Ref. B15100134600（第 500 画像目）、領事会議関係雑件/議事録　第三巻（M－2－3－0－1_1_003）（外務省外交史料館）。

④ 「第七八号」（1927 年 4 月 5 日）、JACAR（アジア歴史資料センター）Ref. B09040081700（第 185 画像目）、各国関税並法規関係雑件/中国ノ部/附加税関係　第三巻（E－3－1－2－X1_C1－2_003）（外務省外交史料館）。

⑤ 外務省編纂『日本外交文書　昭和期Ⅰ　第一部第一巻』、第 145 頁。

⑥ 「暗第三三号　貴電第七九号ニ関シ」（1927 年 4 月 14 日）、JACAR（アジア歴史資料センター）Ref. B09040081800（第 245 画像目から）、各国関税並法規関係雑件/中国ノ部/附加税関係　第三巻（E－3－1－2－X1_C1－2_003）（外務省外交史料館）。

交”的不信任，他们自然也会希望有更为强硬的政府确保自己的利益不受损，稍后上台的田中内阁，一定程度上迎合了日商的此种心态。吉田茂对币原强调的在附属地转卖的策略的批评，是对币原的“满蒙”政策不满的一种表现，而他明显也在指责币原不懂“满洲”，可见吉田茂也已按照东北日人的行事思维进行交涉。币原坚持的租借地和非租借地分别处理的策略，虽然说一定程度上对中国妥协，但这种策略最终一定会加剧双边的矛盾，因此，强化日本在其他海关中的话语权，乃至进一步控制东北其他海关的种子就这样种下。

即便币原确立了附加税缴税方案，各口岸的日商在具体操作上依然表现出不尽支持的态度。哈尔滨、安东、营口三关率先实现附加税开征。

在滨江关，3 月 31 日，滨江关及分馆布告 4 月 1 日开征附加税，而海关监督署向日领馆透露，经由南满铁路运到哈尔滨的货物，如果已经在大连、安东等地缴纳了正税（附加税未纳），滨江关将不征收附加税，因此事实上只有小包邮寄物需要课附税。但天羽英二还是直接向滨江道尹兼哈尔滨交涉员蔡运升提出抗议，叫嚣如果日商因强征附加税而蒙受损失，将由中国承担责任。[①] 滨江关监督又派秘书向日领馆解释称，营口已经开征附加税，所以滨江关面对训令也不得不执行。目前因为日本方面的顾虑，已经在尽力请示财政部，经由安东、大连的已完纳正税货物不适用于附加税。[②]

但是哈尔滨商业会议所反应激烈，他们在 4 月 1 日下午开会决议不纳附税，并推举会长庄司钟五郎与哈尔滨领事天羽英二进行会商，请求向滨江关交涉员署提出抗议，叫嚣要采取武力手段；[③] 又提出希望先暂行纳税，但保留将来税款发还等权利。[④] 天羽英二不得不再次向滨江关监督魏绍周表示抗议，魏绍周承诺，如果被征税就采取津海关的附抗议纳税，海关监督将会在特定账簿上登记，之后在交涉完结前暂由海关监督保管，天羽英二考

---

① 「普通第二四四号　関税付加税実施布告ニ対シ抗議申入ノ件」（1927 年 4 月 1 日）、JACAR（アジア歴史資料センター）Ref. B09040081700（第 175 画像目から）、各国関税並法規関係雑件/中国ノ部/附加税関係　第三巻（E－3－1－2－X1_C1－2_003）（外務省外交史料館）。

② 「第七二号　往電第六九号ニ関シ」（1927 年 4 月 1 日）、JACAR（アジア歴史資料センター）Ref. B09040081700（第 172 画像目）、各国関税並法規関係雑件/中国ノ部/附加税関係　第三巻（E－3－1－2－X1_C1－2_003）（外務省外交史料館）。

③ 《哈埠日领抗争二五税》，《申报》1927 年 4 月 15 日，第 10 版。

④ 《哈埠日人否认　二五附加税案告一段落》，《益世报》1927 年 5 月 9 日，第 7 版；《哈埠日人否认　二五附加税案告一段落（续）》，《益世报》1927 年 5 月 10 日，第 6 版。

虑对此认可。[①] 4 月 4 日，哈尔滨商业会议所和当地日人代表大会召开，同意了海关监督的提议。[②]

然而哈尔滨日商仍然有激进行为，[③] 为了平息他们的不满，币原喜重郎要求天羽英二不要再刺激商人，也不要再对本就征税不多的附加税展开交涉，同时不要提议附加税收入由海关监督保管。[④] 最终，4 月 16 日，哈尔滨日本商业会议所会长庄司钟五郎向海关监督代表日商提出了附抗议纳税的声明书，海关监督魏绍周收下了抗议书，并提议海关监督公署和商业会议所同时整理记账日人缴纳的附加税，日商表示赞同，滨江关实现对在哈尔滨日人的小包邮寄物的附抗议附加税征收。[⑤] 在北满地区，满洲里、瑷珲等地，日人也基本采取了附抗议纳税。[⑥]

在安东，海关监督姚启元于 4 月 9 日以公文告知即日起开征附加税。[⑦] 安东同时有铁路通关和港口通关，日商在安奉铁路附属地内，即按照币原

---

① 「第七九号　往電第七八号ニ関シ」（1927 年 4 月 4 日）、JACAR（アジア歴史資料センター）Ref. B09040081700（第 182 画像目から）、各国関税並法規関係雑件/中国ノ部/附加税関係　第三巻（E－3－1－2－X1_C1－2_003）（外務省外交史料館）。

② 「第八一号　往電第七九号ニ関シ」（1927 年 4 月 5 日）、JACAR（アジア歴史資料センター）Ref. B09040081700（第 183 画像目から）、各国関税並法規関係雑件/中国ノ部/附加税関係　第三巻（E－3－1－2－X1_C1－2_003）（外務省外交史料館）。

③ 「普通第二六〇号　支那官憲ノ不当課税其他ニ関スル陳情書伝達ニ関スル件」（1927 年 4 月 7 日）、JACAR（アジア歴史資料センター）Ref. B09040081800（第 220 画像目から）、各国関税並法規関係雑件/中国ノ部/附加税関係　第三巻（E－3－1－2－X1_C1－2_003）（外務省外交史料館）；《哈埠日人否认　二五附加税案告一段落》，《益世报》1927 年 5 月 9 日，第 7 版；《哈埠日人否认　二五附加税案告一段落（续）》，《益世报》1927 年 5 月 10 日，第 6 版。

④ 「暗第三三号　貴電第七九号ニ関シ」（1927 年 4 月 14 日）、JACAR（アジア歴史資料センター）Ref. B09040081800（第 245 画像目から）、各国関税並法規関係雑件/中国ノ部/附加税関係　第三巻（E－3－1－2－X1_C1－2_003）（外務省外交史料館）。

⑤ 「機密第二八六号　関税付加税抗議納付ニ関スル件」（1927 年 4 月 19 日）、JACAR（アジア歴史資料センター）Ref. B09040081800（第 270 画像目から）、各国関税並法規関係雑件/中国ノ部/附加税関係　第三巻（E－3－1－2－X1_C1－2_003）（外務省外交史料館）。

⑥ 「公第八七号　当地ニ於ケル付加税徴収ニ関スル件」（1927 年 4 月 4 日）、JACAR（アジア歴史資料センター）Ref. B09040081700（第 192 画像目）、各国関税並法規関係雑件/中国ノ部/附加税関係　第三巻（E－3－1－2－X1_C1－2_003）（外務省外交史料館）；「本第九九号　黒河ニ於ケル関税付加税徴収抗議ニ関スル件」（1927 年 4 月 8 日）、JACAR（アジア歴史資料センター）Ref. B09040081800（第 227 画像目）、各国関税並法規関係雑件/中国ノ部/附加税関係　第三巻（E－3－1－2－X1_C1－2_003）（外務省外交史料館）。

⑦ 「普通第一三四号　関税付加税ニ関スル件」（1927 年 4 月 12 日）、JACAR（アジア歴史資料センター）Ref. B09040081800（第 240 画像目から）、各国関税並法規関係雑件/中国ノ部/附加税関係　第三巻（E－3－1－2－X1_C1－2_003）（外務省外交史料館）。

所同意的方案缴税。由于中国把对海路进口货物的检查纳税手续设定在附属地外中国海关的管区内，所以对于船只装载的货物，币原要求日本驻安东领事冈田兼一引导日商附抗议纳税。①

冈田兼一向海关监督发表抗议，② 并与满铁和日商商讨对策。最终安东日商决定，在附属地满铁埠头上岸的货物，先将其运入满铁仓库，海关检查后如果征税结算银行因为未纳附加税而拒绝发放正税的缴纳通知书，业者就将相当于正税的金额预存入银行，满铁需要对没有放行单的货物的配送或者中转给予谅解。③ 4 月 13 日，海关监督和道尹一同来访冈田兼一，经过磋商，双方同意，对于在满铁附属地上岸的货物，日商先将附加税预存入银行，将来日本承认附加税后，把在日本政府承诺实施日以前的缴纳税款返还给商人，其余的则由中国支配。冈田兼一提议预存的银行为朝鲜银行，但中方决定由中国银行负责，由此附加税在 4 月 14 日开始实施。冈田兼一也向币原喜重郎表示希望就此使安东关的附加税交涉告一段落。』④ 然而，一些华商看到安东海关不直接向日本征收附加税，于是与日商合作，将华商的货物以日商的名义运输，导致海关无法向华商征收相关附加税，海关监督遂向安东日领馆抗议，于是冈田兼一随即对安东商业会议所中的相关日商进行搜查，并严厉警告他们。⑤ 可见日本与安东海关监督达成的协议对华商伤害巨大。

营口由于处于非租借地，币原要求日商附抗议纳税，营口日商对此非常不满。他们认为东北各地实施附加税的日期和手续方法等不能不同，特

---

① 「第三六号　貴電第五六号ニ関シ」（1927 年 4 月 15 日）、JACAR（アジア歴史資料センター）Ref. B09040081800（第 255 画像目から）、各国関税並法規関係雑件/中国ノ部/附加税関係　第三巻（E－3－1－2－X1_C1－2_003）（外務省外交史料館）。

② 「普通第一三四号　関税付加税ニ関スル件」（1927 年 4 月 12 日）、JACAR（アジア歴史資料センター）Ref. B09040081800（第 240 画像目から）、各国関税並法規関係雑件/中国ノ部/附加税関係　第三巻（E－3－1－2－X1_C1－2_003）（外務省外交史料館）。

③ 「第五五号　往電第五三号ニ関シ」（1927 年 4 月 12 日）、JACAR（アジア歴史資料センター）Ref. B09040081800（第 238 画像目から）、各国関税並法規関係雑件/中国ノ部/附加税関係　第三巻（E－3－1－2－X1_C1－2_003）（外務省外交史料館）。

④ 「第五六号　往電第五五号ニ関シ」（1927 年 4 月 13 日）、JACAR（アジア歴史資料センター）Ref. B09040081800（第 238 画像目から）、各国関税並法規関係雑件/中国ノ部/附加税関係　第三巻（E－3－1－2－X1_C1－2_003）（外務省外交史料館）。

⑤ 「機奉領第四一号　二分五厘付加税問題ニ関スル件」（1927 年 5 月 5 日）、JACAR（アジア歴史資料センター）Ref. B09040081900（第 326 画像目）、各国関税並法規関係雑件/中国ノ部/附加税関係　第三巻（E－3－1－2－X1_C1－2_003）（外務省外交史料館）。

别是在南满二五附加税实施日期和征收方法等必须要全部一致。[①] 但外务省没有理会。一些日商只能将货物放入保税仓库暂存，[②] 有的着手将货物转运至大连，以通过铁路运至目的地，还有日商最终选择附抗议纳税。[③] 见滨江关和安东关的“交涉”成功，营口商业会议所集会向岸田英治请愿提出三条意见：第一，进口正税应纳税款全部在日本领事馆或者日本领事指定的银行委托保管；第二，领事在委托保管书中证明后，向运输商出示，运输商依此办理运输业务；第三，领事馆将预存的税款向海关通知。岸田英治向海关监督提出这些要求，均被拒绝。[④]

于是，营口日商就与山海关一直保持对峙态势，岸田英治为了避免事态激化也拒绝支持进一步的抗缴行动。[⑤] 日商为了避开附加税，采取了多番措施转运，导致山海关并不能实现预期的征税目的，中国方面也十分恼火，多番致函或电令，要求大连海关附税征收处处长李友兰迅速主持开征附加税，以避免附税税款的流失。[⑥]

早在 1927 年 3 月，莫德惠已增设大连关附税筹备处，委任洮昌道道尹李友兰为大连关二五附加税筹备处处长，前往大连办理附税征收事宜，[⑦] 但李友兰到达大连后，大连海关拒绝公告李友兰的海关监督任命。[⑧] 后来，莫德惠在与吉田茂的交涉中，又希望尝试以销场税撤废作为条件，希望派遣

---

① 「機密第一二九号　支那関税付加税実施ニ因ル影響ニ関スル件」（1927 年 4 月 9 日）、JACAR（アジア歴史資料センター）Ref. B09040081800（第 228 画像目から）、各国関税並法規関係雑件/中国ノ部/附加税関係　第三巻（E－3－1－2－X1_C1－2_003）（外務省外交史料館）。

② 「第二七号　往電第二六号ニ関シ」（1927 年 3 月 26 日）、JACAR（アジア歴史資料センター）Ref. B09040081700（第 151 画像目）、各国関税並法規関係雑件/中国ノ部/附加税関係　第三巻（E－3－1－2－X1_C1－2_003）（外務省外交史料館）。

③ 「第三一号　往電第二八号ニ関シ」（1927 年 4 月 8 日）、JACAR（アジア歴史資料センター）Ref. B09040081800（第 225 画像目）、各国関税並法規関係雑件/中国ノ部/附加税関係　第三巻（E－3－1－2－X1_C1－2_003）（外務省外交史料館）。

④ 「機密第一五一号　関税付加税問題ニ関スル件」（1927 年 4 月 20 日）、JACAR（アジア歴史資料センター）Ref. B09040081800（第 274 画像目から）、各国関税並法規関係雑件/中国ノ部/附加税関係　第三巻（E－3－1－2－X1_C1－2_003）（外務省外交史料館）。

⑤ 「第三四号　本官発奉天宛電報　第二六号」、JACAR（アジア歴史資料センター）Ref. B09040081900（第 308 画像目）、各国関税並法規関係雑件/中国ノ部/附加税関係　第三巻（E－3－1－2－X1_C1－2_003）（外務省外交史料館）。

⑥ 《奉天省长公署训令第六五四号》，中国边疆史地研究中心、辽宁省档案馆合编《东北边疆档案选辑》（24），广西师范大学出版社，2007，第 446—451 页。

⑦ 《附加税实行后之奉省海关》，《新闻报》1927 年 3 月 31 日，第 7 版。

⑧ “Chairman of Dairen Surtax Committee: Copy of His Appointment Sent Dairen Customs,” *Manchuria Daily News* (17th March, 1927): 1.

附加税专员李友兰前往大连，但吉田茂表示，如果莫德惠能够切实满足日本在附加税问题上的利益诉求，才会允许谈判。①

4 月 23 日，顾维钧向芳泽谦吉正式递交公文，提出要求在大连海关设立海关监督一事。芳泽谦吉随即表示此事关大连关的附加税征收问题，北京政府如此援引条款设置海关监督，日本政府绝难认可。② 4 月 30 日，新任内阁总理大臣兼外务大臣田中义一回信芳泽，要求坚决拒绝中国的要求。③随后芳泽谦吉以日本驻华公使馆的名义在 5 月 4 日向中国政府做出回应，反对中国设置海关监督的要求。④

与此同时，4 月 29 日，莫德惠告知吉田茂，张作霖发出了附加税征收的急电，要求从 5 月 1 日开始严令各地开征附加税，如果吉田茂还愿意与之继续交涉，莫德惠会尝试向张作霖请求延期开征。⑤ 莫德惠试图在销场税问题上让步，以换取日本同意大连海关设置海关监督。然而吉田茂此时态度已经转变，他在给田中义一的电文中表示，如果日本执着于销场税问题，就会让中国有机可乘，将来无法在附加税问题上压迫中国，因此吉田茂希望日本坚决拒绝大连设海关监督征附加税之举。⑥ 在 5 月 8 日吉田茂与莫德惠的会晤中，面对莫德惠要求大连开征附加税的问题，吉田茂表示要求奉天方面在销场税、帽儿山领事分馆、海吉线打通线等问题上对日本释放善意。莫德惠又表示销场税税率可以降低到 2.5%，但是吉田茂认为此举无视了奉天城作为通商口岸不能对持专照单的货物征通过税的事实，坚决要求取消销场税。⑦ 双方交涉无疾而终，吉田茂也越来越倾向于强硬解决问题。

① 「第一〇二号　往電第八七号ニ関シ」（1927 年 4 月 15 日）、JACAR（アジア歴史資料センター）Ref. B09040081800（第 246 画像目から）、各国関税並法規関係雑件/中国ノ部/附加税関係　第三巻（E－3－1－2－X1_C1－2_003）（外務省外交史料館）。

② 外務省編纂『日本外交文書　昭和期Ⅰ　第一部第一巻』、第 151 頁。

③ 外務省編纂『日本外交文書　昭和期Ⅰ　第一部第一巻』、第 152 頁。

④ 外務省編纂『日本外交文書　1927 年　対中国関係』、第 153—156 頁。

⑤ 「第一二四号　本官発安東宛電報第七〇号（三十日後）」（1927 年 5 月 1 日）、JACAR（アジア歴史資料センター）Ref. B09040081900（第 302 画像目から）、各国関税並法規関係雑件/中国ノ部/附加税関係　第三巻（E－3－1－2－X1_C1－2_003）（外務省外交史料館）。

⑥ 「第一二五号」（1927 年 5 月 2 日）、JACAR（アジア歴史資料センター）Ref. B09040081900（第 307 画像目）、各国関税並法規関係雑件/中国ノ部/附加税関係　第三巻（E－3－1－2－X1_C1－2_003）（外務省外交史料館）。

⑦ 「第一三七号」（1927 年 5 月 9 日）、JACAR（アジア歴史資料センター）Ref. B09040081900（第 334 画像目から）、各国関税並法規関係雑件/中国ノ部/附加税関係　第三巻（E－3－1－2－X1_C1－2_003）（外務省外交史料館）。

在1927年5月召开的奉天全满日领会议上，日本在东北领事达成决议，声明除了大连因为关系特殊需要尊重关东厅的意见外，其他地方的领事请示日本政府寻求有条件承认二五附加税。① 此后的附加税交涉中，日本始终坚持附加税不承认策略，并坚决阻止中国方面试图在租借地和附属地内征税。于是张作霖政府为了确保财源收入，开始采取措施。中日间在附加税上的矛盾日益激化，东北局势进一步恶化。

此时的日本在东北面临非常大的矛盾。一方面，日本国内经济危机，使日商非常不希望关税增征，特别是在东北，日货的竞争力并不算突出；② 另一方面，面对中国民族主义浪潮，日本外务省奉行所谓的“协调外交”，不愿意在附加税问题上对中国东北当局实行过于强硬的策略，这使日商非常失望。绪方贞子认为，币原喜重郎的外交思维是将重点置于出口问题，更重视与“中国本土”的关系，“满洲”的权益只是日本在中国应该维护的众多权益中的一个，因此绝不应该因“满洲”权益问题使日中关系恶化。③ 但是，币原又不能容忍中国对租借地和南满地区的既有秩序发起的挑战，于是他采取了一个看似同时符合“满蒙”政策和日商经济利益诉求的做法，对租借地和非租借地采取了两套处理方案。然而这个方案势必导致东北日商内部的“竞争”不平等，只会激起日商对中国政府以及日本外务省更强烈的不满。

中国民族主义浪潮下的关税自主运动在东北的推进，冲击了日本既定的“满蒙”政策。币原喜重郎是偏经济思维，他选择了缓进的从经济上侵蚀“满蒙”的路径。但中国民众的抵抗意识觉醒，既定的“满蒙”政策受到了阻碍。东北各海关监督以北京政府为支持，毅然开征附加税，终于迈出了东北海关关税自主的第一步。然而，东北海关在推行政策时，由于受到日本的强烈阻挠，被迫在政策推行过程中对日本让步，除了安东关和滨江关，奉天关和延吉关也对附加税推行做了让步。这个结果不得不说是令

① 《奉天实行征收二五附加税　自六月一日实施　日方态度究如何》，《大公报》1927年6月6日，第6版；《东省增收二五附税问题　日人谓大连有特殊关系不能增收》，《晨报》1927年6月7日，第9版。

② 「機密公第七五号　支那関税付加税実施後ニ於ケル影響予想其他ニ関スル件」(1927年2月10日)、JACAR（アジア歴史資料センター）Ref. B09040081200（第163画像目から）、各国関税並法規関係雑件/中国ノ部/附加税関係　第二巻（E-3-1-2-X1_C1-2_002）(外務省外交史料館)。

③ 〔日〕绪方贞子：《“满洲事变”：政策的形成过程》，李佩译，社会科学文献出版社，2015，第14页。

人遗憾的，东北海关在日本势力的干扰下，关税自主政策发生了异变。尽管如此，中国的抵抗是有效的，日商及日本政府看到了东北当局和北京政府在东北海关开征附加税的决心，他们逐渐意识到一味的抵抗并不能奏效，因此日本对东北海关也在一定程度上做出了让步。但中日间在附加税问题上矛盾依旧，这种让步也不可能持续。很快，当奉行积极的“满蒙”侵略政策的田中义一上台，张作霖也进入北京当政后，中日在二五附加税问题上的冲突逐渐升级。

四 附加税摩擦升级与延吉海关事件

张作霖为了解决财源问题以稳定奉系集团在北京的形势，严令征收附加税。与此同时，田中义一内阁也积极筹备扩大对东北的侵略，在附加税问题上日本将东北地区的二五附加税，与奉天省当局要求征收的销场税、家屋税等，合并视为“不当课税”，并将其强行捆绑入“满蒙悬案”中进行交涉。田中义一在东方会议中声称，日本政府会全力“确保东三省的政情安定和特殊地位权益”。[①] 张作霖对财源的要求，和田中义一积极的侵略东北政策，将附加税交涉推至悬案化和扩大化的境地，导致中日间的摩擦升级。

张作霖下达命令严征附加税，[②] 奉天省政府以普通商民尚未彻底缴纳附加税为由，在 5 月 27 日派发由奉天总商会署名的文件，要求严格征收附加税，还拟定了补收海关附税办法七条。[③] 6 月 25 日，奉天省长公署公告征收附加税，并放风如果不能从外商手中收到税款，就将从华商中征税。[④] 这是奉天关附加税征收的开端。对此莫德惠对满铁奉天公所长镰田弥助表示，尽管他个人是希望中日交涉结束后再实施，但是最近张作霖发来急令要求从速开征，自己不得已只能实施，并表示愿意降低销场税的税率以换取日

① 外務省編纂『日本外交文書　昭和期 I　第一部第一巻』、第 30、35 頁。

② 「第一二四号　本官発安東宛電報第七〇号（三十日後）」（1927 年 5 月 1 日）、JACAR（アジア歴史資料センター）Ref. B09040081900（第 302 画像目から）、各国関税並法規関係雑件/中国ノ部/附加税関係　第三巻（E－3－1－2－X1_C1－2_003）（外務省外交史料館）。

③ 「公第三二五号　二分五厘付加税実施ニ関スル件」（1927 年 6 月 1 日）、JACAR（アジア歴史資料センター）Ref. B09040081900（第 377 画像目から）、各国関税並法規関係雑件/中国ノ部/附加税関係　第三巻（E－3－1－2－X1_C1－2_003）（外務省外交史料館）。

④ “Surtax Question Brought up Again: At Mukden, Yingkou, Antung & Harbin,” *Manchuria Daily News*（28th June, 1927）: 2.

本对二五附加税的认可。随后莫德惠进京，而杨宇霆则接替莫德惠处理奉天事务。[1]

在营口，6月18日营口税捐征收局布告宣布严征附加税，随即山海关监督于6月23日发出公告，如果已经完纳附加税的商品从营口港转运到其他地方，需要获取分运凭单，货物从满铁营口车站转运到中国社区时，沿途会有税捐局关卡查验分运凭单，单货一致才可放行。考虑到日本不承认二五附加税，山海关监督对岸田英治表示，日商如果愿意，在缴纳附税后，会得到证明书，外国商人的货物在运入中国社区途中，只是会由税捐分局检查记账，实际上可以让收货的中国商人缴纳附加税，但日商和日领馆对此十分不满。[2]

在安东，安东税捐局宣布，对于中国商人的进口货物，从安东进一步运往东北内陆时，将会开征关税附加税，税捐局还在安东的新旧街区交通要道上设卡，对从附属地运往中国街区的货物征收附加税，华商对此也十分不满。[3]

虽然1927年4月币原喜重郎允许日商在铁道附属地以外缴附加税，吉田茂也向莫德惠提出这一解决方案，但一直没有得到中国方面的正式答复，日本政府面对这种状况也就默认日商在附属地外缴税了。[4] 但日商仍然可以不纳税，奉天省政府也不愿触动日本势力。于是，东北各地税捐局一方面强化对华商和各国商人附加税的查验征税，另一方面也尝试使用手段向日商征税。中国税捐局和中国海关面对日本的对抗附加税，不得不采取了一些非正常措施。

在奉天，奉天税捐局派员到各商号调查所购洋货，倘若未纳二五附加

---

① 「奉天情報第五八号　莫省長ノ談」（1927年6月30日）、JACAR（アジア歴史資料センター）Ref. B09040081900（第407画像目）、各国関税並法規関係雑件/中国ノ部/附加税関係　第三巻（E-3-1-2-X1_C1-2_003）（外務省外交史料館）。

② 「機密第二四八号　付機密第一五四号奉天総領事代理宛往信写一通送付　陸路ヨリ輸入スル貨物ニ対シ関税付加税徴収方ニ関スル件」（1927年6月27日）、JACAR（アジア歴史資料センター）Ref. B09040081900（第409画像目から）、各国関税並法規関係雑件/中国ノ部/附加税関係　第三巻（E-3-1-2-X1_C1-2_003）（外務省外交史料館）。

③ 「普通第二五七号　関税付加税徴収漏貨物課税ニ関スル件」（1927年6月29日）、JACAR（アジア歴史資料センター）Ref. B09040081900（第415画像目）、各国関税並法規関係雑件/中国ノ部/附加税関係　第三巻（E-3-1-2-X1_C1-2_003）（外務省外交史料館）。

④ 亜細亜局第一課『最近支那関係諸問題摘要』（第54議会用）第三巻（財政、借款、鉄道、通信、経済事項）、1927年、第33頁、JACAR（アジア歴史資料センター）Ref. B13081135600、議AJ-13（外務省外交史料館）。

税及销场税，一律加以处罚，不报告纳税的货物一律予以扣留，一些日系洋行的漏税货物被全部没收，中国的日货代理商、运输商的账簿也被检查，以课罚金。[①] 奉天税捐局局长虽然向日本表示不会对日商直接征税，也不会阻碍日商向奉天城运入货物，[②] 但是依然有日商被税卡尝试征税，[③] 还有几例日商中的中国人将货物运入奉天城内时，中国征税员认定其为漏税品，将货物扣留。日商为了避免被征附加税，向奉天城内运入的日商货物由日本人护送，部分还有领事馆警察陪同。[④] 中国还以颜色，日货通关运输期间，海关雇用的密探检举其为逃税品并将货物扣留。由于日商具有不直接纳税的特权，英、美、法、德等国外商还试图趁日货运入奉天城内时蒙混过关。而为了规避中国税捐局的检查，越来越多的华商向日本提出在附属地租赁房屋开设分店的要求。[⑤]

在安东，7 月 1 日开始，公和桥、虹桥、大河桥及其他三个日人居民区和中国居民区的连接处，各有一名征税员和两名巡警，对从附属地内运出的中国人的货物检查征税。尽管税捐局要求对日人的货物暂不征税，但是 7 月 2 日中国征税官对旧市街的日商日进洋行前一日从附属地运出的进口杂货强行征税；7 月 6 日附属地内的富士瓦斯纺织工厂向旧市街华商交付的 16 包中国产绢细丝也被要求课税；7 月 8 日，用于日本和朝鲜人收购杂粮包装、由旧市街中国人商店保管的两千个麻袋，也被强征附税。[⑥]

---

① 《奉天日商反对二五附税》，《申报》1927 年 8 月 10 日，第 9 版。

② 外務省編纂『日本外交文書　昭和期Ⅰ　第一部第一巻』、第 173—174 頁；「公第四〇七号　二分五厘付加税徴収ニ関スル件」（1927 年 7 月 4 日）、JACAR（アジア歴史資料センター）Ref. B09040082200（第 17 画像目から）、各国関税並法規関係雑件/中国ノ部/附加税関係　第四巻（E－3－1－2－X1_C1－2_004）（外務省外交史料館）。

③ 「九六〇五　平」（1927 年 7 月 10 日）、JACAR（アジア歴史資料センター）Ref. B09040082200（第 52 画像目）、各国関税並法規関係雑件/中国ノ部/附加税関係　第四巻（E－3－1－2－X1_C1－2_004）（外務省外交史料館）。

④ 「第一八七号　往電第一八一号ニ関シ」（1927 年 7 月 16 日）、JACAR（アジア歴史資料センター）Ref. B09040082200（第 74 画像目）、各国関税並法規関係雑件/中国ノ部/附加税関係　第四巻（E－3－1－2－X1_C1－2_004）（外務省外交史料館）。

⑤ 「奉天情報第七七号　課税問題（銷場税三分三厘付加税二分五厘）（特務機関報）」（1927 年 8 月 11 日）、JACAR（アジア歴史資料センター）Ref. B09040082400（第 215 画像目から）、各国関税並法規関係雑件/中国ノ部/附加税関係　第四巻（E－3－1－2－X1_C1－2_004）（外務省外交史料館）。

⑥ 「普通第二七七号　関税付加税徴収漏貨物課税ニ関スル件」（1927 年 7 月 11 日）、JACAR（アジア歴史資料センター）Ref. B09040082200（第 62 画像目）、各国関税並法規関係雑件/中国ノ部/附加税関係　第四巻（E－3－1－2－X1_C1－2_004）（外務省外交史料館）。

在长春，7 月 28 日，金泰洋行向法国订购的香水和其他折合价格 260 余元的商品到达中国长春邮政局，领取时，邮局要求按从价 5% 支付 13 元附加税，否则不得领取。洋行随即联系领事馆，同时向邮政局表示该商品是季节性货物，为急需物品，不得延迟收货，最后以附抗议纳税的方式，缴纳了这 13 元附加税，同时日领也向吉长道尹兼交涉员孙其昌提交抗议书。①

日商鉴于自己因为不承认附加税而处境越发艰难，要求领事进行交涉。奉天商业会议所会长庵谷忱在 8 月 1 日下午 3 时召集各议员召开特别会议，同时商工会书记长野添带领二十余名会员，与日本驻奉天总领事吉田茂请求向中国政府严正交涉。8 月 10 日，“全满日本人大会实行委员会”议决，要求日本政府迅速采取措施以遏制中国方面在东北地区的“不当课税”。②然而吉田茂因为局势混乱拒绝了他们的要求。③

中日间对于附加税问题的摩擦愈演愈烈，中国方面看到日本和日商实际上并没有做出武力行动，遂更加大胆地征收附加税和销场税，在日商发表抗议宣言后，奉天省还发起了大规模的反日运动，以民众的反日情绪，作为自己征收附加税的支持。④ 但平心而论，奉天省由于无法从日商手中收取附加税，不得不采取非正常手段，对华商施加巨大压力，迫使华商减少乃至放弃与日商的贸易。这种做法虽然在一定程度上压缩了日商在东北的经济利益，但是也对华商造成了不小的伤害，而其责任，全在日本。日本面对中国的民族主义浪潮，暂时性地让步和妥协，缴纳了附加税，但日商心目中对中国的敌视也在不断积蓄。

延吉海关事件是东北关于附加税开征问题爆发的标志性冲突事件。延吉关宣布要开征附加税，引发日、鲜人打砸延吉海关。尽管延吉海关最终在附加税问题上妥协，但该事件作为日本武力冲击中国海关的代表性事件，进一步强化了东北海关所受到的日本武力威胁。

---

① 「公第一六一号　輸入小包郵便物ニ対スル付加税徵収ノ件」（1927 年 7 月 30 日）、JACAR（アジア歴史資料センター）Ref. B09040082300（第 107 画像目から）、各国関税並法規関係雑件/中国ノ部/附加税関係　第四巻（E-3-1-2-X1_C1-2_004）（外務省外交史料館）。

② 「全満日本人大会実行委員会発田中義一宛件」（1927 年 8 月 11 日）、JACAR（アジア歴史資料センター）Ref. B09040082400（第 214 画像目）、各国関税並法規関係雑件/中国ノ部/附加税関係　第四巻（E-3-1-2-X1_C1-2_004）（外務省外交史料館）。

③ 《奉天日商反对二五附税》，《申报》1927 年 8 月 10 日，第 9 版。

④ 亜細亜局第二課『最近支那関係諸問題摘要』（第 54 議会用）第 4 巻（排日運動）、1927 年、「二、東三省ニ於ケル排日運動」、JACAR（アジア歴史資料センター）Ref. B13081151200、議 AJ-17（外務省外交史料館）。

延吉对外贸易中，以小包邮寄物的形式进口的商品数量不小，因此事实上延吉若开征附加税，主要在于小包邮寄物的征税，这与北满地区的情况类似。但是日本驻“间岛”总领事馆铃木要太郎仍对此强烈抗议并反对。[①] 延吉海关在7月5日以延吉关监督陶彬和附加税征收专员向维桢的名义发布了将在7月11日开征附加税的告示，7月8日，陶彬等人赴日本驻“间岛”总领事馆口头通知，但铃木要太郎坚持成见，并声称强制征税倘若惹起不详之事，日本不负责任，双方相持两小时有余。7月9日，日鲜商民代表十数人前来海关，要求缓办附加税，双方相持三小时有余。在珲春，日本领事馆分馆于7月11日发表了不承认的通告，当地知事和道尹公署与日本的交涉也无果。[②]

7月11日，在龙井村的日本进口商联合体召集当地的日本人和朝鲜人召开所谓“全间岛珲春侨民大会”，[③] 他们在会上叫嚣：第一，绝对反对日本政府未承认之附加税征收。第二，安税务司若以未纳附加税为理由不发给放行单，则认为越权行为，即纠弹之。[④] 与此同时，铃木要太郎致函陶彬，指出如果中国方面径直开征附税，由此产生的任何事件都将由中国方面负全责。[⑤] 根据吉林省的报告，7月11日龙井村的日鲜商人“相率鸣钟聚众休业开会，举市若狂”。7月12日，海关监督接到“全间岛珲春日鲜居留民大会函”，刊载了前述居留民大会做出的两点决议。同时，20余名日、鲜人闯至海关署，对税务司安德森横加诘问。

安德森随后直接到访铃木要太郎，对铃木要太郎提出交涉。安德森驳斥了“居留民大会决议”，指出附加税是依据华会条约征收的，各国已经同

① 「第五九号」（1927年7月9日）、JACAR（アジア歴史資料センター） Ref. B09040082200（第46画像目）、各国関税並法規関係雑件/中国ノ部/附加税関係　第四巻（E－3－1－2－X1_C1－2_004）（外務省外交史料館）。

② 「機密第二三二号　付加税徴収開始ニ関スル件」（1927年7月11日）、JACAR（アジア歴史資料センター） Ref. B09040082200（第63画像目から）、各国関税並法規関係雑件/中国ノ部/附加税関係　第四巻（E－3－1－2－X1_C1－2_004）（外務省外交史料館）。

③ 「第六〇号（至急）　往電第五九号ニ関シ」（1927年7月15日）、JACAR（アジア歴史資料センター） Ref. B09040082200（第73画像目）、各国関税並法規関係雑件/中国ノ部/附加税関係　第四巻（E－3－1－2－X1_C1－2_004）（外務省外交史料館）。

④ 「九六九七　平」（1927年7月11日）、JACAR（アジア歴史資料センター） Ref. B09040082200（第60画像目）、各国関税並法規関係雑件/中国ノ部/附加税関係　第四巻（E－3－1－2－X1_C1－2_004）（外務省外交史料館）。

⑤ 「公文第四三号」（1927年7月11日）、JACAR（アジア歴史資料センター） Ref. B09040082200（第201画像目）、各国関税並法規関係雑件/中国ノ部/附加税関係　第四巻（E－3－1－2－X1_C1－2_004）（外務省外交史料館）。

意。而附加税的征收遵照部章第六条，由监督命令驻关银号经收税款人员与正税同时收款，正附同一税单，如不缴附税，正税款就不能缴纳，自然不能发放放行单，绝非越权行为。值得一提的是，安德森是在陶彬的多次强硬交涉下，最终同意其在海关内设置附加税处征收附加税的。

由于海关坚持征税，龙井村地区爆发进口附加税反对运动。日、鲜商人集结200余人，[①] 在7月13日早上，手持棍棒，撞开通关仓库门户，破坏了海关停车场内的存库，并将没有完成通关的货物掠去。[②] 打砸事件发生后抵达延吉关的货物，则根据海关的要求，在有票据关系的各运输商的仓库中保管着，根据票据的日期进行结算。[③]

中国方面的报告则称，7月13日，日人聚集并煽动三四百名朝鲜人，将延吉海关关库捣毁，逢人便打，并将存库的各项货物一概劫去，运到日本居留民会。日本领事馆警察则到海关附近武装驻扎。[④] 而根据延边公民大会致电外交部函，其称在延吉关发生打砸事件时，有"武装日警数十人推运机关枪，假为出操，距关库一箭地外停集，暗中援助"。[⑤] 中国方面刊发的《延边公民警告汇刊》还提到："日本强抢货物后，向罗南发电报告其陆军大本营，谓实行强抢后，中国方面无若何之反动，吾军可暂行不动，日后遇必要时，再行电告云云。"[⑥] 这充分表明日军对此事件早已准备妥当，只待中国方面进一步反制，即扩大事端。海关监督陶彬面对此种状况经过

---

① 「第六〇号（至急）　往電第五九号ニ関シ」（1927年7月15日）、JACAR（アジア歴史資料センター）Ref. B09040082200（第73画像目）、各国関税並法規関係雑件/中国ノ部/附加税関係　第四巻（E－3－1－2－X1_C1－2_004）（外務省外交史料館）。中国方面的抗议信中提到300余人，下文将讨论。

② 「東業公第五号」（1927年7月14日）、JACAR（アジア歴史資料センター）Ref. B09040082200（第71画像目から）、各国関税並法規関係雑件/中国ノ部/附加税関係　第四巻（E－3－1－2－X1_C1－2_004）（外務省外交史料館）。

③ 「東業公第七号　間島龍井村ニ於ケル付加税反対運動事件ニ関スル御報告」（1927年7月18日）、JACAR（アジア歴史資料センター）Ref. B09040082200（第71画像目から）、各国関税並法規関係雑件/中国ノ部/附加税関係　第四巻（E－3－1－2－X1_C1－2_004）（外務省外交史料館）。

④ 《延吉日侨捣毁海关抗纳二五附税聚众抢劫货物》，《晨报》1927年7月28日，第2版；《日侨聚众捣毁延吉海关　反对二五附加税》，《新闻报》1927年7月30日，第7版。

⑤ 《第1318号　日商反对二五附加税事由》（1927年7月15日），台北中研院近代史研究所档案馆藏北洋政府外交部档案，馆藏号：03－19－024－04－009。

⑥ 「機密第一七二号　二分五厘付加税実施反対運動ニ対スル局子街支那側状況ニ関スル件」（1927年7月20日）、JACAR（アジア歴史資料センター）Ref. B09040082200（第87画像目）、各国関税並法規関係雑件/中国ノ部/附加税関係　第四巻（E－3－1－2－X1_C1－2_004）（外務省外交史料館）。

商议，由于担心日本意图扩大事端的阴谋，不得不隐忍而不出警，中方在此事件的应对上不可不谓卑屈至极。

海关税务司安德森的妻子之后曾在纽约的一份杂志上撰文抨击日本在延吉的暴力行径，她指控日人在日本控制的报纸中大肆侮辱安德森，甚至对安德森发出了死亡威胁。打砸事件发生时，延吉充斥着火警铃声、饮料瓶声，以及街道上的机关枪声。安德森请求日本领事平息暴动，遭到日本领事拒绝，还称日本领事馆不能确保状况。之后的一个晚上，安德森收到警告消息，暴民准备利用炸弹袭击海关。他再次要求日领馆采取行动，但日领馆称并无责任保护税务司。一夜躲藏后，第二天早上一名日本警察前来，称他们已经平息了暴动。①

延吉事件事实上是有预谋的，牵涉到了日本在延吉的整个殖民系统，包括领事馆、侨民、媒体乃至军队。日本对安德森夫妇的威胁，释放出一个很危险的信号，日本对于中国海关的外籍税务司制度乃至与列强关系重大的中国海关系统不再畏惧，日本已经打算径直冲击中国海关系统。同时这也是日本调动整个殖民系统对抗中国海关的一次行动，东北海关正在直面日本武力的威胁。

事件发生后，陶彬于 7 月 13 日复照铃木要太郎称："来文谓惹起何等不详事件一节，本官办理本案，悉照法定手续，务使中外商民，同其便利。倘日鲜商民坚执反抗，故意惹起何等不详事件，贵总领事既已顾虑及此，应请先事告诫，勿任自由是所至盼。"② 然而铃木要太郎坚决不承认日本的责任，反把责任全部推给了中国，③ 还声称被夺走的货物日后可以缴纳正税，事件中误取了的中国货物也将直接原样返还。④ 也就是说，铃木要太郎在交涉

① 「機密第一〇五二号　間島二五付加税徴収紛擾事件ニ関スル雑誌記事ニ関スル件」、JACAR（アジア歴史資料センター）Ref. B09040082400（第 246 画像目から）、各国関税並法規関係雑件/中国ノ部/附加税関係　第四巻（E－3－1－2－X1_C1－2_004）（外務省外交史料館）。

② 「照会第四二号」（1927 年 7 月 13 日）、JACAR（アジア歴史資料センター）Ref. B09040082200（第 201 画像目）、各国関税並法規関係雑件/中国ノ部/附加税関係　第四巻（E－3－1－2－X1_C1－2_004）（外務省外交史料館）。

③ 「公文第四六号」（1927 年 7 月 13 日）、JACAR（アジア歴史資料センター）Ref. B09040082200（第 205 画像目）、各国関税並法規関係雑件/中国ノ部/附加税関係　第四巻（E－3－1－2－X1_C1－2_004）（外務省外交史料館）。

④ 「公文第四七号」（1927 年 7 月 13 日）、JACAR（アジア歴史資料センター）Ref. B09040082200（第 210 画像目から）、各国関税並法規関係雑件/中国ノ部/附加税関係　第四巻（E－3－1－2－X1_C1－2_004）（外務省外交史料館）。

中承认他曾经向陶彬发出了警告，而这起事件也是他对陶彬的示威。

为了揭露日本的暴行，延吉的中国人召开反日大会，[①] 发起不买日货同盟，组织派发传单。[②] 还有消息称陶彬曾请求出动军队镇压日、鲜人的暴动，但是镇守使没有允许。[③] 然而中日双方都不愿意事态进一步扩大，最终由当地有威望者出面调停。在延吉主办“光明会”从事教育和农业的日人日高丙子郎，和长期奔走于中日之间的华商茹壬海，合作调停此事。7 月 17 日，中日双方各推调停者 4 人，日、鲜商民推举两人，与海关监督协商后，达成“附加税中的奢侈品中应征的5%税率以2.5%征收”的协议，同时日人采取附抗议纳税，日人所纳附加税款项暂由华商茹壬海保管，待解决后再度返还。陶彬对此同意。[④] 此外，根据中日间达成的协议，日、鲜人毁损的海关建筑，由日、鲜商民代表负责修复，劫去的货物则由运输商负责人前往海关登门道歉并补缴税款，退还劫去的华商货物，日本驻“间岛”总领事铃木要太郎要登报为攻击海关税务司安德森的行为道歉。7 月 23 日，财政部电令到达，同意了延吉士绅的调停之策。[⑤]

尽管中日双方达成协议，但中国海关总税务司和北京外交部还是对日本方面提出了抗议。7 月 23 日，中国海关总税务司正式下达训令，让延吉关向日本领事提出抗议，强烈谴责日本的行径。[⑥] 而铃木要太郎 7 月 26 日

---

① 「公第三四二号　間島ニ於ケル付加税徴収事件ニ関スル支那紙論評報告ノ件」(1927 年 7 月 26 日)、JACAR（アジア歴史資料センター）Ref. B09040082300（第 188 画像目)、各国関税並法規関係雑件/中国ノ部/附加税関係　第四巻（E－3－1－2－X1_C1－2_004）（外務省外交史料館)。

② 「第六二号　往電第六〇号付加税問題ニ関シ」(1927 年 7 月 18 日)、JACAR（アジア歴史資料センター）Ref. B09040082200（第 75 画像目)、各国関税並法規関係雑件/中国ノ部/附加税関係　第四巻（E－3－1－2－X1_C1－2_004）(外務省外交史料館)。

③ 「機密第一七一号　二分五厘付加税実施反対運動ニ対スル支那側状況報告ノ件」(1927 年 7 月 18 日)、JACAR（アジア歴史資料センター）Ref. B09040082200（第 79 画像目から)、各国関税並法規関係雑件/中国ノ部/附加税関係　第四巻（E－3－1－2－X1_C1－2_004）(外務省外交史料館)。

④ 「第六二号　往電第六〇号付加税問題ニ関シ」(1927 年 7 月 18 日)、JACAR（アジア歴史資料センター）Ref. B09040082200（第 75 画像目)、各国関税並法規関係雑件/中国ノ部/附加税関係　第四巻（E－3－1－2－X1_C1－2_004）(外務省外交史料館)。

⑤ 前文所述的细节参考了吉林省长的报告，见《咨字第六五九号　据延吉关监督呈报办理进口附加税交涉经过情形查照由》(1927 年 8 月 29 日)，台北中研院近代史研究所档案馆藏北洋政府外交部档案，馆藏号：03－19－024－04－010。

⑥ 「Anderson to Suzuki」(1927 年 7 月 23 日)、JACAR（アジア歴史資料センター）Ref. B0904 0082400（第 212 画像目)、各国関税並法規関係雑件/中国ノ部/附加税関係　第四巻（E－3－1－2－X1_C1－2_004）(外務省外交史料館)。

复照称，那些货物目前暂由侨民大会代为保管，未来一定会补缴正税，此次事件不过是日本方面为附加税问题，又为了迅速取出易腐烂的货物，不得已而为之。[①] 7 月 25 日，外交总长王荫泰对日本提交延吉海关打砸事件的抗议书，日本则复照称此事件责任全在中方。[②] 中日间对此事的外交交涉最后不了了之。

相比于最初的附抗议纳税、预存关税、关税代保管，乃至告而不争、部分不征，税捐局和东北海关基于日益高涨的反日情绪的支持，采取了更为强硬的方式对日本直接征收附加税，奉天省在此之后的附加税交涉中，也更为强硬地拒绝了日本的要求。[③] 于国权这是非常有利的，也在经济上压制了日本在东北地区的经济扩张。但由于日本对东北海关征税的强烈干扰，中国只能采取非正常手段征税以确保政策的推行，即便如此，在东北推行关税自主政策依然障碍重重，充分体现了当时的中国外争国权的艰难。

对于日本而言，面对中国日益高涨的民族主义情绪，币原时代采取了一定的让步和妥协，而田中的策略，则是对币原“协调外交”在“满蒙”的运作策略的否定。田中义一的“积极”的“满蒙”政策，表明日本面对日益强硬的中国，已经无力按既定策略推行对“满蒙”侵略政策。此时在日本国内以及中国东北地区的日人中，早已弥漫着一股对“满洲”采取军事行动的舆论。面对日本和“满洲”的舆论叫嚣，以及中国日益高涨的民族主义浪潮，日本政府试图迎合东北日人的行事和思维方式——直接解决问题。此前币原要求的附抗议纳税，可以视为对东北日人的压抑，但这股压抑在田中义一时代得到释放。延吉海关事件，是东北日人压制这股民族主义浪潮的尝试；随后发生的吉田茂联络关东军阻断京奉铁路运输的策划，来源于早前奉天商业会议所会长庵谷忱所提出的强制措施；附加税交涉转由本庄繁参与后，他希望尽可能解决满铁的问题，要求日本政府不必焦急附加税问题的处理，[④] 他们所基于的也是在东北日本殖民系统的思维方式。

① 「公文第四九号」（1927 年 7 月 26 日）、JACAR（アジア歴史資料センター）Ref. B09040082400（第 213 画像目）、各国関税並法規関係雑件/中国ノ部/附加税関係　第四巻（E－3－1－2－X1_C1－2_004）（外務省外交史料館）。

② 「機密第七九四号　間島付加税問題ニ関シ外交部ト往復ノ件」（1927 年 8 月 1 日）、JACAR（アジア歴史資料センター）Ref. B09040082200（第 194 画像目から）、各国関税並法規関係雑件/中国ノ部/附加税関係　第四巻（E－3－1－2－X1_C1－2_004）（外務省外交史料館）。

③ 外務省編纂『日本外交文書　昭和期Ⅰ　第一部第一巻』、第 191—193 頁。

④ 外務省編纂『日本外交文書　昭和期Ⅰ　第一部第二巻』外務省、1990、第 6 頁。

当日本政府试图迎合东北地区日人的思维方式时，也就意味着，日本政府进一步受在东北的日本殖民系统所左右。

东北地区的附加税交涉逐渐陷于停顿，大连地区的附加税依然无法开征。1928 年 5 月 1 日，奉天省公告，接管在大连的附加税“征收工作”，在财政厅内设置大连关征收附税处，意在以更为强大的执行力对大连关强行征收附加税。[①] 然后，由于“皇姑屯事件”和东北易帜，东北地区的附加税交涉交由南京国民政府继续进行。

五 结论

关税意味着财政，即意味着国富。一直以来，中国的关税税率被列强控制，即便“值百抽五”也不能保证，关税收入很大一部分也被用作偿还赔款外债，在征收过程中，还会出现缴纳关税的银两质量参差不齐的情况，中国政府实际可支配的关税税款数量不高。中国为了提高关税税率与列强的多次交涉也基本以失败告终。五四时期，伴随着中国民众民族意识、主权意识的觉醒，在以五四运动为代表的民族主义运动浪潮下，中国民众再也不能坐视海关主权旁落的现状，要求收回海关利权的呼声日趋高涨，但中国在列强协调一致体系下达成关税增征的尝试不断落空。于是，中国政府决意自行征收附加税，并将关税自主试图推行到东北地区。东北海关即在这样的民族主义浪潮之下，迈出了关税自主的重要一步。

在东北海关体系中，首先是中国海关系统中外籍税务司掌管大权，海关监督基本上难有大作为，虽然在东北一些海关中，海关监督由当地官员兼任，但他们在海关事务上的作用与税务司仍有一定差距。其次是日本因素的干涉，东北海关无论是通关、运输、征税还是管理，都能够见到日本的参与，而日本在东北的殖民系统，也常常对当地海关施加各种压力。因此，东北海关推行关税自主政策，是中国政府试图改变东北海关体系中不利于中国的现状、强化对东北海关控制的体现。中国近代海关的整体性非常强，也被视为中国完整的象征，因此对于中国政府而言，东北海关也是一个载体，中国政府通过海关系统将关内的治理延伸到东北，从而加强对

---

① 「公第三四七号　大連関徴収付税処ノ通告ニ関スル件」（1928 年 5 月 8 日）、JACAR（アジア歴史資料センター）Ref. B09040082700（第 388 画像目）、各国関税並法規関係雑件/中国ノ部/附加税関係　第五巻（E-3-1-2-1_C1-2_005）（外務省外交史料館）。

东北地区的控制。

二五附加税是中国政府自行开征的关税，但附加税征收处和中国海关的结合，使得中国海关体系与中国政府的联系进一步紧密。东北各关的海关监督，在中国民族主义浪潮下，以北京政府和地方实力派为支持，作为主角进行对日本领事和海关税务司的交涉，尽可能地使附加税在东北海关实现开征。东北海关对海关利权的认识，伴随着二五附加税的征收进程不断发展。北京政府在发布大总统令后，因为海关税务司的不合作，以及日本的大规模交涉攻势，海关监督只能够采取“告而不征”的做法。但随着天津海关开征附加税，东北海关逐渐意识到可以在不被日本承认的情况下，自行开征二五附加税。同时，东北地方当局的积极谋划，也使他们获取了开征附加税的实力支持，尽管由于自身实力的不足，东北海关不得不对日本在二五附加税开征做出让步。而随着局势的发展，以及反日情绪的高涨，东北海关在中国政府和税捐局的支持下，进一步采取了更为强硬的措施，以尽可能维护海关权益。

东北海关越来越能为中国政府所用，中国对东北海关控制的强化，势必触动日本在东北的既得利益，因此日本不断地对中国东北海关发起冲击。日本以各种各样的理由不承认附加税，并采取各种手段尽力使海关关税征收延宕，东北海关的关税自主权和海关主权，乃至中国的主权，也由此受到了极大的冲击。二五附加税在东北海关的具体实施发生了很大的变异，大连租借地无法开征，安东关、奉天关、营口关、滨江关、延吉关等地没有完全开征。面对日本的抗缴，中国政府无法通过正常手段在东北对其开征二五附加税，不得不采取非正常措施，包括发起抵制日货运动、强征附加税、派遣密探监视日商华商等，这又进一步激化了中日双方的冲突。

日本在东北地区的势力根深蒂固，导致其在面对东北海关关税自主政策时，内部都出现了分歧。在日本政府层面，币原喜重郎主政下的外务省主张采取相对和缓的对华侵略攻势，默认甚至承认中国的附加税征收，田中义一时代又主张积极的“满蒙”侵略政策；在东北地区殖民系统内部，包括领事馆、满铁、商业会议所等，对东北海关开征附加税的意见也非常不统一，甚至出现东北日人违背日本政府意愿擅自行动的情况。东北海关运作，深受日本对“满蒙”政策的取径的影响。或者说，东北海关本身就是日本在东北殖民体系的一环，东北海关的主权在日本的干涉下实难保全。这又使东北海关的日本因素被进一步强化。

日本对东北海关的冲击和野心，还源自英国势力的衰落和民族主义浪潮的蔓延，使中国海关基于赫德建立的以英国为主导的“国际官厅”体系出现了动摇。在日本眼中，中国海关已经不再是密不透风的大厦，日本也逐渐发现其具有冲击中国海关的可能。他们发现对于中国海关也可以采取激进的对抗，以实力压迫东北海关乃至中国海关体系并不是一件难事。于是，东北海关所面临的危机逐渐加重。

关税自主时期的东北海关，集中体现了中国政府意欲加强对东北海关控制，与日本意欲加强对东北海关的影响之间的冲突。日本惧怕的是，东北海关若实现关税自主，现有的关税税率必然会得到提高，这将导致其在东北的经济利益受损，在东北的一系列不当特权都将随之遭到压缩，乃至被中国收回，这对其侵略“满蒙”的行动将是巨大的阻碍。于是，日本将不断干涉东北为实现关税自主所进行的系列尝试，对东北海关的威胁也将不断增强。

（作者单位：北京师范大学历史学院）

战时经验与制度变迁：山东解放区对东海关的接收与改造（1945—1949）

水海刚　张庭祯

内容摘要　1945 年 8 月烟台的解放，使得东海关的历史由外籍税务司时期进入到人民海关时期。为适应战争的需要，东海关原有的管理系统被打散，原来的各分关分属各地工商局管辖。与此同时，山东解放区的海关管理也呈现出维持较高税率、强调海关工作人员的政治可靠性、海关直接领导权逐级下放、积极开展“群众路线”式的缉私活动等特点，这些均是适应战争形势而实行的新举措。山东解放区对东海关的接收与改造，事实上已呈现出“整体接收、逐步改造”的特征。随着解放区海关管理人员的培养与流动，这一经验与管理模式也从战时经验转变为新的制度实践，从而奠定了新中国海关管理制度革新的基础。

关键词　海关接收　烟台　东海关　山东解放区

作为中国近代史研究热点之一的中国近代海关史研究，虽已取得了巨大的进展和突破，但总的看来仍有许多亟待推进的领域。从研究时段来看，已有研究极少涉及抗战及解放战争时期；从研究内容来看，中国近代海关制度及其在 1927 年后的演化问题仍是有待厘清的领域。如关于海关的垂直管理系统在国内军阀混战、抗日战争、解放战争等一系列大事件下所遭受的挑战、冲击及回应的研究仍待深化。以解放区时期海关的研究而言，作为中华人民共和国这一新生政权诞生前的特殊时期，中国共产党对近代海关的接收与改造，对于我们理解新中国海关及其相关制度的形成大有帮助，理应引起学界的注意和进一步讨论。本文有鉴于此，以全国最早被解放区接收的东海关为例，探讨解放区政权对近代海关的接收与改造，以期在较长时段的视野下，加深对中国近代海关制度及其演变的理解。

一　东海关的设立及其沿革

东海关于1861年8月22日由晚清直隶候补知府王启曾创设，其创立是中英《天津条约》中要求开放口岸的结果。早期的东海关实为海、常两关的通称，负责管理烟台的税收以及港务费用，1862年1月17日，登莱青道移驻烟台，道台崇芳兼任第一任东海关监督。该年冬，英国人汉南（C. Hannen）担任东海关首任洋关税务司，组建东海关税务司署。1862年4月东海关洋关开始正式办公，执行各国制定的“协定关税”税率，标志着东海关[①]被纳入中国近代新式海关系统之中。[②] 东海关的沿海管辖范围，北至大清河，南至老黄河口，与江海关和津海关相接。[③]

1901年，由于《辛丑条约》中要求中国的赔款以海关税、常关税、内地厘税和盐税作为抵押，烟台口及其50里内的常关（东自系山口，西至八角口）由东海关监督衙门移交东海关税务司管辖，东海关征收的关税不再由东海关监督上缴，而作为战争赔款存于英国汇丰银行和俄国道胜银行。同年，原为东海关常关管理的民船业务划归洋关管理。[④] 从这一时期起，东海关税务司基本上拥有了所有海关事务的实质领导权，东海关监督衙门的地位逐渐弱化。1915年11月东海关（洋关）龙口分关设立，由东海关税务司苏古敦（A. H. Sugden）兼管。1930年10月国民政府收回威海卫，东海关（洋关）设立威海卫分关。[⑤] 1931年1月1日，全国关税会议统一划定全国海关关区，把所有的常关改为海关的分卡，裁撤厘局。东海关50里以外的常关统归洋关管辖，至此常关消失，东海关成为完全由总税务司管辖的机构。虽然东海关监督一直存在到1938年2月28日南京国民政府宣布裁撤，[⑥] 但从此时起东海关监督已经名存实亡。此时东海关的组织结构大致为：东海关为总关，由总税务司领导，下辖龙口分关、威海分关以及东海关民船台。龙口分关又分管八角口、平畅河、刘家沟、天桥口、庙岛、栾

---

① 东海关为海、常两关的通称，以下行文中除特别说明外，均以洋关为叙述对象。

② 丁抒明：《东海关设关考略》，《近代史研究》1985年第2期。

③ 《总税务司通令》（1864年第8号），中华人民共和国海关总署办公厅编《中国近代海关总税务司通令全编》第1卷，中国海关出版社，2013，第74页。

④ 边佩全主编《烟台海关史概要（1862—2004）》，山东人民出版社，2005，第134页。

⑤ 山东省地方史志编纂委员会编《山东省志·海关志》，山东人民出版社，1997，第25页。

⑥ 山东省地方史志编纂委员会编《山东省志·海关志》，第22页。

家口、黄河营、黑港口、太平湾、掖口、虎头崖、下营口、羊角沟等十三个分卡；而威海分关的组织更为细化，下辖石岛管理分卡（负责管理八河沟、沙窝岛、朱家圈分卡）和曲格管理分卡（负责管理俚岛、龙须岛、蜊江分卡）；民船台则管理着系山、八角口、芝罘三个分卡。[①]

1938 年 2 月 3 日，日本海陆联队从青岛由陆路和海上侵入烟台，东海关同日被日军占领，3 月 12 日，日本人籾仓作助（S. Momikura）由江海关调至东海关任税务司，两天后，北平伪中华民国临时政府指令保留此前南京国民政府宣布裁撤的东海关监督一职，由温世珍担任。沦陷后，东海关的税款及税收税目由日本正金银行接管。[②] 日军占领烟台后，对东海关进行了大规模调整，将东海关内部分为总务课、监察课、缉私课、港务课、秘书课和会计课。[③] 此后一直到 1945 年 8 月，东海关都受到日本方面的管控，在籾仓作助之后又经历了两任税务司：1942 年起任职的左岛忠夫（T. Sashima）和 1943 年 1 月 26 日起任职的饭田谦（T. E. Tanaka）。1945 年 8 月 24 日烟台第一次解放，日本对东海关的控制结束。[④]

二　山东解放区对东海关的接收

1. 战时状态下东海关管理系统的分离与整合

1945 年 8 月，威海、龙口、石岛、烟台先后解放，东海关进入中国共产党领导、人民政府管理的新时期。1945 年 8 月 24 日，烟台抗日民主政府委任贾振之为第一任人民东海关关长，接管东海关，10 月 27 日，胶东区行署正式任命他为关长。[⑤] 由于各地解放的时间不同，在贾振之在任时，此前由东海关管辖的威海分关、龙口分关成为东海关的平级机构，同东海关一样，由胶东区工商局直接管理。[⑥] 此时东海关仅下辖系山口、八角口和刘家旺三个事务所。在东海关内有秘书科、总务科、监察科和港务科，其中总务科下又设置了总务、征收、鉴定、进口、出口民船、统计、港务费征收、

---

① 山东省地方史志编纂委员会编《山东省志·海关志》，第 26 页。

② 边佩全主编《烟台海关史概要（1862—2004）》，第 152—154 页。

③ 山东省地方史志编纂委员会编《山东省志·海关志》，第 26 页。

④ 边佩全主编《烟台海关史概要（1862—2004）》，第 104 页。

⑤ 边佩全主编《烟台海关史概要（1862—2004）》，第 235 页。

⑥ 1947 年 8 月 10 日东海关改由胶东区税务局管理，时任关长赵桂源兼任税务局长。见边佩全主编《烟台海关史概要（1862—2004）》，第 239 页。

会计等九个股；监察科下设有监察股和查验股。[①] 1946年6月5日，胶东行署任命赵桂源担任东海关的新关长，[②] 同年10月，原属烟台工商管理局的关税股并入人民东海关的总务科，一个月后，按照胶东行署的机构精简会议讨论结果，东海关升格为总关，受胶东区工商局垂直领导，威海、龙口、石岛三个海关再次成为分关划归东海关管理，并且新成立了乳山分关。[③] 次年7月25日，胶东行署决定成立胶东区税务局，东海关关长赵桂源担任局长。8月10日，此前由胶东区工商管理局领导的烟台（即东海关）、龙口、威海、石岛、乳山各海关划归胶东税务局领导。9月19日，在国民党军再次占领烟台前，人民东海关撤离烟台，仅留下十人看守。至9月30日，人民东海关留守员工也撤离了烟台。人民东海关的人员撤出烟台后同烟台市银行、工商局合编成立了烟台经济工作队，将原来海关的分支机构改编为5个海关事务所、8个检查站，转入地下以游击的形式进行经济斗争。11月10日，胶东区行署为适应战时需要，决定将各分关改为独立海关，归属各地工商局直接领导，[④] 8月以来负责主持工作的张超被任命为新的人民东海关关长。

1948年10月20日烟台再次解放，烟台市人民政府重新接管东海关，车忠翰被任命为关长，此时东海关内部组织有了较大变化，分为会计、估验、监察、总务、港务五个股，同时还有和这五个股平级的巡缉队，[⑤] 此前被国民政府裁减的员工此次接收了26名，多为普通工人。[⑥] 由于此前9月1日石岛进出口局成立，石岛海关划归其管辖，乳山海关也划成石岛海关的一个分关，而此前划成独立海关的威海、龙口海关也仍然归当地的工商局管理。因此此时东海关直接领导的只有系山口、八角口、刘家旺三个事务

---

① 《东海关组织机构及人员配备情况》，青岛海关史志编纂委员会编《山东解放区海关史料综览》，中国海关出版社，2006，第15页。下文引用史料，除特别说明外，均来源于此书，不再赘述。

② 《胶东区行署关于东海关关长的公布令》（1947年6月5日）。

③ 边佩全主编《烟台海关史概要（1862—2004）》，第238页。遗憾的是笔者并没有找到胶东行署关于此次机构合并的具体文件，仅发现在1946年11月19日，胶东区工商局发出了《关于召开人事会议的通知》，文件指出此次会议的主题在于精简机构，由此推断大约是在这次会议后进行了海关的合并。参见青岛海关史志编纂委员会《山东解放区海关史料综览》，第27页。

④ 青岛海关史志编纂委员会编《山东解放区海关史料综览》，第60页。

⑤ 《东海关机构组织编制表》（1948年10月）。

⑥ 《东海关接收前被敌裁减员工登记表》（1948年1月）。

所。11 月 23 日，烟台进出口管理局成立，东海关划归该局垂直领导。[①] 1949 年 1 月，烟台进出口局将威海海关、龙口海关分别改为分关，划归东海关管理。2 月，华东财办指示裁撤小海口的海关机构，东海关内部改股为课。2 月，于厚轩被任命为东海关副主任，开始负责东海关的日常工作。

同年 6 月，华东财办对海关机构进行调整，[②] 东海关改称“烟台海关”，下辖系山口、八角、刘家旺三个直属海关事务所以及龙口和威海两个分关。值得注意的是：龙口分关此时仅下属栾家口、黑港口两个事务所，其他蓬莱、海庙后、虎头崖等地的事务所均已撤销；威海分关更加彻底，金山港检查站划归系山口管理，朝阳港检查站划归石岛海关管理，双岛分所撤销。这是海关适应形势精简部门的一大举措。

1949 年 10 月，新中国成立，同月，石岛分关划归东海关管理。此时的东海关又回到了 1946 年底的状态，管辖石岛、威海、龙口三地的海关，不过威海和龙口海关的级别由分关降至事务所。东海关内部的结构也再次发生变化，下设秘书、人事、行政、验估、稽查五课。[③]

2. 山东解放区政权对旧海关的人员接收

1945 年 8 月 24 日烟台解放之后，当天中共就派人接收了东海关，同时被接收的还有此前在东海关工作的旧职员。关于海关旧职员的接收，在胶东行署指示下东海关采取的是“留用不动，按月付薪”的政策。[④] 1946 年 4 月东海关人员配备文件显示，当时东海关共有 73 位职工（不包括 88 位工友），处于请假或辞职（但还未离职）状态的有 14 位，占总人数的 19.18%。[⑤] 差不多五分之一的人都不在工作状态，此时的东海关日常运作已经出现“人员已感不足分配”、“因人员不敷，未能按照出入口性质划分工作”的问题。

虽然胶东区工商局指示“对于海关旧职员……应进一步抓紧安慰他，鼓励教育他……开展思想斗争是重要的”，[⑥] 但是实际上这种“安慰、鼓励、教育”作用不大，在旧职员心中，至少是有些旧职员心中，海关的领导权仍然在总税务司那里，自己仍然是要对上海的总税务司负责的。例如，有

① 山东省地方史志编纂委员会编《山东省志·海关志》，第 61 页。
② 《华东财办工商部关于调整海关机构的指示》（1949 年 6 月 7 日）。
③ 《烟台海关新组织机构表》（1949 年 10 月）。
④ 《胶东区工商局关于海关干部工作的批示》（1946 年 4 月 29 日）。
⑤ 《东海关组织机构及人员配备情况》（1946 年 4 月 25 日）。
⑥ 《胶东区工商局关于海关干部工作的批示》（1946 年 4 月 29 日）。

旧职员写英文信到上海的总税务司处说明东海关当时的情况，甚至要求向总税务司请假，以期暂时离开东海关［具体信件内容无法看到，此处摘自东海关写给胶东区工商局的报告，该英文信被截获后胶东区工商局很困惑，问询东海关“为什么（他）不向我们请假”］。[①]

而旧职员不愿为新政权服务更为实际的原因是薪资问题，其实东海关以及胶东行署、胶东区工商局对于海关旧职员的态度从根本上讲是非常想要团结、挽留的，在各种报告批复中，对于旧职员事务的处理上，胶东行署都会要求海关尽量满足旧职员的种种要求，只是根本矛盾无法解决，由此产生其他连带问题。这一根本矛盾就是薪资问题，旧海关职员普遍反映薪资待遇不足以供养家庭，另外还担心在人民海关任职之前缴纳的养老金会无法发放。[②]

解放区政权固然无法确定各位旧职员此前缴纳的养老金状况，即使可以确认，新政府也不一定愿意负担这一部分支出，它没有收到此前缴纳的养老金，自然也就不能做此开支。因此对于部分旧职员请求询问之前税务司每个月扣除的养老金能否向上海的税务司联系发放时，胶东区工商局的答复是：“在联合政府正式出现后，可提出交涉，是否成功待将来看……民主政府是照顾每个人的生活的，只要能够忠诚的为人民服务，老来生活人民也是照顾的。”[③] 显然这种观念上的“大饼”并不能填饱肚子。而另一方面，垂直管理系统崩溃之后，虽然要求对旧职员“按月付薪”，但是各级别具体付薪多少，又无法做到让新政权与旧职员双方都满意。东海关在接收旧职员时薪资是以“每人每月 150 至 300”小麦为标准的，[④] 这里没有说明计量单位，但是推测其单位应该是一斤，即每人每月 150—300 斤小麦。以此标准，薪资最高的职员要养活一个六口之家，每人每天也仅有一斤多不到两斤小麦，除去磨成面粉时的损耗以及用于换取衣物、日用品的开支，

① 《东海关关于旧职员写信反映情况的报告及批复》（1947 年）。

② 中国近代海关各级职员薪资由总税务司统一划分，各个级别有其限制，并且在海关内部有自己的养老金制度，旧海关中对职员有“所有海关人员至预定年限时强制退职”的规定，并且“对于此项退休人员予以资助，俾暮年得有养赡”，但养老金的来源需要通过强制储金来完成，即“华洋各员新入关的，由月薪内提百分之六，以月薪一千两计算。月薪在一千两以外者亦作一千两算，由海关代储生息……将来拨还办法分有四种：一、强制休致时；二、自行告退时；三、本人病故时；四、免职出关时”。当垂直管理体系崩溃之后，最现实的问题其实就是养老金问题。

③ 《东海关关于旧职员写信反映情况的报告及批复》（1947 年）。

④ 《胶东区工商局对东海关旧职员工任用及待遇的指示》（1945 年 11 月 23 日）。

几乎无法正常生活。为此东海关曾多次向胶东区工商局反映，需要提高职员待遇，但是职员待遇问题似乎并不是胶东区工商局能够决定的，该局一方面安抚东海关“薪金问题，这里要重拟，不日下达勿念”，[①] 另一方面抓紧时间向山东省财政厅报告相关问题，[②] 在问题解决之前，只能仍然按照每月小麦150—300斤供给，不过山东省财政厅似乎并没有很快回复。

1948年10月，烟台再次解放之后，东海关对人员薪资重新进行了评定，职员最低每月450斤小麦，普遍在500—770斤，专门技术人才如工程师、潜水员等工资为950斤、820斤不等，工友工资则定在300—400斤，[③] 此时的薪资水平虽然不算很高，但比较1945—1946年已经有了提高。值得指出的是，国民政府占领烟台期间曾经给仍在东海关工作的职员发放额外的“米津”补贴，普通职员每月额外米贴225斤，工人也有150斤，[④] 烟台二次解放后人民政府评定薪资时取消了这些补贴，但是此时并未出现职工因为薪资问题而辞职的情况，这可能和战争局势以及几年来海关旧职员减少有关。

1949年初，胶东区行政公署发布《胶东区海关职工薪给暂行办法（草案）》，分出海关、分关、事务所、检查站四个不同级别，每个级别的不同职员又分为不同等级，最终将海关职员分为九个不同等级，最高为一级，即东海关关长，每月薪金加津贴可以拿到3000元，最低一级的职员也可以拿到1800元。而海坝工程会的职员薪资则分为五等，最高一级纯熟的技术工人每月可以拿到1700元，普通的勤杂人员、税警和练习工人则仅有1140元，工人部分的工资并不按照服务年限计算，纯粹按照技术水平发放（此时应该是以人民币为单位，因为此前山东解放区发行的北海币在1948年12月1日人民币发行后按照100∶1的比例被收兑。在1945年8月，1北海币相当于33元3角3分伪币（见《山东解放区海关史料综览》“前言”）。[⑤] 此时人民币的购买力按照1949年烟台进出口局发布的《烟台港口调查报告》来看，1949年1月每市斤苞米价格为10.80元，[⑥] 即此时东海关关长每月最高薪资仅可以购买277.78斤苞米，相比于1948年的定薪情况来说大幅

① 《东海关对旧职员潜逃事件的报告及批复》（1946年3月1日）。
② 《胶东区工商局关于海关旧职员问题的报告》（1946年3月6日）。
③ 《东海关员工薪粮意见表》（1948年10月）。
④ 《烟台海关港务股职员薪资比较表》（1948年11月24日）。
⑤ 《胶东区海关职工薪给暂行办法（草案）》（1949年）。
⑥ 《烟台港口调查报告》（1948年8月3日）。

下降，和1945—1946年东海关刚被解放区接收时的薪资水平差不多。

综上所述，解放区时期东海关的薪资水平几经调整，但是一直处在一个较低的水平，同此前垂直管理体系存在时全国各级职员执行的薪资水平完全无法相比；同时，由于这种割裂与崩溃，海关原有的养老金制度无法继续运行，旧职员的权益受到了损害，因此纷纷离开或者逃避继续在东海关服务，使得人民政府对旧海关人员的接收遭遇了困难。

三　改造与创新：山东解放区对东海关的管理

1. 海关管理

仔细梳理山东解放区对人民东海关的管理，我们从中至少可以观察到以下几个方面的变化：

其一，在海关人事方面，首先是海关关长的任命权逐渐下放。东海关关长最初由山东省政府委托胶东区行署直接任命，到了后期改由烟台市人民政府任命，[①] 这和晚清民国时期旧海关的情况相去甚远，因为此前的东海关税务司乃至高级职员都是海关总税务司才有权任命的，而胶东区行署的行政级别又远低于原先的总税务司署，最高管理层都是这样，下层的人事权更不必说，到了后期一些分关关长的任命权甚至已经被下放到烟台市进出口局。[②] 其次，这些关长卸任后的去向有着高度的一致性，往往调往其他经济部门继续担任高级职务，或是升入胶东区税务局，或是升入胶东区工商局。这说明此时的山东解放区是非常需要经济干部的，而这些机构的业务方面本来就与东海关有联系，在东海关的经历成为这几位关长后来进入这些机构管理层的关键因素。这几任关长任期都极短，有几任甚至不满一年，去除这种快速变动对于海关工作造成的影响，东海关一定程度上成为山东解放区高级经济干部的培养室。到了新中国成立以后，“烟台海关1949

① 第二任关长赵桂源由胶东区行署于1946年6月5日任命，第三任关长张超在实际负责关长工作几个月后由胶东区行署于1947年11月17日正式任命为关长（见青岛海关史志编纂委员会编《山东解放区海关史料综览》，第49页）。第四任关长车忠翰于1948年10月开始负责关长工作，具体任命文件没有查到，但边佩全主编《烟台海关史概要（1862—2004）》第235页中备注其为“烟台市人民政府任命”。第五任关长于厚轩具体的任命文件也没有查到，暂时同样按《烟台海关史概要（1862—2004）》中的记载为“烟台市人民政府任命”。

② 《烟台进出口局关于海关人事工作的命令》（1949年）。其中烟台市工商局直接将威海海关主任于厚轩调离威海分关，“到局令有任用”。

年共调出人员 146 人、1950 年共调出人员 133 人，有力地支援了全国各地海关及其他机关，企业单位”。[①] 最后，对于关长的任命，解放区是比较重视相关基层经历的，第三任关长张超、第四任关长车忠翰和第五任关长于厚轩，在被任命关长前都在东海关或威海分关做到了分关长或是某一课的课长，这固然是由于海关工作的复杂性，没有相关经历无法很好地管理海关，但更加验证了上一点——东海关在很大层面上是有着经济干部培养室的作用的，先从海关的分关基层做起，然后一步步升任副关长、关长，最后调往其他经济部门担任高级职务。这同时说明东海关的地位在垂直管理系统崩溃后在逐步下降，它所培养出来的干部，在很短的时间内就要被调离海关，海关自己无法保留人才，这从长期来看一定是不利于海关运作的。

其二，在隶属关系上，解放区东海关经历了四个阶段，即 1945 年 8 月至 1947 年 7 月由胶东区工商管理局领导，1947 年 7 月至 1947 年 9 月由胶东区税务局领导，1947 年 9 月至 1948 年 11 月由烟台市工商管理局领导，1948 年 11 月至 1949 年由烟台市进出口管理局领导。在这四个阶段中，东海关的直接领导变化非常之快，但是一个非常显著的趋势是直接管理东海关的机构的行政级别同东海关关长的任命权一样正在逐步下降，从一开始的胶东区行署下设的工商局、税务局下降为烟台市管辖的工商局和进出口局。这一定程度上和战争导致的中断有关，因为 1947 年 10 月烟台再次被国民党占领，此时新政权管理下的东海关只能转入地下和烟台市工商局以及烟台市银行组成了“经济工作队”继续进行税收工作，[②] 所以东海关在当时直接对烟台市工商局负责，受其领导比较便于工作开展，毕竟战争情况下再想直接获得胶东区行署的指示是非常困难的。另一方面，这种管理权变化的背后，是新政权对海关工作的不断探索，说明新政权在原有的垂直管理体系崩溃后正在思索如何更有效地管理海关。在当时的情况下，一开始将海关同其他税务机构一并放置在工商局管理，后来成立了专门的税务局后改由税务局管辖，直到最后专门成立了负责外贸的进出口管理局来监管，这种不断具体、不断细化的过程，体现出新政权逐步意识到海关同其他税务机构的不同之处，以及这种不同所带来的行政权力重新划分的要求。

其三，在管理系统上，东海关和它下属分关的关系也不断发生变化。

---

① 《烟台海关十年工作概况（1949—1959 年）》，转引自边佩全主编《烟台海关史概要（1862—2004）》，第 253 页。

② 《石岛工商局关于胶东区调整机构与干部任职的公布令》（1947 年 11 月 17 日）。

东海关下属分关的关系按时段划分可以简单分为1945年8月至1946年10月的相对独立时期、1946年10月至1947年9月的总关时期、1947年9月至1948年10月的沦陷转入地下时期，以及1948年10月至1949年的管理权恢复时期。解放初期，东海关所在地烟台，在解放时间上晚于其一直以来的分关——威海、龙口等地。[①] 龙口和石岛解放时当地工商局随军入城已经完成了对海关的接收，威海市政府也在解放后很快接收了海关，因此在各地海关接收进度不一致的情况下很难恢复此前的总关—分关模式，人民政府对于海关的管理工作也需要一段时间进行摸索调整。经过一年多的熟悉之后，胶东区工商局开始着手恢复东海关的总关地位。先是1946年10月，原属烟台工商管理局的关税股并入了人民东海关的总务科，一个月后东海关又升格为总关，威海、龙口、石岛三个海关再次成为分关划归东海关管理，并且新成立了乳山分关，此时的东海关规模最大。可惜的是东海关总关地位恢复不久，国民党再次占领烟台，东海关工作只能转入地下，而此时并没有受到进攻的乳山、石岛分关和同样转入地下的威海分关再坚持向东海关汇报工作显然不合时宜，于是再次独立。当烟台二次解放之后，政策方面的调整逐步进行，经过了1949年初的海关机构精简调整以及10月的再次调整，东海关又恢复了总关地位。

这种海关下属机构不断调整的情况恰恰说明解放区政权认识到了曾经的垂直管理体系在海关工作开展中的必要性，高层的总税务司制度在解放区当时的情况下显然无法执行，但是到了基层的分关与总关层面，新政权逐步努力尝试恢复这种体系，这其中主要的两次尝试就是上文提到的1946—1947年与1948—1949年两个时间段对东海关总关地位的恢复。

总的看来，解放区时期东海关一方面地位不断下降，行政级别不断被下放，培养出的税务干部也不断被抽离；另一方面，在基层组织的设立与管理中，解放区政权却隐隐想要恢复此前垂直管理体系下总关管理分关的模式，新政权对于恢复这种基层模式所做的两次尝试，一定程度上表明它无意完全推翻垂直管理体系。虽然受当时形势的制约，在高层方面当时解放区政权无力重建全国统一或者说大部分地区协调一致的垂直管理体系，但是至少在基层层面它仍然尝试恢复这一制度。

2. 人员改造

新政权对于工作人员提出的要求可能没有它对于东海关制度建设提出

① 1945年8月16日威海解放，8月18日龙口解放，8月20日石岛解放，8月25日烟台解放。

的要求那么容易观察，但是作为一个强调意识形态的政党，在对海关工作人员的思想意识管控、对海关工作人员的出身与政治成分的要求上，新政权实际上是毫不松懈的。从东海关1949年工作总结中有关东海关及其下属各分关的人员统计表，[①] 可以发现几个非常明显的特点。首先，海关职员中中共党员的比例非常高，比如东海关及其所属分关、所在1949年1月统计时共有职员315人，其中中共党员168人，所占比例为53.3%；而具体到烟台海关，这一比例还要更高些，104位职员中共有中共党员58人，比例为55.8%。其次，职员中中共党员的比例明显高于勤杂人员，当时东海关及其分关共有勤杂人员24名，但仅有5名是中共党员，所占比例为20.8%；具体到烟台海关，当时共有8名勤杂人员，其中更是仅有1名中共党员，所占比例仅为12.5%。两相比较，我们不难发现在解放区时期东海关对于其中的工作人员政治成分是有一定要求的，虽然没有看到具体的诸如“海关工作人员应该优先录用中共党员”之类的通告、规定，但实际上，解放区东海关的工作人员中中共党员占到一半以上。也可以说中共党员进入重要部门的可能性比非党员更高。那么当时东海关工作人员中，除了中共党员人数占有较大优势外，是否还存在其他政党的党员也占有相当比例的情况？答案是否定的，在上述统计表中，东海关及其分关共有339名职员与勤杂人员，其中只有4名为其他党派成员，剩余的均为“无党无派者”。因此，在当时的东海关中，对于工作人员的政治成分是有着相当要求的，这种中共党员占有极高比例的人员结构正是解放区时期东海关用人方面的新特点之一。

除了政治成分的要求外，新政权对于新发展的海关工作人员的“出身”也有一定要求。例如石岛分关1946年工作总结中对于当年新发展的22名干部的统计数据显示，这22人中共有16人成分为“农”，且大多为贫农或中农，仅有1名富农；接下来人数最多的是“学”，共有4人；另外还有1人成分为“商”，1人为“工”。[②] 当时在海关工作的人员均称干部，这些新发展干部进入海关后从事的都是基础工作，如检查员、稽征员、会计、巡缉队等，甚至有两人是到海关做炊事员的。因此这份新发展干部统计表，可以代表解放区海关对一般工作人员的发展与接收情况，这些新发展人员很明显以出身为“农”的人员为主。

① 《附表：烟台海关及所属分关、所、职员、勤杂人员总统计表》（1949年）。

② 《新发展干部统计表》（1946年）。

解放区政权对于海关的政治要求不仅体现在对工作人员的筛选或是对政治成分的要求上，更体现在对旧职员的思想改造上。此前解放区海关中的旧职员，由于经济原因离职的很多，但除此之外，还有一个很重要的因素导致旧职员不愿意再留在海关工作，那就是思想改造。1946 年 2 月，在解放区接收东海关几个月之后，时任东海关关长的贾振之深夜向他的上级主管领导胶东区工商管理局副局长胡铁生写了一封报告信，信中主要向胡报告了旧职员“潜逃”事件。[①] 事件的起因是“建校受训之旧关员回来以后，便引起了在关关员的不安，都以为他们回来，则自己也要轮到受训了”。此处的“受训”指的是“烟台、威海的海关、邮局、银行等单位科级以上的留用人员、中学教师等”作为胶东建国学校（简称“建校”）“第三期政治队学员”接受思想改造，“通过政策教育，让其划清界限，继续工作”。胶东建国学校是“抗战年代，由胶东行署直接领导创建的一所培养革命干部的学校。它创办于 1942 年 9 月……从胶东解放区各党政群机关调集学员”，原本对学员有“入学条件，要求政治可靠，具有初中以上文化程度，身体健康，经过审查后调干入校”，[②] 但此时让旧海关职员入学学习，显然是想要通过干部培训使得他们“政治可靠”。这种担心去建校“受训”的情绪导致“过年之后，便有两个关员——×××、×××请病假在家里养病”，后来这两个关员写信辞职，后面又“接二连三的逃了 11 名”，“并且另外又有三个请假的”。旧职员接二连三辞职显然引起了贾关长的高度重视，他同负责该事的总务科长将逃跑的人的信件阅读之后，分析了旧职员逃跑的原因，认为旧职员之所以逃跑，“一是受训，二是生活无法维持”，这其中“生活无法维持”的情况上文已经论述过，此处分析为什么旧职员怕到建校“受训”。首先，在这份报告中提到一种情况，即最开始请病假的两名旧关员“都是基督教徒”，建校“受训”，显然是要对旧职员的思想进行马克思主义改造，而这些职员的基督教信仰势必和建校“受训”产生冲突，在当时的情况下，思想改造不彻底，就会对这些职员在海关的工作产生不利影响，因此他们选择了辞职。而另一个害怕“受训”的原因，是“受训”本身实在“可怕”，此前去“受训”的关员中“吴宝璋病死在医院，王振鹏在受训时期逃跑”，不论吴是什么原因病死，或是王因为什么逃

① 《东海关对旧职员潜逃事件的报告及批复》（1946 年）。

② 迟克俭：《省立建国学校胶东分校创建八年》，烟台市政协文史资料委员会等编《烟台文史资料》第 15 辑，1991，第 152 页。

跑，只要这两件事均是发生在“受训”期间，就足以让旧关员们恐惧了。除了建校培训之外，海关对于旧职员的思想教育有以下几个方式：“1. 集体座谈会 2. 个别谈话 3. 轮流着个别座谈”，而主要内容均是围绕让他们认识到目前的国内形势以及此前错误等展开的，这些教育过后有一些旧职员“深受教育而良心上责备自己，在发言时泣不成声”，但大多职员则“有些等待心理……对人民事业大部是犹豫的，甚至不同意，但未说出”。[①] 而除了各种培训，更让这些旧职员感到恐惧的是解放区的“群众运动”。作为海关工作人员，不论是民国时期还是日据时期，因为收入不错，大都拥有一定社会地位，而到了解放区时期，他们除了“受训”还不得不参加群众运动，接受群众对他们的“算账”。例如威海分关关于旧职员离职的报告中就提到有一名旧职员，在“群众运动最热烈的时候”开始请假，因为“其在30年退职的一个老妈子，以工资不清，提出向他算账”，威海分关认为这是“受不住群众运动的考验的惊慌的表现”，果然最后该职员出走，调查原因时发现“群众这次的热火朝天运动给他的刺激相当大……他家里人受不了开会忙的麻烦……他曾亲自说过好几次，意思是家人受不了集会的痛苦，以后他为避免开会，把家眷送去烟台了”。[②] 思想改造显然影响了解放区政权对旧海关人员的接收。以威海分关为例，解放区政府接收威海海关之后，仅有10名旧职员选择继续留在海关工作，占基层职员的29.41%，而这10人中仅有刘盛栋1人是此前威海海关的高层，他曾担任旧威海海关的秘书。更多的旧职员选择了离开，甚至包括一些已经写了“悔过书”的旧职员也没有继续在海关工作。笔者在威海分关1945年《接收与建立威海海关半个月工作总结》的附件《职员反省材料》中发现了日据时期威海分关代理副税务司（当时威海分关的实际最高负责人）的多份反省笔记以及多位海关旧职员的反省笔记，这其中有曾经的海关高层，但更多的是基层职员，笔者将这些“悔过书”粗略地与这份工作总结中附录的《现在机构分工表》进行比对后发现，旧海关的高层没有一人留任，基层人员中则至少有三位写了“悔过书”却没有继续在海关工作。[③]

至此，我们可以看出解放区政权对于海关的政治与思想要求有多个方面，从人员的政治、经济成分到旧职员的思想改造，解放区政权在选用海

---

① 《接收与建立威海海关半个月工作总结》（1945年）。

② 《威海工商局关于海关旧职员离职的报告》（1946年6月10日）。

③ 《接收与建立威海海关半个月工作总结》（1945年）。

关工作人员时主要考察的不是业务能力，也不是受教育水平，而是共产党一直以来坚持的走群众路线和政治上的可靠，当然这种用人条件并非解放区时期所特有，早在中央苏区时期，扩展“关税征收”队伍时就已经有“条件要忠实可靠”的规定。[①]

3. 业务改造

山东解放区政权在一定时期内是将东海关作为一个“心无旁骛”的征税机关来看待的，使用它的征税职能帮助解放区政权管理对外贸易，“争取有利交换”、“争取出超”。1947 年时，山东解放区的主要经济负责人薛暮桥在华北各解放区财政经济工作会议上总结山东解放区的财政经济经验，认为在掌握物资时“有两种办法：一是政治力量（如政府的统制封锁等），一是经济力量（在市场上收购），这两种办法必须要密切的结合起来”。[②] 而东海关恰恰是这两种力量得以结合的地方之一，它一方面要完成解放区政权交给它的税收任务以向其提供财源，另一方面还要通过高效、完善的执行征收任务促进解放区对战略物资的管控。因此东海关的职能在解放区时期大部分是围绕着“征税”这一基础展开的，也正是因为这样，东海关在解放区时期大部分时间的直接领导机构不是工商局就是税务局，其行政编制和解放区内的其他征税部门属于同一序列。虽然在这一时期东海关也会根据解放区的需要有意识地进行贸易管控，但是其主要业务是征收关税，其贸易管控职能也是通过征收关税实现的。

不过在 1948 年 11 月机构调整后，情况发生了一些变化，东海关被划入专门成立的烟台市进出口管理局，受其管理，解放区政权似乎认识到了海关与“进出口管理”之间的天然联系，东海关的主要业务虽然没有发生转变，职能却逐渐由“关税征收”向“贸易管控”倾斜。在当时的山东解放区，各地进出口管理局直接归山东省政府工商部管辖，各进出口管理局下“均设有进出口贸易公司及海关”，[③] 而这些进出口管理局的主要任务顾名思义就是“进出口管理”，这同东海关以往从属的工商局或税务局在职能上是有着较大区别的。这种变化的发生说明解放区时期新政权对于海关的主要

---

① 《中华苏维埃共和国中央临时政府财政人民委员会训令　第十五号——建立关税制度》（1933 年 3 月 17 日），江西省税务局等编《中央革命根据地工商税收史料选编（1929.1—1934.2）》，福建人民出版社，1985，第 193 页。

② 《山东解放区的财政经济工作》（1947 年 4 月），薛暮桥：《抗日战争时期和解放战争时期山东解放区的经济工作》，人民出版社，1979，第 22 页。

③ 《山东解放区海关 1949 年上半年工作的主要情况》。

职能、海关管理权的归属仍处在一个不断摸索的阶段，一些设置并非一成不变，东海关各阶段的工作重心也是不断适应解放区的需要而进行变化的。

在内部组织上，解放区时期的东海关经历了几次比较重要的变动。首先是烟台第一次解放时，东海关内部设秘书科、总务科、监察科和港务科，其中总务科下设置了总务、征收、鉴定、进口、出口民船、统计、港务费征收、会计等九个股；监察科下设有监察股和查验股，1946 年 10 月，原属烟台工商管理局的关税股并入了人民东海关的总务科。[①] 而到 1948 年 10 月烟台再次解放时东海关内部分为会计、估验、监察、总务、港务五个股，以及一个和股平级的巡缉队，此时东海关的行政级别整体下降了一级，这是由于 1947 年国民党占领烟台后，东海关的直接领导权由胶东区税务局下放到烟台市工商局，所以东海关内部的组织也由课降成了股。到了 1949 年，战争形势逐步稳定，东海关的级别才又恢复，其内部组织也重新划分为秘书、人事、行政、验估、稽查五课。这几次调整大体上是某些业务部门时而并入总务科，时而独立，但基本维持了东海关原有的业务范围。

值得注意的是，解放区时期东海关内部职能变化最大的只有一个，那就是东海关对于烟台港港务管理职能的“恢复”与“再次流失”。长期以来烟台港的港务工作大部分实际是由“烟台海坝工程会”这一组织负责的，该组织 1913 年 5 月 15 日在北洋政府的任命下成立，东海关监督任委员会主席，东海关税务司任会计主任，中外商会和各国领事团选出三人作为委员。起初“工程会之职务专为筹划款项及监理筑港工事”，[②] 1921 年烟台港东、西海坝以及北端的码头竣工后，该组织成为东海关的附属机构，负责烟台港口的修建以及管理工作，[③] 不过仅有修建权，没有“港内行政权”，“行政权操于海关”。[④] 1945 年烟台市第一次解放时民主政府宣布取消芝罘港务局，恢复海坝工程会，时任东海关关长的贾振之兼任海坝工程会会长，此时的海坝工程会职权和芝罘港务局时期几乎一致，即港口修建和港内行政权均归工程会，不过工程会受到东海关管辖，此工程会曾在工作报告中建议东海关“工程会现管港务，应由海关收回管理”。[⑤] 到 1949 年 3 月调整机构

---

① 边佩全主编《烟台海关史概要（1862—2004）》，第 238 页。

② 《海坝工程会总结报告》（1946 年）。

③ 山东省地方史志编纂委员会编《山东省志·海关志》，第 683 页。

④ 《海坝工程会总结报告》（1946 年）。

⑤ 《海坝工程会总结报告》（1946 年）。

后，港务事宜改由烟台进出口局港务处管理，不久港务处升级为港务局，与东海关平级。可见，山东解放区政权认识到成立专职机构负责港务，一方面体现出政权对于港务管理的重视，另一方面也可以减轻海关的负担，明确海关的主要业务是征税而非其他。

4. 人民路线：解放区政权的海关缉私

海关原有的垂直管理系统崩溃之后，山东解放区政权对于东海关工作取得了前所未有的自主权，开始创造性地利用海关进行一些富有特点的活动，群众性的缉私活动就是其中之一。

烟台解放后，胶东区行署于1946年10月9日下发了第一部《缉私暂行条例》，规定了缉私的权限、处罚章则、奖赏办法等，明确“凡缉私案件均须送交工商机关统一处理，其他部队、机关、团体、不得擅自处理。……没收权属于支局和海关，罚款权属于事务所”，并在总则第二条中提出要“广泛的开展群众性的缉私活动，贯彻缉私奖惩政策之执行，以期彻底消除走私”。[①] 这是此前政权未曾进行的活动，那么群众性的缉私活动在缉私案件均须送交工商机关统一处理的前提下如何进行呢？这份条例中是这样解释的：“如经群众告发或密保［报］因而缉获者，应按章程提百分之二十（的罚金）给密告人。”所以群众主要是以告发和密报的形式参与缉私，并且在查获走私案件之后，将得到罚金的20%作为奖励。按照条例关于罚金的解释，这笔钱将相当于“税款一倍以上十倍以下”的20%，虽然总罚金“不得超过货物总值”，但对于举报者来说也是一笔不小的收入。并且如果查获的是“私酿烧酒”或“入口烧酒”，这笔奖金还将提高到“没收价款提成百分之五十”。所以这种奖励制度下，群众性缉私活动的开展和群众的积极性有了充分的经济保障。此后解放区政权还对缉私奖金进行过提高，1948年2月8日，《山东省胶东区缉私暂行章则》出台，其中关于群众性缉私活动的规定，首先是“凡解放区内群众、机关、部队及一切脱离生产之工作人员对走私偷税者，均有查缉责任与权力”，放开了缉私权，接下来“群众、民兵等提没收变价或罚款百分之五十充奖，粮食提给实物；……奖金百分之七十奖励举发人或密报者”。[②] 不过到1948年底，新税则税率制定，将其改为“除工商税收人员外其他机关、部队、群众均按照没收部分估价的30%

---

① 《胶东区行署公布缉私暂行条例的训令》（1946年10月9日）。

② 《山东省胶东区缉私暂行章则》（1948年2月8日）。

和罚款部分罚款额的50%提奖”。[①] 除此之外，东海关还发展了一套“缉私密报”制度，“一切个人单位，发展培养密报对象”、“一切热心与自愿从事缉私护税之海内外人员，均可经教育培养为临时或固定之密报人员”，这些密报人员的工作目标是力求具体准确地将走私情况提前报告给海关，以求案件缉获和处理得彻底正确，同样，这些密报人员也将得到缉私奖励。[②]

那么在如此丰厚的缉私奖励的激励下，解放区东海关的缉私情况究竟如何？1945年8月烟台第一次解放，经过短暂的调整东海关工作得以开展，因此当年的工作报告中仅报告了11月、12月两个月的缉私情况。11月查获鸦片10公两，12月查获鸦片9公两、面粉45袋、各色花布148尺，所查获的物品均被没收。[③] 按照此报告描述的情形来看，由于刚刚恢复工作，缉私力度不够，查获的货物和查获的次数都比较少。根据其后的报告，甚至到1946年上半年海关查验还经常因为商人将船满载而无法查验，或是商人报验时还未将货物备齐，以至于“查无从查，验无从验”，查验“夹带私藏更无从谈起”。可见在具体的缉私章则出台之前，东海关的缉私效果是不太理想的。

到了1946年7月以后，因为海关关栈启用，入口货物必须卸入仓库，出口货物也需要到海关码头验货场查验，同时1946年10月胶东区行署《缉私暂行条例》颁发，情况有所好转。1946年共查出藏匿少报案件63起，其中进口货物被查获的情况比较少，更多的是出口货物涉及藏匿少报，而这些货物多数为“花生油、花生米、鸡子、水果、地瓜干”等食品。根据报告，此时的走私情形一般是普通商人为了获取更多的利润匿报高税率出口品数量，或者将禁出货物藏匿在普通货物中。[④] 到1947年上半年，匿报走私案件共查获23起，涉案的均为商号或公司（仅有一起匿报糖稀案），大部分涉案货物仍然是食品，其次是柞丝、棉纱等纺织品，匿报税款774772元北海币，罚款41525元北海币。[⑤]

从1947年下半年到1948年10月，东海关撤离烟台转入地下，缉私工作改由烟台经工队执行；1948年底，烟台再次解放，局势逐渐稳定，东海关恢复工作。到1949年，东海关缉私工作共查获174起案件，其中出口58

① 《山东省政府关于施行〈山东解放区征收进出口税暂行条例〉的布告》（1948年12月15日）。

② 《烟台海关缉私密报暂行条例》（1948年）。

③ 《1945年东海关工作总结报告》（1945年12月25日）。

④ 《东海关1946年工作总结》（1946年）。

⑤ 《东海关1947年上半年关税工作总结》（1947年7月28日）。

次，入口116次。可以看出，解放区时期东海关的缉私工作确实取得了一定成效，尤其在缉私相关条例出台之后，查缉情况大幅好转。

四　山东解放区政权接管东海关的成效分析

解放区自1945年8月起开始接管东海关，除了1947年9月下旬到1948年10月国民党占领烟台，东海关转入地下，税收情况受到一定影响之外，其余时间东海关均作为一个重要的征税部门为解放区的建设、发展以及为解放战争提供了大量财政收入。

解放区政权对贸易统计是非常关注的，1948年12月1日，华东财办工商部发布《山东解放区进出口统计工作制度》，指出进出口统计之意义在于“作为决定政策的根据……以此管理社会主义的财富”，该制度规定了进出口统计方法、步骤、统计单位以及货币单位，其中统计货币指定为北海币（人民币流通后改为人民币）。规定中要求“各基层统计单位，按旬统计，于旬后三日内报告各进出口局……各进出口局或海关按月汇总统计，于月后15日内，报告工商部”。同时分别规定了出口贸易统计分类科目表和进口贸易统计分类科目表，共计15类97项，对大部分项目的计量单位也进行了规定。① 因此山东解放区留下了大量统计数据资料，在此笔者选取多份东海关年度工作总结报告中有关贸易港口（仅选取前三名）、大宗货物以及历年关税的数据整理成表，以说明解放区时期东海关的关税收入及其辖区内的进出口贸易情况（参见表1）。

表1是笔者根据《1945烟台东海关总结工作报告》、《东海关1946年工作总结》、《东海关1947年上半年关税工作总结》、《东海关1948年下半年关税工作总结》和《烟台海关1949年工作总结》中的数据整理得出的，其中1947年6月至1948年10月烟台被国民党再次占领期间资料缺失。除1949年船只数量明确记录为轮船外，其他年份的记录均表述为“船只”，是否包括帆船不能确定。

通过表1可以看出解放区时期同东海关辖区进行贸易的主要为国内其他地区，如大连、青岛、天津等北方港口。国际贸易方面，直到1949年才出现了同香港以及“南北鲜”的贸易数据，根据1949年的东海关工作报告，

① 《华东财办工商部关于〈山东解放区进出口统计工作制度〉的通令》（1948年）。

表1　东海关1945—1949年基本贸易情况

时间	出口船只来源港口			入口船只来源港口			大宗出口货物	大宗入口货物	出口税收	入口税收	总税收（加上行李税、陆运税等）
1945年	大连 103只	大沽 77只	北塘 15只	大连 136只	大沽 89只	北塘 47只	鸡蛋、咸鱼、粉丝、猪肉、苹果、纸烟	煤、杂粮、碱、虾酱、火油、豆饼、肥田粉、烧酒	1134610.5元 北海币	733989元 北海币	1912435.5元 北海币
1946年	大连 11143只	本港 708只	安东 309只	大连 1378只	本港 417只	安东 380只	生油、粮食、面粉、生米、苹果、粉皮粉丝、干鲜鱼虾、火柴、纸烟	煤、钢铁、金属丝钉、棉花、棉纱及棉线、各种机械配件、脚踏车及其附件、各种交通工具、印制纸张	108351339.9元 北海币	57934406.5元 北海币	186023513.1元 北海币
1947年1—3月	大连 822只 41.75%	青岛 433只 22%	上海 347只 17.62%	大连 861只 42.94%	上海 399只 19.9%	青岛 377只 18.8%	生油17.94%	棉花19.02%	777069914.90元 北海币	368556202.80元 北海币	1156082377.70元 北海币
1947年4—6月	大连 1078只 22.52%	青岛 810只 16.92%	天津 497只 10.38%	大连 1000只 22.22%	青岛 653只 14.5%	天津 580只 12.9%	鲜干鱼虾16.39%、食盐5.38%	汽油6.58%			
1948年7—12月	大连 315只	安东 48只	长山岛 10只	大连 308只	长山岛 177只	安东 83只	粉丝面团30.48%、猪及猪肉15.67%、鲜干果7.45%、姜蒜辣椒5.42%、麻皮5.33%	纸张17.79%、火柴15.29%、水泥7.87%、农具及工具7.37%、自行车及零件6.29%、中西药品6.27%	210654815元 北海币	86639045元 北海币	338522150元 北海币
1949年	大连 340只 28423.51吨	香港 24只 32872.4吨	南鲜 62只 1353.51吨	大连 374只 27673.84吨	北鲜 7只 4221.81吨	香港 24只 36100吨	大豆、土产品、粉丝、各种植物油	汽油柴油润滑油、西药、电料、麻布麻袋、车辆船艇	672888198元 人民币，折合434602.81美元	289922756元 人民币，折合149394.77美元	967185947.6元 人民币，折合587067.36美元

资料来源：青岛海关史志编纂委员会编《山东解放区海关史料综览》，第793、1270、1669、1763、2352页。其中1947年1—3月出口船只共1969只，入口船只共2005只；1947年4—6月出口船只共4786只，入口船只共4500只，表中1947年各港口船只具体数据系按原始资料中进出口船只来源港口比例与总船数换算得出，但是似乎原档案记录有误，直接换算数据并非整数，在此进行四舍五入。

烟台同香港、南北朝鲜以及上海的贸易是在“通过1、2月份与我试探贸易，了解了我之贸易政策与管理办法，特别感到与我交换物资利润丰厚”后，才“争先恐后载货来此”，烟台港在1949年3月时曾一日内停泊过8艘港轮。而到了6月，由于5月间上海、宁波的解放，解放区政权得以同海外进行贸易，烟台港也开始重新面向国际。虽然紧接着由于青岛7月解放后香港的轮船改由青岛入口，烟台港的进口情况受损，但1949年除了同大连港的贸易依然占总贸易量的绝大部分外，香港、南北朝鲜这几处此前几年并没有直接同烟台进行贸易的地区成为烟台重要的贸易对象，从往来货物总值来看甚至这些港口才是1949年烟台进出口贸易的主角。值得指出的是，该年最大的一笔出口货物是销往日本神户的6000吨大豆，价值1452116750元人民币，折美元443701.97元，这标志着烟台港重新面向国际，恢复了一个国际化港口的面貌。

解放区政权为了发展经济，在海关政策、税率税则的制定上追求实现出超，实际完成情况却不尽如人意。因为不同年份东海关报告的格式与侧重点不同，仅在1947年及以后的年份对烟台港的贸易情况进行了简要分析，在此摘录其中对于出入超情况的描述：1947年“上半年还是入超，入超总值在6亿元以上……入超的原因如下：1. 因为战争浩大，出口物资又很少。2. 因为前期对于入口税的估价是按照我区市价计算，内中有利润和税率在内。3. 因逃跑的奸商恶霸，现在有不少回来，他们所有的钱大部分是法币，来到解放区不能用而变成货物拿回来”。1948年“半年来出入口贸易总额系2659537137.5元，出口能占37.4%。入口能占62.6%。出超（应为‘入超’之误——引者注）是670420297.5元”。1949年“全年进出口贸易额8190852624.59元。兑除出超1498643431.15元；但以全年每月之美金牌价折合人民币得出数额计：入口总值为美元3487164.97元，出口总值为美金3452777.00元，入超34393.97美元，究其原因美金与人民币比值太差同时也是人民币值下跌所致”。①

上述材料中烟台港三年的贸易情况均为入超，这一定程度上是受战争影响，在烟台二次解放初期，由于烟台港被军事管制，“只许入口，不许任意出口”，虽然“因此影响各地船只不敢直驶本港”，② 但实际上出口方面受到的限制更多一些。除此之外，1947年上半年海关报告中对于入超情况产

① 青岛海关史志编纂委员会编《山东解放区海关史料综览》，第804、1286、2364页。

② 《东海关1948年下半年关税工作总结》。

生的原因分析认为是计量方式和“奸商”因为无法使用法币而改为换回货物造成的，但实际上，从表 1 中烟台港历年进出口的大宗货物情况不难看出，当时烟台出口的产品主要是食品、简单的手工业制品，而其进口的产品则是工业制成品、工业原料、西药等技术含量较高的产品，这样一来，势必造成烟台港口贸易处于劣势，这是当时山东地区经济中农业占比较高、工业孱弱的体现。

以上为解放区时期东海关的关税收入以及烟台港的主要贸易状况，接下来笔者再结合解放区时期山东省以及胶东区历年的财税收入情况，分析一下解放区时期东海关对解放战争的贡献。

解放区时期山东省以及胶东区的税收、财政收入情况目前留下的资料并不全面，有部分年份缺失，但大体上还是可以完成与东海关税收情况的对比。1945 年，这一年 8 月下旬烟台才解放，东海关被解放区政权接收，因此实际上只提供了几个月的税收收入，总共是 1912435. 5 元北海币，仅占胶东区税收收入的 6. 06%，而扩展到全省的话，东海关所提供的税收更是沧海一粟，仅占比 7‰，这说明解放区刚接管东海关的时候，东海关并没能给解放区提供什么有效的税收。

到了 1946 年，东海关的税收收入占胶东区总税收收入的 15. 72%，[①] 占总财政收入的 4. 41%，[②] 虽然看起来此时东海关成为胶东区税收收入的重要来源，在税收收入中占到较高比例，但胶东区财政收入的主要来源并不是税收，税收收入仅占胶东区财政收入的 28. 03%，因此虽然东海关对胶东区 1946 年的税收工作做出了不少贡献，但在胶东区的整体财政收入中占比不是很大。而且同 1945 年相比，此时的东海关已经恢复了总关地位，1946 年的税收数据却没能比 1945 年更好。此时的数据是包括各个分关的数据的，1946 年东海关全年总关加分关的税收总和只占了胶东区税收收入的 15. 72%，如果按照 1945 年仅有 4 个月的税收占比来估算，即使只有一个东海关烟台总关，这个数字也应该在 18. 18% 以上。所以这一年虽然东海关的税收收入看似不错，但其实并没有达到应有水平。

---

① 《胶东区 1946 年各项收入统计表》，朱玉湘、申春生编《山东革命根据地财政史稿》，山东人民出版社，1989，第 348 页。其中胶东区 1946 年税收收入是表内各税项收入相加之和，总数为 1183049868. 17 元北海币。

② 《胶东区历年财政收支对照表》，山东省档案馆编《山东革命根据地财政史料选编》第 5 辑，山东人民出版社，1982，第 437 页。胶东区 1946 年总财政收入为 4220545745. 08 元北海币。

1947年9月下旬到1948年10月，烟台被国民党占领，解放区东海关的工作报告仅有1947年上和1948年下这两份，而且1947年胶东区的财政税收等资料笔者一直未能找到，因此这一年的情况无法进行具体分析，不过当时受局势影响，东海关转入地下，想必给它的征税工作带来了不少困难，所能做出的财税贡献也应该非常有限。至烟台再次解放后，1948年7—12月东海关的税收仅占到胶东区税项收入的1.37%，[①] 占总财政收入的3‰，可见从1947年下半年到1948年底，东海关因为烟台被占，被迫转入地下后基本没能为解放区提供收入。但这段时间恰恰是淮海战役爆发前后，山东解放区战事吃紧，也最需要钱粮支持，为了给全面反攻做前期财政准备，克服各地区经济部门不协调的情况，中共华东中央局甚至在1948年3月23日专门成立了华东财经办事处，进驻山东作为“实际行政权力机关，统管财经、粮食、工商、银行、收支审核等工作”，[②] 可惜的是东海关在这一阶段没能做出什么贡献。

1949年1月，淮海战役结束，1949年8月，山东全境获得解放，1949年10月1日，中华人民共和国成立，这一年山东解放区的形势逐步稳定，经济工作的重点是恢复和稳定地方经济。1949年8月4日，山东省人民政府发出通令对部分营业税条款进行减征修改，部分产品如机器及机器零件制造业减征幅度达到40%。[③] 而与海关有关的关税下调早在1948年12月就已经进行。1948年12月15日，山东省政府颁布《山东解放区进出口货物税目税率表》，[④] 该表的税率比东海关此前执行的1947年8月由胶东区制定的《山东省胶东区暂行进出口税则及进出口税率》普遍低了许多，出口税率最高的也仅为20%，进口税率最高的为30%，东海关1949年的税收受到一定影响。由于1948年11月30日，华东财办对会计制度进行了新的设计，在统计时各地关税收入不再列入各地区，而是以“关税收入”列入省直科目，[⑤]

① 《山东省一九四八年财政收入分户统计表》，据《山东省人民政府三十七年度财政收支决算报告书》整理，山东省档案馆编《山东革命根据地财政史料选编》第5辑，第422—423页。该年度胶东区税项收入总数为24633830773元北海币，总财政收入为90926854005元北海币。

② 朱玉湘、申春生编《山东革命根据地财政史稿》，第377页。

③ 朱玉湘、申春生编《山东革命根据地财政史稿》，第402页。

④ 《山东省政府关于施行〈山东解放区征收进出口税暂行条例〉的布告》（1948年12月15日）。

⑤ 《华东财办工商部会计制度草案》（1948年）。其中指出“华东财办工商部进出口管理处关务科，为综合进出口税收综合会计单位，对山东省政府财政厅解报”，虽然“关税所征收之税款、没收、罚款等，为‘关税收入’，以稽征所为解款单位，一律随时解入当地金库”，但各地“行政经费开支，统一由工商部向金库领取，向华东财办报销”，关税解报不再经过行政公署，而是由新的垂直的各级进出口管理局关务科负责直接上解到华东财办工商部。

所以在“山东省一九四九年财政收入分户统计表”中胶东区总财政收入中是不包括关税的，[①] 这样一来无法直接将东海关的税收收入同胶东区的财政收入进行比较，不过东海关967185947.6元人民币的关税收入，仍相当于该表中胶东区全年税收收入中最高的一项——营业税的47.78%，相当于胶东区1949年除盐税（也被列入了省直科目，不再列入各地区）及关税之外所有税收收入的20.47%，[②] 占山东省关税总收入的2.95%，所以1949年东海关虽然执行的税率比之前降低了很多，但是它所提供的税收收入在胶东区的各项税收收入中已经位于前列。

至此，我们可以看出解放区时期东海关除了在刚被接收的早期以及内战全面爆发烟台被占被迫转入地下的两个时期无法提供有效的税收收入外，在大部分时间是为胶东区乃至山东解放区提供了不少资金支持的。在较为稳定的时期，东海关的关税收入可以为胶东区提供15%左右的税收，成为胶东区几个比较重要的税收来源之一，这在当时是非常关键的。可惜的是东海关能够发挥较大作用的时期，都是局势相对比较稳定的时期，或是恢复发展时期，而在山东省解放区政权最需要财粮补给的战争时期，由于自身所处环境的不稳定和战争对贸易的影响，东海关反而没能提供多少帮助，这说明海关这一征税机构提供税收非常依赖稳定的贸易环境，只有在周边局势正常时才能对政权巩固和建设提供更多帮助。

五　小结

中国近代海关制度自19世纪60年代建立之后，经历了多次变化，从上层管理权的更替到基层组织结构的变更，从关税自主权的逐步回归到抗日战争时期垂直管理体系出现混乱，近代中国海关的面貌是不断发展变化的。到了解放区时期，海关这一特别的征税机构第一次由人民政府掌握，必然发生新的变化，产生新的影响。这些新的变化有保留至今天仍在使用的，也有在不断的实践中被摒弃的，这些变化的出现及其造成的影响值得我们关注，对于从整体把握中国近代海关史的发展变迁有着重要意义。

① 《山东省一九四九年财政收入分户统计表》（1948年），山东省档案馆编《山东革命根据地财政史料选编》第5辑，第430—431页。表中数据以人民币为单位。

② 胶东区1949年除关税及盐税外的税收收入，即货物税、营业税、印花税、屠宰税等的总和为4722909757元人民币。

解放区时期共产党政权对于海关的管理、制度建设与职能分配等有特殊的时代背景。1945 年 8 月，作为中国北方重要港口城市的烟台率先被中共解放，解放区拥有了第一个完全在自己控制下的海关——烟台东海关。从这时起，直到新中国成立，解放区东海关的发展呈现出两条较为清晰的脉络，首先便是对曾经长期存在的海关垂直管理体系崩溃产生的应激反应。这种应激反应大部分可以归纳为“不适”或“阵痛”，最先爆发出的问题就是东海关的旧职员无法适应新政权对他们的管理。面对人才缺失的情况，解放区东海关只能一方面对旧职员进行思想教育，另一方面则继续使用中央苏区时期“从军队和地方中调入人员”补充“关税干部”的办法，[①] 同时对这些新发展干部的“出身”与“政治成分”提出要求。

其次是新制度的创设。旧的架构既然已经不在，新的制度就需要建立，解放区政权在建设海关时提出了许多新的要求。首先就是对海关的工作流程以及职能方面进行改造。解放区时期东海关所执行的工作流程大体上延续了近代以来逐步形成的流程，但在一些细节上有着非常明显的解放区特点。其中最明显的是解放区时期出现了一种某些特定货物商人要经过解放区设立的“贸易公司”才能购买的“统购统销”制度，商人想要从解放区出口特定货物除了要同海关打交道外，其货源也受到了解放区控制，甚至在某些时期商人想要出口特定货物还要先为解放区进口一定量的其他商品。这种许可经营的制度可以追溯到中央苏区时期，中央人民委员会第四十六次会议上就曾创造性地提出发放“谷米出口证”以“避免秋收时谷价下跌过多”。[②]

解放区政权还对东海关的职能重新进行了划分，在解放区后期东海关不再负责管理烟台港的港务。实际上在整个解放区时期东海关的港务职能经历了一个“恢复”与“再次流失”的过程。解放区政权一开始恢复东海关的港务职能，到后期又重新将它分割出去，实际上也是认识到了港务工作的重要性。这种分割虽然看起来是对海关权力的限制，但实际上是有利于海关、港务工作开展的，海关可以有更多的精力做好关务工作，而港务也有专门部门进行专业化管理。

另外一个非常有特色的地方是解放区的“群众路线缉私”制度，该制度同样延续自中央苏区，早在中央苏区就已有“没收货品罚没款及罚款，

---

① 江勇辉：《中华苏维埃共和国临时中央政府关税探究》，《上海海关学院学报》2009 年第 4 期。

② 《中央人民委员会第四十六次会议（摘录）》（1933 年 7 月 22 日），江西省税务局等编《中央革命根据地工商税收史料选编（1929.1—1934.2）》，第 221 页。

得取出五分之一至二分之一赏给报告人，以资奖励”的规定，[①] 只不过到了解放区时期在保留举报奖励的同时，还进一步规定“凡解放区内群众、机关、部队及一切脱离生产之工作人员对走私偷税者，均有查缉责任与权力”，[②] 要求“广泛的开展群众性的缉私活动，贯彻缉私奖惩政策之执行，以期彻底消除走私为目的”。[③]

除此之外，解放区海关还要求船只进口前先承认人民政府的合法性，船只只有获得了人民政府颁发的相应证书，才能进入东海关进行合法的进出口贸易，同时解放区时期的东海关还加强了对于随船人员的管理，并实现了进出口货物最低 5% 的查验比例限制。这些工作流程的细微变化展现的是解放区对于海关工作制度化的强调，也在一定程度上反映了当时海关工作的开展实际是围绕着“一切为了战争”这一主题的。

经历了由垂直管理体系崩溃所带来的阵痛及新制度建设带来的成效，解放区时期东海关取得了不少成绩，它的一些制度设计在新中国海关成立伊始成为全国海关的执行标准，如“港务”职能从海关剥离，新中国成立后海关总署命令各海关“解除与海关无关的职务：如海务、江务及巡卫国境海岸的查私工作”；对于进出口船只上“船员清单、旅客清单”的查验；对于“归国华侨携带行李物品免税”的优待等。[④] 同时它还在解放区局势相对稳定的几年中成为胶东区最重要的几个税收来源之一，为解放战争提供了许多帮助。

综上所述，解放区时期人民政府对于东海关的接收与改造，一方面批判和继承了自 19 世纪 60 年代以来的中国近代海关制度，另一方面也吸收了 20 世纪三四十年代中央苏区和边区税收征收的经验，并加以创新，提出了人民政权对于海关机构的新要求，还为日后新中国海关的创立提供了大量税务人才。[⑤] 在此前提下，山东解放区政权摸索与积累的海关管理经验在新中国海关创立之初被部分吸纳，成为我们今天海关制度的一部分。

（作者单位：厦门大学历史学系）

---

① 《关税征收细则》（1933 年 5 月 11 日），江西省税务局等编《中央革命根据地工商税收史料选编（1929. 1—1934. 2）》，第 216 页。

② 《山东省胶东区缉私暂行章则》（1948 年 2 月 8 日）。

③ 《胶东区行署公布缉私暂行条例的训令》（1946 年 10 月 9 日）。

④ 中央人民政府海关总署：《新中国海关》，新华书店，1951，第 10、81、141 页。

⑤ 《烟台海关十年工作概况（1945—1949）》，转引自边佩全主编《烟台海关史概要（1862—2004）》，第 252 页。

近代北京五金商铺的运营资金来源研究*

卢忠民

内容摘要　近代北京五金商铺的运营资金来源具有多样性、灵活性与可操作性，是商铺生存与发展不可或缺的生命源泉与动力。本文主要从东伙直接投资的原本、护本、护身，红利存店不提，商铺留存的财神股、厚成几个方面，对商铺资金来源的稳定性、地位、资金数量等进行论述。

关键词　近代　北京　五金商铺　运营资金

商铺经营中需要有与之经营规模相适应的运营资金数量，这是其正常经营的先决条件。因此，经营资金的来源与运作对于企业的生存发展至关重要，在许多情况下甚至起着关乎企业生死的决定性作用。对于近代商人来说，商号资金的实力或从何种途径取得资金则显得越来越重要。[①] 近代中国五金商品多由海外进口，其价格随国外市场价格而变动，并受国外金融市场与汇率的影响，因此，五金业是经营风险较高的行业之一。基于此，五金业商户对运营资金的管理与运用尤其重视。

新中国成立以来，随着商业史研究的逐步深入，有关商业资本及其来源之研究也渐入学者的视野，诸如日本学者藤井宏及国内学者傅衣凌、李瑚、罗一星、钞晓鸿、封越健等发表了一批颇具代表性的成果。[②] 如藤井宏

---

* 本文为国家社科基金后期资助项目“民国北京五金商铺研究（1917—1940）”（项目号：17FZS038）及东北大学中央高校基本科研业务费国家社科基金重大培育项目（项目号：N172301006）阶段性成果。

① 齐大之：《近代商业企业的资金来源》，《新理财》2004 年第 7 期。

② 傅衣凌：《明清时代商人及商业资本》，上海人民出版社，1956；〔日〕藤井宏：《新安商人的研究》，傅衣凌、黄焕宗译，《江淮论坛》编辑部编《徽商研究论文集》，安徽省人民出版

认为新安商人资本形成之法，包括共同资本、委托资本、婚姻资本、援助资本、遗产资本、官僚资本、劳动资本七大类。[①] 封越健则认为："藤井宏先生所说的七种类型……并不是从总体上讨论商人资本的来源，而是就商人个人经营资本而言。"进而归纳出清代商人资本的五种主要来源，即劳动收入、土地资本、生息资本、生产利润及商业利润。[②] 钞晓鸿认为，商业资本的原始来源有经济来源和非经济来源（权力）两种，而各个商人资本的具体来源有六类：节衣缩食、合股集资、亲族资助、学徒收入、小商贩积累、借贷。[③] 不过，这些成果多是针对前近代商业资本来源的研究，而近代的有关研究则较为欠缺，笔者所见只齐大之《近代商业企业的资金来源》[④] 一文进行了归纳。爰此，笔者拟对近代北京五金商铺运营资金来源的方式、稳定性、资金数量、对商铺发展的作用等方面进行研究，以期深化对北京商业史的认识。不妥之处，敬请方家指正。

一般情况下，商业资本包括原始资本（启动资金）、经营资本两部分，而当商铺一经正常运作，原始资本与经营资本皆可成为商铺运营资金的来源。近代北京五金商铺的运营资金来源概括起来主要有原始资本、商业利润，即东伙直接投资的原本、护本、护身，红利存店不提，商铺留存的财神股、厚成几个方面。这些资金如果按所有权性质划分，又可归纳为自有资金与借入资金两部分。其中自有资金包括直投资金（原本、护本、护身等）与商铺留存收益（财神股、厚成）两大部分；借入资金包括东伙红利存店。其中，护本或护身属于铺东未提红利的再投资，东伙存款属于未提红利存店生息，财神股、厚成属于未分配利润，这些又皆同属于商业利润的范畴，是商铺运营资金的最主要来源与构成。因为"从微观经济的角度看，商人经商的启动资金可能有许多来源，但他扩大经营规模的资金则大多来自商业利润，而不是投入其它资财，更不会向他人借贷。即使商人并不想扩大经营，仅想保持原有规模，他所获得的利润只要不是随时消耗，而

社，1985；李瑚：《关于清初商人和商业资本的几个问题》，《中华文史论丛》1983 年第 3 辑；罗一星：《试论明清时期的佛山商人资本》，《广东社会科学》1985 年第 3 期；钞晓鸿：《明清时期的陕西商人》，《中国经济史研究》1996 年第 1 期；封越健：《论清代商人资本的来源》，《中国经济史研究》1997 年第 2 期。

① 〔日〕藤井宏：《新安商人的研究》，《江淮论坛》编辑部编《徽商研究论文集》，第 169—170 页。

② 封越健：《论清代商人资本的来源》，《中国经济史研究》1997 年第 2 期。

③ 钞晓鸿：《明清时期的陕西商人》，《中国经济史研究》1996 年第 1 期。

④ 齐大之：《近代商业企业的资金来源》，《新理财》2004 年第 7 期。

有所存留，也会起到流动资金或预备资本的作用”。[①] 近代北京商铺多沿袭前近代的这种传统商界惯例，虽有所变化，但变化不大，所以，商铺资金来源首先是商业利润的再投或存店，如不足营业所需时，再利用其他各种形式筹资。多数股份合伙的商铺尤其如此。当然，由于近代商业竞争激烈与扩大商铺规模计，很多商铺往往是上述各种筹资方式同时并举，综合利用。

此外，商铺运营资金还有一些来源，如利用商业信用筹资（赊购、发行礼券与席票）、发起供销类合会、吸收富户存款、向私人或高利贷借款、向银行等金融机构贷款、集股筹资及依靠政府设立的小本借贷处等。因篇幅所限，另撰文详述。

一　东伙直接投资

北京商铺[②]的东伙直接投资，有铺东原始投资、后继追加投资与东伙存店红利三种，即学界通常所说的原本与副本。[③] 一个商铺在开设之后，一经正常运营，其原始投资即启动资金，就表现为运营资金中的原本，而后继追加投资则以护本、护身为表现形式。东伙存店红利也是商铺直投资金的主要来源。

近代北京商铺的资本组织形式有独资、合伙及公司制三种。独资商铺的资本组织最简单，“需资不多，危险性少，事务简单，一人即可主持”。[④] 独资商铺是传统商业的主力，在近代仍占相当比重，其筹资方式较为简单，一般遵照“将本求利”原则，即用现有本钱进行经营。独资商铺按资本经营方式又分为自本自营、自本他营两种。自本自营，即自东自掌，这种独资商铺的最初资本一般来源于自家日常积蓄，所以本钱较少、规模较小，

① 封越健：《论清代商人资本的来源》，《中国经济史研究》1997 年第 2 期。

② 北京商铺，并非全由北京本土商人开设，多数商铺是由来自全国各地的商人所开。这些外地商人不仅入乡随俗，且将其原籍的一些商业理念融入其中。近代北京，1928 年以前通称北京，1928 年后一度改称“北平”，1949 年北京解放后又改成“北京”。为行文便，除引文外，本文按习惯相沿一般统称北京。

③ 在近代北京商铺的账本中有原本、护本、护身、浮存等称谓，如何将这些与资金运营有关的称呼概括归类，是笔者面临的困惑。经多方查找核对，以为北京广聚兴五金店所用“培增资本”较能概括除“原本”之外的资本内容，即“培扩增加”资本以巩固“原本”之意。因此，笔者将北京商铺的各种运营资本分为原本与培增资本两种［见《合同》（中华民国十三年），《广聚兴五金行》，北京市档案馆藏，J 087 - 001 - 00105］不过，为叙述方便与顺应学界习惯，行文中使用“原本”与“副本”的分类法。

④ 《中国经济年鉴》第 2 册，1934，第（M）1 页。

其中不乏连家铺、连家商店或某些前店后厂的小店。并且由于家店不分，店东日常家庭开销也从店内支取，账目模糊，有的就没有账本，其运营资金也就没必要划分成原本、副本，所以本文不以此为研究的重点。尽管也有些独资商铺规模较大、资本雄厚，如北京瑞蚨祥绸布店、同仁堂药店、稻香春南味食品店等，但为数极少。况且瑞蚨祥还是雇人经营，称“水牌掌柜”，而非自东自掌。

领本经营的独资商铺与股份合伙[①]商铺，因有东掌之间、各铺东之间的复杂利益关系，所以铺东投资有原本与副本之分。原本的增加一般要通过护本、护身等名目进行扩展。副本包括两部分：一是“护本”或“护身”，二是东伙存店红利。副本虽在结算时不参与分红，只享受利息，却是商铺的实际运营资本。相较而言，股份合伙是近代资本组织的主要形式，且较为复杂，所以，本文研究东伙直接投资时主要以此为重点。公司制商铺不是近代北京商业的主流，本文所述原本、副本与此无关。

1. 原本

最初用于商铺启动的资金，一般称为原本，即合伙股东的合约投资，是商铺的名义资本，只享受红利，没有股息，亦称“钱股”、“银股”、“东股”、“东本”。原本数额及份数一般要列入合伙契约，并注万金账存照。下以北京万丰顺铜镫局的股份合伙契约为例，说明此店股东投入原本情况：

> 立领本合同人江玉田今领到
>
> 万和成、三益泰、闻茂斋、万丰泰出本市平松江银四百两整，共成东本，同心议定，在京都东河沿路南小门内设立万丰顺铜镫局一座，生利计开：万和成出本银一百两整作为东股五厘，三益泰出本银一百两整作为东股五厘，闻茂斋出本银一百两整作为东股五厘，万丰泰出本银一百两整作为东股五厘……东伙均按三年后提用余利银两。言明支八成存二成，各存余厚，概不准长支短借。……
>
> 中人　公聚德　德聚兴
>
> 大清光绪十四年三月十五日　立[②]

① 近代北京商铺中已普遍采用股份合伙制，此为合伙制的高级形态，是商铺资本的主要组织形式，因将合伙资本或人力皆被划分为股（份、成、俸等）而名之。

② 《万丰顺万金老账》（光绪十四年三月十五日），《万丰顺五金行》，北京市档案馆藏，J 203－001－00003。

上述合同表明，万和成、三益泰、闻茂斋、万丰泰四家合伙开办北京万丰顺，各出本银100两，共原本400两，计2股，每股200两。同时规定三年后提用得利，提红利时要支八存二，如分红100两，要存入商铺20两，且不能长支。这不仅体现了商铺合伙人对原本银的高度重视，也对如何进行运营资金的积累有了明确规定，因为这关系到未来商铺能否进行正常运转及盈利。

鉴于原本银在商铺开设初期的重要地位与作用，有必要分析一下北京商铺的股东投入商铺原始资本量的一般情况（见表1）。

表1　近代北京商铺股东原本数额明细

商铺名称	原本（两）	银股数（分）	每股银数（两）	档案号
万庆成	4000	4	1000	J 085 - 001 - 00015
万庆和	4100	4	1025	J 085 - 001 - 00013
万丰泰	1400	3.5	400	J 088 - 001 - 00002
万丰成	1000	5	200	J 085 - 001 - 00209
张家口万丰永	10000	5	2000	J 088 - 001 - 00007
万丰顺	400	2	200	J 203 - 001 - 00002
万丰德	1600	4	400	J 199 - 001 - 00001
天津三益泰	42000	7	6000	J 198 - 001 - 00008
广聚兴	3600	4.5	800	J 087 - 001 - 00105
长和厚绒线帽铺	6000	6	1000	J 092 - 001 - 00001
亿丰祥绸缎洋货布铺	17000	5	3400	J 087 - 015 - 00001
平均	8281.82	4.55	1493.18	

资料来源：北京市档案馆藏。

表1显示，北京五金行原本银投资一般在4000元以下，铺东股份数一般在4分以下，每股资本额一般在1000元以下，超过此限的只是少数。这说明北京五金商铺的规模及发展空间是较小的。原本最多的是天津三益泰，高达42000两，每股6000两；最少的是北京万丰顺，只有400两，每股200两。天津三益泰每股资本额是北京万丰顺的29倍，原本银前者是后者的104倍。可见，同是五金商铺，在原始投资方面京津两地相差悬殊。这表明，天津五金商铺的资金需求量、发展潜力和规模远大于北京。就连万庆成在张家口的分号万丰永五金店的原本银及每股银数也比北京大部分五金商铺要高。北京五金行除万庆成外，与本市其他行业商铺如长和厚绒线帽

铺、亿丰祥绸缎洋货布铺等相比，在投入原本银方面也占劣势。此外，其与合股投资 3 万两开业于 1902 年的东兴楼饭庄、[①] 开设于 1917 年集股大洋 1 万元的大有油盐粮店[②]相比更是相差甚远。这皆表明近代北京五金行原本银的投入量一般低于本市其他行业及其他城市的本行业商铺。

总之，近代北京商铺的铺东一般是以独资或股份合伙形式向商铺直接投资。由于商铺的原本总额没有现代企业注册资本及最低限额的要求，所以各商铺股东所投原本多寡不一。尽管原本在商铺运营中的地位非常重要，但北京商铺原本量却远低于天津等地及北京其他行业商铺。

2. *护本与护身*

护本或护身，是在商铺规模和业务不断扩大后，为增加实际运营资本量、保护股东的股份、防止经营风险，在商铺盈利分红并保持原有股本量的基础上，按股东股份比例，由铺东和有人力股者从其应分红利中提留于商铺的资本。一般情况下，铺东提取的部分红利称“护本银”，持人力股者提取的则为“护身银”。商铺提留或收取护本、护身时，一般按照银、人股数及议定的每股标准计算，一般要注入万金账存证，且不得随意抽取。护本、护身资本追加于原本之后，仍归个人所有，商铺只付息不予分红，被当作实际周转资金使用。通过护本、护身方式，在不改变银股数的情况下，可增大每份银股的资本额或单位投资额，最终增加商铺的资本总额。

从北京五金行账本看，护本、护身金的筹集有两种方式：一是于账期分红时扣收。多数商铺在最初成立时的第一、二个账期，一般无护本，可能是分红少的缘故。以后随着盈利及分红数额的增多，始有护本出现。护本提取比例依分红多少而定。二是当红利不足时由股东自筹。这表明有些北京商铺的护本银并非像山西票号那样完全由盈利中提取。如北京万丰德五金店宣统元年账期时共盈利 142.5 两，每股应分 21.92 两，铺东万丰顺、江砚堂分别占 3 股、1 股，所以他们所分红利分别是 65.76 两、21.92 两，而他们此账期投入的护本银分别为 300 两、100 两，[③] 即在分红之外又分别自筹资金 234.24 两、78.08 两作为护本。不过，从总体上看，护本、护身

① 邹祖川：《东兴楼兴衰记》，北京政协文史资料研究委员会编《驰名京华的老字号》，文史资料出版社，1986，第 79 页。

② 孟瑛玺：《大有油盐粮店》，北京政协文史资料研究委员会编《驰名京华的老字号》，第 241 页。

③ 《万丰德万金老账》（光绪三十二年新正月十八日），《万丰顺五金行》，北京市档案馆藏，J 199 - 001 - 00001。

金的提取还是以第一种方式为主。

商铺一般要提取分红的多少作为护本或护身资金呢？我们以北京万丰泰五金店为例详述（见表2），因为在现存的档案中只有此商铺的数据最全，尤其有护身情况的相关记载，其他商铺至今未见。

表2　1892—1898年北京万丰泰五金店所提护本、护身资金比例

年份	股东	原本	银股数	分红	护本	护本占银股分红的比例（%）	身股数	分红	护身	护身占身股分红的比例（%）
1892	万和成	600	1.5	1350	1200	88.9				
	三益泰	400	1	900	800	88.9				
	张恒丰	200	0.5	450	400	88.9	1.4	1260	600	47.6
	李德和	200	0.5	450	400	88.9	0.9	810	400	49.4
1895	万和成	600	1.5	1500	1200	80				
	三益泰	400	1	1000	800	80				
	张恒丰	200	0.5	500	400	80	1.4	1400	600	42.9
	李德和	200	0.5	500	400	80	0.9	900	400	44.4
1898	万和成	600	1.5	1500	900	60				
	三益泰	400	1	1000	600	60				
	张恒丰	200	0.5	500	300	60	1.4	1400	未提	
	李德和	200	0.5	500	300	60	0.9	900	未提	

注：原本、护本、护身、分红数额单位皆为“两”，银股、身股数额皆为“分”，1分=10厘。
资料来源：北京市档案馆藏，J 088-001-00002。

表2显示，在万丰泰最初成立的几年内，所提护本占各股东银股分红的比重较大，以后随着商铺资金渐趋充足，所提护本的比重也渐渐缩小。1892年万丰泰四个原始股东所提护本分别是1200、800、400、400两，是股东原本的一倍，占各自所分红利的88.9%。然而，到1895年，商铺盈利与各股东的分红增加，所提护本数未变，占各股东所分红利的比例却下降了8.9%。到1898年，商铺盈利与分红未减，所提护本却比上年下降了25%，占股东所分红利的比例较1892年、1895年也分别下降了28.9%、20%。这表明所提护本多少虽依分红多少而定，但也不尽然，分红多不一定要多提，还要看各商铺的规模大小和对资金的需求量。到商铺资金足以维持其正常运转时，一般就不提护本了。即护本的提取，各商铺一般根据具体情况，

用时则提，不用即停。当然，提取护本的数额一般不超过当年所分红利。

依表 2，护身金的提取比例也呈下降趋势。1892 年张恒丰、李德和被提护身金分别是 600、400 两，分别占其所分人力股红利的 47.6%、49.4%。照理说，二人所提护身银占其身股所分红利的比例应该是相等的，为何还相差 1.8% 呢？笔者认为这可能是当时在计算提取护身数额时不够精确，为"凑整"所致。1895 年张、李人力股的分红有所增加，但所提护身银还是 600、400 两，占人力股分红的比例较前分别下降了 4.7%、5.0%。到 1898 年时，二人的人力股分红数未减，但并未提护身银。这表明，商铺在需要资金时，一般要在当年所分红利中优先提取护本银，护本银不足时，再提取护身银，且所提护身银的比例虽有所下降，但变化不大。

作为商铺营运资金的主要来源，护本、护身与原本之间是有区别的（见表 3）。

表 3　1889—1938 年北京万丰泰五金店的原本、护本、护身比较

年份	总资本	原本	原本占总资本的比例（%）	护本	护本占总资本的比例（%）	护身		护身占总资本的比例（%）
						张恒丰	李德和	
1889	2800	1400	50	1400	50			
1892	6600	1400	21.2	4200	63.6	600	400	15.2
1895	10400	1400	13.5	7000	67.3	1200	800	19.2
1898	12500	1400	11.2	9100	72.8	1200	800	16
1914	12200	1400	11.5	9100	74.6	1200	500	13.9
1917	12200	1400	11.5	9100	74.6	1200	500	13.9
1920	12200	1400	11.5	9100	74.6	1200	500	13.9
1923	11800	1400	11.9	9100	77.1	800	500	11
1932	11800	1400	11.9	9100	77.1	800	500	11
1935	16860	2001	11.9	13001	77.1	1143	715	11
1938	16860	2001	11.9	13001	77.1	1143	715	11

注：[1] 1889—1932 年的数据以两为单位，1935—1938 年的数据以元为单位，并按当时本行业的银洋折算标准 1 两 = 1.429 元进行了折算。

[2] 万丰泰五金行 1901—1911 年及 1926—1932 年之间的原本、护本、护身情况分别与 1898 年和 1923 年完全相同，所以省去未载。

资料来源：北京市档案馆藏，J 088 - 001 - 00002、J 088 - 001 - 00015。

由表 3 我们可得出如下结论：

第一，从资金来源的稳定性上看，原本最稳定，护本次之，护身最差。1889—1938 年万丰泰原始资本各账期一直为 1400 两，无实质性的增减变化，所变的只是 1935 年“废两改元”后银洋折算数额的变动。护本在 1889—1895 年间变化较大，主要由于当时各账期都在从分红中提护本金，而护本金是累加的。1898—1938 年间不再新提护本，无须累加，所以各年只是维持以前的护本金额，使之稳定。1935 年后的变化也是由银洋折算引起，不影响其稳定性。护身银的稳定性较差，一般是随人力股持有人的死亡而有较大变动。张恒丰、李德和的护身银初为 600、400 两，1895 年升为 1200、800 两，直到 1911 年没有变动。但到 1914 年时李德和的护身银变为 500 两，较前减少了 300 两。这主要是由于李德和 1902 年去世之后继续分红三账期，至 1914 年被“裁去身股四厘，并撤去护身银三百两整，下剩身力股五厘，并有护身银五百两整，以作永远股分”。[①] 同样，张恒丰 1912 年去世，到 1923 年时被“裁去身股六厘，并撤去护身银四百两”，[②] 所以其护身银变成 800 两。这表明护身银是随人力股持有人的死亡后人力股的减少而减少的，但并未完全消失，与山西票号的护身规定不同。在山西，人力股持有人死亡则身股消失，相应护身亦随之无存。[③]

第二，从原本、护本、护身占总资本的比例看，原本与护身皆呈降势，护本呈升势，护本在总运营资本中占据举足轻重的地位。原本占总资本的比例由 1889 年的 50% 直降为 1898 年的 11.2%，9 年间下降超过 3/4。以后虽有增长，但增幅很小，说明原本在万丰泰总资本中的地位基本呈下降趋势，其主要作用到后期是为股东分红提供依据而已。相反，护本在此商铺资本运营中的地位却渐呈上升之势。护本由 1889 年占总资本的 50%，逐渐升至 1923 年的 77.1%，直到 1938 年基本稳定。这表明，护本是万丰泰资本运营中的主要资本，也确实起到了“保护资本”的功用。护身占总资本的比例虽有增有减，1892 年为 15.2%，1895 年最高为 19.2%，1923 年最低为 11%，但总势趋于减少。不过，与原本比较，其地位也不容忽视。

总之，近代北京商铺将股东分红通过护本、护身转化为资本，扩大了原始资本的基础，可提高商铺实际运营资金的充足度，利于商铺拓展业务

① 《万金老账》（光绪十二年），《万丰泰五金行》，北京市档案馆藏，J 088－001－00002。
② 《万金老账》（光绪十二年），《万丰泰五金行》，北京市档案馆藏，J 088－001－00002。
③ 孔祥毅、祁敬宇：《中国早期人力资本股的实践对当代企业制度改革的启示》，《山西财经大学学报》2002 年第 3 期。

和扩大规模，同时也避免了外人参股，为股东带来更多收益。

3. 东伙红利存店

东伙红利存店也是商铺实际运营资金的一大来源，即铺东、掌柜与伙计将所分红利存店，日常生活所需按一定比例从店支取，商铺要按期付息，称为“浮存银”。北京五金商铺多为三年一个账期，账期结账后东伙所分红利必须全部存店，平时用款只能预支，预支款项下账期从各自所分红利中扣除，且支取数额非常有限,[①] 所以，在这种商界惯例下的“东伙红利存店”款项只能是商铺名义上的借入资金，而实际却起着同东伙直接投资一样的作用。近代北京五金行一般将东伙存店红利作为后备资本进行管理，一些商铺在成立合约中对存款的数量还有硬性规定。如万和成五金行规定“东伙均按四年后提用得利，支八存二，各存余厚”;[②] 万丰泰、万丰成、万丰顺等五金行规定“东伙均按三年后提用得利，支八成存二成”；广聚兴五金行也规定“号中生意发达时如欲举办培增资本，培增之数按每股于每届大账后，由所得余利内提出十分之二成，例如每股应分千元，提出二百元，依此类推”。[③] 上述规定有两层含义：其一，三年或四年账期内，本应按月或其他形式分给职工的工资、奖金等被商铺强制性地扣留，并规定不到账期不可分配，期限内的利润显然成为经营资金。其二，上账期职工所分红利也不能全部提出，只能提 80%，剩余 20% 须存店内。这 20% 的红利显然也成为商铺的运营资金。同时，允许提出的 80% 红利，也不可一次性提走，是在三年或四年内分提。这意味着，这些红利在未全部提走之时，仍是作为商铺的运营资金使用。可见，商铺占用东伙所得收入款项的时间之长，数量亦应非常可观，当然也与各个商铺的盈利多寡有关。

那么，通过东伙存店红利能筹集到多少运营资金呢？1926 年，万和成五金店作为万丰泰五金店的股东之一，在万丰泰的浮存银高达 10500 两白银，而当年万和成在万丰泰的原本、护本银才 4500 两。[④] 万和成 1929 年账

---

① 卢忠民：《北京商铺中的人力股制度》，《中国经济史研究》2008 年第 3 期。

② 《万年账》（咸丰九年三月初六日），《万和成五金行》，北京市档案馆藏，J 086 - 001 - 00001。

③ 《合同》（民国十三年），《广聚兴五金行》，北京市档案馆藏，J 087 - 001 - 00105。

④ 《万金老账》（光绪十二年），《万丰泰五金行》，北京市档案馆藏，J 088 - 001 - 00002；《万金老账》（光绪十七年新正月），《万庆成五金行》，北京市档案馆藏，J 085 - 001 - 00209；《万丰顺万金老账》（光绪十四年三月十五日），《万丰顺五金行》，北京市档案馆藏，J 203 - 001 - 00003。

期东伙共 17 人，分红计 36900 两，加上账前的剩余存款，共有存款 37848.38 两。① 可见存款数额确实巨大。不过，也不可对此估计过高，因为职工有应支权利，商铺能实际运用的东伙存款与应支数额是成反比的。为全面了解存款数额与应支比例，以邸占江、谢永昌、吕文杰三人为例进行比较分析（见表 4）。

表 4　1929—1938 年各账期万和成部分职工预支与存款比较

年份	邸占江				谢永昌				吕文杰			
	支取	身股	分红	除支净浮存	支取	身股	分红	除支净浮存	支取	身股	分红	除支净浮存
1929	1575.85	7	2100	524.15	658.56	3	900	241.44	495.4	2	600	104.6
1932	1714.59	7	2100	909.56	789.37	3	900	352.07	610.31	2	600	94.29
1935	1521.72	9	2520	1907.84	1068.86	5	1400	683.21	1118.15	4	1120	96.14
1938	1363.17	9	3780	4324.67	750.08	5	2100	2033.13	813.72	4	1680	962.42
合计	6175.33		10500	7666.22	3266.87		5300	3309.85	3037.58		4000	1257.45
占总分红的比例（%）	58.81		100	73.01	61.64		100	62.45	75.94		100	31.44

注：[1] 1929—1932 年金额单位为银“两”；1935—1938 年为洋“元”，笔者按当时 1 元 = 0.7 两的比率将“元”换算成了“两”。身股单位为“厘”。

[2] 谢永昌、吕文杰于 1926 年开始有人力股，分别为 3、2 厘，其中吕文杰所占人力股最少。

[3] 净浮存值的算法：如邸占江 1932 年的净浮存银为 909.56 = 1932 年的余利 2100 − 支取 1714.59 + 1929 年的净浮存 524.15，其他类推。

资料来源：《万和成万年聚金账》（中华民国三年甲寅新正月），《万和成五金行》，北京市档案馆藏，J 086 - 001 - 00006。

表 4 中，邸、谢二人存款额各年呈升势，升幅最大的是 1938 年账期，可能是抗战初期商铺为充实运营资金计，尽量减少支取款数额所致。吕之存款数额较小，1929—1932 年呈降势，1932—1935 年略有增长，至 1938 年才有大幅度提高，这说明存款的多少，不仅与各人所占股份、商铺各年盈利有关，还和当地及国家政治经济形势所引起的商铺经营管理策略有关。同时，对同一人同一账期而言，支取额越少，则存款越多。职工人力股份

① 《北平万和成盘货聚金账》（民国十八年新正月），《万和成五金行》，北京市档案馆藏，J 086 - 001 - 00019。

越多，分红越多，则其存款越多，存款占总分红的比例也越大。从存款总额看，三人各年共存 7320.22 两，而万和成各股东原本共有 10000 两，前者已达后者的 73.2%。而在万和成中占有银、人股份的共 17 人，这三人又是其中所占股份较少者，如果将 17 人存款全部清算，则数额相当大。这说明数额可观的东伙存店红利确实是商铺实现盈利的一大资金来源。

事实上，有些商铺的应支款项并不按“支八存二”的规定执行，支多少或存多少非常灵活，使得这些商铺支大于存，超支严重，剩余款不多（见表 5）。

表 5　1926—1932 年万和成部分职工预支与存款比较

姓名	1926—1929 年	1929 年结账核算			1929—1932 年		1932 年结账核算
	支取	身股	分红	除支净浮存	支取	支取占分红比例（%）	剩余存款
绳俊吉	1808.49	10	3000	1191.51	313.69	10.46	877.82
邸占江	1575.85	7	2100	524.15	1714.59	81.65	-1190.44
谢永昌	658.56	3	900	241.44	789.37	87.71	-547.93
吕文杰	495.4	2	600	104.6	610.31	101.72	-505.71
合计	4538.3	22	6600	2061.7	3427.96	51.94	-1366.26

注：存款、支款单位为银“两”，身股单位为“厘”。

资料来源：《北平万和成盘货聚金账》（民国十八年新正月），《万和成五金行》，北京市档案馆藏，J 086-001-00019。

表 5 显示，分红多的人支取的款额不一定多，如 1929—1932 年绳俊吉分红 3000 两，而只支了 313.69 两；吕文杰分红 600 两，却支了 610.31 两，前后相差悬殊。这意味着各职工支取额占分红额的比例不定，即不是按“支八存二”的比例支款的，比例最高的是吕文杰 101.72%，最低的是绳俊吉 10.46%，前者是后者的近 9 倍。即绳是按支一存九，邸近似于支八存二，谢大于支八存二，吕支十存零的比例支钱。这样，支多而存少，所以到 1932 年结账时邸、谢、吕皆出现了负存款。尽管四人在 1929 年共分红 6600 两，减去前三年的总支款 4538.3 两，尚存 2061.7 两，但其后的三年四人共支 3427.96 两，到 1932 年结账时四人却欠店内 1366.26 两。这一方面说明超支不利于商铺资金的运作，另一方面说明支存款比例的不确定，会使店员产生不平衡感，不利于他们劳动积极性的提高。

总之，东伙红利存店，不仅可扩充商铺营运资金，借以炫耀商铺实力，也为商铺和铺东带来一定的收益，而且在商铺发生重大损失或倒闭时，可用铺东存款直接抵偿债务，抵御风险，以负无限责任。但也要注意职工支存款比例的确定及超支问题，以调动职工的劳动积极性与商铺资金的运作。

二　商铺留存收益

近代北京商铺内部留存的资金，属于未分配的商业利润，无须商铺通过一定方式去筹集，而直接由商铺内部自动生成或转移，是商铺资金的主要来源之一，主要包括提取公积金性质的财神股和各种隐藏在商铺中的厚成两种。

1. 财神股

“财神股”，是为夯实营业资金基础从账期所分红利中按其所占股份提取的基金，它“相当于未分盈余，用来作为平衡盈亏，是属于东（资本家）西（各级经理）共有的”。①出于信仰与迷信，这部分基金以“财神”的名义占有，实为商铺未分配盈余，并作为日常营运资金使用，类似现在的盈余公积金。②财神股之所以能成为商铺的主要资金来源，是因为在商铺每至账期分红时，财神股与股东的银股、伙友的人力股一样，按其所占有的股份多少参加红利分配，但每遇亏损年份则不提（即贯彻无利不提原则），所提款项逐年累积。其实，这是商铺变相的资金积累方式。而在山西票号中，财神股只存账一次，在提新财神股时要先分掉去年的旧财神股，并且不管商铺盈亏与否皆要预提一定数额。③这是北京五金商铺的财神股不同于山西票号的特色之处。

商铺到底能利用财神股筹集到多少资金呢？可以利用其各账期分红金额来说明（见表6）。

① 中国科学院经济研究所等编《北京瑞蚨祥》，三联书店，1959，第116页。

② 有些商铺的财神股后来改称公积金股，如万和成五金行自1932年开始即将财神股改为公积金股，归在“施善堂”名下。见《万和成万年聚金账》（民国三年甲寅新正月），《万和成五金行》，北京市档案馆藏，J 086－001－00006。多数商铺是于抗日战争时期改称为公积金的，如万丰顺五金行1940年的账面记载“财神爷股改为公积金股，原有股份五厘”。参见《万丰顺万金老账》（光绪十四年三月十五日），《万丰顺五金行》，北京市档案馆藏，J 203－001－00003。

③ 史若民：《票商兴衰史》，中国经济出版社，1992，第92页；陈其田：《山西票庄考略》，华世出版社，1937，第85页。

表 6　1926—1938 年北京五金商铺的财神股份各年分红金额统计

年份	万庆成			万庆和			万丰泰			万丰顺			万丰德		
	每股分红	财神股份	财神股分红	每股分红	财神股份	财神股分红	每股分红	财神股份	财神股分红	每股分红	财神股份	财神股分红	每股分红	财神股份	财神股分红
1926	2100	5	1050	2100	5	1050	9800	2	1960	560	5	280	350	5	175
1929	2100	5	1050	1820	5	910	7700	2	1540	661	5	330	70	5	35
1932	2520	5	1260	1680	5	840	7700	2	1540	518	5	259	392	5	196
1935	2000	5	1000	1000	5	500	8000	2	1600	260	5	130	200	5	100
1938	3000	5	1500	1600	5	800	8500	2	1700	500	5	250	800	5	400
合计			5860			4100			8340			1249			906

注：总股份数与财神股份的单位皆为“厘”，1 分 =10 厘；分红数额单位 1926—1932 年为两，1935—1938 年为元。为便于比较，笔者将 1926—1932 年各商铺的分红银两皆换算为“元”，按 1 元 =0.7 钱，并进行四舍五入计算。万丰顺、万丰德 1926 年、1929 年的数据其实采用的是它们 1927 年、1930 年账期时的数据。

资料来源：北京市档案馆藏，J 085 - 001 - 00015、J 085 - 001 - 00013、J 088 - 001 - 00015、J 203 - 001 - 00003、J 199 - 001 - 00001。

表 6 显示，同一商铺，由于总股份的变动及盈利的增减变化，每股分红各年不一，尽管各年财神股份不变，但其所分红利数各异，即集资多寡不同；同一商铺或不同商铺之间，财神股份的多少，与其所分红利的多寡并不一定成正比。只有当总股份与盈利皆一定时，财神股份越大，其所分红利则越多。如万丰泰财神股份仅为 2 厘，但其各年所分红利却大于其他几个财神股份为 5 厘的商铺。财神股份同为 5 厘的万庆成、万庆和、万丰顺、万丰德，历年分红也相差悬殊。利用财神股进行资金积累的数额非常可观，如万丰泰 1926—1938 年共积累资金 8340 元，而万丰泰各东家原本、护本、护身只有 14717 元，即财神股积累的资金占股东总投资的 56.7%；而同时期万丰顺、万丰德则分别为 74.8%、43.1%。这表明，财神股在万丰泰、万丰顺、万丰德的资金运营中占有相当重要的地位。

需要特别指出的是，财神股分红额虽然是逐年滚存，但有些年份由于经营不善等而遭受损失时，也要提这部分资金去抵债、应对其他风险或其他未知用途，从而使财神股的集资总额有所减少。所以上述对财神股所得红利进行的绝对累加值在实际账面上可能显示的要小一些。下文以万丰德、万丰顺为例进行分析（见表 7）。

表 7　1912—1932 年万丰德、万丰顺五金店财神股分红与实存金额比较

单位：两

年份	万丰德财神股		万丰顺财神股	
	分红前账面实存	当年新分红利	分红前账面实存	当年新分红利
1912			527	150
1915	31.5	60	677	163.1
1918	91.5	155.4	840	116
1921	73.7	91.9	956	125
1924	21.6	161.8	1041.3	396.5
1927	183	125	1394.6	200
1930	308	25	1594.6	236
合计		619.1		1386.6
1932	333	140	1831.7	185

注：对表中数据罗列规律的解释，如万丰德 1915 年财神股分红 60 两，加上分红前账面实存的 31.5 两，共计 91.5 两，此数据即成为 1918 年账期分红前账面实存数额。其他各年，依此类推。

资料来源：北京市档案馆藏，J 199 - 001 - 00001、J 203 - 001 - 00003。

依表 7，万丰德 1915—1930 年的财神股共分红 619.1 两，而其 1932 年账面实际滚存仅 333 两，这当中还要除去 1915 年最初的存额 31.5 两，即事实上 1915—1930 年财神股共实存仅 301.5 两，较之财神股所分红利少 317.6 两，如何解释这减少的部分？原来，1918 年财神股分红 155.4 两，加上账期前实存的 91.5 两，计 246.9 两，而 1921 年账面上却只记 73.7 两，实际减少了 173.2 两。同理，1924 年账面上又比实际减少了 144 两。这样，1921 年、1924 年两账期共减少了 317.2 两，恰好约等于财神股 1915—1930 年所分红利与其账面实存部分的差额 317.6 两。这其中 0.4 的误差乃是笔者进行四舍五入计算时所致。至于 1921 年、1924 年两账期减少的 317.2 两财神股累积资金用于何处，账本对此并未做说明。但至少可以认定，财神股作为万丰德主要的资金来源，确实被当作运营资金使用过。同样，万丰顺的财神股也存在上述问题。

对同一商铺而言，影响财神股集资总额的因素主要有三点：

一是财神股所占份额的大小。在同一账期，总股份一定时，财神股份越大，则其分红越多；在不同账期，当总股份与商铺盈利皆一定时，财神股越大，则分红越多。不过，北京商铺的财神股，一般为 5 厘股份，多于或少于 5 厘的则不多见。财神股较为稳定，一经确定股份为几厘后，一般不会更改。如 1926—1938 年，万和成、万庆成、万庆和、万丰顺、万丰德的财神股份皆为 5 厘，万丰永、恒盛木厂皆为 10 厘，万庆泰为 6.5 厘，万丰泰为 2 厘。但也有例外，如亿丰祥绸缎洋货布铺财神股初为 10 厘，后因连年亏损更换铺东，财神股份也随之更改，规定账期“除净开销外，赢余得利，先提出十分之一作为财神股，以为保护营业永久巩固之用”。[①] 这意味着亿丰祥将财神股置于账期盈余得利的优先提取地位（当然，亏损年月仍不提取），剩余红利再均分给铺东和有人力股者。此种财神股份额的确定方法，为五金行商铺所无。这也间接反映了商铺盈利的稳定，决定财神股的相对稳定。所以，各店财神股份的占有情况较为复杂，有的于商铺成立合约中即给予确定，有的于商铺改组或重组时确定，有的则是临时约定，当然也有些商铺始终就无财神股之规定。

二是商铺盈利的多寡。在总股份与财神股份额皆一定时，商铺盈利越多，则财神股分红也就越多。反之则否。这在表 6 中体现得一目了然。

三是商铺总股份的增减。尽管财神股数各年比较稳定，但商铺各账期人力股份的增减较为频繁，致使总股数也相应增减，又由于商铺一般是按各方所占股份均分盈余，所以在同一账期，当盈余一定时，总股份越大，财神股分红则越少，反之则否。

各账期财神股分红数额为多少才能使商铺更有效地积累资金呢？即提取盈余的百分之几作为财神股红利。这可用财神股数占总股份的比例来表示。因为尽管财神股红利提取比例，本应是各账期的财神股分得红利与红利总数的相比所得，但鉴于红利总数有时为凑整要去除尾数，有时要拿一部分馈送伙友，如 2183 元红利，有的商铺只以 2000 元来分配，其余送伙友，有的商铺账面记载这些余数的去向，有的则不记载，所以得出的财神股红利提取比例准确度差。相反，东伙总股数在同一账期是确定的，用财神股数与其相比所得数据要相对准确一些（见表 8）。

表 8　1926—1938 年北京商铺的财神股份占总股数额的比例

单位：%

商铺名称	1926 年	1929 年	1932 年	1935 年	1938 年	平均
万和成	4.0	4.1	3.9	3.9	3.9	3.96
万庆成	6.1	6.7	6.6	6.1	6.7	6.44

① 《万金根账》（民国二十一年六月），《纺织品业亿丰祥商店万金账》，北京市档案馆藏，J 087 - 015 - 00001。

续表

商铺名称	1926 年	1929 年	1932 年	1935 年	1938 年	平均
万庆和	6.5	6.4	6.2	6.0	6.0	6.22
万庆泰	5.4	5.4	5.4	5.2	5.1	5.3
万丰泰	2.2	2.0	2.1	2	1.9	2.04
万丰顺	10.4	11.9	10	10	10	10.46
万丰德	7.4	6.4	7.0	6.8	6.8	6.88
平均	6	6.1	5.9	5.7	5.8	5.9

注：表中数据系笔者据上面账本相关数据按四舍五入保留一位小数计算而得。

资料来源：北京市档案馆藏，J 086 - 001 - 00006、J 085 - 001 - 00015、J 085 - 001 - 00013、J 200 - 001 - 00003、J 088 - 001 - 00015、J 203 - 001 - 00003、J 199 - 001 - 00001、J 088 - 001 - 00007、J 093 - 001 - 00001。

表 8 显示，财神股份占总股数额的比例最大的是万丰顺，1929 年高达 11.9%；最小的是万丰泰，1938 年只有 1.9%。由于商铺一般是按各方所占股份均分盈余，所以，对同一商铺而言，在盈利一定时，表中数据越大财神股的分红也就越多。对不同商铺来说，表中数据的大小虽然不能说明财神股实际分红的多少，却表明资本家通过财神股积累资金程度的强弱。从各商铺历年数据的变化趋势看，除万庆成外，其他几个商铺的财神股份占总股数额的比例尽管各年有增有减，但增减幅度皆不大，总趋势是下降的，说明资本家通过财神股实现资本积累的程度有所减弱，伙友的分红或馈送可能会有所升高。

1953 年万和成的合伙契约上规定盈利“先提百分之十作为公积金”。[①] 现在的企业一般也是提取净利润的 10% 作为法定公积金。然而，近代北京商铺对此无统一规定。从表 8 几个商铺的平均值看，最高的是 10.46%，最低的 2.04%，总平均 5.9%，所以，一般皆低于 10%，即低于现在的一般工商企业 10% 的公积金提取率。至于近代北京商铺的财神股份占总股数额的比值应为多少才算是最佳值，笔者尚无力论及。

总之，铺东将部分未分利润以“财神股”之名义存于商铺，实质上是对商铺追加投资。这样，商铺不仅筹集了足够数额的资金，在一定程度上确保了流动资金的充足度，而且使资金成本最低，从而更利于商铺的生存与发展。

① 《万和成合伙契约》（1953 年），《万和成五金行》，北京市档案馆藏，J 086 - 001 - 00300。

2. 厚成

厚成，是商铺经过一定时期经营后，随着业务扩大对运营资本的需求，特别是为了防御风险，东掌为巩固资源，在年终或账期结账时，将应收（外欠）账款及现存资产予以一定折扣，以达到账面资产额低于实际资产额的目的。商铺厚成的范围，据1932年万和成五金店《万年聚金账》载，主要包括存货升价银、现金折扣银、投在各支号（万庆成、万庆和、万丰泰、万丰顺、天津万聚泰）的原本和护本银、建筑铺底银、公积股银等六项资产。[①] 这表明厚成包括所有被隐藏起来的未分配盈余。由于此种厚成能在账面上表现出来，所以也称"明厚成"。另外，还有一种不见于账面，一般是通过压低盘货价格的办法实现，因其能大量缩减资产价值而不露痕迹，所以称"暗厚成"。暗厚成一般不列入正账，从而为我们估计北京商铺的实际运营资本带来了很大困难。

不管是明厚成，还是暗厚成，一般是被隐藏在商铺外欠款、存货、存款或铺底等资产中，并作为商铺的实际运营资金使用，也是商铺资金的主要来源之一，只是较为隐蔽，不易被外人注意而已。

如何取得厚成，以充实商铺资金实力呢？

厚成的获得，俗称打厚成，即商铺通过何种方式来获得厚成，以使账面资产远远小于实际资产。打厚成的方式主要是通过对商铺外欠款、存货、存款或铺底等资产进行打折计算入账，打折多少各店不一（见表9）。

表9　近代北京五金商铺打厚成的折扣数统计

商铺名称	年份	折扣数（折）					档案号
		存货	外欠	铺底	现款、存款	分号所投原本	
万和成	1861—1885	7.5	5	7.5	7.5		J 086－001－00001
	1888—1938	8			8		J 086－001－00006
万庆成	1914—1938	8			8		J 085－001－00010 J 085－001－00015
万庆和	1902—1905	8					J 085－001－00013
	1908—1938	7					
	1911					7	
	1929			1			

① 《万和成万年聚金账》（民国三年甲寅新正月），《万和成五金行》，北京市档案馆藏，J 086－001－00006。

续表

商铺名称	年份	折扣数（折）					档案号
		存货	外欠	铺底	现款、存款	分号所投原本	
万丰泰	1895—1938	7.5	7.5		7.5	7.5	J 088 - 001 - 00002 J 088 - 001 - 00015
	1923—1938			7.5			
万丰成	1891—1894		7				J 085 - 001 - 00209
	1897—1912		6				
	1926—1938		5				
万丰顺	1891—1897		6				J 203 - 001 - 00002
	1912					7	
万丰德	1909		5				J 199 - 001 - 00001
	1912		3				
	1915		2				
	1924	9.5					
	1927		5				
广聚兴	1926		2				J 087 - 001 - 00003
	1929		1				
	1937		5				
	1939		4				
平均		7.9	4.5	5.3	7.8	7.2	

资料来源：北京市档案馆藏。

表9显示，存货与外欠两项是最常见的打厚成对象，铺底、现款、存款及总号在分号所投原本虽在某些商铺也较为常用，但远不如存货、外欠普遍。各店打厚成时所定折扣数各异，即使同一商铺，因打折对象不同，各年折扣数也有差异。为全面了解通过打折隐藏利润的办法以积累资金的过程，下文结合表9并以“存货”为例详述。

由于一般商铺的存货价值较大及存货价格易于操作，通过压低期末存货总值的方法来打厚成是减少资产的账面价值的常用方法，这样就使商铺厚成的大部分隐藏在存货中。其主要方式有二，一是盘货时的价格控制，二是盘完货后的按折扣入账。

对于盘货时的价格控制，有的商铺有明文规定，如协升号五金行“年终结算盘查物品，按原价计算，倘市价低于原价时，按市价计算”。[①] 不惟北京，天津三益泰五金店对盘货价格也有规定：“倘各货如有跌落时，即可减轻，如价增至逾高，亦照旧例价目为准。”[②] 商铺这样做主要是因为“货物价有高低，有涨者，仍按原价，如有落者，减抄存”，其目的主要是“图永久之基”。[③] 可见，这些商铺不管市场价格高低，皆以各年的最低价格盘货，这必然与其实际出售价格有较大差距，从而隐藏了利润，使商铺的厚成增大，并在事实上充实了商铺的运营资金，存货多的商铺尤其如此。

盘货完成后，资本家为多打厚成，还要将盘货结果再按一定折扣入账。当然，各商铺存货打折的多寡差别较大。表 9 中，打折数最小的是万庆和，1908—1938 年按 7 折入账，最大的是万丰德 1924 年按 9.5 折入账。从总体上看，存货价值入账以 7—8 折为主，各店平均为 7.9 折。打折数越小，商铺隐藏的厚成越大，其实际运营资金也就越多；反之则否。例如，万丰泰 1935 年的存货价值共合洋 27499.95 元，[④] 这是经过价格控制盘货后的实际存货价值，但如果对此按 7.5 折计算入账，则变为 20624.96 元，比实际价值少了 6874.99 元，即比原来减少了 25%，减少的这部分存货价值即是所谓的厚成，实则是商铺对利润的变相隐藏。万丰泰仅 1935 年一个账期就隐藏了 6874.99 元的存货，如各年累积起来，则其数额是非常惊人的。对此种积累资金的窍门，自 1933 年就在天义顺酱园当会计的刘英杰曾有深刻描述：“今年九五折，明年则等于九折，后年就等于八五折，以此类推，企业的资金积累一年比一年雄厚。”[⑤] 这就是打厚成作为商铺资金主要来源的秘诀。

对同一商铺来说，存货折扣数一般比较稳定，经年成习，不会轻易更改，如万丰泰 1895—1938 年存货一直按 7.5 折计算，40 多年间从未更改过。又如万庆成 1914—1938 年存货皆按 8 折计算。当然，有些商铺根据经营状况也会对存货扣数进行适当调整。有的商铺成立初期打折稍大，以后随着规模的扩大及盈利的增加就会减少扣数，增大厚成。如万庆和 1902—

① 《万金账》（民国三十四年一月一日），《协升号五金行》，北京市档案馆藏，J 094 - 001 - 00009。

② 《天津三益泰万金账》（民国十二年新正月），北京市档案馆藏，J 198 - 001 - 00008。

③ 《万丰永万金老账》（民国六年正月），《万丰泰五金行》，北京市档案馆藏，J 088 - 001 - 00007。

④ 《万金老账》（民国十八年正月），《万丰泰五金行》，北京市档案馆藏，J 088 - 001 - 00015。

⑤ 刘英杰：《天义顺清真酱园》，北京政协文史资料研究委员会编《驰名京华的老字号》，第 230—231 页。

1905 年存货按 8 折计，而 1908—1938 年则按 7 折。也有的商铺与之相反，开设初期因资金短缺就多提厚成，存货折扣就小一些，以后随规模及盈利渐增，折扣也随之变大。如万和成 1861—1885 年存货按 7.5 折计算，1888—1938 年则按 8 折。更有一些商铺，由于市场多变，同业竞争激烈，有时不得不为巩固营业根基、稳定运营资金着想，因而要时常更改折扣数以保历年平衡。如身处通商大埠的天津万庆泰五金店 1925 年存货按 6.2 折计算，1928 年按 6 折，1931 年按 5 折，1934 年则无折扣，1937 年按 7 折。[①]这表明，规定多大的折扣数来打厚成，各商铺一般是根据自身具体情况及当时的政治经济形势而定，不可一概而论。

除存货易于多打厚成外，外欠款项由于有不能如数回收的风险，一般也要打折计算存账。其打厚成的折扣数根据赊账人的信用指数、欠款数额来定，一般在 5 折以上。不过，在商业萧条或震荡时期，由于造成坏账的可能性加大，有的商铺甚至将折扣打至 3 折、2 折，甚至 1 折。如广聚兴五金行 1926 年底账期外欠款项为 2496 元，按 2 折计算入账，合洋 499.2 元；1929 年底外欠 1291 元，照 1 折计算仅合洋 129.1 元。折扣数的降低，一方面意味着当时的经济形势恶化，商铺营业不景气，不赊销无买卖，赊销又面临款项有时常收不回来的危险，显示了商家对待外欠的一种无可奈何的举措。另一方面，以如此低的折扣来计算外欠款项，如果能如数收回的话，广聚兴隐藏的厚成可谓大矣。这样，外欠数额越大则隐藏厚成越多，商铺运营资金则越大。

关于何时及是否使用打折扣的方法来隐藏厚成，各商铺也有差异。有的商铺开设后的第一个账期即按所订折扣盘货及计算外欠、现款、存款、铺底等，如万和成五金行。有的则是从成立后的第三个账期开始对外欠及现存资产打折扣，如万丰泰五金行、万庆和五金行等。有些商铺只是部分资产打折扣，如万丰顺、万丰德无存货折扣。也有些商铺始终就不打折扣，如北京长和厚绒线帽铺、亿丰祥绸缎洋货布铺、天津万丰泰五金行、天津三益泰五金行、张家口万丰永五金行等。至于为何有如此多的差异，笔者尚未搞清楚。但上述差异至少可以说明近代北京商铺经营策略的差异、防御风险意识的强弱，及商铺实力大小、经营状况的好坏、对资金需求的多寡与急缓等情况。

---

① 《万庆泰聚金红账》（光绪三十一年三月），《万庆泰五金行》，北京市档案馆藏，J 200 - 001 - 00003。

在近代北京商铺中，通过打厚成来隐藏利润最典型的要属北京瑞蚨祥绸布店，它比其他同业或行业隐藏得要多一些。仅 1918 年西鸿记隐藏的厚成就相当于当年所分利润的 10 倍。不过，“瑞蚨祥没有账面厚成，而不见于账面的厚成却十分大”。这样，“即使存货价值百万，在账面上也不过登记二三十万”。① 瑞蚨祥主要通过固定资产不入账、盘货时的固定“划价”、“甩”货不入账等方法来隐藏厚成。② 这些方法皆是北京五金商铺未使用过的，也是瑞蚨祥能过多隐藏厚成的奥秘所在。

厚成作为商铺资金积累的主要方式之一，其作用主要有三：

其一，扩大营运资金。厚成的实质就是利润的再投资，是剩余价值直接转化为资本，起资本的作用但无资本之名，它起着和资本主义企业里的公积（surplus）相同的作用。③ 这有利于降低筹资的外在成本，为企业扩大再生产奠定基础。

其二，保本，即按实物计算保障原投资本不受侵蚀。④ 这就要求红利分配只能是商铺利润或留存收益，而不能来源于原始投资。其目的是维护铺东的投资权益。

其三，增强商铺偿债能力与抵抗风险的能力，利于提高商铺经营的安全与稳定性。如北京粮食业商铺在年终结算分配时，一般商号都注意要留些“厚成”，“即负债部分照实计算，资产部分打折扣，低估一些，并扣除折旧、呆账，这样年年积累，营业即能日益殷实稳固，遇有困难挫折，也不至于一蹶不振”。⑤ 北京王麻子刀剪店就是因为经营多年留有厚成，所以在七七事变后，日伪政府限制刀剪等金属制品生产，并严禁运出京城，许多刀剪店倒闭的情况下还能维持门市。⑥

不过，厚成作为一种经济现象，一方面确实充实商铺营运资金，另一

---

① 孟宪浃：《瑞蚨祥绸布店》，北京政协文史资料研究委员会编《驰名京华的老字号》，第 41 页。

② 中国科学院经济研究所等编《北京瑞蚨祥》，第 116—129 页。划价是在盘货时的特定价格，既不是进货价，也不是当时的市价。划价早先是根据市价变化和业务情况而变动，有升有降。到了 1936 年以后，物价开始波动，东家为逃避货币贬值带来损失，达到保本保值的目的，实行了固定划价的办法。

③ 中国科学院经济研究所等编《北京瑞蚨祥》，第 116 页。

④ 中国科学院经济研究所等编《北京瑞蚨祥》，第 116 页。

⑤ 迟子安：《旧北京的粮食业》，中国民主建国会北京市委员会等编《北京工商史话》第 2 辑，中国商业出版社，1987，第 149 页。

⑥ 白凤鸣：《老字号王麻子刀剪店》，中国民主建国会北京市委员会等编《北京工商史话》第 1 辑，中国商业出版社，1987，第 104 页。

方面，因商铺所打厚成的多少直接牵涉到铺东、经理与其他有人力股伙友的切身利益，如果对这种利益关系处理不当，有时会造成东伙间矛盾重重，甚至是上下离心。如北京瑞蚨祥由于隐藏的厚成较大，账面利润变低，西方分得的利润减少，于是造成了瑞蚨祥“东西之间的矛盾”。[①] 其次，商铺对厚成的积累没有一定限度，比如资金积累到多少就不再打厚成了，即对商铺的超额累积厚成并无明文规定，这也是商铺打厚成策略的亟须改进之处。

总之，厚成作为近代北京商铺的一种较为常见的抵御风险的方式，在一定程度上保障了商铺正常经营所需的流动资金，增强了商铺偿债及平衡盈亏的能力，成为商铺未来盈利的一大因素。这种未雨绸缪、居安思危、稳健经营的管理理念，使得一些北京商铺在多灾多难的近代中国仍然具有旺盛的生命力，甚至出现了一些驰名中外的老字号。

三　结语

近代北京商铺的资金来源概括起来主要有铺东直接投资、商铺留存收益、利用商业信用、起会集资四种。原本在商铺运营中的地位非常重要，但北京商铺原本量远低于天津等地及北京其他行业商铺。护本、护身金一般于账期分红时扣收，提取比例依分红多少而定。护本在总运营资本中占据举足轻重的地位，护身金的提取比例呈下降趋势。数额可观的东伙存店红利在一定程度上扩大了商铺营运资金，同时在商铺发生重大损失或倒闭时，可用铺东存款直接抵偿债务，抵御风险，以负无限责任。但职工支存款比例的不确定，会使店员产生不平衡感，不利于他们劳动积极性的提高，超支也不利于商铺资金的运作。商铺内部留存的资金，属于未分配利润，主要包括财神股和厚成两种。资本家通过财神股实现资本积累的程度有所减弱，伙友的分红或馈送可能会有所升高。存货与外欠两项是最常见的打厚成对象，在一定程度上保障了商铺正常经营所需的流动资金，增强了商铺偿债及平衡盈亏的能力。总之，近代北京商铺的运营资金来源具有多样性、灵活性与可操作性，是商铺生存与发展不可或缺的生命源泉与动力。不过，也存在一些诸如强制职工红利存店、厚成的提取无上限、利用民间

① 中国科学院经济研究所等编《北京瑞蚨祥》，第117页。

会社筹资有携款潜逃等弊端发生。如何兴利除弊，既利于资金筹集，又确保商铺良性循环发展，同时彰显商铺形象与信誉、提高全体职工的劳动积极性，是摆在经营者面前的一大课题。

（作者单位：东北大学秦皇岛分校）

从汕头到上海：国民政府的“废两改元”之路（1925—1933）[*]

陈海忠

内容摘要 1925年东征军在汕头首先强力实施“废两改元”，国民政府随后经过1927—1929年汉口、福州、青岛等地的实践，积累了相应经验，直至1933年历时近十年方告功成。在这一过程中，汕头先行废两改元成为后来主张者的有力佐证，也成为后来改革者的范本。废两改元是近代经济发展对市场统一、金融统一的需求，也是近代社会对结束地方割据、实现国家统一的内在诉求。但实质上它是国民党在建构统一的国家权力过程中与地方势力之争，废两改元的成功与否取决于国民政府的政治控制力与财政实力。

关键词 汕头 上海 废两改元 国民政府

1933年3月，南京国民政府成功实施“废两改元”，这是近代中国币制改革的重大事件，对全国经济、政治统一具有深远的意义。历史学界在研究其原因、过程、影响之余，一般都给予了较高的评价。[①] 但学者们较少注意到，国民政府废两改元实际上自1925年的汕头开始，并随着其控制区域的扩大而陆续推行。1925年广州革命政府分别由许崇智、蒋介石率军进行两次东征，彻底消灭盘踞以汕头为中心的潮梅地区的陈炯明势力，随后在

* 本文为教育部人文社会科学重点研究基地重大项目“近代闽粤地区商会资料整理与研究”（项目号：16JJD770022）、国家社科基金项目“晚清民国时期潮海关档案文献整理与研究”（项目号：18BSZ112）成果。

① 参见王同起《国民党政府“废两改元”述评》，《历史教学》1990年第9期；吴景平：《评上海银钱业之间关于废两改元的争辩》，《近代史研究》2001年第5期；李爱、吕桂霞：《国民政府初期的货币危机与“废两改元”政策》，《河南大学学报》2006年第4期；申成玉：《试论1930年代国民政府币制改革的国内动因》，《河南师范大学学报》2010年第1期。

汕头强力推行废两改元及一系列财政、经济政策，实现广东军政、民政和财政的统一，也开启了国民政府推动废两改元、谋求币制统一的历史进程。

本文拟以档案、地方志与民国报刊为基本史料，爬梳 1933 年之前国民政府控制区域内各商埠先期废两改元的基本史实，分析各商埠表现出的特殊性与普遍性，探讨各地的废两改元实践对于 1933 年上海废两改元的关系与影响，以期深化对民国金融史上这一重大事件的认识。

一　民国初年废两改元的努力

近代中国银两制度的紊乱历来受商民及外商诟病。一省有一省之币制，一县有一县之币制，甚至一帮亦有一帮之币制，加以各省所发钞票，有大洋、有小洋，有兑换者、有不兑换者，情形又各不同，此代表了国家的不统一。[①] 为统一币制，1914 年北洋政府颁布《国币条例》，实行银本位，定国币为银元。北洋政府随后铸造的带有袁世凯头像的银元（俗称“袁大头”）因其成色重量较好，1915 年成为上海金融市场的标准银元，取代了龙洋的地位。由是一些地方因银两缺乏而开始废除银两制度，改用银元。[②] 但一纸《国币条例》并未能真正废除银两制度，两、元并行的局面依旧存在。在很多重要商埠，市面上实际收支时用银元，交易结算时用银两，记账单位也用银两，而银两此时也基本演化成一种无实物的、只是作为记账单位和价值尺度的虚银两，如上海规元、汉口洋例、天津行化、汕头七兑银等。

1921 年，全国银行公会联合会在天津银行公会的提议下，建议北洋政府废两改元。上海总商会也曾通函各业及长江流域一带各商会，倡议在商

① 何品、宜刚编注《上海市档案馆藏近代中国金融变迁档案史料汇编·陈光复甫日记言论集》，上海远东出版社，2015，第 37 页。

② 如民国元年，广西、云南、热河就已废两改元。1914 年南昌实行废两改元，废除九三八平码制。东北抚顺在 1915 年废两改元后，1918 年奉天全省废两改元，随之宁波、厦门商人也采取了同样行动。1919 年，湖南改两为元。不久，重庆地方政府废除银两制。同年，山西发布省长训令统一币制，一律行使大洋。1917 年有倡议废两改元者谓：“近年各省因银两缺乏改用银元，如江西之南昌，福建之厦门，浙江之宁波及辽宁之沈阳等处皆先后实行。”详见戴建兵《白银与近代中国经济（1890—1935）》，复旦大学出版社，2005，第 351 页；《江西金融概况（续）》，《工商半月刊》第 6 卷第 22 期，1934 年 11 月 15 日，第 88 页；《省长训令（财字第 115 号）》，《来复报》第 83 号，1919 年 11 月 9 日，转引自孔祥毅主编《民国山西金融史料》，中国金融出版社，2013，第 170 页；张家骧等：《中国之币制与汇兑》，商务印书馆，1931，第 6 页。

业活动中一律改用银元，并向政府建议采用银元为本位币。但北洋政府在其统治时期内缺乏足够的政治与经济实力，废两改元未能实现。

二　1925 年汕头废除七兑银

汕头位于广东省东部韩江出海口，自 1860 年开辟为通商口岸后，迅速发展成为一个重要的商业城市，被誉为“潮梅出入口之门户”、“华南第二要埠”。[①] 民国以后，广东政局持续动荡，汕头被视为膏腴之地而为各方军阀所争夺。虽然汕头、广州同属广东省，但两地的金融习惯不同。广州以粤省毫洋为主币，市面流通双毫和半毫银币，成色高的大洋袁头币和龙洋比较少见。由于政局动荡，市面纸币以汇丰、渣打、有利三家外资银行发行的港币为本位的钞票最受欢迎，而中国银行、广东省立银行的纸币则不受青睐。以汕头为中心的潮梅地区更习惯使用大洋，其中袁头币最为通用，税收也征收大洋；市面以银庄发行的七兑票为通用银，“汕头商店之买卖、佣资、屋资、保险费等概用各银庄发行之七兑银票为代替物”。[②]

由于汕头汇兑公所有一套相对完善的“换纸”与“扯息”制度，[③] 能够制衡银庄滥发纸币，维持同业信用，七兑票信用非常坚挺。光绪二十七年（1901），潮海关税务司甘博（S. Campbell）在《潮海关十年报告》中写道：“所有较大的银行（即银庄）均发行钞票……在汕头，人们很乐意接受这些钞票，地区内有几个城镇把它们与硬币等同使用。”[④] 汕头钱业商人由此掌握了地方金融权力，中国银行、台湾银行等中外银行影响力较小。20 世纪 20 年代初，受银价低跌等多种因素影响，七兑票价格甚至超过现银，俗称“纸贵银贱”，这使拥有银元而缺乏银两的银行苦不堪言。

---

① 谢雪影：《潮梅现象》，汕头时事通讯社，1935，第 80 页。

② 《十九省重要城市流通货币的概况》（1924 年），中国人民银行总行参事室编《中华民国货币史资料》第 1 辑，上海人民出版社，1986，第 699 页；萧冠英：《六十年来之岭东纪略》，培英图书印务公司，1925，第 63 页。关于潮汕地区税捐用币，1925 年广州政府克复潮汕后改征毫洋，要求以中央银行毫洋纸币缴纳，但由于汕头市面充斥各色质量不一的土毫以及汕头习惯使用大洋等，1926 年 2 月 1 日后又改收大洋现币。见《潮汕税捐改收大洋现币》，《广州民国日报》1926 年 1 月 16 日，第 3 版。另外，根据《六十年来之岭东纪略》，汕头称钱庄为银庄，本地银庄分汇兑庄（loan shop）与收找店（money changer）两种，前者主要办理各港汇兑，后者主要办理银钱找换。

③ （民国）《潮州志》（新编）第 3 册，潮州市地方志办公室，2005，第 1354 页。

④ 《1892—1901 年潮海关十年报告》，《潮海关史料汇编》，1988，第 58 页。

1925 年 4 月初，第一次东征战事结束，东征军总司令许崇智、张民达部进驻汕头、潮安，在汕头设置“建国粤军潮梅海陆丰各属财政总局”，由俞飞鹏任局长，[①] 总揽潮梅海陆丰各属财政，并设立中央银行汕头分行。其时，汕头七兑票价格高企，“前此常为七三七四以上之沪币港币，至此乃降而仅值直平之六钱，至毫洋价格之低落，更不堪问，目前直票（即七兑票）一元可找得毫洋一元五角有奇”。[②] 5 月 10 日，俞飞鹏训令废除七兑票，市面交易概以大洋为本位。[③] 但训令遭汕头汇兑公所、总商会强烈抵制，市面对各港汇兑票值及大洋、毫洋反而应声大跌。最后官商双方达成妥协，由汕头总商会召开金融大会自行议决废除七兑票，准许商人以不动产、现金或五家联保为保证发行大洋票。5 月 21 日，汕头总商会邀集上海潮州会馆、香港八邑商会、潮梅各属商会及汕头各官厅、各界及总商会各行档召开大会，决定自 6 月 1 日起实行废两改元：

> 启者：本会为维持金融、改良币制一事，邀集上海潮州会馆、香港八邑商会、潮梅各属商会及本市各官厅、各界暨本会各行档于旧历四月廿九日在本会会所开联席会议。所有议决事项除函请各官厅、各商会布告咸遵并分函各行档外，合行列单传知，务各一体查照办理，此布。
>
> 计开议决事项共六条：
>
> （一）废除七兑凭票。
>
> （二）废两用元，采用大洋本位制。
>
> （三）市面上各种杂银，即中央、英洋、七角、香港、日本龙、美国银、实叻银、安南板鸟八种暂时通用，限至民国十五年六月一日起一律禁止，此后概以中央通用之国币为标准。
>
> （四）自本年六月一日起不论银庄、杂行、个人对于从前以七兑计算之未了契约，概以官厅拟定之价格每银七钱折合大洋一元，持有七

---

① 俞飞鹏，别号樵峄，浙江奉化人。1924 年 2 月 1 日被孙中山委派为黄埔军校筹备委员会委员，后任军校经理部主任，广州国民政府成立后任财政部国库主任。1927 年 4 月 10 日任江海关监督，后历任军政部军需署署长，交通部常务次长、政务次长、代理部长。1937 年 3 月 4 日，特任交通部部长。抗战爆发后，任最高统帅部后方勤务部部长。1947 年 7 月 19 日，特任行政院政务委员，粮食部部长。1966 年在台湾去世。参见刘国铭主编《中华民国国民政府军政职官人物志》，春秋出版社，1989，第 7、22、43、709 页。

② 《潮梅经济界前途之危机》，《广州民国日报》1925 年 5 月 5 日，第 3 版。

③ 《汕头财政局取缔七兑票》，《申报》1925 年 5 月 18 日。

兑票者得于六月一日起持往各该发行之银庄换回大洋或大洋代币。

（五）改用大洋以后，大洋成分及重量以民国三年政府公布之国币条例为标准，不合标准者不得使用。

（六）各银庄发行之七兑纸币由六月一日起于票面加盖“大洋”二字即准作大洋票行使。

汕头总商会具　五月二十二日①

汕头1925年的废两改元是一个重要事件，使汕头终结了延续数十年的七兑票制度，也成为全国废两改元的先声；嗣后每当各商埠呼吁废两改元之时，时常要提及汕头这个案例。当年10月，国民政府第二次东征结束，何应钦、周恩来进驻汕头，中央银行分行得以进入汕头汇兑公所，同时政府竭力推行潮梅财政整理计划，取缔土毫，提高广东毫币价格，巩固国民政府在潮梅地区的金融影响力，为翌年何应钦率国民革命军第一军北伐进攻福建建立了一个稳固的补给基地。

三　1927年汉口洋例的废除与复兴

汉口位于长江、汉江交汇之处，是清代以来长江中游地区最大的商埠，贸易旺盛，传统钱业发达。据《杨著中国金融论》，1925年汉口钱业各帮庄数136家，资本总额洋例银458.7万两。② 钱庄以虚本位的“洋例银”为计算银两，办理商民存贷款、汇兑等业务，攫取巨大收益。但汉口外国银行的势力更加强大，共有汇丰、麦加利、花旗、东方汇理、华比、华义、震义、正金、住友、台湾、义品、株式会社汉口银行等十多家外国银行在汉口设立分行。“以势力论，与本埠钱业及内国银行界，亦成三分鼎足之局，各有其势力发展之方向。”③

1926年10月，北伐军占领武昌，国民党中央党部和国民政府随后从广州迁至武汉。自北伐以来，国民政府不断扩军，军费开支急剧增长，到达武汉之后财政立呈捉襟见肘之状。武汉当局通过湖北省内税收、向各业借债、查封北洋逆产、加增各类杂捐、发行公债等方式所得款项已远不足以

① 《汕头总商会传单》（1925年5月22日），汕头市档案馆藏，民国档案12-9-269，第12页。

② 杨荫溥：《杨著中国金融论》，黎明书局，1936，第314页。

③ 杨荫溥：《杨著中国金融论》，第327页。

维持军费与党政机关的运行。同时，国民党内部派系斗争加剧，武汉当局也无法从蒋介石占据的上海、李济深留守的广东获得经费支持。雪上加霜的是，由于蓬勃发展的工人运动，外国银行不但不再向汉口放款，而且不断收回汉口以前的贷款，汉口各外国分行大肆吸收富商存款，套走现银，使市面现银更加紧绌，武汉国民政府称“国民革命已至极严重时期”。[①]

上海四·一二政变后，武汉国民政府成立以汪精卫等为首的战时经济委员会，随后发布史无前例的《国民政府集中现金条例》：

> 第一条　国民政府为维持金融，集中现金起见，特颁本条例，无论何人，均应遵守。
>
> 第二条　凡完纳国税流通市面，均以中央银行所发汉口通用纸币，及中国银行交通银行所发之汉口通用钞票为限。
>
> 第三条　凡持有现币或其他商业银行纸币者，得向中央中国交通三银行及各邮局，随时兑换中央中国交通三银行纸币。
>
> 第四条　凡收付银两，均用纸币，每元法定七钱一分，不得自由增减。
>
> 第五条　非经财政部特许，绝对禁止现洋现银出口。
>
> 第六条　凡拒收中央中国交通三银行纸币，或收买现币，或抑勒纸币价格，或抬高物品市价，及其他违反本条例规定之行为，经人民告发，查明确实者，按律严办。
>
> 第七条　本条例自公布日施行。[②]

“集中现金令”本来是为了解决政府财政困境，维持政治、军事机构运行的“战时经济政策”，[③] 不料“意外”地废除了汉口洋例银，实现了废两改元。其一，集中现金令发布之后，上海及全国各大商埠一片哗然，金融界即与汉口各行庄暂时断绝往来，各地汉汇不再开出。其二，市面现金绝迹，银两收付按每元七钱一分折合中央、中国、交通三行不兑换的纸币，

① 《武汉禁止现金出口》，《申报》1927 年 4 月 24 日，第 9 版。

② 《国民政府集中现金条例》，《银行杂志》第 4 卷第 13 号，1927 年 5 月，第 1 页。

③ 参见余洁琼《民国十六年武汉的集中现金风潮》，《社会科学杂志》第 7 卷第 4 期，1936 年 8 月；徐凯希：《武汉国民政府集中现金风潮述略》，《历史档案》1992 年第 2 期；冯筱才：《自杀抑他杀：1927 年武汉国民政府集中现金条例的颁布与实施》，《近代史研究》2003 年第 4 期。

洋例银基础全失。其三，汉口现洋行市自动以现洋折合规元计算，申汉汇不必再以洋例银折合，洋例完全丧失其最初之存在价值。①

汉口的废两改元是特殊政治环境下特殊经济政策的产物，持续不足一年，可谓昙花一现。汉口洋例银消失后，虽然一般商人并无较前不便之处，钱业商人却失去了一个绝好的获利工具，一直在等待时机谋划恢复。宁汉合流之后，现金集中令于无形中取消，汉口恢复现银流通，钱业商人遂由汉口总商会通电各地，自 1928 年 3 月 6 日起恢复汉口商场用银习惯——按汉例九八六平，九八兑。但由于一开始外国银行以钱庄的洋例庄票并无现银应兑为由一律拒收，庄票未能流通，钱庄不得不暂时停止恢复洋例。嗣后经各钱庄完善办法并疏通外国银行，至 3 月 22 日洋例银方告成功并逐渐恢复其原有的势力与地位。②

四　1928 年福州废除台伏票

福州是近代中国第一批被迫开放的商埠。晚清民初的福州市面流通银元，也广泛使用钱庄发行以银两为本位、不兑现的台伏票，市场平常贸易均以台伏为本位币，物价一元以上均用台伏定价，不足一元则以制钱、铜元、毫洋等标价。台伏票比汕头七兑票更加复杂，具有虚钱本位与虚银本位的双重身份。面值每元不等于银元一元，而是等于制钱一千文，含银量约定为库平 7 钱，而银元一元则为库平 7.2 钱。出票钱庄业务经营记账不记台伏若干元，而是按市价折算为“台棒”，记台棒若干两。③ 台伏票在福州势力很强大，据陈培锟调查，1916 年福建银行及各钱庄发行的台伏票约 160 万元，“钱庄之台伏钞票僻街陋巷无不流通，而中国（银行）分行之纸币转难行用”。④

1926 年 10 月何应钦第一军自汕头进入福建，12 月攻克福建全境，结束北洋政府在福建的统治。翌年 5 月国民政府福建省政府成立。

1927 年的福州市面金融状况也是“纸贵银贱”，台伏票升值至 1060 文，

---

① 裕孙：《汉口洋例银之消灭》，《银行周报》第 12 卷第 3 号，1928 年 1 月。

② 张克明：《汉口之洋例与废两改元》，《汉口商业月刊》第 1 卷第 7 期，1934 年 7 月 10 日。

③ 福州金融志编纂委员会编《福州金融志》，1995，第 55—56 页。

④ 《检查闽省银行币制情形致泉币司付函》（1916 年 4 月 26 日），陈培锟：《福建文史丛书·岁寒居士集》，福建美术出版社，2015，第 21—22 页。

甚至高达 1090 文，银元 1 元跌至 910 文。福州社会各阶层收入用银元，日常开支则用台伏票，兑换之间，损失甚大，纷纷指责钱商从中操纵。甫任省政府代理主席的方声涛借蒋光鼐、蔡廷锴的国民革命军第十一军入驻福州之机，企图统一在蒋介石、何应钦离开福建之后的全省政令与财政，提出《整理闽省币制以重圜法案》，极力主张废止台伏票。1928 年 1 月 31 日，福建省政府议决令总商会通知各钱庄，强制要求钱业商人在两个月内收回台伏票，其要点为：（1）于 3 月 1 日登报公布。（2）为责成钱商分期收回台伏票，并维持钱商兑现，调剂市面金融，特组织整理圜法委员会，设委员 5 人，省府 3 人，总商会 2 人（应呈由省政府委任之）。（3）台伏票与大洋比价，每台票一元折合大洋九角五分。[①]“废止明令一下，市景为之一乱，风潮波及全国，不特钱商停业，百业亦几全停顿。”[②] 经过多次周折，最终福州台伏票自 7 月 31 日起正式废除。[③]

虽然表面上福州“大洋票”取代了“台伏票”，但废两改元并没有完全成功。钱庄在废除台伏票后，阳奉阴违，又发行一种不兑换的“划洋票”，票面写明“与大洋平行使用”字样，实际上与大洋不等价，每日行情均由钱业公会规定，专为商家划账之用。[④] 随后福建政局再次陷入动荡，1930 年 1 月甚至发生陆军第五十二师师长卢兴邦在福州绑架福建省政府委员林知渊、陈乃元、许显时、程时煃、郑宝菁及水上公安局长吴澍 6 人的“一六政变”。政府对商家发行的大洋票、划洋票是否有足额准备金，一概不过问，也无能为力，福州金融业实际上恢复到废除台伏票之前的时代。直至 1933 年南京国民政府废两改元后，福州“划洋票”真正消亡，发票钱庄相继歇业。

五　1929 年青岛废除胶平银

青岛旧称胶澳，素为鲁东商业重镇。1898 年根据《胶澳租界条约》，德国占据胶州湾，把租借地市区命名为青岛。1914 年日本对德宣战，出兵占

---

① 中国社会科学院近代史研究所中华民国史研究室编《中华民国史资料丛稿大事记》第 14 辑，中华书局，1985，第 61 页。

② 陈云章：《党治下之福建财政》，《燕大月刊》第 4 卷第 2 期，1929 年 4 月，第 13—31 页。

③ 《闽垣废止台伏票之纠纷》，《银行周报》第 12 卷第 9 期，1928 年 3 月 13 日，第　页。

④ 庄家孜：《记福州的“台伏票”、“大洋票”和“划洋票”》，中国人民政治协商会议福建省福州市委员会文史资料委员会编《福州文史资料选辑》第 13 辑，1994，第 109—114 页。

据青岛，取代德国在青岛实施殖民统治，并在巴黎和会上攫取了青岛及山东主权。1922 年 12 月北洋政府根据中日《解决山东悬案条约》收回胶澳租借地。1929 年 4 月，南京国民政府接管胶澳商埠。

废两改元之前的青岛通用银为虚银本位的“胶平银”，“其性质等于规元之在上海。凡进出口交易及汇兑行市皆以此为单位及换算之居间货币”。[①] 与汕头、汉口、福州钱业商人掌控本地虚银两进而操控地方金融的情况不同，青岛的金融业几乎操纵于德、日银行之手，“胶平银”先后成为德、日殖民统治的金融工具。1935 年《工商半月刊》的文章称：“青岛在德管时代金融业全在外人之手，德华与汇丰执其牛耳，华商银行仅大清银行改组之中国银行一家，以税收关系，孤立境内。欧战发生，日人抢占青岛，德华银行停止营业，正金银行代之而兴。其后战乱既平，贸易增加，日人银行相继增设，民六设朝鲜银行，民九设正隆银行，民十二更设济南银行，青岛金融业全在其掌握中。”[②] “青岛之有胶平银则予外人以操纵之机会”，“华银行常受华商之托，代购胶银，而外银行则常受外商之托，出卖胶银或收受胶银存款。华商既必须用胶银，而胶银复在外银行之掌握，则其行市为外银行所操纵”。[③]

自北洋政府、南京国民政府相继接管之后，以中国银行为核心的青岛华资银行势力得以扩展，特别是“自国府北伐完成后，地方平静，商业日盛，故银行事业亦随时代之需要而进展”。1927 年起，华资银行开始筹议废除胶平虚本位，改为大洋本位，但遭到日本银行与日商抵制，未能立时更张，“盖货币与银行关系密切，日人既常拒绝中国银行钞票，直接妨碍华商银行之发行权，间接使市面筹码发生障碍”。[④]

1929 年 7 月，国民政府青岛特别市政府成立。准备充分的中国银行向政府提出，“在今日党治下之青岛”华商各业应一致合作，谋金融革新，废止胶平银，以免外人操纵。[⑤] 随后中国、交通、明华、大陆、山左、中鲁六家银行召开筹备会议，通过中国银行青岛分行行长邬志和提出的废除胶平

---

① 江礼璪：《述青岛废除胶平银之经过》，《银行周刊》第 13 卷第 31 期，1929 年 8 月 3 日，第 17—22 页。

② 《山东的银行业调查》，《工商半月刊》1935 年第 2 期，第 69—70 页。

③ 江礼璪：《述青岛废除胶平银之经过》，《银行周刊》第 13 卷第 31 期，1929 年 8 月 3 日，第 17—22 页。

④ 《山东的银行业调查》，《工商半月刊》1935 年第 2 期，第 84 页。

⑤ 中国人民银行青岛市分行、《青岛金融志》编纂办公室编印《青岛金融史料选编》，1991，第 101 页。

银改用银元的提案及善后办法。接着华商银行分别与钱庄、总商会接洽达成一致意见，在齐燕会馆银钱汇兑市场当众发布《青岛各银行号废止胶平银声明》：

> 查废止胶平银一事，业经共同决议，于本月 26 日起实行，所有各商号与敝业往来胶银，请于一周内前来结清，其办法依下列决议办理，敬希公鉴：（1）各商号存欠各银行胶平银，在决议登报通知之日，按 7 月 25 日齐燕会馆最末次公布之行市即 67225 作价，一律折合银元。如在一周内不愿折合银元，而愿以现银收付者，亦可照办，但过此期限，应一律按上列公定行市作价。（2）定期存款之胶平银，亦可以 67225 行市先行折合银元。俟到期之日再以银元收付之。这一声明再由青岛市政府 7 月 31 日颁发布告执行。①

青岛废除胶平银行动得到汇丰、麦加利、德华、朝鲜等外国银行的认同，但日本正金银行仍不肯就范，拒收中国银行、交通银行的大洋钞票，也拒绝与中央银行青岛分行相互收用钞票。9 月 29 日，中央银行青岛分行在市党部、商会、工会的支持下，邀集银行、钱庄，发动商号、市民和各征收机关一律拒用正金银行钞票，迫使正金银行钞票流通量大减，青岛废除胶平银最终取得成功。

六　结语

众所周知，近代中国银两势力最大者为上海规元。规元不废，无论何地的废两改元仅具有地域性意义。南京国民政府成立后，各界废除上海规元的呼声更加强烈。1928 年 3 月，经济学家、时任浙江省政府委员的马寅初提出《统一国币拟先废两用元案》，力陈银两制种种弊端，要求废两用元，进而统一国币。1928 年 6 月，上海全国经济会议提出了包含十项内容的《废两用元案》。1933 年，国民政府基本完成了纸币整理工作，中央造币厂开铸新本位币，解决了钱业提出的废两改元先决问题，并征得外国银行赞同后得以在上海推行废两改元。至此，开府建政近十年的国民政府自汕头开

---

① 江礼璪：《述青岛废除胶平银之经过》，《银行周刊》第 13 卷第 31 期，1929 年 8 月 3 日，第 17—22 页。

始的废两改元之路总算走完了，当然这仅仅是近代中国币制统一的第一步。

以上梳理的史料，或有挂一漏万之嫌，但也基本完整地、纵向地呈现了国民政府从地方到中央、从局部到整体推行废两改元的历史过程。由此可以发现1933年废两改元的成功并非一蹴而就，而是经历了长时间的理论与舆论准备，且在地方层面经过近十年的实践探索，积累了相应的经验，并在做了充分准备之后实施的一次金融变革。考察近十年的废两改元之路，可以看到各商埠表现出特殊性与普遍性共存的特点：

其一，汕头先行废两改元成为后来主张者的有力佐证，也成为后来改革者的范本。1928年银行周报社把一组主张废两改元的文章汇编成《废两改元问题》一书，以配合全国经济会议，在三篇公函及徐永祚、马寅初、唐有壬等理论文章之后，专门编入《废两改元后之汕头金融》作为唯一的实例佐证。作者黄志腾称：“汕头人士于十四年一年中，运用民众力量，将自来盘踞岭东之直平，一举废除，而建立改用银元本位之基础，且从中完成一种纸币保证发行之制度，而金融界情形亦日趋于安定与繁荣。此固足为主张废两改元者，获一有力之论标，仰亦足为反对废两改元者，祛除若干之疑虑也。”①

汕头废两改元的两条核心措施是“以中央通用之国币为标准”，“每（七兑）银七钱折合大洋一元”。各地及上海的改革措施也包含了此两方面内容，即选择某一银元为标准通用银元，并规定银两与银元的换算率。如上海“规元七钱一分五厘合银币一元”、“银本位币一元 = 纯银 23.493448 公分”，福州“每台票一元折合大洋九角五分”，青岛“按7月25日齐燕会馆最末次公布之行市即67225作价一律折合银元”。这充分反映了近代虚银两的共性特点，也符合普遍的经济规律。但汉口的情况比较特殊，是由于史无前例的现金集中令而使洋例银失去存在价值。

其二，各地废两改元实质上是国民党在建构统一的国家权力过程中与地方势力之争，废两改元的成功与否取决于国民政府政治控制力与财政实力。王忠宝认为废两改元中牵涉了传统钱庄业、新式银行业与外商银行三大集团的利益，是三大集团的利益争夺，② 这从上海的角度看并没有什么问

① 《废两改元后之汕头金融》，银行周报社编《废两改元问题》，银行周报社，1928，第140—141页。

② 王忠宝：《利益集团与民国时期“废两改元”货币制度的改革》，《辽宁大学学报》（哲学社会科学版）2016年第5期。

题，但各地的情况都有不同之处。

国民政府势力进入之前，各地金融要么操控于地方钱业之手，要么为外国银行所掌握，虚本位的银两成为钱业或外国银行获利的工具，既使华资新式银行难以有所作为，也对新政权维持、控制地方经济秩序大有妨碍，故而各地废两改元往往表现为现代银行业与传统钱业之争。例如汕头废两改元就由汕头中国银行分行发起，[①] 得到上海潮州会馆的大力支持，[②] 外商银行因在汕头无甚势力而无所作为。在青岛，也是由华资银行业首先发起，得到地方政府、党部的支持。不同的是，胶平银掌控于日本正金银行之手，这为青岛废两改元渲染上颇具特色的经济民族主义色彩。福州的废两改元则由省政府主导，银行业的表现不明，但政局陷于动荡状态，使金融改革功败垂成。上海的废两改元中，银行业公会处于核心枢纽位置，与国民政府财政部互为呼应。

但是，废两改元只是实现币制统一的第一步，彻底取缔私家纸票或割据势力控制的地方纸币，建立国家银行法定纸币唯一霸主地位才是国民政府当局最终的目标。例如东征军准予汕头银庄在废除七兑票后发行有现金、不动产或同业五家以上联保为保证的大洋票，即“保证纸币”。该保证纸币因其信用极佳而使中央银行大洋地名券仅处于辅助地位，一般只可用以缴纳税捐。[③] 1931 年，掌控广东实权的陈济棠把广东中央银行改组为广东省银行，凭借全省财政实力，才使省行纸币得以在汕头市场站稳脚跟，并趁着1933—1934 年汕头金融风潮之机，成功迫使汕头银庄收回保证纸币，统一了广东全省纸币。[④]“两广事变”后，陈济棠下野。1937 年，财政部长宋子文在广东实施币制改革，全国通用法币方可以在广东全省畅通无阻。

民初陆续开始的废两改元，自国民政府掌握政权之后走上了快车道，经过汕头、汉口、福州、青岛等地的实践，历时近十年方告功成。这是近代经济发展对市场统一、金融统一的需求，也是近代社会对结束地方割据、实现国家统一的内在诉求。在这一过程中，地方长期形成的金融习惯、制度被迫毫不保留地让位于国家制度，统一的、系统的国家金融制度由此得

① 郑铁如：《论汕市急宜废弃七兑纸采用大洋本位》，《申报》1925 年 5 月 16—21 日。

② 《旅沪潮商筹议组织潮汕银行》，《银行月刊》1925 年第 3 期。

③ 《汕头市政厅公函》（1929 年 10 月 5 日），《汕头市政公报》1929 年第 50 期。

④ 详见陈海忠《近代国家权力在地域社会的建构：以 20 世纪二三十年代汕头地方纸币变迁为中心》，《学术研究》2016 年第 7 期。

以迅速构建。但国民政府金融制度并未能朝着良性的方向发展，而是变本加厉地演绎成后来以四大家族为代表的国民党官僚资本，这一畸形的制度最终导致了以金圆券贬值为代表的全国性、系统性的金融崩溃。

（作者单位：韩山师范学院潮学研究院）

1930年前后北平商民废除崇文门税关运动

李建国

内容摘要 崇文门税关创设于明代，从其最初开办起，就有种种“恶税”之名。其生命力却异常旺盛，持续至民国年间。民国时期，由于崇关的苛弊，时有将其划为地方税的呼声，也有将其废除的意见。直至1928年国民政府迁都南京，北平商民眼见留都于北平不成，便积极开展废除崇文门税关的请愿活动。在北平商界的主要参与以及河北、天津等地商民的声援下，崇文门税关终于在1931年元旦废除。于此，北平商民的负担得以减轻，也为北平经济的恢复提供了新的机会。

关键词 北平 崇文门税关 北平总商会

对于崇文门税关，王子均先生曾写道：“忆及三十四年前，人们如果由京汉路或京奉路到达北京（北平），在正阳门下车，携带行李出站时，必须经过税关人员巡留检查，倘或带有零星商品，亦须完纳税捐，始能放行。掌管这种税收的机关，便是中外人士所周知的崇文门税关。”[①] 也有诸多文章提到“崇关”[②] 时，有“鬼门关”之称，可见崇关在历史上声名确实不佳。崇关在元代已有雏形，明代正式设立，清承明制，民国初期亦随之，时间之久远，可见一斑。对于这种人人惧而远之的税关，其存在时间愈久，对社会的危害亦愈深。直至国民政府初期，随着国都南迁，北平昔日帝京身份不再，社会凋敝，商民困苦。北平商民遂对这一限制地方经济发展的“恶税”欲去之而后快。目前学界关于崇文门税关的研究，史料回忆性文章

① 王子均：《记述崇文门税关》，全国政协文史资料委员会编《文史资料存稿选编》第21辑《经济（上）》，中国文史出版社，2002，第132页。是文作者曾在1925—1930年任正阳门税局局长。

② 崇关是崇文门税关的简称，下文均用简称。

较多，学术性探讨大多集中于清代中后期的税收与皇室财政方面。[①] 本文则立足于民国时期的北平社会，探究崇关的设立根源、民国时期的税费用途、商民对崇关的不同声音以及废除运动的进行，以期考察失却首都地位后的北平其繁荣本市的艰难与波折。

一　崇文门税关的由来及发展

元代建都北京，定名大都。大都城始建于 1267 年，城四周开 11 个门。南三门中，东为文明门，当时又有哈达门之称。明永乐四年闰七月诏建北京宫殿，修城垣，十九年正月告成。“门六……南之左曰文明，后曰崇文。”[②] 崇文门素有“景门”之称，有光明、昌盛之门的含义。由于靠近通惠河，崇文门成为北京各城门中最为繁忙的城门之一。至于崇文门税关设立的时间，雷辑辉先生在《北平捐税考略》中认为：“崇关税，创兴于明代弘治七年，截征于民国十九年十二月三十一日，终始 437 年。”[③] 笔者较认同岑大利先生关于崇关最初设立于明弘治元年（1488）的说法。[④] 至于结束的时

① 有王善中《崇文门关税与北洋政府》，《北京史苑》1982 年第 2 期；谢林：《崇文门税关概述》，《北京史苑》第 1 辑，1983；万依：《供宫廷及税官染指的“崇文门”》，《故宫博物院院刊》1987 年第 12 期；沈信夫：《漫话崇文门》，中国人民政治协商会议北京市委员会文史资料研究委员会编《文史资料选编》第 31 辑，北京出版社，1986；许珖：《民国初期崇文门关税简介》，《税务研究》1998 年第 2 期；岑大利：《清代京城崇文门税务总局初探》，《清史研究》2001 年第 1 期；王子均：《记述崇文门税关》，全国政协文史资料委员会编《文史资料存稿选编》第 21 辑《经济（上）》；赖惠敏：《清乾隆朝的税关与皇室财政》，《中央研究院近代史研究所集刊》2004 年第 46 期；蔡秉叡：《清代乾隆朝（1736—1796）崇文门之研究》，《史穗》2007 年复刊第 1 期；蔡秉叡：《和珅与乾隆朝晚期（1775—1795）政局之研究》，硕士学位论文，台北成功大学，2007；李青昕：《天下第一税关》，《中国税务》2008 年第 7 期。

② （清）张廷玉：《明史》卷四十《志》第十六“地理”，中华书局，1974，第 884 页。

③ 雷辑辉：《北平卷税考略》，张研、孙燕京主编《民国史料丛刊》第 449 册，大象出版社，2009，第 338 页。

④ 王善中《崇文门关税与北洋政府》（《北京史苑》1982 年第 2 期）认为崇关自 1493 年（明弘治七年）至 1930 年，历经 437 年。弘治七年，当是 1494 年，所以此处表述有误。谢林《崇文门税关概述》（《北京史苑》第 1 辑，第 80—94 页）认为崇文门自明弘治六年（1493）设局征收商税，迄 1930 年底正式裁撤，总计 437 年。岑大利《清代京城崇文门税务总局初探》（《清史研究》2001 年第 1 期）引弘治元年“又差御史、主事各一人，到崇文门宣课司监收”，据说从此以后，“京师九门，皆有税课，而统于崇文一司”。蔡秉叡《清代乾隆朝（1736—1796）崇文门之研究》（《史穗》2007 年复刊第 1 期）中记述，崇文门自明弘治元年统管北京九门商税。其依据材料是谢林和岑大利的文章，并在此注释中写道，二文中均认为明弘治元年差御史、主事至崇文门宣课司监收处，有“京师九门，皆有

间，笔者翻阅民国报刊，得知崇关于 1931 年元旦停征。[①]

至于为何将税关设在崇文门，有学者认为："从元朝起，引用昌平白浮村神山泉的水，开凿了通惠河，与南北大运河北方终点的通州相接，使北来的粮食及货物、官商人等的船只，能够直达文明门（崇文门）东边的大通河，然后由文明门进城。明清两代，沿用不变。"[②]明清两代，崇关都是户部的重要税关。而崇关税收是一种落地税，[③]凡南北货物入京均须纳税。至于崇关的管理者崇关监督，自乾隆朝后期均派亲信大臣负责。[④]崇关收入的税银，除了部分用于清廷一些衙门[⑤]的饭银或公费、太监和茶膳房的赏银、同乐园以及侍卫处采办宫廷御膳的银两外，其余都解往户部，实际则为皇室御用。

民国以还，崇关隶属于财政部。相比于从前，崇关的地位早已衰落。其征收机关及税务则例，皆遵循财政部训令，并时有变更。1913 年、1914 年崇文门关税征收机构为北京商税征收总局，1915 年更名为京师税务公署，1916 年 12 月改称监督京师税务公署。北平崇文门税关所征之税，相比于其他税关，税收门类较多。主要有五项：（1）北平商税；（2）通县商税；（3）工税；（4）统税；（5）外口牲税。[⑥]对于各项具体税种，其历史沿革，各有不同。"平门之有商税，起源甚早。通县商税，原属通州税务征收，民国二年十月奉部令归并者。工税，原系北京通州及卢沟桥等地所设之木料征收处经征，而受天津海关之节制，于三年二月改属。统税，四年一月起始

课税，而统于崇文一司"。岑文有弘治元年一说。可谢林文却是："弘治六年（1493 年）令崇文门宣课司商税……"嗣是遂有"京师九门，皆有税课，而统于崇文一司"。所以，蔡文所记与原引文记述不符。

① "北平崇文门税关前经行政院议决取消后，并由财部令于明年元旦实行裁撤。"见《崇关实行元旦停征，北平从此去一桎梏》，《大公报》1930 年 12 月 31 日，第 4 版。"厘金即告裁撤，崇关亦将本日止取消。"见《崇关诀别故都，市民生活程度可望减低，税卡职员精神大都懊丧》，《大公报》1931 年 1 月 1 日，第 3 版。

② 沈信夫：《明清时期崇文门税关述略》，张文海主编《城南史缀》，文化艺术出版社，1993，第 53 页。

③ 落地税，中国旧时地方政府征收的杂税之一，如对各地城镇集市交易物品所征的捐税，后成为厘金的一种。见许彩国《中国商业大辞典》，同济大学出版社，1991，第 608 页。

④ 乾隆朝时期崇关的监督有傅恒、和珅，嘉庆朝有英和，道光朝有伯葰，咸丰朝有郑亲王端华、肃顺，同治朝有蒙古亲王僧格林沁，光绪朝有刚毅。见蔡秉叡《清代乾隆朝（1736—1796）崇文门之研究》，《史穗》2007 年复刊第 1 期。

⑤ 其包括武备院、翰林院庶吉士、军机处官员、内务府笔帖式、督察院户科、河南道、掌仪司升平署。见吴建雍《北京城市发展史（清代卷）》，北京燕山出版社，2008，第 64 页。

⑥ 雷辑辉：《北平卷税考略》，张研、孙燕京主编《民国史料丛刊》第 449 册，第 235 页。

代财部征收者。外牲口税，原归左右翼征收，于五年十二月并入崇关。”[①] 1928 年国都南迁后，崇文门关税征收机关改名为北平税务监督公署。

1914 年虽然颁布《常关征收考成条例》，但崇关征税还是以加征为目的。“在这些奖惩条例的鼓励下，崇文门税关的商税率名为值百抽三，实际还是凭官吏口腹裁决，凡是则例未载者，仍随其任意估价征收。……这些规银及附税，名为随正税上缴，实则大半由关吏侵渔、署员分润。”[②] 1919 年，徐世昌任大总统期间，又有修订崇关商税税则之议。北平商民群起反对，遂未能实现。

北洋政府后期，军阀为战，经济不济，关税收入频受影响。其中经费大多被军阀拿来当军费。崇关虽是国税，究其税收，也有一部分用于留日学生费用和北平市中小学的教育经费。当时的留日官费生，每每苦于各省学费不能按时汇拨，以至于辍学。以 1922 年为例，当学生无助之时便向教育部求助。教育部回复道：“前因既经国务会议议决照办，嗣后留日学费应由崇文门税关监督查照原案，自本年七月起按月筹拨两万五千元迳汇驻日使馆以资应付。”[③] 留日学生费用在崇关收入中所占比例很少，但时受影响。鉴于留日学生费用不敷，影响正常的学习生活，外交部也尝试以崇关税款做抵押，向银行借贷现洋，补助留日学生的生活。但借贷的银行也时有问题，外交部只能商通财政部继续以崇关税收做抵押向不同的银行贷款。“惟留东学生经费，从前即甚困难，现又惨遭巨变，被灾学生急待学费资助，非有巨款，实难办理。”[④] 上述足可见留日费用的艰难维系，但就这数目很少的拨款，也断续难继。眼看留日费用每有不济，再加国内战事频起，留日学生为了学业的顺利积极奔走，于 1929 年又派留日学生胡德元等回国向教育部争取。[⑤]

崇关税收中还有部分经费拨充北平市中小学教育经费，但也表现出十

---

① 雷辑辉：《北平卷税考略》，张研、孙燕京主编《民国史料丛刊》第 449 册，第 235 页。

② 谢林：《崇文门税关概述》，《北京史苑》第 1 辑，第 90 页。谢文中还记载了 1915 年的一起肃政史弹劾财政部朋分崇文门税款数十万的案件，也有 1919 年的考试崇关书吏风潮，足可见崇关腐苛之严重。

③ 《训令第一百九十四号，十一年八月八日，令留日学生监督处》，《教育公报》1922 年第 9 卷第 8 期，第 6 页。

④ 财政科学研究所、中国第二历史档案馆编《民国外债档案史料》第 9 卷，档案出版社，1991，第 57 页。

⑤ 《令北平税务公署饬崇关续拨留日学费由》，《北平政治分会会报》1929 年第 1 期，第 8—9 页。

足的困难，以至于时常影响北平市中小学教育。据该市教育局局长称：“职局经费自五月（1928 年）迄今毫未拨给，困难万分，现在开学在即，一切事宜急待筹备拟恳转请崇关监督迅予筹济以救眉急等情。”① 眼见各方对于北平市中小学教育费用每有忽怠，北平市中小学教育界便频频上书中央，以求维持北平市中小学基本费用。

中央政府虽有关心北平教育费及留日费用，但拨款时有不稳，极为影响中小学教育与留日教育。教育本关乎国家之基础，而将其经费委以一不合理且不稳定之关税下，可见对教育的忽怠。民国初期，军阀又利用崇关侵苛商民，收取暴税，相互渔利，或拨做军费，而兴无妄之灾。对于关乎国计民生的教育，却连少之又少的经费都时断时续。

二　北平商民废除崇关的呼声

北平市政府经费大部分取给于税捐，北平市民在市政机关未设立前，已完纳若干种捐税，收归国库，崇文门关税，即其最重要之一种。② 下面以民国以来历年崇关捐税数目为例（见表 1）。

表 1　北平崇关历年度（1913—1930）税捐数目

年度	收数（元）	年度	收数（元）
1913	1123978	1922	2347862
1914	1120865	1923	2951686
1915	1222153	1924	2743533
1916	1313813	1925	2935006
1917	1190028	1926	3163049
1918	1457536	1927	2441484
1919	1786985	1928	2429926
1920	1909596	1929	1735294
1921	1950534	1930（7—12 月）	1053660

资料来源：林颂河《数字统计下的北平》，《社会科学杂志（北平）》1931 年第 2 卷第 3 期，第 390 页。

① 《据教育局呈请经费请饬崇关监督先予以拨发由》，《北平市府市政公报》1928 年第 1—3 期，第 168 页。

② 申报年鉴社编《民国文献资料丛编·申报年鉴全编》（3），国家图书馆出版社，2010，第（U）75 页。

当时北平的税收有国税和市税两大类，民国前期，国税的数目多于市税，“十五年起国市两税进步之倾向逆转，十九年份国税减至八种，市税跃至三十种。是二十年之初，市税之种类，盖十倍于国税焉”。[①] 回看民国北平捐税记录，国税、市税虽有变动，作为国税的崇关税，却一直居高不下，如表 2、表 3 所示。

表 2　1916 年北平国税、市税收数

国税	收数（元）	市税	收数（元）
崇关税	1034905.00	铺捐	204481.89
屠宰捐	168215.74	车捐	134441.91
契捐	52002.69	妓捐	87938.50
牲畜税	39987.01	乐户捐	54465.00

资料来源：雷辑辉《北平卷税考略》，张研、孙燕京主编《民国史料丛刊》第 449 册，第 343 页。

表 3　1930 年北平国税与市税全年收数

国税	收数（元）	市税	收数（元）
崇关税	1878431.33	房卷	1288130.27
印花税	203053.52	契捐	388284.35
烟酒税	269089.53	铺捐	362341.80
平绥路货捐	198334.57	牲畜检验费	326396.77

资料来源：李文海主编《民国时期社会调查丛编·城市（劳工）生活卷》（下），福建教育出版社，2005，第 349 页。

于表 2、表 3 可见，崇关税收仍然是当时的重要收入来源。值此军阀混战时期，占据北平者，大都利用其加征银两。这不但使商民负担加重，也使商品流通频受影响，而阻碍北平的经济发展。这一切便导致北平市商民喊出将崇关划归地方的声音。1928 年南北统一后，首都南迁，北平市商民鉴于经济日趋凋敝，不堪苛税负担，便积极进行划崇关为地方税运动，以减轻北平商民及北平经济的负担。表 4、表 5 为 1916 年以后北平人口增加之比数与北平国、市两税增加之比数，相比较后即可推知此一时期北平市民的负担确在逐渐加重。

① 雷辑辉：《北平卷税考略》，张研、孙燕京主编《民国史料丛刊》第 449 册，第 341 页。

表4　北平1916年与1930年人口比较

年份	人口数	比数
1916	801136	100
1930	1361932	180

资料来源：雷辑辉《北平卷税考略》，张研、孙燕京主编《民国史料丛刊》第449册，第350页。

表5　北平1916年、1930年与1931年的国、市两税比较

年份	国税	比数	市税	比数	总税捐	比数
1916	1951247.67	100	737694.06	100	2688941.73	100
1930	3380645.13	173	3639070.67	493	7019715.80	261
1931	538298.05	27.1	3671417.80	497	4209715.85	156

资料来源：雷辑辉《北平卷税考略》，张研、孙燕京主编《民国史料丛刊》第449册，第351页。

随着北平市经济日见衰落，商民负担愈益加重。于此商民的呼声也愈益增多，一致要求将崇关划归地方。1929年马寅初也指出："减免捐税——此为提倡国货之最大关键……畅销于北京之抽纱花边系潮州出品，由妇女手工制造，贫家妇女专借此以度活，每年运输外洋，为数可观。其运销于京师之数，多由旅京外侨购寄回国者，惟货到京之时，至崇文门必须完税，大约值百抽六，货价百元者，纳税六元已觉其课税之重，乃崇关税吏，复变本加厉，任意估计，将百元之货，抬高至二三百元者，成本既重，销路自减，国计民生，两受其害，殊非计之得。"① 崇关表露出的弊端，严重影响商品流通，损害了北平市经济的发展。

后北平总商会请求崇关税及卷烟吸户捐划归地方支配，曾屡电国民政府，收到回电："崇关税及卷烟吸户捐税请明令划归地方应用等情。查划分国地税收，应俟另案统筹规定。"② 面对此种模棱回复，北平市政府当局便与北平市总商会积极商议。总商会以此两种税款，确实属于地方税种，开会议决，非达到收回目的不可。"又闻牲屠□赋向归地方，崇关税即分工商及牲屠两种。此种规定载在税率，照章崇关税无论此时划归地方与否，其

① 马寅初：《马寅初演讲集》第3集，商务印书馆，1929，第14页。

② 《国府对崇关税收划归地方之意见》，《银行月刊》1928年第8卷第9号，第7页。

牲屠税拨为中央即不合法，现在北平正在建设之时，市政府及各机关开支暨教育经费每月至少须四十万元。现在收入只有二十余万，每月短欠十余万元，此两种税款，不划归地方，北平财政即无法维持云。”① 同时准备继续向中央政府请示。

据此可见，因为崇关的存在，北平人民的负担日益加重。关税的设置，影响商品货物流通，滞碍经济发展。北平商民虽有请愿将崇关划拨地方，但迟迟无果。这便导致北平商民的呼声愈为激烈，甚至有废除之呼吁。北平总商会以崇文门税关为满足清代皇室需要所设置的苛税，而当今北平建设急需经费，又电南京国民政："查北平崇关，原系皇室苛捐，早应撤废，惟市政正在建设，就地筹款，民力未逮，应请饬知主管部署，明令将此项税收，划归地方，以资建设而顺舆情，俟建设就绪，再议撤销。”② 此一举动，是想从根本上取消这一遗留已久、弊陋甚多的旧税，以解北平商民之困，缓解北平市经济衰败的局面。

三　北平商民废除崇关及波折

北平商民积极争取将崇关划归地方，但国民政府没有明确的回复。为了北平经济的发展，北平市商民设法通过各种请愿活动以彻底废除崇关。时北平总商会因国都问题，于 1929 年 7 月 8 日向蒋介石请愿。先由何成濬接见，车业工会代表金智华、纺织染工会代表周仲三等相继发言："至振兴实业，是我们作商人一种天职。实因近年来，北平之商业凋弊情形，无法支持，请政府速将崇关撤销，以□民众担负。”③ 对于崇关问题，何成濬谈道："此问题很小，极易解决的。关税既已自主，自有一定办法。”④ 对此，蒋介石答复道："崇文门税关，将来一定取消，不能任其长存。国家统一后，财政有办法，定当取消。”⑤

失却首都地位的优势后，北平市的经济倍受冲击，生民尤其困苦。北平市长张荫梧以崇文门税关为振兴北平工商业的致命伤，恰 1930 年 1 月 17

① 《国府对崇关税收划归地方之意见》，《银行月刊》1928 年第 8 卷第 9 号，第 8 页。

② 《北平总商会请崇关税收归地方》，《银行月刊》1928 年第 8 卷第 8 号，第 1 页。

③ 《总商会昨晨赴总部行营为国都问题请愿无结果》，《顺天时报》1927 年 7 月 9 日，第 7 版。

④ 《总商会昨晨赴总部行营为国都问题请愿无结果》，《顺天时报》1927 年 7 月 9 日，第 7 版。

⑤ 《蒋离平前之具体表示，首都北迁不成问题……繁荣北平先谋整理》，《益世报》1929 年 7 月 11 日，第 3 版。

日国民政府发布裁撤全国厘金及类似厘金的一切捐税命令，于是他欲呼吁裁撤崇关，遂电呈行政院：

> 现奉明令，自本年十月起，所有全国厘金，及类似厘金之一切捐税，一律裁撤。商民欢欣鼓舞，不可复忍，以为该税款性质之恶，贻害之深，过于厘金，不止类似，一旦廓清，洵属快举。惟该关设置已久，所有关联事项善后，尚须预筹，届时废止，方臻顺利。①

经闻北平市长张荫梧欲废除崇关电呈行政院，北平市总商会也以事关商民利益，曾召集在北平之各商号公司商议，一致表示：

> 今张市长迳电中枢，为民请命。我全市商众，亟应一致奋起，以促其成。除在会各商号，业由该会代表于本月二十日在本总会议决不计外，所有不在会之各行商会公司等，务于五日以内具函本会表明主张，以便汇齐，具呈请愿，事关全市商民利益，幸勿观望。②

随后北平总商会电呈国民政府、行政院、财政部，并分函省市政府崇关监督、河北财政特派员公署，转请国民政府，恳予取消。③ 如不取消崇关税收，便全市罢税，以显示商民彻底之决心。北平总商会前曾代电工商部，并请裁撤崇关及厘金类似等一切杂税，后接该部批示："至所请免除崇关及邮包税等，事关税收，已具情咨请财政部核办矣。"④ 后情况有所转变，新任崇关监督赵云中莅任后，对于北平市总商会积极呼吁早日撤销崇关不甚支持。1930 年 4 月，河北省当局为筹措军费，频繁饬令崇关，将所收税课迅速缴解。赵中云便积极响应："除严督所属各局卡，查缉偷漏以裕税课外，勖勉属员一体注意，务须遵守。"⑤

① 《北平福音，市政府谋废崇关，电行政院请设废关会》，《大公报》1930 年 2 月 22 日，第 4 版。

② 《取消崇关运动再接再厉，总商会通告全市商号公司，并于五日内具函表示主张》，《大公报》1930 年 3 月 1 日，第 4 版。

③ 《平商界力谋废除崇关，总商会昨电中央请实行，否则全市罢税以示坚决》，《大公报》1930 年 3 月 5 日，第 4 版。

④ 《取消崇关问题，已交财部核议》，《大公报》1930 年 4 月 12 日，第 4 版。

⑤ 《崇关振作，撤废当然无望》，《大公报》1930 年 4 月 14 日，第 4 版。

取消崇文门税关之议，北平市商界前曾呼吁，乃以中原大战爆发，北方军阀急需靠崇关收入补充军费，废除之议，渐归沉寂。北平总商会以此事关系商民本身利害及北平市繁荣，拟扩大请愿运动，并计划于 1930 年 10 月 6 日发出请柬："敝会为请愿取消崇文门捐税运动，谨订于十月七日午后一时，在珠市口总商会恭候光临，指导一切。"① 时值东北某要人提及："为繁荣北平计，对该关税亦拟取消，按北平入口货物，过天津时，业有海关常关两道税收，因再有崇关关系，货商多有裹足不前者。故为繁荣北平计，为解民众痛苦计，对税收一层，不得不特别注意。"② 这便给北平市商民以无形的鼓励，随后北平市商界积极进行取消崇关运动。1930 年 10 月 7 日下午，北平商界代表在总商会招待新闻界，冷家骥主席首做报告，称此次废除崇关运动，先选定十人为委员，于近期在第一舞台召集七十二行代表开全体大会，届时征求各会员意见，如全体通过，再由大会推定代表十人，持七十二行会盖章之请愿书。先赴东北请愿，请张学良司令长官转请国民政府实行取消。如东北方面无结果，代表再赴南京请愿。"苟政府亦不允取消时，全市商界因利害关系，即行提前关门歇业，此举更绝非罢市，盖崇关不取消，资本亦将坐耗于尽，与其坐而待毙，反不若此之为愈也。"③

看到北平商界废除崇关的努力，河北省商会联合会为了谋商界福利、发展全省商务，推举代表张兴汉、张鸣谦面见王树常主席，条陈应行兴革事项五端，"查崇文门创于亡清，本为一种二重税，早应在取消之例，乃因种种牵掣，迄未实行"。王树常表示："至于北平崇文门关税之存在与否，亦无关紧要，缘该关每年税收，不过二三百万元，惟内中补助教育款项，倘遽然取消，教育款项将生恐慌，此事必须给筹办法，将来或酌量缩小，或另筹教育经费，则取消亦未为不可。"④ 如火如荼进行的取消崇关运动，也引起了平津一般人士的关注和参与，并发出呼声：

① 《平商界运动取消崇关，总商会定期招待新闻界》，《益世报》1930 年 10 月 5 日，第 2 版。

② 《东北拟先撤销崇关说，某要人谈免苛捐杂税以繁荣北平》，《京报》1930 年 9 月 30 日，第 2 版。

③ 《取消崇关运动，北平市民认为生死关头，将派代表赴京辽请愿，如无结果即全市歇业》，《益世报》1930 年 10 月 8 日，第 2 版。

④ 《商联会痛陈商民疾苦，列举五端希望省府毅然主持，王主席表示苛捐杂税可减除》，《大公报》1930 年 10 月 16 日，第 7 版。

夫就近日平津商界所请愿者观之，其中最大者二事。为取消崇文门与取消机制二五附加捐。查崇文门税，本为国都时代之恶税……废除恶政，必须用快刀斩麻之手腕，稍一瞻顾，窒碍丛生，故今日办法，在先断然宣布废除，至于崇关收入之用途，如何别作抵补，此乃另一问题，国省财政当局，应另筹画之，张君可以不问矣。①

平津商民、河北省商联会及王树常主席的支持，极大地鼓舞了北平市商民。北平市商界为加速取消崇关，于 1930 年 10 月 16 日下午 3 时在第一舞台举行取消崇关运动大会，与会代表千余人，一致通过取消崇关提案。后决定于 1930 年 10 月 19 日晨 8 时 15 分启程出关，携带请愿书赴沈阳请愿："北平崇关征收苛重，妨害工商事业，阻碍全市繁荣，请求根本取消，以苏商民困苦事。……本会对此问题，业经两次呼吁，今为百三十万生民计，为国民纳税义务平等计，特于本年十月三日例会议决请愿，并于十六日三千余人之全体大会，公举代表六人，备具请愿书，联衔哀恳，幸乞主持，将崇关明令取消，实为恩公两便。"②

北平商会代表按计划去东北请愿，时姚秀岩以抱病不能同行，后决定仍由冷家骥等五代表前往。北平商界代表冷家骥等抵沈后，便谒张学良。张学良对冷家骥等的请求表示："取消崇关意见，尤俟转电财部商洽，通盘筹划后再定。并令赴津与王树常氏商洽一切。"③ 时河北全省商会联合会主席张兴叹电南京国民政府蒋主席：

北平商民，受害最久且深者，为崇文门关税。……崇税一日不能除，痛苦一日不能去，故都市面，一日不能维持，往岁台驾莅平，曾有府徇众请之表示，当此内乱既平，民困望救之时，恭恳毅然主持，立予取消，则北平商民幸甚，河北商民幸甚。④

---

① 《取消苛捐杂税之呼吁》，《大公报》1930 年 10 月 14 日，第 2 版。

② 《取消崇关运动，北平商民昨日举行大会，推举代表六人赴辽请愿，不达目的誓当再接再厉》，《益世报》1930 年 10 月 17 日，第 2 版。

③ 《平商界代表谒张学良，请求取消崇关，张允电财部通盘筹划，冷家骥等定今日由沈来津返平》，《大公报》1930 年 10 月 22 日，第 3 版。

④ 《河北商联会电蒋呼吁取消崇关，并电张学良与工财两部文意皆同》，《益世报》1930 年 10 月 23 日，第 2 版。

面谒张学良后，冷、邹二人俟杨等入关，即赴津会同谒见河北省主席王树常，陈述北平商民困苦情形，“请为转向京辽两方建议，早日将崇关裁撤，以苏商困云”。[①] 随后冷家骥返回北平，并对北平商民报告了此次入关请愿的情况，并言及：“关于废关将来进行，先候政府表示意见，如赞成我等主张之组织委员更好，否则惟有向南京政府请愿，如不再容纳，惟有闭门停业，近日接到各地商会来信赞成我等办法，不过歇业，是最后不得已之办法也。”[②]

因张学良对代表之请求，已允为设法，代表团暂不赴京请愿，请愿书则已于赴沈前邮呈国民政府及财政部。北平商界还成立了改良捐税建议委员会。委员会主席杨以俭称：“当此全国工商会议开幕之际，平市商界为谋取消苛捐杂税之组织，亦同宣告成立，除已派代表赴京出席外，吾人深望此次工商会议能将崇关等问题详加审核，呈请国府取消之，而为本会进行取消苛捐杂税之发轫。”[③]

经过各界努力，取消崇关终于有了结果。行政院于 1930 年 11 月 4 日召开第九十三次会议，讨论工商部提案，后议定“撤销北平崇文门关税”。[④] 听到此一税关将要废除，北平市商民无不欢欣。遂决定于 1930 年 10 月 11 日正午 12 时，在天安门前举行庆祝撤销崇关大会。北平市商民希望北平总商会通知各同业商号，“届时派人至少每号一人，执持字号，旗上书出某字号，庆祝撤销崇关字样。其旗帜或用布制，或用纸制均可，颜色尺寸随便，并由各行会派员执持会旗，偕同准时前往，是日各会各商号门前悬挂国旗一日，以示欢庆”。[⑤] 还没来得及庆祝，北平商民又听闻崇关虽已废除，但会有相应的抵补税种。对此冷家骥、杨以俭谈道：“崇关取消，已见今日报载。至行政院同时议决另筹抵补办法，深以为不适当，良以崇关之设，原供帝王脂粉之需，其为一种不正当之税收，人所共认。既为不正当之税收，

① 《崇关请愿代表，冷邹昨返平杨金赵尚滞沈》，《大公报》1930 年 10 月 25 日，第 4 版。

② 《张学良盼平市民自荐市长，对取消崇关允设法帮忙，冷家骥返平后之谈话》，《益世报》1930 年 10 月 26 日，第 2 版。

③ 《建议取消苛捐杂税会成立，北平商会请各自治区派员参加》，《大公报》1930 年 11 月 4 日，第 4 版。

④ 《崇文门关裁撤，行政会议昨日决议通过，交工财部会筹抵补办法》，《益世报》1930 年 11 月 5 日，第 3 版。

⑤ 《北平商民感颂欢呼，定期举行庆祝撤销崇关大会，商会分电京辽代表商民申谢》，《益世报》1930 年 11 月 7 日，第 2 版。

当然不能使其存在。”① 于此，北平总商会致电国民政府，声明推派代表赴京继续陈述意见。后总商会开全体执行委员会，议决要案如下：“（一），原定于十一日在天安门举行之庆祝撤销崇关大会，俟代表到南京达到实行撤销目的，再为举行。（二），公举冷家骥、杨以俭二主席，偕赴南京，向财商两部陈述一切。”②

北平商会代表冷家骥、杨以俭、姚毓嵩抵京后，计划向蒋介石当面请愿明令取消崇关，以解除北平商民的困苦。可蒋介石政务忙冗，未暇接见。国民政府各要人对代表陈情从速实现取消崇关以及繁荣平市等意见，具表同情，孔祥熙谈：“崇关取消，当在明年，教育经费之抵补办法，绝不累及地方，苛捐杂税明年元旦起，可望蠲免，或减轻，对代表等拟定之繁荣计划，亦表示可以采纳，并令先与地方当局商洽，以便着手。”③

在北平市商民的不懈努力及河北省商会联合会的积极响应支持下，废除崇关终于有了结果。崇关将于 1931 年元旦停止征收，由财政部人员接收，各城门税卡，以及丰台、南口、北满等税卡，均奉调令，“于一月一日以后，停止征收任何货物捐税，前门邮局邮包税局亦奉到同样训令，各税卡均奉令结束”。④ 北平市商民中有人向总商会建议为崇关的撤销做纪念：

> 请建立石碑，将此项非法税收之历史，及此次商民努力运动撤销之经过情形，详为志述，以为纪念，乃昨日又有商民向总商会建议，谓西城大沟沿新修筑有一条平坦马路，商民往来经行该处，极为便利，目前该马路，尚未定有名称，拟请将该马路改称为新平路，以示崇关撤销后，北平都市一新之意，闻总商会已将此项建议，归并树立石碑之一案内，拟于元旦日崇关撤销后，即提交常委会通过，呈请市府工务局施行，以志纪念。⑤

---

① 《北平崇关议决取消后，商会认另筹抵补办法不适当，监督公署宣称一切待命办理》，《益世报》1930 年 11 月 6 日，第 2 版。

② 《废撤崇关会，暂不举行，商会推定代表即赴京》，《大公报》1930 年 11 月 9 日，第 4 版。

③ 《故都古物不移京，取消崇关须待来年，北平商会赴京代表之归来谈》，《大公报》1930 年 12 月 9 日，第 4 版。

④ 《崇关诀别故都，市民生活程度可望减低，税卡职员精神大都懊丧》，《大公报》1931 年 1 月 1 日，第 3 版。

⑤ 《平市商民研究纪念撤销崇关办法，建立碑碣详志崇关历史，创设新平路请市府裁夺》，《大公报》1930 年 12 月 29 日，第 5 版。

由上可见北平市商民废除崇关请愿之艰难，但北平商民克服种种困难，只为努力取消这一帝制时代遗留之苛税，以为北平经济复苏的机会。在请愿过程中，北平市商界积极领导筹划一切，成立废除崇关筹备委员会，积极向国民政府、行政院、蒋介石、张学良呼吁请求，并选派代表组织北上南下请愿活动，条陈崇关对于社会的危害。但政府决议撤除崇关时，又提出抵补之税。对此不合时也不合理的要求，以冷家骥为首的北平市商界积极吁请，指出政府提出抵补之说的不当，并决心请愿到底，直至彻底废除。北平商民的积极努力，也与北平首都不再极为相关。一个以政治为主要职能的城市，现在其优势已不具备。北平要继续发展，不论做一个文化城抑或旅游城，都得有一定的经济支撑。而崇关的存在，便是北平市经济发展的一个障碍，必欲废之方可振作。

四　结语

北平商民的不懈努力及各种请愿活动，使崇关这一持续了四百多年历史的税种，终于结束了。崇关的税收在不同时期发挥了不同的作用。但究其总体而言，盛名难有，苛怠舞弊倒常有。民国年间，崇关税收被北方军阀抢夺，以为军费。最初虽有规定其每月拨付六万余元为留日学生费用和北平市中小学教育费用，但教育费用争取的艰难，在文献中每有记载。北平商民积极开展废除崇关究其原因，是 1928 年南北统一之后，国民政府定都南京，而此时的北平各界极力想留都于北平，为此以北平总商会为领导开展了多次留都请愿活动。但国都的确定，不会以部分人的请愿为转移。北平商界眼见留都不成，便以废除崇关为最低的请愿要求。民国初期，崇关是以国税而存在，其经费大部分用作北洋军阀的军费，对北平建设发挥的作用很少。因当时北平依然是政治中心，崇文门税关作为国税存在，或情有可原。但 1928 年，国都已南迁，崇关当要南迁或者划为地方税，不至再成为凋敝之北平的负担。恰于 1930 年 1 月国民政府发布裁撤全国所有厘金及类似厘金的一切捐税命令，这也成为北平商民废除崇关请愿活动的一个契机。于此北平商民便有了接续不断的请愿，经过虽然极其波折，但经各方的努力，崇关终于得以废除。另外，北平商民发起的废除崇关运动，也促使国民政府重新审视北平的商税，而为废除更多的不公之税提供可能。就如国民政府工商部次长郑洪年所言："允对崇关撤销后，所有教育费抵补办法，另行筹划，绝不在北平方面设法，其余平市一切苛捐杂税，亦决定自明年元旦起豁免，倘限于事势，不能豁免者，亦酌量减轻，借以稍苏民困。"[①] 1931 年在北平停征的捐税有六种，"崇关、平绥路货捐、军事特捐、支应捐 4 种属于国税，每年征收合计 2102041.32 元，邮包税、平汉路货捐属于地方收入，每年合计 160654.92 元，人民计共减轻负担 2262696.24 元"。[②] 回看北平在 1930 年国税总收入为 2630339.37 元，市税总收入为 3784372.72 元，[③] 而 1930 年崇关的税收就达 1878431.33 元，可见废除的税项中崇关收入仍占绝大多数。后来北平也有别的税种增加，如 1931 年 7 月试办的营业税，每月按 8 万元交由总商会代征，全年合计可收 96 万元，[④] 相比之下也没有崇关严苛。崇关税收及一些税种的废除，使北平市商民的负担有所减轻，商品货物的流通更为容易，这也为北平渐次繁荣提供了可能。

崇关撤销后，留日费用，尚有外交部及各庚款支持，而北平市的中小学教育经费，便得另谋办法。北平市隶属于行政院，河北省政府对此不管。幸张学良令财政部特派员荆有岩对北平市中小学教育费用设法。张学良又言及："北平市中小学基金，崇关裁撤后，应以河道管理处所管稻田厂悉数拨充，不足数由营业税筹补。"[⑤] 虽然上有命令，但执行起来时有困难，后河北省财政特派员公署遵张学良电令，按照崇关旧数暂拨北平市中小学 1931 年 1 月教育经费 5.6 万元。[⑥] 至于往后的北平市中小学经费，由教育局局长王捷侠积极奔走，与各处商请经费补助。后来继任的教育局局长周学昌，继续各处催促尽快拨发，希望能将北平教育经费列入文化指导委员会的预算内。北平市中小学教职员也尝试争取以电车公司票加价为北平扩充教育经费，但最终未果。经费断断续续，北平教员便争取不止。就如《时代教育》中的记载："本市教育经费自民国十七年五月至十九年八月，其间为最困难时期。以后因崇关税收之裁撤，感受影响至巨。至民国十九年以后曾以地方当局努力之筹措与计划，虽中央协疑未能如期汇寄，

① 《崇关撤废后，教育经费另行筹划》，《华北日报》1930 年 12 月 9 日，第 6 版。
② 李文海主编《民国时期社会调查丛编·城市（劳工）生活卷》（下），第 349 页。
③ 李文海主编《民国时期社会调查丛编·城市（劳工）生活卷》（下），第 349 页。
④ 李文海主编《民国时期社会调查丛编·城市（劳工）生活卷》（下），第 350 页。
⑤ 《崇关裁撤后平中小学基金》，《申报》1931 年 1 月 19 日，第 4 版。
⑥ 耿申、邓清兰等编《北京近代教育记事》，北京教育出版社，1991，第 240 页。

而目前北平市之教育经费，似已稍底安定矣。”[①] 到九一八事变后，北平各界都在忙于抗日救亡活动。时代主题变化，繁荣北平的途径也得跟着变化了。

（作者单位：华中师范大学中国近代史研究所）

① 邓菊英、高莹编《北京近代教育行政史料》，北京教育出版社，1995，第87页。

20世纪初香港轮船航运业的兴起与发展*

夏巨富

内容摘要 20世纪初香港轮船航运业的兴起与发展，主要表现在港英政府推行积极举措、轮船航运资本扩充和航运市场拓展等方面。随着港英政府为轮船航运业营造良好的投资环境，香港外资和华资纷纷投资香港轮船公司，助力香港轮船航运业。航运公司的激烈竞争，促使香港轮船航运业吞吐量的激增和香港轮船航运业的航线扩展，使得该时期香港轮船航运业市场有了新拓展。种种迹象表明，20世纪初香港轮船航运业呈现兴起与发展的面相，促使香港转口港的地位确立，从中可以明晰轮船航运业在香港近代化进程中的角色。

关键词 20世纪初 香港 轮船航运业

目前学界对近代香港史的研究，多为宏观上的整体性研究，偏重政治史，经济史方面研究相对薄弱，主要成果有张晓辉的《近代香港经济史（1840—1949）》、卢受采和卢冬青合著的《香港经济史（公元前约4000—公元2000年）》。张俊义对20世纪香港轮船航运业发展做了一定程度的研究，毛立坤着力研究晚清时期香港对中国的转口贸易，论述了香港轮船航运业的发展概况。① 总体而言，学界对近代香港轮船航运业研究相对比较薄

* 本文为国家社科基金青年项目（项目号：18CZS063）和教育部人文社会科学重点研究基地重大项目（项目号：16JJD770022）阶段性成果。

① 关于香港航运业，在不同论著中有所涉及。如〔英〕弗兰克·韦尔什《香港史》，王皖强、黄亚红译，中央编译出版社，2007；刘蜀永、余绳武主编《20世纪的香港》，中国大百科全书出版社，1997；卢受采、卢冬青：《香港经济史（公元前约4000—公元2000年）》，人民出版社，2004；〔日〕滨下武志：《香港的大视野：亚洲网络中心》，马宋芝译，香港商务印书馆，1997；等等。论文有张俊义《1900—1941年香港航运发展概述》，《近代中国与

弱，20 世纪初香港轮船航运业研究更似薄弱，并未引起学界的关注。本文试图从行业史角度对20 世纪初香港轮船的兴起与发展做出探究，对香港航运业发展诸多阶段性特征进行总结，分析香港轮船航运业的发展表现、与政府的关系，并对香港航运业与国际贸易格局的关系等做出初步考察。

一　航运举措之实行

19 世纪末，港英政府设立了香港航政机构，统一管理进出船舶。随后政府推出了配套举措，陆续促使香港航运外部环境完善。

首先，港英政府筹建海陆电报设施。中英签订《上海至香港电报办法合同》，规定由英国大东公司设一条由上海海口至香港的海线（海底电线），中国则设上海至洋子的旱线（陆上电线），两线在洋子角相接，并规定双方收费与管理办法。[①]1883 年香港通过分工协作方式，完成电报的前期基础设施建设，随后电报开始应用到航运领域。1883 年，九龙香港陆路接线合同订立，规定：（1）中国电报局旱线两条，展至英地九龙交界处，与大东公司两旱线相接。该两线与公司雨水线接连，以便香港通电。（2）中英旱线相接之处，应造砖屋一所，内设一桌，为设线端只用。（3）中国电报局租用大东九龙旱线、香港水线，每字给报费英洋一分，公报不付报费。[②]九龙设立了电报，“香港海线循广州达天津，陆线达九龙”。[③]随后港英政府逐渐重视采用先进的电报警报系统，如徐家汇天文台的运用，“自福州、厦门、汕头甚至香港赴上海、天津或日本之船长即使在冬季也不愿废除此等警报，故决定将徐家汇代码付印，不作任何修改”。[④]1905 年，连接港九两地的海底电缆铺设成功。[⑤]由此可知香港设立电报，便利了航政机构与各船舶之间

世界：第二届近代中国与世界国际学术研讨会论文集》第 2 卷，社会科学文献出版社，2005；毛立坤：《晚清时期香港对中国的转口贸易（1869—1911）》，博士学位论文，复旦大学，2006；夏巨富：《近八十年来香港航运史研究综述》，《石家庄经济学院学报》2013 年第 4 期；张丽：《60 年来大陆地区香港史研究回顾》，《兰州学刊》2014 年第 9 期；夏巨富：《浅析晚清香港轮船航运业肇兴缘由》，《历史档案》2016 年第 2 期。这些论文都涉及对香港航运业的研究，但还不够深入和全面。

① 庄义逊主编《香港事典》，上海科学普及出版社，1994，第 60 页。

② 王铁崖编《中外旧约章汇编》第 1 册，三联书店，1957，第 426—427 页。

③ 赵尔巽等：《清史稿 · 十六志》第 16 册，中华书局，1977，第 4461 页。

④ 旧中国海关总税务司署通令选编编译委员会编《旧中国海关总税务司署通令选编》第 1 卷，中国海关出版社，2003，第 386 页。

⑤ 陈昕、郭志坤主编《香港全纪录》第 1 卷，上海人民出版社，1997，第 131 页。

的信息交流。

其次，港英政府积极促成天文台建设。香港经常遭遇台风，严重影响航运业发展。1884 年，九龙建立天文台，“凡有急风雷雨，必先报警，使各馆户知所趋避”。[①] 港英政府在香港设立天文台。“天文台报风雨之例，凡风雨将兴，天文师必先报警。”[②] 天文台建设是海上航行的重大安全保障，可以提前预防台风和及时防备，降低了风灾的损失。

再次，港英政府在香港附近海域设立灯塔，保障夜行轮船的安全。轮船夜行岛礁甚多的海域时，常有触礁或沉没的险情发生。香港“西边洋面，每有生石显突水面，或有隐伏水中，行船者，倘若不觉偶与此石相触，则船破货坏……即在石面建塔一座，虚其中，用螺文旋上，近日则全用钢铁板构成，每塔着数人看守，夜则在塔顶燃灯数盏，照耀洋面，俾行船者，隔远而预知趋避”。[③] 因此在适当位置建立灯塔即可降低航行的风险。灯塔“其光可照百里之外，以便夜间行船认海口也”。[④] 为了保证船舶夜航安全，1875—1876 年，港英政府先后在鹤嘴、青洲和黑角头三地各建立一座道航塔。1892 年，港岛东南横澜岛上的灯塔启用，天气晴朗视距可达到 32 海里。[⑤] 此外，粤省政府于 1879 年建立东澎湖岛灯塔和鹿屿灯塔；1893 年建立横栏灯塔，1901 年移交给港英政府管理。[⑥] 粤港政府在华南沿海地区依次建成灯塔，以香港为同心圆辐射到华南整个区域，提高了轮船出海航行安全性。

开埠后香港航运基础设施非常薄弱，时常发生风灾，时有损失惨重的情形，港英政府通过设立电报、避风塘、报风台和沿海灯塔等一系列基础建设，大大降低了航行或停泊香港的风险。港英政府通过对航运基础设施“硬件”建设，初步为香港航运业搭建良好的平台，大大降低了自然灾害的损失。总之，港英政府制定相关举措，为香港轮船航运业发展提供了稳定

① 陈鏸勋著，莫世祥校注《香港杂记外二种》，第 76 页。

② 陈鏸勋著，莫世祥校注《香港杂记外二种》，第 91 页。

③ 沈国威、内田庆市、松浦章编著《遐迩贯珍·附题解·索引》（影印本），上海辞书出版社，2003，第 406 页。

④ 钟叔河主编《西海纪游草·乘槎笔记·诗二种·初使泰西记·航海述奇·欧美环游记》，岳麓书社，1985，第 460 页。

⑤ 卢受采、卢冬青：《香港经济史（公元前 4000—公元 2000 年）》，香港，三联书店有限公司，2002，第 130 页。

⑥ 参见程浩主编《广州港史（近代部分）》，海洋出版社，1985，第 126—130 页；班思德：《中国沿海灯塔志》，李廷元译，海关总税务司公署统计科，1933，第 53—95 页。

安全的外部环境，推动了20世纪初香港轮船航运的“高速”发展。

二　华洋资本的扩张

20世纪初香港轮船航运业的繁荣发展是社会经济、技术因素与自然地理因素综合作用的结果。① 20世纪初香港轮船航运业繁荣发展的表现之一，即华洋资本均投资轮船公司和造船厂。外资轮船公司与造船厂主要有两类：一是在香港注册并成立的公司，二是在香港设立代理的轮船公司。由于数量较多，择其典型公司，做简要探讨。

1865年，省港澳轮船公司（Hong Kong Canton and Macao Steamboat Company）是英商在香港注册并创建的轮船航运有限公司，是英资轮船公司的典型代表。首先，该公司主要实行股份合作制，实行有限责任的管理，每年召开股东会议，讨论重要事宜并做出决策。公司常年股东会议主要讨论议案及发展计划。这些议案和计划不定期地载于 *The China Mail* 和 *Hong Kong Daily Press*，从中可知公司发展演变的基本情形，了解公司的日常事务管理。公司属下轮船航行实行指令接收制度，类似于航行记录记载制度。② 1870年，该公司召开每年例会，公布其报告和总代理行的情况。③

其次，在公司经营航线方面公司拥有很多轮船，其第二大轮船“鲍威尔号”，注册吨位为2339吨，编号1H72。④ 它专走香港、广东、澳门间的航线，与太古轮船竞争贸易与客源。⑤ 1877年，公司与国内资本家进行激烈竞争时，提高了航行内地的水脚费。⑥ 1878年1月，公司属下轮船“彼德曼号”20号到福州，21号到厦门，22号到汕头。⑦ 从零散记载可知该公司主要航线为省港澳航线，与内河某些公司进行激烈竞争。

再次，关于公司属下轮船日常运营与盈亏情况。1882年，公司认为目

---

① 参见夏巨富《浅析晚清香港轮船航运业肇兴缘由》，《历史档案》2016年第2期。

② *The China Mail*, 1879 - 2 - 27, p. 2.

③ “Hong Kong Canton and Macao Steamboat Company Meeting of Shareholders,” *Hong Kong Daily Press*, 1870 - 7 - 18, p. 2.

④ *The Straits Times* (Singapore), 1908 - 6 - 9, p. 7.

⑤ 聂宝璋主编《中国近代航运史资料》第1辑（上），上海人民出版社，1983，第516页。该资料认为公司成立于1883年，根据 *Hong Kong Daily Press* 和表1记载，其实际成立于1865年。

⑥ *The China Mail*, 1877 - 9 - 28, p. 2.

⑦ *The China Mail*, 1878 - 1 - 23, p. 2.

前的市场占有率非常令人满意。[①] 1906年，隋安等轮船被卖给省港澳公司后，几艘船只可满足公司日常运输，但9月台风时毁了一艘，另一艘在汉口毁于火灾。[②] 而1883年该公司股东大会报告称，半年支出薪水、保险、损耗和其他等项目共计12601.85美元，总计收入95070.95美元。[③] 1908年，公司开股东会议，讨论发行股票，每股1.25美元，同时以12500美元作为保险基金，报销轮船损耗3600美元。[④]

1872年，J. M. 施怀雅在中国创办太古轮船公司，签订了第四次齐价合约，1894年太古轮船公司、省港澳轮船公司等4家公司又缔结了广州内河航运联营协议，以及香港至马尼拉的航运和日本至澳大利亚装运大米的协议，这使太古轮船公司1890年代利润剧增。1896年左右，太古轮船公司各项准备金、折旧、锅炉基金及保险账户共计为1086645英镑，1899年底，已增至150万英镑左右。[⑤] 此外，1900年，太古洋行于香港设立太古船坞机器有限公司，修理本公司船只与建造轮船。[⑥] 太古船坞建立后，不仅解决了各轮船公司和驻港英国海军的船舰维修问题，而且承揽了中国特别是华南沿海各地的不少造船业务。

进一步了解关于外资轮船航运业在香港的发展详情，可参考表1。

表1　1835—1909年香港英商主要企业统计

行业	企业名称	资本总额（港币万元）	设立年份	投资企业
航运	中国航业公司	100	1873	太古
	中国印度航运公司	120（万英镑）	1881	怡和
	德忌利士轮船公司	100	1883	德忌利士
	省港澳轮船代理洋行	100	1865	怡和
	麦氏轮船代理洋行	100	1883	仁记
	联合汽船公司		1889	天祥
	天星轮渡公司	100	1898	天祥

---

① *The Hong Kong Telegraph*, 1882－7－31, p. 2.

② *The Straits Times* (Singapore), 1906－12－18.

③ "Hong Kong Canton and Macao Steamboat Company Meeting of Shareholders," *Hong Kong Daily Press*, 1883－7－27, p. 2.

④ "Hong Kong Canton and Macao Steamboat Company," *Hong Kong Daily Press*, 1908－7－29, p. 2.

⑤ 参见张仲礼、陈曾年、姚欣荣《太古集团在旧中国》，上海人民出版社，1991，第86—87页。

⑥ 李允俊主编《晚清经济史事编年》，上海古籍出版社，2000，第797页。

续表

行业	企业名称	资本总额（港币万元）	设立年份	投资企业
造船	香港黄埔船坞公司	1000	1865	太古、德忌利士、天祥
	太古船坞机器公司		1908	太古
	白利船坞	50	1909	太古
仓库码头	九龙码头仓库公司	400		怡和、沙逊、天祥、仁记
	中国安全保险	450	1898	
	荷尔特码头			太古

资料来源：据陈真等编《中国近代工业史资料》第 2 辑，第 256—258、19—26 页统计及相关资料制作，转引自方志钦、蒋祖缘《广东通史（近代史下册）》，广东高等教育出版社，第 721—723 页。

从表 1 来看，早期香港轮船航运业基本由外资把控，华资所占比例非常小。英商占据着香港航运业的龙头地位，并且逐渐发展了航运业的相关产业，构建了英商庞大的产业链。这反过来促进了航运业的发展，使两者“相得益彰”，反映出早期航运业与洋行投资形成的密切关系。

就中外轮船数量来看，1890 年代，英商约占 53%，华商占 31%，其他外商占 16%。[①] 清末香港有兆安、长安、香江、香港四邑、广运、和顺、顺泰、毓安、顺安、泉安、同益、同和等轮船公司。[②]

20 世纪初香港华资轮船公司逐渐增多。一类是华洋商合资或者侨商在香港投资创办轮船公司。1901 年，港商赵新基等人招股银 50 万元（其中包括外商投资）创办北安轮船公司，购置千吨级的“广西号”轮船开夜航。1902 年，美、加华侨投资创办香港四邑轮船公司，购置 4 艘轮船，行驶于香港至江门，为定期货客轮航班。1903 年，元安轮船公司以资本 25 万元设立，有轮船 2 艘。同年，广运轮船公司成立，以“北江号”轮船行驶于香港至广州、江门、甘竹、三水。1904 年，新成立几家轮船公司，如毓安轮船公司经营省港线，顺安轮船公司以“东京号”开行广州至江会线。[③] 另一类是华商独资创办的轮船公司，如北安轮船公司和元安轮船公司，这是香港华商先后于 1901 年和 1903 年集资创办的，在香港注册，悬挂英旗，以 1 艘 1309 吨的“广西号”及 1 艘 12180 吨的“广东号”行驶于香港至广州

① 张晓辉：《香港华商史》，香港，明报出版社，1998，第 44 页。

② 张晓辉：《香港近代经济史（1840—1949）》，广东人民出版社，2001，第 293 页。

③ 参考张晓辉《香港华商史》，第 43—44 页。

间。长安轮船公司于 1902 年由华商创办，在香港注册，悬挂英旗的轮船公司，拥有“新局号”（629 吨）、“英京号”（678 吨）两艘轮船，夜班船航行于香港与广州之间。① 1908 年，粤人创办省港梧州航业有限公司，在商部注册，总部设在梧州，在省港河口均设代理处，其中四艘往来港梧间。② 同年，由广州七十二行发起成立中国商务轮船会社有限公司，总部设在广州，向海内外华商募集招股，航行内河和外洋航线，与外国争夺航权。③

由此可见，20 世纪初是香港华资轮船航运业初兴阶段。它们经营航线比较集中，大多经营华南航线，以珠江附近为中心。与外国轮船公司相比，华资轮船公司规模小、资本小、数量少，一般只有几艘船，甚至一家航运公司仅有一条船。然而，华资轮船公司打破了外商对粤港澳航业的垄断，分取了省港澳航运业的巨大利润，并逐渐成长起来。

表 2　清末香港成立的华资轮船企业

企业名	成立年	地区	经营者	资本或船本	轮船只数	轮船吨数
兆安轮船公司	1901	香港	赵新基	500000	1	1309
源安轮船公司	1903	香港		250000	1	1218
志和公司	1910	香港		160000	2	1650
长安轮船公司	1902	香港		120000	1	629
仁和洋行和顺公司	1908	香港		100000	3	600
志安轮船公司	1906	香港	陈丽生 陈硕臣	100000	2	312
大益公司	1910	香港		25000	1	207
荣发公司	1910	香港		60000	1	299
海平轮船公司	1910	香港		1000	1	133

资料来源：根据樊百川《中国轮船航运业的兴起》，四川人民出版社，1985，第 615 页附录“1911 年华资轮船企业统计表”改编而成。

从表 2 可以看出，20 世纪初香港华资轮船公司进入一个创办的高潮，从 1901—1910 年，华商共创办 10 家轮船公司。它们的资本不是很雄厚，大多数公司只有一艘船，个别有两艘，但吨位也不大。此时香港华资轮运业出现大发展的原因是：（1）甲午中日战争失败后，列强掀起了瓜分中国的

① 参见中国航海学会《中国航海史（近代航海史）》，人民交通出版社，1989，第 159 页。
② 《梧州创办省港梧州航业公司招股章程》，《中兴日报》（新加坡）1908 年 1 月 14 日，第 6 版。
③ 《创设中国商务轮船会社有限公司招股节略》，《中兴日报》（新加坡）1908 年 9 月 8 日，第 6 版。此后，在该报 9—11 月，有间隔地登载招股广告。

狂潮，大大刺激有志之士救亡图存的斗争。一部分人把兴办实业作为救国家和民族危亡的“灵丹妙药”。（2）清政府一些官吏支持或默许商人创办实业，清政府做出某些让步和改革。（3）清政府被迫解除华商经营轮船的禁令。在此背景下，香港华资民族航运业寻找契机获得发展。

随着航运业的发展，香港出现轮船租赁业务。如 1882 年，同文街兴利店出租数只坚固快捷火船，出入各河道方便，价格合理。①

概言之，自香港被迫开埠后，外资掌控香港轮船航运资本市场，其中英资所占份额最大。20 世纪初，华资轮船资本逐渐兴起，开始冲破外资轮船航运资本的垄断。同时，日资和美资等逐渐引进香港，分割英资庞大的航运份额。20 世纪初香港轮船航运资本形成华洋并立的格局。

三　航运市场的拓展

20 世纪初香港轮船航运业的繁荣，也可从香港停泊船只数和吨位量等反映出来。据统计，1887 年进出香港、澳门的木船分别为 29193 艘、8032 艘，1896 年分别增至 66987 艘、16109 艘。1897—1898 年，由于内河对外开放，轮船航运业兴起，木船航运走向衰退，船只减少 50%。1907 年，香港进出口的轮船、木船的总货运量为 3600 万吨，较 1881 年增长了三倍。②

表 3 是 1900—1910 年香港进出船只总数和总吨位数。从中可以看到，二者总体呈现增长之趋势，进出港船舶总数 10 年间增加了约 5.6 倍，而进出港船舶总吨位几乎翻了一倍。

表 3　1900—1910 年进出香港船只统计

年份	进出港船舶总数	进出港船舶总吨位	年份	进出港船舶总数	进出港船舶总吨位
1900	82546	18445134	1906	429726	32747268
1901	90520	19325384	1907	507634	36028310
1902	103089	21528780	1908	532078	34614335
1903	108000	24039862	1909	527280	34830845
1904	116192	24754042	1910	547164	36534361
1905	452758	34185091			

资料来源：张俊义《1900—1941 年香港航运发展概述》，《近代中国与世界》第 2 卷，社会科学文献出版社，2005，第 326 页。

① 《小火船仔出赁》，《循环日报》（香港）1882 年 8 月 18 日，第 1 页。

② 方志钦、蒋祖缘：《广东通史（近代史下册）》，第 734 页。

客运是考察香港轮船航运业发展的重要指标。1901—1911年，进出九龙口的客运人流量年均289258人次，是1886—1890年66706人次的约4.3倍，却是1890—1900年738477人次的不到40%，由此可知19世纪末（1890—1900年）是进出香港客运人流量的一次高潮。而从1901—1911年进出香港的人均客运流量的增幅来看，以1907年为界，1901—1907年，进出香港的客运人流量年均增长13390人次；1907—1911年，进出香港的客运人流量年均递减25409人次，出现了负增长的趋势。① 究其原因，一是天气的影响，尤其是受台风的影响，不仅轮船出海班次减少，客运为自身安全也选择避开该时间段。1909年，受台风影响，太平洋往来香港人客减少。② 此外，另一个比较重要的原因是1907年英国出资清政府修建广九铁路九龙至深圳段，供给旅客其他选择。③

航线可谓轮船航运的"血液"和"生命线"，是其存在的物质基础。香港轮船航运逐渐形成了以香港为中心的同心圆，并不断向华南四方辐射开来。根据航程的远近划分，可分为沿海内河航线和远洋航线。（1）港粤沿海内河航线，主要利用珠江水系，尤其是三角洲省港线，包括省港、港梧、港江（门）等水路；（2）近海航线，华南沿海各通商口岸至香港的航线，如港汕、港湛、港廉（广州府合浦县）、港琼、港澳等水路。各线路航期频繁，来往船只既有传统的木帆船，又有先进的轮船。（3）外洋航线，由于华资轮船公司竞争力弱，无力开辟远洋航路，航线被英、美、日等外国轮船公司垄断。④

在香港为中心的内河航线方面，太古洋行所经营的主要是广州至香港（省港）及江门至香港两条航线。太古洋行对省港线，最初只派一条佛山轮行走。这条线上的中外轮船很多。其中由英商经营的省港澳轮船公司旗下的船只最多，拥有"旧金山号"、"河南号"、"香山号"三条客货轮，后因"河南号"超龄，又新造了"泰山号"和"龙山号"两轮（"泰山号"后来

① 依据《中国旧海关史料（1859—1948）》（京华出版社，2001）第34册第259页、第36册第270页、第38册第287页、第40册第310页、第42册第358页、第44册第354页、第46册第381页、第48册第381页、第51册第406页、第54册第431页、第57册第399页相关表格数据整理而成。

② 中国第二历史档案馆、中国海关总署办公厅编《中国旧海关史料（1859—1948）》第51册，京华出版社，2001，第406页。

③ 许锡辉、陈丽君、朱德新：《香港跨世纪的沧桑》，广东人民出版社，1995，第148页。

④ 张晓辉：《香港华商史》，第39页。

被调往行走香港、澳门航线）。[①] 省港澳轮船公司有香港至广州线、香港至澳门线、广州至澳门线、广州至梧州线。天和洋行航行梧州至柳州线、梧州至南宁线、南宁至百邑线、梧州至香港线。西江航业公司航行梧州至南通线、梧州至香港线。[②] 德忌利士洋行各轮船往来台湾、厦门及香港、汕头、福州五口，独擅利权，无人与之争夺，经营三四十年。它与日本三井公司争先贬价，积不相能。凡遇两公司轮船同时在港开行，则不收水脚，每客仅取饭菜费小洋银一角，以广招徕。[③] 1902 年，太古洋行在与四邑轮船公司经过数年较量后，由于四邑轮船公司提高服务和降低水脚费，赢得大量客源，太古洋行无力支撑，不得不退出香港至江门航线。[④] 由此四邑轮船公司在中国近代航运史上写下浓墨重彩的一笔。

该时期日本大阪商船会社的商船行走香港、厦门、台南与香港、厦门、福州。[⑤] 1897 年，日本邮船株式会社行驶福州、厦门、香港兼泊基隆、淡水、打狗航线。1907 年，台湾当局命令轮船航线定为沿岸航线轮船一艘，每月航行三次；淡水至香港线轮船两艘，每月往返四次。[⑥]

1872 年，李鸿章在上海创办中国轮船招商局，1873 年设立招商局香港分局。分局从 1874 年起经营省港澳航线，后又陆续开辟远洋航线。[⑦] 清季轮船招商局行驶于上海、香港、广州间的“广大号”、“广利号” 等，时速迟缓，设备简陋，多供货运，旅客无多，未能与太古、渣甸等轮船相竞争。[⑧]

清末开辟香港航线的轮船公司主要有西江轮船公司、天和洋行、和顺公司、益安公司、四邑轮船公司、绍兴公司、志和号、孖地公司、捷成洋行和志安洋行等（参见表 4），这些公司主要是英商建立。开辟香港航线的公司一般经营规模不是很大，只有一两艘轮船，多的捷成洋行不过 8 艘；其船舶总吨位一般稳居在 800 吨左右，个别如捷成洋行达到 10984 吨。

---

① 全国政协文史资料委员会编《淘金旧梦：在华洋商纪实》，中国文史出版社，2001，第 50 页。

② 张心澂：《中国现代交通史》，良友图书印刷公司，1931，第 315 页。

③ 聂宝璋主编《中国近代航运史资料》第 2 辑（上），中国社会科学出版社，2002，第 168—169 页。

④ 参见陈昕、郭志坤主编《香港全纪录》第 1 卷，第 135 页。

⑤ 聂宝璋主编《中国近代航运史资料》第 2 辑（上），第 169 页。

⑥ 李允俊主编《晚清经济史事编年》，第 699、1007—1008 页。

⑦ 参见卢受采、卢冬青《香港经济史（公元前约 4000—公元 2000 年）》，人民出版社，2004，第 114 页。

⑧ 陈谦：《香港旧事见闻录》，香港中原出版社，1992，第 60 页。

表 4　经营香港至各地航线的轮船公司

公司	西江轮船公司	天和洋行	和顺公司	港澳轮船公司	普安公司	四邑轮船公司	益安公司	绍兴公司	志和号	广顺公司	孖地公司	捷成洋行	志安洋行	渣把洋行
国籍	英	英	英	英	英	英	英	英	英	法	法	德	德	荷
船数	2	5	6	2	2	2	1	1	1	1	3	8	1	1
总吨数	1045	646	979	715	159	775	438	228	284	149	2004	10984	282	2923
航线	梧州、三水、香港间	同前	同前	梧州、三水、广州间	同前	香港、江门间	同前	同前	同前	梧州、三水、广州间	北海、香港、广州间	同前	梧州、三水、香港间	爪哇、中国各海口、日本间

资料来源：王洸《中国航业》，商务印书馆，1929，第 91—93 页。

以香港为中心的远洋航线方面，欧亚水上交通航路大多以香港为中转地，船舶休整和购置日用品或补给物，均需停泊香港。北方远洋航线，从香港北上达上海，转而可航行至日本，或经太平洋，途经檀香山，到达旧金山。南方远洋航线，从香港南下到新加坡，途经科伦坡和亚丁湾，经过苏伊士运河，进入地中海，可达到法国马赛，更北可至英国伦敦。[①] 由此香港逐渐成为轮船航运业的枢纽。由表 5 可见香港外洋航线开赴地域甚多，也间接说明 19 世纪初香港航线的繁忙。

表 5　1901 年 3 月 26 日香港入口船期

所属公司或洋行	国籍和轮船（火船）船名	时刻	由何地来港或由港前往何地
捷成洋行	德国亚美高		由西贡载米来
法国公司	法国奥顺年		由时路、西贡载来杂货
铁行公司	英国间常		由英京、星架坡载来杂货
匇者士行	德国十匿士北		由咸北、星架坡载来杂货
孖地洋行	法国香港		由海防、海口载来杂货
咪也洋行	德国大利		由西贡载来杂货
美国邮船	日本丸	准二月初九日正午开行	往上海、日本、檀香山、旧金山等
英国邮船	布剌诗	准二月十一日正午开行	往星架坡、庇能、哥林保、孟米等
德国邮船	士得吉	准二月十五日正午开行	往庇能、哥林保、孟米、德国等
美国邮船	急狄	准期二月二十五日正午开行	前往日本、檀香山、旧金山等
美国邮船	美国丸	准三月初三五正午开行	往上海、日本、檀香山、旧金山等
美国邮船	薛地北京	准二月十二日正午开行	往上海、日本、檀香山、旧金山等
美国邮船	加力	准期三月十九日正午开行	往上海、日本、檀香山、旧金山等
美国邮船	香港丸	准三月二十八日正午开行	往上海、日本、檀香山、旧金山等
元发行	姜维	初七早开行	往汕头、星架坡、暹罗
南和公司	的诗马	初七正午开行	往汕头、西贡
日本邮船	山口丸	初七正午开行	往神户、横滨
渣甸公司	瑞生	初七下午四点开行	往星架坡、庇能、卡剌吉打
麦边洋行	西咸	初七日下午开行	直往星架坡、庇能
南和公司	布伦杜	初七日开行	往衣路衣路

① 赖连三著，李龙潜点校《香港纪略外二种》，暨南大学出版社，1997，第 11 页。

续表

所属公司或洋行	国籍和轮船（火船）船名	时刻	由何地来港或由港前往何地
铁行公司	孖沙于	初七日开行	往星架坡、哥林保、孟米
旗昌洋行	伊士马利打	初八日下午三点开行	往小吕宋
礼和洋行	马北	初八日开行	往星架坡、布利文、咸北
渣甸公司	安生	初九日开行	往星架坡、三孖冷、四厘歪
日本邮船	罗涉地	初十正午	往他士爹岛、杨士威路、庇厘士滨、雪梨美利畔
日本邮船	三池丸	初十日正午开行	往星架坡、哥林保、孟米
日本邮船	阿波丸	初十日正午开行	往横滨、神户
太古洋行	周泰	初十日下午开行	直往星架坡
太古洋行	比剌士	初十日开行	往李华保
振兴发	西山	初十日开行	往汕头、西贡
天祥洋行	坤黑列	初十日开行	往日本域多、利打、甘麻
广发公司	柯路士甸	十一日开行	往安南、西贡
太古洋行	士多乎佳路	十一日开行	往日本、汕爹古、旧金山
铁行公司	比剌师	十一日开行	往石叻、庇能、孟米、英京
三井洋行	大人丸	十二日早开行	往汕头、厦门、淡水
南和公司	虎门	十二日开行	往安南、西贡
天祥洋行	沾孖力	约十二日开行	往鸟约
太古洋行	士甸多	十四日开行	往星架坡、英京
三井洋行	明石丸	十五早开行	往汕头、厦门、台湾府
昌兴公司	毡拿皇后	十五日正午开行	往上海、日本、云哥华
山打洋行	美路布文	十五日下午日开行	往星架坡、孟米
礼和洋行	沙和	十六日开行	往夏威布利文、咸北
银行公司	孟米	十八日开行	往英京
天祥洋行	忌连澳告	十八日开行	往日本域多、利打、甘麻
太古洋行	太原	二十一日开行	往小吕宋、新金山
昌兴公司	他打	二十二日开行	往上海、日本域多、云哥华
劫行	奥□利仁	二十三正午开行	往新金山
天祥洋行	奇剌化灵	二十四日正午开行	往日本域多、利打、甘麻
日本邮船	和泉丸	二十五日	往神户、横滨、域多、厘些路、砵富驳入花旗内地

续表

所属公司或洋行	国籍和轮船（火船）船名	时刻	由何地来港或由港前往何地
太古洋行	丹打剌士	二十七日开行	往李华保
太古洋行	埃都洄丫士	二十八日开行	往星架坡、英京
天祥洋行	柯廉披	三月初八日正午开行	往日本域多、利打、甘麻
昌兴公司	亚甸仁	十三日开行	往日本域利多、云哥华

注：原文将新加坡写作星架坡，大阪写作大版，温哥华写作云哥华，诸如此类，不一一说明。

资料来源：《辛丑年二月初六日礼拜一入口船头列左》，《香港华字日报》1901 年 3 月 26 日，第 5 版。

通过表 5 也可看出，香港的远洋航线，以航行美国旧金山与香港间的最多，因为旧金山正出现淘金热潮，推动了劳工输出和黄金贸易，该航线比较繁忙。香港去往英属殖民地比较多的方向是澳洲、印度等。此外，由 1909 年和 1910 年新加坡《星洲晨报》，航行新加坡和香港间的轮船往来比较频繁。据不完全统计，两地有“字鸭加”2 点、“安华”轮船 12 点和“呀施”轮船 11 点等从新加坡赶往香港，同时有“怡武”、“美希库”、“安地胜芝”和“丰达第乙”轮船由香港开往新加坡。[①] 据不完全统计，新加坡和香港往来船舶，每天不少于四趟，相对比较繁忙。

在轮船公司开辟至香港航线一方面，太古轮船在港代理轮船公司，所经理之航线涉及香港的有香港至新加坡线、香港至曼谷线、香港至海防线。怡和轮船公司开辟的与香港有关航线有甲谷陀经香港、汕头、上海至神户线，香港至海防线以及香港至曼谷线。[②] 1862 年，法兰西火轮公司把轮船航线延伸到中国。1863 年，香港与北婆罗洲之间有了定期航运。1867 年，太平洋邮轮公司的第一艘轮船从旧金山驶抵香港。从此大批环球游览者纷纷出现。[③] 美国福来洋行有轮船航行西雅图、上海、香港、澳洲新金山线，共计 17 艘。中国邮船公司开辟旧金山至上海、香港、马尼拉航线。[④]

1901 年，日本大阪商船公司轮船由香港至福州定期航路，经过厦门和

---

① 《各埠轮船出口》、《各埠轮船入口》，《星洲晨报》（新加坡）1909 年 8 月 16 日、1910 年 11 月 30 日。

② 参见张心澂《中国现代交通史》，第 298、301 页。

③ 聂宝璋主编《中国近代航运史资料》第 1 辑（上），第 308—309 页。

④ 张心澂：《中国现代交通史》，第 316 页。

汕头，每星期二往返两港。[①] 1905 年，日本邮船会社属下轮船自 5 月中旬起在香港、汕头、曼谷间开定期航路，以汽船定期往复。[②] 1906 年，大阪商船会社属下轮船设立福州、香港和上海间航线。[③] 大阪商船会社还规定淡香线之定期船为“大仁丸”和“大义丸”。[④] 1909 年，大阪商船会社下轮船为载运乌龙茶，令香港与他科马间航船驶入基隆。[⑤] 由此可知该时期香港与日本间航线基本由日本轮船公司掌控。

综上所述，20 世纪初香港轮船内河航线和外洋航线均呈繁荣发展的趋势，是华洋商并立促成的航运市场格局，尤其是香港华商发展与其投资轮船实业，促使华资轮船占据香港航运业的一席之地。

四　结语

20 世纪初香港轮船航运业发展的特点，一是外商仍处于主导地位，垄断着香港为中心的主要航线。但其垄断地位逐渐动摇，受到华资轮船公司的冲击。英国在香港航运业竞争中仍居首位，在远洋航线方面，大英轮船公司、蓝烟仓公司等几乎独占了欧亚之间航运。沿江、沿海航运方面也极其强盛，但是与以往相比，已有被打破垄断的迹象。1896—1897 年，其进出口中国通商口岸的船舶比例跌至 70%，1900 年跌至 58.69%，1903 年跌至 48.2%，1906 年跌至 39.23%，到 1913 年只占 35.73% 了。十多年间几乎降了一半。[⑥] 二是 20 世纪初香港外资和华资航运业呈现“双轨”的发展模式，一改之前外商的垄断，且两者之间差距逐渐缩小，竞争日益激烈。三是 20 世纪初香港中外轮船利润相差悬殊。由于外商资本日益基数较大，利润逐年增加，比华资航运业所赚利润多。

20 世纪初香港轮船航运业的跨越式发展，促使香港转口港地位的形成。[⑦] 同时，20 世纪初香港轮船航运业繁荣发展，使香港形成以外贸为格局

---

① 《福州香港间日本轮船定期航路》，《湖北商务报》1901 年第 64 期，第 13—15 页。

② 《邮船新航路》，《台湾日日新报》1906 年 5 月 6 日，第 1 版。

③ 《南清航路之状况（一）》，《台湾日日新报》1906 年 4 月 24 日，第 2 版。

④ 《淡香线之定期船》，《台湾日日新报》1906 年 7 月 14 日，第 3 版。

⑤ 《寄港船只》，《台湾日日新报》1909 年 5 月 13 日，第 5 版。

⑥ 中国航海学会：《中国航海史（近代航海史）》，第 204—205 页。

⑦ 夏巨富：《清末香港航运业与其转口港地位的关系（1898—1911）》，《世界海运》2014 年第 10 期。

的贸易体系，主要经营全世界的中转贸易。这使香港在国际贸易格局占据重要地位。

对近代中国各地区轮船航运业发展的考察，可以获得许多新的认识。首先，通过船只、吨位、造船厂、客运流量和以轮船为载体贸易等几个方面的参数，可以考察某地区某个时段轮船航运业的发展具体概况。其次，通过香港轮船航运业发展的“双轨”发展模式考察轮船业的发展，“一轨”是民族轮船发展情况，“二轨”是外资轮船发展情况，这种“双轨”制度发展，呈现此起彼伏和相互交织的发展趋势，这种模式也可延伸到对近代中国经济史研究。最后，由香港航运业发展，衍生出一个比较有趣味的课题，即近代轮船与帆船的比较研究。通过考察近代各个时期轮船与帆船船舶数、吨位数、航线和贸易，评估它们各时期占比，借鉴计量经济史学分析，对其进行精细量化研究，可以明晰传统帆船如何逐渐走向衰落，轮船如何逐渐占领近代中国水运交通市场。从这个角度分析中国近代化的历程，有极大的学术价值，但是操作难度也很大。

（作者单位：广州大学人文学院）

清末民初武汉地区机器面粉业的兴起和初步发展*

常屏京

内容摘要 武汉地区机器面粉业肇兴于清光绪年间，于第一次世界大战期间迅速发展，其凭借区位优势和政策扶持吸引了大量本地及外地商人投资建厂，并由此奠定在全国该行业内不可忽视的地位。本文以清末民初武汉地区机器面粉业的生产水平为主要考察对象，结合其所处的地理位置、历史背景，对其发展特征和原因进行分析，从中反映中国机器面粉业初兴时期的发展与不足以及武汉近代化的曲折进程。

关键词 武汉 清末民初 机器面粉业

在近代民族轻工业领域中，机器面粉业的发展势头尤甚，至20世纪30年代初，其生产能力、出口数量当属佼佼者，达到其他民族工业所未及的高度。① 武汉是中国近代最早拥有机器面粉业的地区之一，直到新中国成立初期，武汉制粉业的产值依旧位列当地轻工业第二位，是华中地区面粉生产的中心。② 武汉地区机器面粉业肇兴于晚清，于第一次世界大战前后初步发展，是华中地区乃至全国机器面粉业探索的先驱之一。作为一项新兴工业，借助一战期间国内工业短暂春天的机遇崭露头角，其发展初期必然是

* 本文为教育部人文社会科学重点研究基地重大项目“明清社会结构与社会变迁研究”（项目号：16JJD770036）阶段性成果。

① 林刚认为20世纪30年代中国近代民族面粉工业在中国市场上与洋粉进行有力竞争，并在抗战前几乎占领了关内全部国内市场，“这是民族面粉工业的最大功劳，也是民族纺织工业和许多民族工业远未达到的”。林刚：《对1927—1937年间中国机器面粉工业的若干考察》，《中国经济史研究》2004年第4期。

② 《武汉面粉工业过去的情况和目前的困难》（1953年），武汉市档案馆藏，XX000077－WS01－0089。

不够成熟、基础薄弱的，本文将对清末民初武汉地区机器面粉业发展状况进行探析。

关于武汉地区机器面粉业的发展状况已有学者关注，但大多偏重于对其发展脉络的梳理以及对麦源、销场地区分布的考察，① 或是将其视为传统制粉业工业化转型的结果，② 认为其与全国机器面粉业发展趋势大致相同。③ 然而，关于武汉地区机器面粉业与其他地区的不同之处及其成因却语焉不详，特别是其如何成反映全国机器面粉业发展趋势以及彼时在全国机器面粉业中之地位，鲜有阐述。因此，本文将对近代武汉地区机器面粉业初兴的原因、特征予以特别关注，并考察其在全国机器面粉业中的地位。

本文所探讨的时段上限为晚清，以机器面粉业之初兴正是肇始于清光绪年间；以 20 世纪 20 年代中期作为下限，则是由于一战之后，洋粉再次入超，包括武汉在内的全国民族机器面粉业的发展均造成极大冲击，使其呈现出与创立初期所不同的发展趋势，对此需要另辟文章具体分析。本文拟从晚清至 20 世纪 20 年代中期武汉机器面粉厂的生产量、生产水平出发，探究武汉地区机器面粉业发展初期兴盛的原因及发展历程。

一　清末民初武汉机器面粉业的初兴

机器面粉业作为近代新兴之产业，肇始于外国进口机制面粉对国内市场冲击引发的危机感。国外机制面粉开始进入中国市场的具体时间未考，起初多为洋行零星贩售，如上海福利洋行于 1876 年在出售面包、馒头之余，

① 如陈伯庄对包括汉口在内的几个主要面粉生产地区面粉产销的情况进行介绍，尤其关注国内外小麦与面粉生产之关系（《小麦及面粉》，中华书局，1936）。朱光华注意到清末民族面粉行业初兴，并指出其一定程度上起到了抵制国外面粉的对华倾销（《清代的机器面粉工业》，《中国社会经济史研究》1958 年第 2 期）。周秀鸾《研究早期民族工业的三个问题——武汉面粉工业调查札记》（《江汉论坛》1982 年第 5 期）及武汉市粮食局、湖北大学合编《武汉市资本主义机器面粉工业发展史》（未刊稿，1960）对武汉地区近代机器面粉业进行了考察。

② 彭南生：《半工业化：近代中国乡村手工业的发展与社会变迁》，中华书局，2007；王翔：《中国近代手工业史稿》，上海人民出版社，2012；严中平主编《中国近代经济史》，人民出版社，2012。上述论著均将机器面粉业作为手工业近代化转型的结果。

③ 上海市粮食局编《中国近代面粉工业史》（中华书局，1987）对近代中国机器面粉业的发展进行了详细描述，认为包括武汉地区在内的民族资本机器面粉业是在晚清初兴，于 1914—1921 年迅速发展并赶超外国资本，在 1922—1936 年进入缓慢发展阶段。

有“罗以司唛格新面粉”销售。[1] 彼时外国面粉质量上乘，如丰泰洋行所售“花旗上等面粉，价廉物美、色白味香”，[2] 而国内旧式磨坊所产之面粉却因“制法简陋、品质粗劣，在市场上殊难与舶来品竞争”。[3]

于是，随着国内电力事业的推进及西方生产机器的引入，在政府的鼓励下，机器面粉业作为新兴产业崛起。国内机器面粉业之肇始，可追溯至 1878 年朱其昂等人于天津创办贻来牟机器磨面公司。[4] 迨 19 世纪 90 年代，不仅洋粉进口数额剧增，还有外商在华投资建机器磨坊。如 1897 年英国商人在芜湖开办机器磨坊，可“碾制小麦，仿作洋面”。不久，地方官员便加以阻止，认为“一旦厂成机，就华民砻坊，咸有虑其骤然困败之势，盖因华民磨米全惟人力，断难与彼机器争胜”。[5] 可见洋粉之于土粉之威胁。由此，“一般人士始觉面粉业有提倡改良之必要，乃从事组设机器面粉公司”，[6] 逐渐开启了民间投资建厂的局面。至 1908 年，已有 15 家华资机制面粉厂成立，[7] 其所制之面粉，相较手工磨坊所制面粉的色黄质粗，确实“匀净洁白，与洋制不相上下”。[8]

在清代晚期，机器面粉业兴起之前，武汉地区的面粉多由手工磨坊生产，其中少数为自给性小磨坊，多数为专业磨粉作坊。后者仍以家庭自然分工承担各项工作，所产的面粉主要是供给自家店铺制作面点之用，余出才在门市零售。[9] 光绪初年，武汉地区有手工土粉磨坊数百家，至 20 世纪初，手工磨坊依旧活跃。[10] 但是随着洋粉输入以及市场需求的扩大，传统制粉磨坊的产品不论在质量还是产量上都不足以与机器面粉抗衡，一部分磨坊难以维系，改营他业；还有一部分磨坊开始尝试引进新式动力，改良生产设备。如 1862 年汉口私营磨坊主王天理注资 200 元所建“王福兴磨坊”，

---

① 《面粉出售》，《申报》1876 年 9 月 7 日，第 6 版。

② 《花旗面粉出售》，《申报》1897 年 6 月 7 日，第 6 版。

③ 《汉口之面粉业》，《中外经济周刊》1926 年第 187 期，第 43 页。

④ 转引自朱光华《清代的机器面粉工业》，《中国社会经济史研究》1958 年第 2 期。

⑤ 《英设机器磨坊》，《萃报》1897 年第 7 期，第 12—13 页。

⑥ 《汉口之面粉业》，《中外经济周刊》1926 年第 187 期，第 43 页。

⑦ 根据施复侯《三十年来之中国面粉业》（《茂新福新申新公司三十周年纪念册》，福新面粉茂新面粉申新纺织总公司印，1929，第 85—86 页）内容统计。

⑧ 《维杨机器面粉畅销》，《北洋官报》1905 年第 766 期，第 7 页。

⑨ 武汉市粮食局、湖北大学合编《武汉市资本主义机器面粉工业发展史》。

⑩ 武汉市粮食局、湖北大学合编《武汉市资本主义机器面粉工业发展史》；汉阳县志编组委员会编《汉阳县志·工业篇》，武汉出版社，1989，第 2 页。

系在原本畜力磨坊基础上又引入电力机器，[①] 是武汉地区诸多传统磨坊对机器生产尝试的代表。

武汉地区机器面粉业初兴是在20世纪初。彼时，清政府为了鼓励实业，于光绪三十三年（1907）七月十三日颁布《遵议拟订华商办理实业爵赏章程》和《改订奖励华商公司章程》，规定："资本百万元者，拟请特赏四品卿衔，逾二百万元者，并加二品顶戴。""集股一百万元以上者，拟准作为本部头等议员，加五品衔；集股八十万元以上者，拟准作为本部二等议员，加五品顶戴；集股六十万以上者，拟准作为本部三等议员，加六品衔；集股四十万元以上者，拟准作为本部四等议员，加六品顶戴；集股二十万元以上者，拟准作为本部五等议员，加七品顶戴。……商人原有职衔在所定等第之上，准其递加一等。"[②]在政府鼓励与现实利益的驱动之下，武汉地区机器面粉厂纷纷成立（见表1）。

表1　晚清时期武汉地区机器面粉厂概况

厂名	创立年份	创立资本	创始人	性质	备注
和丰	1904	10万元	上海裕通纱厂	华商	1923年被焚毁
瑞丰	1905	16万两	汉口石膏帮商人胡德隆、胡益敬	华商	歇业年份不详，1914年已无该厂记录
恒丰	1905	28万元	上海裕通纱厂	华商	为裕隆面粉厂前身
汉丰	1905	30万两	汉口钱庄主兼买办黄兰生、黄岱松等	官商	1918年被冯国璋军烧毁
金龙	1906	15万元	宁波买办景庆云	华商	1909年出租给齐云山，1913年出租给高伯循，1924年扩建
礼和	1905	16.8万元	英、德商人合办	外商	此后未见该厂任何记录
东亚	1907	48万元		日资	20世纪20年代中期被毁
和平	1910	60万元		日资	规模略小于东亚面料厂，建立不久被烧毁

资料来源：朱光华《清代的机器面粉工业》，《中国社会经济史研究》1958年第2期；武汉市粮食局、湖北大学合编《武汉市资本主义机器面粉工业发展史》；《汉口之面粉业》，《中外经济周刊》1926年第187期，第42—44页；《汉口之小麦与面粉事业》，《中外经济周刊》1924年第84期，第10—14页；金城银行总经理处汉口调查分部查编《汉口之粉麦市场》，第75页；皮明庥主编《武汉通史·晚清卷》（上），武汉出版社，2005，第175页；上海市粮食局等编《中国近代面粉工业史》，中华书局，1987，第256页。

① 湖北省政府秘书处统计室编印《湖北省年鉴（第一回）　工业·民营》，1937，第321页。
② 《大清光绪新法令》第16册《实业》，商务印书馆，1909，第48—51页。

从表1可知，武汉地区最早建立的机器面粉厂为1904年开办的和丰面粉厂，至1907年，相继有瑞丰、恒丰、汉丰三家华商投资的面粉厂成立，另有日本商人投建东亚、和平两厂开始营业。

此后，各厂经数年发展与扩大，生产能力均有所提高（参见表2）。

表2　武汉各机器面粉厂建厂之初生产能力

厂名	设备及数量	日产量
和丰	磨子6部（18寸4部，24寸2部），小平筛1部	1905年400—500包
瑞丰		1905年700包
恒丰	磨子9部（24寸4部，30寸4部，36寸1部），圆筛1部	700包
金龙	磨子4部（18寸和24寸）	1906—1909年300包；1909—1912年600包
汉丰	磨子12部（双边磨子）	1200包
东亚	磨子18部（日式30寸双边钢磨17部，大磨子1部）	1907年2000—3000包
和平		1910年900包

资料来源：武汉市粮食局、湖北大学政治系编《武汉市资本主义机器面粉工业发展史》；杨大金编《现代中国实业志》（上），商务印书馆，1938，第634—645页；上海市粮食局等编《中国近代面粉工业史》，第256页。

通过表1、表2可知，对比各厂之实力，东亚面粉厂在创立之初资本就达到48万元，为其他任何一个华商粉厂资本的2倍之多；在设备上，配备有18部磨子，且多为30寸的双边钢磨，比当时设备规模最大的汉丰多出6部；而生产能力上，日出粉量为2000—3000包，几乎是同时期5家有华资的面粉厂日出产量的总和，其实力可见一斑。由此可知，虽然外资工厂数量较少，但是其中东亚商社投建的面粉厂，资本、设备、生产能力都远超众多华商投建的面粉厂，实为“武汉民面粉工业最大的威胁”。[①] 除此以外，再无外资粉厂能与华资企业竞争。而此时期武汉的民族机器面粉厂仍处于发展初期，实力远远不足，亟待发展。

至1909年，经由汉口出口的面粉由18000担增长至195000担，增长了约10倍；进口洋粉则较1905年时少了8000担，降至5000担。尽管所增之数并非一定由本地机器面粉厂所生产，但是当时的洋粉“实际上几乎只用

① 武汉市粮食局、湖北大学政治系编《武汉市资本主义机器面粉工业发展史》。

于供应外国人食用”，可见相对于进口洋粉，武汉本地所产的机制面粉具有相当大的市场；然而机器所制面粉所用之小麦品类不佳且掺了大量的泥沙，因此本地机器面粉厂“创造了一种需求，但是并不算繁荣”，[①] 麦源品质低劣则日后依旧是桎梏武汉机器面粉业发展的因素之一。

在一战前夕的1913年，全国已有机器面粉厂106家，日生产能力可达174555包，其中武汉地区有7家机器面粉厂，华资5家，其日生产能力为3200包，占全国民族资本机器面粉厂日生产总能力的4.2%，是全国各类资本机器面粉厂日生产能力的1.8%。[②] 彼时武汉工业化水平远远不够，尽管成为“‘中国芝加哥’无疑是这座城市的人们共同的目标，但是目前距离这个目标还时日尚远”。[③]

二　武汉机器面粉业肇兴的原因与特征

武汉地区之所以在清末成为诸多商人投资建立机器面粉厂的对象，首先便是依托其独特的区位优势。一方面，武汉位于中部，邻近华中、华南诸多产麦区，麦源充足。华北地区虽多产小麦，但农民收获后必须储藏大部分小麦作为家庭口粮以及来年麦种，只出售少数，并只在秋季登收后才出售；而华中、西南地区的产麦区不仅产量巨大，而且居民多以米为主食，因此“民收麦后均不藏贮，而运之挃市换钱”，且自夏末至秋冬均有出售，利于机器面粉厂大规模购置原料，也是长江流域机器面粉厂较为发达的重要原因之一。[④] 另一方面，武汉作为“九省通衢”之要镇，河运网络丰富、畅通，由此催生了质优价廉的船运事业，不仅有利于机器面粉厂大批量生产原料、设备的输入，更有助于为其产品打开广阔的市场。在长江流域，一艘货船可载粉、麦四五百担，如运程一二百里只需四五日即可；而陆运所用大车“一骡就负二三石，一车就载亦不过十余石，须用牲口二三头、人伕一二名”，运输费用较船运高出二三十倍。[⑤] 因此从生产成本角度来看，

① 刘辉主编《五十年海关各埠报告》第6册，中国海关出版社，2009，第347页。

② 根据上海市粮食局等编《中国近代面粉工业史》第25、29页数据推算。

③ 《五十年海关各埠报告》第6册，第356页。

④ 李国伟：《中国工业之前途》（1946年12月20日），湖北省档案馆藏，LS80-1-0487-061。

⑤ 李国伟：《中国工业之前途》（1946年12月20日），湖北省档案馆藏，LS80-1-0487-061。

坐拥长江、汉水航道的武汉具有相当优势。因此，早在清代中叶，来自四川、河南、湖南以及本省诸如沔阳所产的小麦便均经由汉口转运，是为“楚北汉口一镇，尤通省市价之所视为消长……云、贵、川、陕、粤西、湖南，处处相通。本省湖河，帆樯相属，粮食之行，不舍昼夜”。[①] 其重要的转销职能可见一斑。至民国时期，汉口作为长江中游、汉水、湘江流域和豫省漯河以南等地区粮食转运地的地位日益凸显，每年有三四百万石小麦在此集中，[②] 其中大部分就地加工，“供应汉口面粉厂之需，故汉口已渐完成湖北麦产终点之形态”。[③]

其次，自晚清时起，汉口、武昌作为中国早期开埠的通商口岸，较早接触到外国事物。在汉口有英、法等多国租界，西物东渐之风盛行；而汉阳则是湖广总督张之洞着力发展重工业的地区。彼时，以东南、江浙沿海以及东北等外国势力介入最早、最深的地区最先受到外国新式器物的冲击，其后便是如汉口、青岛一般中部沿江、沿海城市。因此，组设机器面粉厂之类事宜，亦是“先由哈尔滨、上海、通州等埠至于汉口”。[④]

此外，面粉系国人日常主食之一，制粉业则为“生衣食所在，关系国家经济建设至巨且重”，[⑤] 发展机器面粉业是为经济利益所驱动。彼时武汉乃至全国机制面粉主要仰赖进口，1903—1908 年，全国只有机器面粉厂 12 家，远不足以满足市场需求。民国时期的“面粉大王”荣德生早在广东任厘金局账房时，便注意到“面粉入口，载明条约，为洋人食品，得免捐税，输入之数，独冠各物，名为外人所需，实则华人之需要亦颇巨”，[⑥] 意识到国内面粉市场之广阔。北方居民以面食为主食，面粉需求量之巨不必多言；而长江以南的居民，虽以白米为主食，却常用面粉制作点心，以佐日食，所以“面粉在吾国，地无论南北，人无论贫贱，莫不以为重要食品故也”。[⑦] 就武汉本地而言，当地居民所惯食的主、副食以及西式糕点同样有很多是以面粉为原料的。加之湖北省内以及周边地区人口众多，市场广阔，却还

① 晏斯盛：《请设商社疏》，《清经世文编》卷 40，中华书局，1992，第 991 页。

② 李国伟：《荣家经营纺织和制粉业六十年概述》，《文史资料选辑》第 2 卷第 7 辑，中国文史出版社，2000，第 222 页。

③ 金城银行总经理处汉口调查分部查编印《汉口之粉麦市场》，1938，第 5 页。

④ 《汉口之面粉业》，《中外经济周刊》1926 年第 187 期，第 43 页。

⑤ 荣德生：《关于鼓展农工商业之管见》，上海大学、江南大学《乐农史料选编》整理研究小组选编《荣德生与企业经营管理》上册，上海古籍出版社，2004，第 13 页。

⑥ 上海社会科学院经济研究所编《荣家企业史料》上册，上海人民出版社，1980，第 11 页。

⑦ 《吾国之面粉业》，《国民快览》1923 年第 12 期，第 134—136 页。

未有较大规模之机器面粉厂，实为市场空白。

该时期到汉口筹建机器面粉厂的投资者的身份也值得注意。最早到汉投资建厂者为上海裕通纱厂股东，随后该厂股东又开办恒丰面粉厂。关于和丰面粉厂记载甚少，1905 年《申报》上一则北京丰顺机器面粉公司的招股广告中对其有所提及。该公司公开数处代收股票购买业务的办事处，其中两处为扬州、江西恒丰祥盐号，一处为上海裕源机器纱厂，一处便为汉口和丰面粉公司。① 而北京丰顺面粉公司创办者为江苏候补道朱锟，② 由此这个业务涵盖面粉、纱厂、盐号的徽商家族浮出水面。朱氏家族发迹于清代晚期江西淮盐经营，当时江西境内 340 张盐票配额朱虞廷便有 162 张，几乎占到半数，其创办之盐号后分为若干分号，其中便有恒丰祥。③ 朱虞廷与李鸿章颇有交情，其子朱鸿度在李的扶助之下，于 1894 年在上海建立了中国第一家民营纱厂——裕源纱厂。④ 此后，纱厂由朱鸿度次子朱畴接手经营，又开办了上海裕通、裕亨以及江苏裕泰三纱厂。而北京丰顺面粉公司创办者朱锟是为朱鸿度长子，其因 1891 年时骑马失误踩踏致死一人被流放新疆，李鸿章曾上书表言其家中愿捐赈白银二万两赎免流罪，但未获批准。⑤ 此后，李鸿章在给新疆抚台陶子方的信中不忘提及朱氏，谓其"家道小康，能耐劳苦，尚祈酌予差委，俾有效力湔雪之路，曷任感盼"，⑥ 李氏与朱家之关系密切，可见一斑。由此可知，和丰、恒丰均为朱氏家族的企业（两厂后合并改组为裕隆面粉厂），其开办必然会得到与其家族有世交的李鸿章政治集团的支持。朱氏家族之于实业的投资，除了本身拥有雄厚的资本实力外，更重要的是其"官商"身份，其家族成员因捐纳曾任刑部郎中、江苏候补道、浙江候补道等职衔，又与李鸿章为世交，可以说是政府扶持实业的代表。

同时，也应注意到，最早至汉投资机器面粉厂的为沪（皖）籍贯，且

---

① 《北京顺丰机器面粉有限公司招股广告》，《申报》1905 年 10 月 25 日，第 1 版。

② 《农工商部批示京师丰顺面粉公司朱锟禀》，《北洋官报》1906 年第 1220 期，第 6 页。

③ 《解放前盐票制度的沿革和江西盐务概况》，全国政协文史资料委员会编《文史资料存稿选编·经济》（上），中国文史出版社，2002，第 287—290 页。

④ 白至德编《〈白寿彝史学二十讲〉近代前编（1840—1919）》，中国友谊出版社，2013，第 177—178 页。

⑤ 《朱谱济捐赈为父赎罪片》（光绪十七年五月十三日），顾廷龙、戴逸主编《李鸿章全集》第 14 册，安徽教育出版社，2008 ，第 99 页。

⑥ 《复新疆抚台陶》（光绪十八年七月二十五日），顾廷龙、戴逸主编《李鸿章全集》第 35 册，第 407 页。

已具备一定实业基础和经验的商人，多是传统商业（例如盐业）转投近代实业的先驱。他们或是看到了民族工业兴起之势如火如荼，或是在此前实业经营中初尝新式工业所带来的甘甜，十分清楚创办实业能获得怎样的利益；而且，相对而言，机器面粉厂所需资本较少、周转快、技术门槛低，且经过初级加工的面粉利润较高，① 加之政策的支持，因此在经济与政治利益双重驱使之下，把目光投向了当时还未开设机器面粉厂的武汉地区。随后，武汉本地商人也相继投资建厂，如瑞丰、汉丰两厂，投资者或为商帮帮主，或为钱庄庄主，均非实业家，资本系传统经商所得或金融业利润。他们的投资同样获得了官府鼓励，其中创办汉丰面粉公司的黄兰生，因其集股 20 万元以上，按清政府之鼓励实业的政策，于光绪三十三年十二月二十三日准予嘉奖，准为本部五等议员，赏加七品顶戴。② 诸厂之中，金龙面粉厂因经营不善多次易主，其资本构成也是众说纷纭，有说其自始至终系华商独资办理，仅仅是打着中法合作的旗子而已；③ 亦有承认其从开创之初便为中法合资性质。④ 由此可以看出资本市场进入实业领域的趋势，以及武汉当地商人思想的转变，即逐渐看到机器工业发展的优势，由传统商业逐渐转入新兴实业投资。除了民族资本的投入，日资也介入了武汉机器面粉业，其中东亚面料厂实力较雄厚，和平面粉厂则是建立不久后便被毁停产。由此可见，在汉机器面粉厂的资本来源主要为华商，外国资本介入较少。⑤

政府对于机器面粉业这项新兴之事业予以大力支持，多次予以减免税厘的关照。1905 年，清廷税务司同意工商部免除机器面粉行业关税的提议，却拒绝了石磨面粉业请求同减税厘的要求，道“有巨商购机制面既免税厘，石磨面粉小本为末者，每担转须纳出口税二分，相形未免偏枯，应请一律暂免等语……机器面粉事在创办成本较重，所以暂免税厘者，系为鼓励商

---

① 荣德生《乐农自订行年纪事》中曾提到“米不同于面粉，没有加工过，所以不容易赚钱”（上海古籍出版社，2001，第 76 页）。

② 《农工商部为华商集股创办实业公司备案请奖》，转引自朱光华《清代的机器面粉工业》，《中国社会经济史研究》1958 年第 2 期。

③ 武汉市粮食局、湖北大学政治系编《武汉市资本主义机器面粉工业发展史》。

④ 如黄既龙提到“法租界之金龙，成立亦早，先为法国商所办，后又加入华股，改为金龙云记公司，闻现在仍为合办性质”（《汉口之小麦与面粉事业》，《银行杂志》1926 年第 3 卷第 15 期）；另有《汉口之面粉业》提到“惟金龙内含法股极多，现在经理为法人梅旅，其性质旅游不同耳”（《中外经济周刊》1926 年）。

⑤ 礼和机器面粉厂资料不详，后期也再未出现，推测其营业时间较短，且并未对武汉机器面粉业造成较大的影响。

情起见，将来厂税开办仍应一律照收”。[①] 第二年，鄂督札饬藩司及商标局“机器面粉曾经报明立案者，准领运单概免税厘”。[②] 1907 年，在汉口东亚面粉公司的“倡导”之下，湖北出台“机器制造面粉……无论华洋一律免完厘税五年”的政策。[③] 至宣统元年（1909），继续依前朝旧事，并对出口免税的报备程序进一步规范。[④]

但是，仍有一些因素限制了武汉地区机器面粉业的发展。据海关档案记载，在 20 世纪初，武汉只有一家外资电力公司为市区供电，[⑤] 一方面，保障了起步阶段机器面粉业发展所需的电力；另一方面，则有电力供给不足的隐患，可能成为其发展的桎梏。与此同时，手工传统制粉作坊在这段时间依旧活跃，民国初年，除了上述机器面粉厂外，武汉地区还有数十家手工小磨坊、糟坊。[⑥] 而当时由于机器设备和技术不足，尽管初期成立的机器面粉厂旨在生产更为优质的面粉，成品却不尽人意。为了取得高品质的面粉，工厂多选用品质较优的“大软麦”，但是这种麦子质地坚硬不易碾碎；而若是选用本地麦，则因其质硬、粒小、杂质多，易损坏滚转机。于是工厂不得不做出妥协，降低产品标准，转而生产较为粗糙的面粉，以供应不断增长的市场需求。[⑦] 不怪乎当时自沪来汉的福新公司考察武汉面粉市场时感叹道：“余因汉口厂粉不能吃，多石砂也，如设厂改良，营业必佳。”[⑧]

此后，1911 年 10 月至次年元月，武汉三镇作为主战场经历了一场中国近代最具历史意义的战事，兵戈交伐，必然对包括机器面粉厂在内的工业生产造成一定的负面影响。至 1912 年下半年后时局稍平，8 月江水上涨，尽管市区内受灾较轻，但是汉口数百平方公里的郊区被淹，堤防被毁、村庄被淹没，经济、生活受损惨重，[⑨] 对本埠面粉市场或多或少有所影响。

---

① 《石磨面粉不能免税》，《申报》1905 年 4 月 19 日，第 4 版。
② 《机器面粉概免税厘湖北》，《申报》1906 年 8 月 10 日，第 2 张第 9 版。
③ 《机器面粉免完厘税》，《申报》1908 年 11 月 11 日，第 3 张第 2 版。
④ 《机器面粉出口免税问题》，《申报》1909 年 8 月 14 日，第 3 张第 2 版。
⑤ 刘辉主编《五十年海关各埠报告》第 6 册，第 356 页。
⑥ 《汉口之小麦与面粉事业》，《中外经济周刊》1924 年第 84 期，第 11 页。
⑦ 《五十年海关各埠报告》第 6 册，第 356 页。
⑧ 上海社会科学院经济研究所经济史组编《荣家企业史料》上册，第 47 页。
⑨ 刘辉主编《五十年海关各埠报告》第 6 册，第 351 页。

三　一战前后的初步发展

一战期间，欧洲各国忙于战事，无暇东顾；同时，由于本土战争于工业的破坏，输入中国的面粉数量骤减。据统计，1911—1914 年，中国每年进口面粉量保持在 200 万至 300 万担之间，其价值一度高达 1200 余万海关两。而 1915—1920 年，输入之数量锐减：1917 年时，至多输入 60 余万担，其他年份则只有十几万至二十万担；1918 年时甚至只有 4500 余担，整体而言只有战前总量的 10%—20%。与输入萎靡的状况相对，自 1918 年中国面粉输出由原数十万担一跃高达二三百万担，实现了贸易逆差，俄国、日本、英国都成为主要输出国。[①] 而战后初期，欧洲各国农业尚未完全恢复，多有歉收，本国麦产大多不敷本国消费，如 1920 年，英、法、意三国国产小麦不敷数额分别为 207000 担、65000 担、89000 担，欧洲各国计进口小麦 524000 担，可知缺额巨大。[②] 因此，在小麦歉收的情况下，面粉业发展亦不顺利，需要大量面粉进口以维民食。

当时中国输出之面粉，均是新式机器面粉，因传统磨坊所产面粉不仅"品质粗恶，种类杂多，仅能供地方土人之消费，在输出上，无何等之价值"，[③] 而且在产量上远远不足以满足如此大的需求量。民族机器面粉业在此期间"乘机运销各国，粉业发达，于斯为盛"，[④] 迅速发展。

好景不长，一战结束之后不久，中国进口面粉数量又急剧增长，甚至超过战前水平，至 1924 年甚至多达 650 万余袋。[⑤] 1925 年五卅惨案后，全国开启了抵制英、日货的风潮，尽管面粉进口数量并未减少，但是民族企业家似乎又看到了实业发展的希望。[⑥] 自此到 20 世纪 20 年代中期，国内机

① 施复侯：《三十年来之中国面粉业》，《茂新福新申新公司三十周年纪念册》，福新面粉茂新面粉申新纺织总公司印，1929，第 94 页。

② 《1820 年世界麦产之问题》，《实业杂志》1921 年第 40 期，第 137—141 页。

③ 《吾国之面粉业》，《国民快览》1923 年第 12 期，第 134—136 页。

④ 上海大学、江南大学《乐农史料选编》整理研究小组选编《荣德生与企业经营管理》上册，第 306 页。

⑤ 中国科学院经济研究所、中央工商行政管理局资本主义经济改造研究室编《旧中国机器面粉工业统计资料》，中华书局，1966，第 70 页。

⑥ 上海社会科学院经济研究所经济史组编《荣家企业史料》（上册，第 183 页）有载包括武汉福新第五面粉厂在内的武汉面粉厂在 1924 年共盈利 68 余万元，在 1925 年盈利却达到了 240 余万元，1926 年盈利 180 余万元，利润增长了两倍之多，这让民族机器面粉业得到了稳步发展。

器面粉厂数量由原本十余家，增至130余家。[①] 机器面粉业“经营之者华人为多，故益足以鼓起国人之兴趣，因而成绩斐然、蒸蒸日上”。[②] 这段时间也是武汉地区在内的民族机器面粉业继续发展的阶段。

其间，武汉地区在原有5家面粉厂的基础上，又新成立了楚裕（后改组为胜新面粉厂）、公泰、新丰、裕隆、亚丰、胜新、亨丰以及福新第五面粉厂，其中以荣氏企业创办之福新第五面粉厂（以下简称“福新五厂”）实力最为雄厚。

表3　民国时期武汉成立机器面粉厂概况

厂名	地点	创立时间	创立资本	创始人	备注
楚裕	硚口宗关街	1915年	20万元左右	安徽　陈楚裕等人	1921年重组为胜新面粉厂
公泰		1917年	30万元		1931年调查已无该厂
新丰	汉口	1918年	25万元		1924年调查已无该厂
福新五厂		1918年	30万元	上海　荣宗敬、荣德生兄弟	隶属上海荣氏兄弟茂福申新无限公司系统
裕隆		1919年	20万元		前身为恒丰面粉厂
亚丰		1919年	20万元		1925年调查已无该厂
胜新	汉口硚口外	1921年	30万—40万元		前身为楚裕面粉厂
亨丰		1923年	1万两		抗战前中国面粉厂中资本最小，1926年倒闭

资料来源：《中国经济年鉴（1934—1936）》第5册，国家图书馆出版社，2011，第11章；武汉市粮食局、湖北大学政治系编《武汉市资本主义机器面粉工业发展史》；上海市粮食局等编《中国近代面粉工业史》，第260页。

由表3可知，武汉地区机器面粉厂多数是在一战期间以及20世纪20年代前期创立；相比清末成立诸多面粉厂，其创立初始资本更为丰厚。但值得注意的是，得以长期存续的工厂却是少数，如公泰、新丰等面粉厂生命短暂，至20年代中期便已歇业。至1929年，诸厂经淘汰、重组，只剩下胜

① 《吾国之面粉业》（《国民快览》1923年第12期，第134—136页）统计1923年内共有机器面粉厂123家，《吾国面粉业之调查》（《银行月刊》1924年第4卷第7期，第150—152页）统计1924年国内有机器面粉厂133家。

② 《吾国面粉业之调查》，《银行月刊》1924年第4卷第7期，第150—152页。

新、福新五厂、裕隆四厂，仅为原增加厂数的约三分之二，[①] 令人唏嘘。

在此期间，诸厂在资本、设备以及生产能力方面都较其建立之初较大的提高（参见表4）。

表4　武汉各机器面粉厂建立之初至20世纪20年代初期日生产量对比

厂名	建立之初 日生产量（包）	一战期间 日生产量（包）	1921年（包）	1924年（袋）	1926年（袋）
和丰	1905年400—500	1913年1500—1600， 1915年3000	3000	900	
裕隆	1905年700 （以其前身恒丰为准）	1919年3000	3000	1070	2000
金龙	1906—1909年300	1909—1912年600， 1913年以后900	900	1500	1200
公泰		1917年1600	1600		
新丰		1918年1500	1500		
福新五厂		1918年600—6500 （6000）	6000	6000	6000
亚丰		1919年1500	1500		
胜新	1921年3200			3000	3000
亨丰	1923年600			200	200

资料来源：武汉市粮食局、湖北大学合编《武汉市资本主义机器面粉工业发展史》。1921年数据引自《中国近代面粉工业史》，第48—49页；1924年数据引自《汉口之小麦与面粉事业》，《中外经济周刊》1924年第84期，第10—14页；1926年数据引自《汉口之面粉业》，《中外经济周刊》1926年第187期，第42—44页。

由表4可见，在生产能力上，从建立之初至一战结束的数年之内，各厂的日出粉量有较大提高。尤其以和丰、裕隆、金龙三厂增长最多，为原生产量的1—5倍；而一战期间及结束后几年内创设的工厂，在战时和战后一两年之内的生产能力基本达到了日产1000包以上，和丰、裕隆、胜新三厂日生产能力达3000包以上，福新五厂更是可日产6000包。相较于清末民初创立的数家民族资本面粉厂日产均不超500包的水平，以及彼时日资东亚面粉厂3000余包的生产量，此时民族机器面粉厂生产能力可谓一跃千里，实现了质的飞跃。但是也不难看出，到了1924年以后，除了福新五厂、胜新

① 胜新为楚裕面粉厂改组重建，因此将楚裕、胜新视为一家工厂，由此一战期间至20年代初期武汉新增机器面粉厂7家。

两厂以外，其他各厂基本日生产量只有一战期间的一半左右，生产锐减。可知各厂实力相差依旧悬殊。

在产销最旺时期，在报刊等大众读物上发布广告成为推销产品的新方式。1920 年 4 月 19 日，上海福新面粉公司于《申报》专辟版面宣传汉口福新五厂，称其所产的红绿牡丹牌面粉“通销各埠，已受社会欢迎”，已销运至九江、南昌等长江各埠，并公布经销招商信息。① 之后一直到 5 月 2 日连续在该版面刊登了 13 期此消息（第 16939—16952 号）。之后一年，福新面粉公司继续在《申报》租用大量版面对包括汉口分厂在内的机器面粉厂的产品进行宣传：“本公司于无锡、上海、汉口、济南设立制粉工场十二厂……红绿牡丹为商标，机器精良、工师特聘、出粉优美、价格公道，久已有口皆碑、环球驰誉。”② 相同的内容于同年 3、4、5、6、7 月共刊发了 80 期，宣传力度可见一斑 。

至 1921 年，国内共有机器面粉厂 151 家（包括民族资本 137 家、外资工厂 14 家），武汉地区诸厂日生产能力 17500 包，占全国总生产水平的 4.8%。③ 相较于 1913 年时日生产能力只占到全国该行业不到两成的水平，有了成倍的增长，实力大增。1923 年，全国 123 所机器面粉厂日产总量为 194077 袋，湖北省 9 所（武汉有 7 所）工厂日产量 11800 袋（约占 6.1%）。④ 1926 年全国机器面粉日产量为 24.6 万余袋，武汉诸厂日产量约为 16200 袋（占 6.5% 左右）。⑤ 自此，武汉机器面粉业在全国该行业中也占

---

① 《分设汉口第五厂通告》，《申报》1920 年 4 月 19 日，第 1 张第 1 版。

② 《分设汉口第五厂通告》，《申报》1921 年 2 月 11 日，第 4 张第 13 版。

③ 根据上海市粮食局等编《中国近代面粉工业史》第 48—49 页数据推算。

④ 《吾国之面粉业》载全国诸厂每昼夜生产总量为 111270 袋又 50682 布袋又 7969 石又 1000 斤，此处需要换算，按 49 磅为一袋面粉（约 36 市斤）（《国民快览》1923 年第 12 期，第 134—136 页）。王石卿《湖北省汉口汉阳机器面粉业概况》（《国民经济》1937 年第 1 卷第 2 期，第 128 页）则记载，小麦每石约合 145 市斤，推算每石面粉约为 4 袋面粉，则总共折合约 194077 袋。

⑤ 根据《事业界：面粉业调查》（《实业杂志》1926 年第 103 期，第 54—61 页）数据推算。傅恩龄编《东北地理教本》载 1 普得等于 16.83 公斤，即 33.66 市斤（南开大学出版社，2015，第 96 页）。按照此标准计算，其他地区面粉为 49 磅一袋，则折合一袋面粉约为 1.07 普得，与 1 普得差值较小，在此忽略。1924 年曾进行面粉改磅，国产面粉重量由原 50 磅一包改为 49 磅一包，其中只差 1 磅，在此忽略差值，1 磅约合 0.75 市斤；而市斤在 20 世纪 30 年代初以后，1 市斤由此前合 16 两改为 10 两，因此，一袋面粉重量曾出现过 36 市斤和 44 市斤的记录。1926 年数据源自黄既明《汉口之小麦与面粉事业》载当时机器面粉为“每袋连布包共 49 磅，等于汉秤 36 斤 12 两”（《银行杂志》1926 年第 3 卷第 15 期，第 70—73 页）；1932 年左右包装重量改变数据取自金城银行总经理处汉口调查分部查编《汉口之粉麦市场》，第 82 页。

有一席之地。

然而好景不长，一战结束后不久，外国面粉卷土重来，包括武汉地区在内的民族资本机器面粉业发展短暂的春天结束，此后一直到 1938 年沦陷以前，进入了曲折发展阶段。

四 结论

武汉地区机器面粉业的肇兴、发展是湖北乃至全中国近代化的一个缩影，也是近代民族轻工业曲折前进的反映。武汉作为近代开埠最早的城市之一，凭借交通便捷、靠近原麦产区的区位优势，以及政府的扶持率先发展机器面粉业，并于第一次世界大战期间迅速成长，自此奠定在全国该产业中的地位。

然而在 20 世纪中期，由于外国面粉卷土重来和地方政权更迭频繁，本地机器面粉厂生产量锐减，并大量倒闭，进入较为困难的时期。到 20 世纪 30 年代，生产能力基本与前十年无异，依旧未能有新的突破与发展，勉强维持。而自 1935 年后，汉市面粉业开始回暖，借助军需刺激，年产量逐渐增加；至 1937 年抗战全面爆发以后，更是担负起供应军事、民用的重担，出现短暂的繁荣。至 1938 年武汉沦陷，诸粉厂或是外迁或是被毁，民族机器面粉业发展中断，而手工制粉作坊重新登场，与日伪控制下机器面粉厂成为战时武汉地区面粉业的主要力量。

武汉机器面粉业在全国该产业中的地位始终不容小觑，一方面其较早开始创办机器面粉厂，为华中地区之先驱；另一方面，在 1921 年以后至 1938 年武汉沦陷以前，其生产能力基本保持在全国总产量的 5% 左右，尽管逊色于华东、华北地区，但是生产水平相对稳定，始终保有一席之地。

彼时武汉之机器面粉业的成长轨迹，是华中地区该行业之典型。并且有其独特之处，即最初资本来自民族工业肇兴最早之浙、沪地区的资本家、实业家，后逐渐有本地金融从业者、乡绅、买办加入，资本日渐本地化；此外，染指武汉机器面粉业的外国势力较少，只有一个可以与华资面粉厂相抗衡的日本东亚面粉厂。在工厂发展过程中，除了实力具有相对优势的福新五厂，各家面粉厂基本都经历过因经营不善或资产不足的资本重组，这也是当地民族资本实力不足的体现之一。可以说，武汉地区机器面粉业的发展与局限，既是国人在晚清以降对近代化工业生产的尝试，也是民族工业在近代“先天不足”、“后天失调”的表现之一。[1]

（作者单位：武汉大学历史学院）

① 汪敬虞认为中国近代的工业本身便存有“先天不足”、“后天失调”和“未老先衰”的缺陷（《近代中国资本主义的发展和不发展》，《历史研究》1988年第5期）。

中苏文化协会与20世纪30年代中期国统区苏联形象的构建*

阎书钦

内容摘要 透过中苏文化协会，可见20世纪30年代中期国统区浓厚的“苏联热”。这个团体由国民党知苏人士发起成立，得到了国民党内各派系乃至社会各界的积极响应，苏联驻华外交人员亦介入其中。其宣传活动在国统区构建起一个相当正面的苏联形象。人们羡慕苏联经济建设的高速度，主张学习计划经济、以重工业为重心的工业建设、农业集体化与机械化等苏联经济建设模式。出于中国制宪问题的考虑，人们高度关注苏联1936年宪法。苏联社会建设模式在国统区有着深远思想影响。

关键词 中苏文化协会 国统区 苏联

由国民党知苏人士筹备成立的中苏文化协会是20世纪三四十年代极为重要的团体。此团体虽以民间团体的形式出现，但具有中苏两国官方背景。其不仅对中苏两国外交关系影响深远，而且对中国的政治、社会舆论有深刻影响。中苏于1932年12月恢复外交关系后，两国关系逐步走近，协会的成立既是两国关系日益密切的结果，亦极大促进了两国的相互了解。协会创办的《中苏文化》杂志系统介绍苏联情况，一定程度上改变了中国各界对苏联的观瞻。此杂志的舆论宣传既反映出国民党当局的对苏政策，亦反映出国统区舆论界的对苏观念。然而，目前学界对这样一个重要团体

* 本文系国家社会科学基金项目“20世纪30年代国统区舆论界苏联观研究”（项目号：15BZS082）阶段性成果。

缺乏应有研究，诸多问题尚未厘清。[①] 由于中苏文化协会在全面抗战爆发后逐步演变为中国共产党的外围组织，性质发生改变，所以，笔者选取1937年全面抗战爆发前的中苏文化协会的筹组及其对苏认知情况，做一考察。

一 中苏文化协会的成立与《中苏文化》的创办

中苏文化协会是国统区一个宣扬中苏友好、致力于介绍苏联情况的团体。协会正式成立于1935年10月25日，其主要发起人和负责人是国民党内的知苏派。《中央日报》在1935年10月25日报道称："中苏文化协会，系京中对于苏俄文化较为熟悉之人士发起组织。"[②] 其中，张西曼等国民党亲苏的偏左人士在筹备和成立过程中发挥了主导作用，一些20年代曾留学苏联而对苏联了解较深的国民党人士成为积极参与者，同时，孙科及其担任院长的立法院成员、CC系等蒋介石系人员积极配合协会的各方面工作，甚至一些汪精卫系人员亦参与其中。协会的成立得到了国民党内各方人员的积极配合。

最初提出成立中苏文化协会者是张西曼。《中苏文化》载《会务纪要》即介绍，1935年7月7日，"由本会发起人张西曼等声请中央民运会，准予筹设中苏文化协会"。[③] 张西曼是一位对苏联有深入了解，并极力主张对苏联友好的国民党人。1995年6月，中共中央统战部部长王兆国将其称为"著名的国民党左翼人士"。[④] 张西曼于1908年加入同盟会，后于1911—1912年到俄国游历，又于1918—1919年赴苏俄考察。在二三十年代，他成为宣扬中苏友好的积极分子。他于1927年任武汉国民政府顾问、武昌中山大学校务委员、法学院院长兼俄文法政学系主任；又于1931年到北平任国立北平大学法商学院教授和陆军大学政治教官。[⑤] 1932年，张西曼随陆军大

---

① 目前学界对全面抗战爆发前中苏文化协会的研究仅有王锦辉《中苏文化协会研究》（博士学位论文，中共中央党校，2010），但此文对其成立的具体过程、筹备者和参与者人员构成等问题考察并不深入、具体，亦未系统考察《中苏文化》杂志的对苏认知。

② 《中苏文化协会今日举行成立会》，《中央日报》1935年10月25日，第2张第4版。

③ 《会务纪要》，《中苏文化》第1卷第1期，1936年5月15日，第6页。

④ 王兆国：《在张西曼教授诞辰100周年座谈会上的讲话》（1995年6月20日），李长林、张小曼编《张西曼集》，湖南人民出版社，2010，第345页。

⑤ 李长林、张小曼：《前言》，李长林、张小曼编《张西曼集》，第1—2页。

学迁居南京。他由于在课堂上大力宣传苏联，1933年被免去陆军大学教职。[①] 在1935年中苏文化协会筹备前后，张西曼的正式职务是国民政府参谋本部边务组专门委员、行政院新疆建设委员会委员。据其女张小曼介绍，他于1932年始任前职，又于1933年始任后职。[②] 又据《申报》报道，协会筹备之初，张西曼的身份是国民政府参谋本部边务组委员。[③] 虽然他主持协会期间的长期职务是国民政府立法院立法委员，但他担任此职是协会成立一年之后的事。据张小曼称，他于1936年12月担任国民政府立法院立法委员。[④]

中苏文化协会的主要发起人还有谁呢？张西曼1945年12月回忆称，他于1935年5月“联合徐悲鸿教授、家兄同盟会会员张仲钧和不少文化界人士，毅然担任蓄愿多年的中苏文化协会之发起”。[⑤] 依照此说，与张西曼一道发起协会者是徐悲鸿和张仲钧。1946年10月，张西曼又称，1935年，“我联合了家兄张仲钧先烈、徐悲鸿教授、王陆一等创立了中苏文化协会”。[⑥] 依照此段回忆，与张西曼一道发起协会者是张仲钧、徐悲鸿、王陆一。其中，张仲钧为张西曼二哥，亦为老同盟会员。[⑦] 徐悲鸿时任中央大学艺术系教授，曾于1934年春在苏联举办画展。王陆一时任国民政府监察院秘书长兼国民党中央民训会副主任委员，曾任于右任的机要秘书，于1925年到莫斯科中山大学学习。而据《申报》1935年7月24日报道，向国民党当局报备发起协会者为王陆一、张西曼、雷震、张炯等。[⑧] 其中，雷震时任教育部总务司司长，张炯时任教育部社会教育司司长。徐悲鸿、王陆一参加了1935年7月25日在南京召开的协会发起人会议，后当选为第一、二届理事，徐悲鸿还主持了7月25日的发起人会议。关于协会最初发起人，张

① 王昆仑、屈武、朱学范、王炳南、潘菽：《代序：四十年革命为人民，绝不投机背此心——纪念张西曼教授诞辰九十周年》，张小曼编《张西曼纪念文集》，中国文史出版社，1995，第3页。

② 张小曼：《张西曼生平年表简述》，张小曼编《张西曼纪念文集》，第416页。

③ 《申报》误作“仲西曼”。参见《中苏文化协会之发起》，《申报》1935年7月24日，第4张第13版。

④ 张小曼：《张西曼生平年表简述》，张小曼编《张西曼纪念文集》，第417页。

⑤ 张西曼：《中苏文化协会的艰难创办记——纪念它的成立十周年（1935—1945）》（1945年12月25日），李长林、张小曼编《张西曼集》，第178页。

⑥ 张西曼：《十月革命怎样地感召了我——庆祝苏联友邦二十九周年国庆》（1946年10月），李长林、张小曼编《张西曼集》，第196页。

⑦ 李长林、张小曼：《前言》，李长林、张小曼编《张西曼集》，第1页。

⑧ 《中苏文化协会之发起》，《申报》1935年7月24日，第4张第13版。

西曼两次回忆都提到徐悲鸿，提到王陆一只有一次，而在张西曼提到的张仲钧、徐悲鸿、王陆一三人中，《申报》报道中只有王陆一。据此可以推断，王陆一从最初就是与张西曼一起发起协会的人。徐悲鸿不一定是列名的发起人，但从一开始就是活动的积极参与者。张西曼所说与他一起发起协会的张仲钧，在筹委会、理事、候补理事名单中，均没有他的名字。他是协会发起人值得怀疑，但很可能私下为张西曼出谋划策。至于《申报》所言与张西曼一起发起协会的张炯，曾参加发起人会议，但未出现在筹委会、理事、候补理事名单中；而雷震未担任过协会任何职务。显然，张炯、雷震虽与张西曼领衔向国民党当局报备发起协会，但此后参与会务并不积极。综上可见，协会最初的主要发起人是张西曼、王陆一、徐悲鸿。

协会正式筹备工作始于1935年7月7日。如前所述，这一天，张西曼等向国民党中央民众运动指导委员会提出申请，并获批准。当月25日，协会发起人在南京召开会议，与会者包括国民党中央民运会代表张皎、苏联驻华大使馆秘书兼苏联对外文化协会驻南京代表沙拉托夫策夫以及张西曼、徐悲鸿、盛岳、赵文炳、王陆一、周伯敏、唐健飞、张炯等50余人。会议由徐悲鸿主持，张西曼报告了协会发起经过。会议选举张西曼、张冲、西门宗华、徐悲鸿、沙拉托夫策夫、于国桢、段诗园、何汉文、骆美奂9人担任筹委会委员，张西曼任召集人。① 发起人会议参加者多为20年代国共合作时期留学苏联、在南京国民党当局党政部门任职的人士。例如，盛岳（盛忠亮）曾于1926年到莫斯科中山大学学习，时在国民党中央党部社会调查科工作。西门宗华于1925年到莫斯科中山大学学习，后在南京创办《中国与苏俄》杂志。何汉文于1926年到莫斯科中山大学学习，时任国民党中央民众运动指导委员会编审科主任。于国桢亦曾在莫斯科中山大学学习，于1929年3月被陈果夫任命为留俄归国学生招待所所长。张冲因通晓苏联事务，深得陈果夫、陈立夫器重，30年代先后任国民党中央组织部党务调查科总干事、国民党中央宣传部电影事业处处长等职。此外，会议参加者还包括国民党当局相关职能部门的一些人员。张皎是批准成立协会的国民党中央民众运动指导委员会代表，唐健飞是实业部劳工司司长，周伯敏代表国民党南京市党部出席会议，时任国民党南京市党部常委。显然，参加发起人会议的国民党当局人员，以曾留学苏联、熟悉苏联情况者居多。

① 《中苏文化协会昨开发起人大会》，《中央日报》1935年7月26日，第2张第4版。

协会正式成立于1935年10月25日。参加成立大会的人员，既包括立法院院长孙科，立法院秘书长梁寒操，国民党CC系要员徐恩曾、张冲等国民党当局党政要员，以及主要发起人张西曼，也包括鲍格莫洛夫、沙拉托夫策夫等苏联驻华使馆人员。张西曼在成立大会上报告了筹备经过，苏联驻华大使鲍格莫洛夫发表演说。[①] 从与会人员来看，国民政府立法院人员和国民党CC系人士在协会成立过程中发挥了重要作用。张西曼在成立大会上报告筹备经过，说明他对协会成立的具体工作最熟悉。他也是协会的核心人物，负责日常工作，在同年11月3日的第一次理事会议上，他被推举为唯一的常务理事。[②] 苏联驻华使馆要员参加成立大会，说明苏联方面深度介入了协会的成立工作。

成立大会选举出协会第一届领导成员。孙科当选会长，蔡元培、于右任、陈立夫、鲍格莫洛夫、颜惠庆、卡尔品斯基当选名誉会长。会议选举梁寒操、王陆一、傅秉常、徐恩曾、徐悲鸿、张西曼、张冲、于国桢、沙拉托夫策夫、黄文山、何汉文、周明、骆美奂、沈苑明、吴经熊15人为理事，又选举西门宗华、段诗园、钟天心、周天僇、马客谈、刘振东、盛成7人为候补理事。[③] 由孙科担任会长来看，协会极具官方色彩。孙科系国民政府立法院院长，身居高位。由蔡元培、于右任、陈立夫、鲍格莫洛夫、颜惠庆、卡尔品斯基担任名誉会长，亦可见协会的强烈官方色彩。其中，蔡元培、于右任均为国民党元老，又均身居高位。蔡元培时任中央研究院院长，具有政治与学术双重身份。于右任时任国民政府监察院院长。陈立夫为实权人物，长期把持国民党组织系统。鲍格莫洛夫、颜惠庆分别为中苏双方驻在国大使，两人担任名誉会长，使协会具有很强的外交色彩。卡尔品斯基时任苏联科学院院长。可见，六位名誉会长使协会兼具政治、外交、文化多重色彩。

因孙科担任会长的关系，在协会理事、候补理事中，立法院人员不少。梁寒操时任立法院秘书长，傅秉常时任立法院外交委员会委员长，吴经熊时任立法院宪法草案起草委员会副委员长，钟天心时任立法院立法委员、宪法起草委员，刘振东曾任中山大学、中央大学、中央政治学校教授，于1935年任立法院立法委员。同时，协会理事、候补理事中也有不少CC系人

---

① 《中苏文化协会昨举行成立大会》，《中央日报》1935年10月26日，第2张第4版。

② 《会务纪要》，《中苏文化》第1卷第1期，1936年5月15日，第6页。

③ 《中苏文化协会职员表》，《中苏文化》第1卷第1期，1936年5月15日，第5页。

员。徐恩曾于1931年担任国民党中央组织部党务调查科（1935年改称党务调查处）科长。骆美奂、沈苑明时任国民党中央组织部秘书，其中，沈苑明曾于20年代留学苏联。一些与苏联事务相关的国民党当局党政部门人员也被选为协会理事或候补理事。周明时任国民政府参谋本部第二厅第二处（苏联处）处长，曾于20年代留学苏联；段诗园亦曾于20年代留学苏联，时任国民党中央党部秘书处交际科干事。协会理事、候补理事中还有一些学者。黄文山时任中央大学社会学教授；马客谈是儿童教育家，时任南京实验学校校长；盛成于30年代先后在北京大学、广西大学等校任教；周天僇的情况比较特殊，其公开身份是国民政府军政部军需署秘书、军需学校教官、苏俄评论社总编辑，但他是中国共产党地下工作者，曾在莫斯科中山大学学习。

1937年3月28日，协会对领导成员进行了改选。孙科连任会长，陈立夫、邵力子任副会长，蔡元培、于右任、冯玉祥、鲍格莫洛夫、颜惠庆任名誉会长。王陆一、傅秉常、徐恩曾、徐悲鸿、梁寒操、张西曼、张冲、于国桢、沙拉托夫策夫、何汉文、周明、骆美奂、沈苑明、吴经熊、邓文仪、李毓九、刘咏尧、高新亚、赵文炳、徐浩、吴尚鹰、黎照寰、何遂、段诗园、田寿昌25人为理事。陈希豪、周天僇、马客谈、刘振东、盛成、萧淑宇、王昆仑、卜道明、曹树铭、费侠10人任候补理事。[①] 此次改选，增设副会长一职，由陈立夫、邵力子担任。其中，邵力子在国民党内地位很高，时任国民党中央监察委员，曾在莫斯科中山大学学习。名誉会长增加了冯玉祥。冯玉祥当时挂名国民政府军事委员会副委员长。理事增加了一些新面孔，如邓文仪、李毓九、刘咏尧、高新亚、赵文炳、徐浩、吴尚鹰、黎照寰、何遂、段诗园、田寿昌，黄文山不再担任理事。候补理事增加了陈希豪、萧淑宇、王昆仑、卜道明、曹树铭、费侠，西门宗华、段诗园、钟天心不再担任候补理事。

新当选的理事、候补理事增加了不少蒋介石系的复兴社、力行社分子。邓文仪、刘咏尧是复兴社、力行社重要成员，均曾在莫斯科中山大学学习，刘咏尧时任国民政府军事委员会中央各军校毕业生调查处处长、中国童子军总会常务理事及秘书长。费侠与CC系关系密切。她原在国民党机关从事中国共产党情报工作，但于1931年背叛中国共产党，后于1938年与徐恩曾

① 《中苏文化协会昨开周年会员大会》，《中央日报》1937年3月29日，第2张第4版。

结婚。李毓九曾在莫斯科中山大学学习，一度担任南昌行营设计委员、蒋介石侍从室秘书。在新一届理事、候补理事中，孙科系或在立法院任职者也有所增加。吴尚鹰、黎照寰、萧淑宇均与孙科关系密切。吴尚鹰是孙科在美国留学时的同学，时任立法院经济委员会委员长。黎照寰曾任铁道部次长、交通大学副校长，同时期的两个正职为孙科，后于 1931 年担任交通大学校长。萧淑宇时任立法院立法委员，与孙科交谊甚笃。何遂时任立法院军事委员会委员长。新一届理事、候补理事也有一些国民党其他系统人员。赵文炳曾在莫斯科中山大学学习，与于右任关系密切。陈希豪在 30 年代历任国民党元老丁惟汾秘书、浙江省地方行政干部训练团教育长。卜道明曾长期在苏联学习和工作，30 年代历任国民党中央组织部国际问题编审、中央陆军军官学校俄文教官、国民政府军事委员会航空委员会秘书。值得注意的是，新一届理事、候补理事增加了一些中国共产党地下人员，如田寿昌（田汉）、王昆仑。1937 年 3 月协会领导成员改选后，除张西曼外，段诗园、卜道明亦参与了诸多日常工作。1937 年 5 月"苏联母性与儿童保护成绩展览会"、6 月《中苏文化》高尔基逝世周年纪念专号，即由张西曼、段诗园、卜道明负责筹备。①

上海分会是全面抗战爆发前协会最大、最重要的分会。上海分会成立大会召开于 1936 年 3 月 1 日。国民党当局上海市党政部门对上海分会的成立还是比较重视的，国民党上海市党部代表童行白、上海市政府代表章渊若出席成立大会。② 据《申报》报道，黎照寰在成立大会上称，上海分会由张寿镛、褚民谊、王晓籁等负责筹备。黎照寰当选上海分会会长，潘公展、焦积华、李公朴、欧阳执无、方焕如、杜月笙、林柏生、王晓籁、褚民谊、张寿镛、欧元怀 11 人当选理事，黄任之、陈瀚、周剑云、陆干臣、陈鹤琴、汪亚尘 6 人当选候补理事。③ 另据《中苏文化》载《会务纪要》称，孙科于 1936 年 2 月 15 日批准褚民谊、张寿镛、潘公展、王晓籁、梅兰芳、刘湛恩、杜月笙为上海分会筹备委员。④ 又据《中苏文化》载《中苏文化协会上海分会成立大会纪录》，黎照寰在会上称，总会在南京成立后，在沪会员张

---

① 《中苏文化协会昨开二次理事会》，《中央日报》1937 年 5 月 7 日，第 2 张第 4 版。
② 《会务纪要》，《中苏文化》第 1 卷第 1 期，1936 年 5 月 15 日，第 8 页。
③ 《中苏文化协会上海分会昨日成立》，《申报》1936 年 3 月 2 日，第 3 张第 10 版。
④ 《会务纪要》，《中苏文化》第 1 卷第 1 期，1936 年 5 月 15 日，第 7 页。

寿镛、褚民谊、王晓籁、焦积华积极筹备成立上海分会。[①] 显然，上海分会筹备委员会虽有7人之多，而筹备或发起人员则以张寿镛、褚民谊、王晓籁、焦积华为主。这四人可谓上海教育界、工商界的头面人物。张寿镛系光华大学校长。褚民谊是汪精卫心腹，时任上海中法工学院院长。王晓籁是上海工商界领袖，长期担任上海市商会主席委员，兼全国商会联合会理事长。焦积华时任上海国民军训委员会主任，是上海地区负责民众教育的重要官员。黎照寰出任上海分会会长，是张西曼直接出面促成的，而张西曼找黎照寰，很可能出于孙科的授意。据于伶回忆，1936年初，张西曼从南京到上海，“他要我陪着去见当时上海交通大学校长黎照寰先生，商谈请黎出任上海中苏文协的会长，因为黎系孙科‘太子派’中的开明学者。黎应允了”。[②]

上海分会理事、候补理事囊括了上海政界、教育界、文化艺术界的诸多头面人物。当中包括许多上海地区的教育家和社会活动家，如沪江大学校长刘湛恩、大夏大学校长欧元怀、中华职业教育社创办人黄任之（黄炎培）、儿童教育家陈鹤琴、上海新华艺术专科学校教务长兼师范学校校长汪亚尘、上海青年会总干事陆干臣。还有一些国民党CC系成员，如长期任上海市教育局、社会局局长的潘公展，负责编辑CC系旗下《外论通讯稿》、《外论丛刊》等报刊的方焕如。汪精卫系人员也成为上海分会理事，如时在上海主持汪系报纸《中华日报》的林柏生。另外，还有一些上海地区文化艺术界头面人物，乃至与中国共产党关系密切的左翼文化艺术界人士，如上海明星影片股份有限公司主要创办人周剑云、《读书生活》杂志和读书生活出版社主要创办人李公朴、积极参与上海左翼抗日民主运动的欧阳执无。

协会虽具有浓厚的中苏两国官方背景，但其工作并非直接介入两国外交关系，主要是沟通与交流两国文化。《中苏文化协会会章》规定：“本会以研究及宣扬中苏文化并促进两国国民之友谊为宗旨。”[③] 协会创办的《中苏文化》杂志便以促进中苏文化交流为宗旨。1936年5月，协会将《中国与苏俄》杂志改名为《中苏文化》，作为其机关刊物。[④] 孙科在《发刊词》

① 《中苏文化协会上海分会成立大会纪录》，《中苏文化》第1卷第1期，1936年5月15日，第8页。

② 于伶：《怀念张西曼教授》，张小曼编《张西曼纪念文集》，第94页。

③ 《中苏文化协会会章》，《中苏文化》第1卷第1期，1936年5月15日，第3页。

④ 《中国与苏俄杂志社启事》，《中苏文化》第1卷第1期，1936年5月15日，扉页。

中表示，杂志创办的目的在于两国“文化的沟通”，“我们希望这个刊物，能够顾名思义的促进今后中苏文化的沟通，使中苏关系日益密切而谅解，于东亚和平当有相当的贡献”。[①] 此杂志的创办有一个筹备过程。2 月 6 日，协会召开第三次理事会会议，决定成立出版委员会，推定梁寒操、黄文山、张西曼、徐恩曾、何汉文、沈苑明、西门宗华、周天僇 8 人为委员，由梁寒操负责召集。2 月 8 日，梁寒操主持出版委员会会议，将出版委员会分为杂志、丛书二组，公推徐恩曾、张西曼任杂志组正、副主任，西门宗华任专任编辑。[②] 孙科题写刊名，徐恩曾任社长，张冲任副社长。[③] 可见，《中苏文化》杂志的直接指导人员主要是梁寒操、徐恩曾、张西曼、张冲，而相当于主编的则是西门宗华。其中，梁寒操代表立法院方面，徐恩曾、张冲代表 CC 系方面，张西曼、西门宗华主要负责日常工作。西门宗华本来是《中国与苏俄》杂志的创办人，自然成为《中苏文化》杂志的专任编辑。《中苏文化》杂志在介绍苏联文化的同时，又强调立足中国看苏联。1936 年 11 月 1 日，其编者在《编辑后记》中提出，计划调整办刊方针，“除翻译材料外，多提倡写作，即站在中国民族文化建设的观点上来分析和论述苏联的文化建设”。[④]

中苏文化协会是一个由以张西曼为代表的国民党知苏人士发起的旨在沟通中苏文化、宣扬中苏友好、增进中苏关系的团体。这个团体的最初发起者，是张西曼等国民党少数知苏人士，但引起国民党各派系人士的积极响应。一方面，一些曾于 20 年代国共合作时期留学苏联的国民党人士在协会筹备、成立和日常工作中起着骨干作用；另一方面，国民党内蒋介石派系的 CC 系与复兴社人员、孙科系及孙科任院长的立法院人员，乃至一些汪精卫系人员，亦积极参与其间。[⑤] 这个组织虽以民间团体形式出现，但极具

① 孙科：《发刊词》，《中苏文化》第 1 卷第 1 期，1936 年 5 月 15 日，第 2—3 页。

② 《会务纪要》，《中苏文化》第 1 卷第 1 期，1936 年 5 月 15 日，第 7 页。

③ 参见李玉贞《抗战时期中苏关系的一个侧面——孙科与中苏文化协会》，《广州大学学报》（社会科学版）2005 年第 11 期。

④ 编者：《编辑后记》，《中苏文化》第 1 卷第 6 期，1936 年 11 月 1 日，第 200 页。

⑤ 张西曼于 1945 年 12 月称，汪精卫等曾阻挠协会筹备工作，协会筹备消息公开后，时任外交部长的汪精卫“除了亲自约我谈话”，并派外交部次长唐有壬三次到其家中劝阻筹备工作。参见张西曼《中苏文化协会的艰难创办记——纪念它的成立十周年（1935—1945）》（1945 年 12 月 25 日），李长林、张小曼编《张西曼集》，第 178 页。由张西曼所言，似乎汪系人员是成立协会的反对者。而从褚民谊、林柏生参与上海分会事务来看，汪系人员似乎又非协会的反对者。汪精卫、唐有壬之所以阻挠协会的筹备，很可能由于日本方面对外交部施加的压力。

两国官方背景。透过此协会，可见苏联影响在30年代中期国统区的急剧增强。这表现在不仅国民党人士，且南京、上海等地的大量文化教育、工商界人士均积极参与协会的组织和活动。该协会在30年代中期介绍与宣传苏联情况方面发挥了重要作用。尤其是协会机关刊物《中苏文化》杂志，通过介绍苏联各方面信息，在国统区构建起一个相当正面、较为完整的苏联形象。

二　对苏联经济建设模式的关注与推崇

由《中苏文化》及国民党中央机关报《中央日报》发表的言论来看，在30年代中期，苏联经济建设成为国统区舆论界尤其是国民党当局亲苏、知苏人士热衷谈论的焦点话题。时人普遍认为，苏联由经济欠发达国家迅速成长为世界经济强国，是世界经济发展最快的国家。这给正在寻求通过发展经济、壮大国力以抵御日本侵略的时人带来强烈刺激。时人由羡慕苏联经济建设的高速度，进而关注苏联经济制度，将苏联社会主义经济制度视作蒸蒸日上的经济制度。林雄九即称，苏联经济体系“是一年一年的向上”。[①] 实际上，30年代是苏联经济制度转型的关键时期，以1928—1932年、1933—1937年两个五年计划建设为标志，苏联迅速建立起系统的社会主义经济体制，包括计划经济体制的建立、以国营方式开展的工业化建设、以集体化和机械化为主要内容的农业变革三方面。时人试图从苏联经济发展模式中寻找中国经济发展应走的道路。

在时人看来，苏联是快速推进国家建设的典范。“突飞猛进”是时人描述苏联经济建设速度时常用的词。1937年5月25日，在上海国际问题研究会等团体邀请鲍格莫洛夫演讲苏联新宪法问题的午餐会上，黎照寰表示，苏联“年来各项建设，均有突飞猛进之现象”。[②] 时人对苏联建设高速度的关注，有着多方面思想动因。首先是出于与中国发展停滞的对比，期望中国也能像苏联那样高速发展。孙科便注意到，苏联在十月革命后，“经过十几年的建设，已经恢复他从前强大的地位”，而中国自辛亥革命已过20余

① 林雄九：《一九三六年的苏联经济建设》，《中苏文化》第2卷第4、5期合刊，1937年5月1日，第119页。

② 《鲍格莫洛夫讲苏联新宪法》，《申报》1937年5月26日，第3张第9版。

年，国家建设“尚未走入正常的轨道”。[①] 其次，与国民政府于1935年开展的国民经济建设运动直接相关。南京《苏俄评论》编辑朱惠之由国民经济建设运动联想到苏联经济建设问题。他表示：“当我国提倡国民经济建设运动的时候，我就想到苏联工业建设的成功史，其中必有一些可以让我们中国学习与借镜的东西。”[②] 最后，基于时人对世界经济形势的观察。1929年开始的各资本主义国家经济危机导致30年代资本主义国家经济持续低迷，同时期苏联却实现了经济高速增长。时人对世界此种经济格局印象深刻。于苇描述说，苏联经济建设“与陷在经济恐慌的泥沼中、走到穷途末路的资本主义世界的衰落，形成一个强烈的对照”。[③]

苏联计划经济受到时人的格外关注，这是因为苏联通过两个五年计划，不仅实现了经济的高速增长，而且完成了生产关系的社会主义变革。鲍格莫洛夫等苏联驻华外交人员的宣传也对时人关注苏联计划经济起了促进作用。他们利用各种场合向中方介绍苏联五年计划的实施方法、建设经验与成果。例如，鲍格莫洛夫在1935年7月4日国民政府立法院举行的谈话会上，描绘了一幅政府充分协商、合理制订五年计划方案，同时人民积极参与的五年计划建设图景。他介绍，苏联五年计划方案的制订，是苏联政府各部门、工矿企业、农场、全国人民充分讨论的结果，“计划委员会通过议案后，尚须送交各级政府、各个农村工厂单位，共同研究，必要时并得变更计划委员会之决议”。同时，“人民亦甘愿受苦，以助计划委员会之成功”。[④]

《中苏文化》创刊的30年代中期，苏联正在全力进行二五计划建设。苏联二五计划受到时人异乎寻常的关注。在苏联二五计划的各项指标中，时人最关心其建设速度。大家纷纷以具体数字说明苏联经济增长率之高。例如，1937年4月24日，《中央日报》介绍了苏联1937年度工业发展计划指标：与1936年相比，大工业产值增长20%，生产工具产值增长19.5%，消费品产值增长20.8%，劳动生产率提高19.5%，生产成本降低3.1%。[⑤] 这些数字虽非实际增长统计，但时人不难从中感受到苏联经济高速增长的

① 孙科：《发刊词》，《中苏文化》第1卷第1期，1936年5月15日，第1—2页。

② 朱惠之：《论苏联工业建设的经验与中国经济建设——献给中国国民经济建设之运动者》，《中苏文化》第2卷第4、5期合刊，1937年5月1日，第154页。

③ 于苇：《建设进程中之苏联的农业》，《中苏文化》第1卷第4、5期合刊，1936年10月15日，第1页。

④ 《苏联大使鲍格莫洛夫出席立院谈话会》，《中央日报》1935年7月5日，第1张第2版。

⑤ 《苏联本年国民经济计划》，《中央日报》1937年4月24日，第2张第1版。

态势。时人感到，苏联已是世界经济强国。在燕京大学任教的历史学家钱穆认为，苏联已实现“迎头赶上去”口号，“有许多的生产部门，苏联是已经占欧洲或世界的第一位或第二位了”。①

由此，时人将苏联经济的高速发展与计划经济体制联系起来，认为计划经济是保障苏联经济高速发展的最理想的经济体制，引领着世界经济体制发展的新方向。国民党中央组织部党务调查处处长徐恩曾在1937年1月1日刊行的《中苏文化》上发表文章，注意到世界各国都在试图效法苏联计划经济体制，“当此资本主义国家内外矛盾尖锐化的时候，苏联经济建设的成绩，实给予资本主义各国以绝大的刺激，都企图效法苏联的计划经济，以摆脱这种危机，于是，计划经济制度就成为现世界众目所注视的经济制度了”。② 所以，时人力主将此种体制引入中国。在国民政府外交部工作的曹树铭表示：“在中国由落后之农业国进而为前进之工业国及农业国的过程之中，欧美各先进国足资我国效法者固多，而苏联计划经济之步骤与方法要为我重要之参考。”③

应该说，30年代中期的国统区论者对苏联计划经济的基本原理已经有了相当深入的了解。在中苏文化协会人士中，徐恩曾对苏联计划经济体制原理的剖析最为深入。徐恩曾作为国民党党务系统的核心官员，对此问题的深入剖析，说明国民党当局高层对苏联计划经济体制抱有极大兴趣。国民党高层人士希望借鉴苏联计划经济体制，改造中国经济体制，求得中国经济的发展。徐恩曾分析，苏联计划经济以生产工具和生产资料的公有制为基础，基于“一切生产工具和分配机关”的“社会化”。同时，严格的计划性、追求社会共同利益、不受市场支配，是苏联计划经济的最大特征。徐恩曾又深入介绍了苏联五年计划的编制程序，强调这是一个由上而下，再由下而上的过程：首先由“最高政治机关”确定经济发展的“政策和目标”。“国家计划委员会”按照这个“政策和目标”，制订“标准计划”。之

① 钱穆：《以国防为基点之苏联经济建设》，《中苏文化》第1卷第7期，1936年12月1日，第17页。

② 徐思予：《从计划经济与统制经济之比较的研究说到“民生主义的计划经济”》，《中苏文化》第2卷第1期，1937年1月1日，第23—24页。徐思予为徐恩曾的笔名。参见刘恭《我所知道的“中统”》，《文史资料选辑（合订本）》第12卷（总第36辑），中国文史出版社，2000，第63页。

③ 曹树铭：《由中苏贸易谈到中苏商约》，《中苏文化》第2卷第4、5期合刊，1937年5月1日，第12页。

后，“下层各级计划机关”再据此详细制订“各部门、各企业的计划”。“下层各级计划机关”将自己制订的计划，逐级呈交“国家计划委员会”。“国家计划委员会”将这些计划汇总成为“全国整个的经济计划”。[①] 朱惠之对这种编制程序极为赞赏。他以重工业计划为例说，此种编制程序极为缜密，实现了整个经济计划的通盘考虑，“苏联重工业建设的计划，是上与下、地方与中央、局部与全部，彼此都互相关联，互相适应，互相协调”，“它决不是行不通的一纸具文，而是富有弹性的设计标本。所以，在计划建设问题上，苏联是具有不可否认的成功与宝贵的经验”。[②]

徐恩曾、朱惠之虽推崇苏联计划经济体制，但并不主张全盘照搬苏联计划经济模式。徐恩曾设想了与苏联建立计划经济体制不同的路径。他将中国的计划经济称为“三民主义的计划经济”或“民生主义计划经济”，将苏联计划经济称为“共产主义的计划经济”，以此将两者区别开来。他认为，中国经济形态极复杂，以“封建时代商品经济”为主，包括自给自足经济、商品经济、近代资本主义经济等诸多因素，所以，中国建立计划经济体制，必须经历“国家资本主义的统制经济”的过渡阶段。在这个阶段，中国通过“缓进”的“国家资本主义”方法，暂时保存“私有财产制度”，逐步实现生产工具和分配机关的社会化和国有化，最终建立计划经济体制，不能像苏联那样通过“急进”的手段，将一切生产工具和分配机关立即国有化。[③] 朱惠之并不完全认可苏联以公有制为基础的计划经济体制，反对像苏联那样以全面公有制为基础建立计划经济体制。他设想，中国应运用“国家资本主义”方法，既“由国家管理和统制私人企业”，又由国家经营“某些企业”，“酌量采行计划性的统制经济政策”。[④] 可见，一些国民党论者囿于三民主义意识形态，试图将苏联以计划经济为核心的社会主义经济制度根植于所谓民生主义土壤之上，而对苏联计划经济发展模式有所取舍。

实现工业化是苏联两个五年计划的核心目标。时人对苏联两个五年计

① 徐思予：《从计划经济与统制经济之比较的研究说到“民生主义的计划经济”》，《中苏文化》第 2 卷第 1 期，1937 年 1 月 1 日，第 28、25、29—30 页。

② 朱惠之：《论苏联工业建设的经验与中国经济建设——献给中国国民经济建设之运动者》，《中苏文化》第 2 卷第 4、5 期合刊，1937 年 5 月 1 日，第 158 页。

③ 徐思予：《从计划经济与统制经济之比较的研究说到“民生主义的计划经济”》，《中苏文化》第 2 卷第 1 期，1937 年 1 月 1 日，第 33—34 页。

④ 朱惠之：《论苏联工业建设的经验与中国经济建设——献给中国国民经济建设之运动者》，《中苏文化》第 2 卷第 4、5 期合刊，1937 年 5 月 1 日，第 159 页。

划期间的工业建设极为关注，做了全面而详细的介绍，高度评价苏联工业化成就。在时人眼中，苏联通过两个五年计划建设，由农业国转变为工业国，并跻身世界工业强国之林，因而，苏联被公认为中国工业建设的榜样。时人希望借鉴苏联工业建设经验，推动中国的工业建设。大家特别羡慕苏联工业建设的高速度。黄甘棠在1937年5月1日发行的《中苏文化》上撰文热情洋溢地描述了苏联从一五计划到二五计划由工业品进口国迅速实现工业品自给有余的进程。他介绍，苏联在1930年至1931年“从外国输入的机器、原料、完成品及半制品特别多”，但自1933年开始，已能自造许多工业品，进口额逐年减少，而且开始向国外出口工业设备，“例如，苏联曳引机制造技术，已比各国为优，且有大量输出”。① 人们重视苏联工业化问题也有着欧美资本主义国家的思想渊源。30年代中期，苏联工业建设得到欧美资本主义国家一些人士的正面评价。例如，1937年6月24日，《中央日报》翻译发表美国记者兴杜斯（Maurice Hindus）为赫尔施（Alcan Hirsch）《工业化之俄国》一书所撰序言。赫尔施曾担任苏联化学工业总顾问工程师，在书中介绍了苏联工业建设情况。兴杜斯提醒人们注意苏联工业建设的意义，认为苏联工业建设“为平时改良人民生活、战时抵御强悍敌人所必需者也”。②

30年代中期，苏联在国统区舆论界树立起鲜明的工业强国形象。应该说，时人对苏联工业发展的壮观情景的印象是深刻的。《中央日报》于1936年3月18日发表的英国人坎皮恩（Sidney R. Campion）撰《苏俄印象记》一文就描述了他对列宁格勒“平置水轮厂”的感受：“成千成万的男女在那儿制造世界上最大的平置水轮（Turbines），这是何等的壮丽和愉快啊！”③ 人们注意到，苏联不仅由农业国转变为工业国，而且成为世界头号工业国家。《中苏文化》编辑袁孟超认为，苏联已“成为了占欧洲第一、占世界第二位的工业国家”。④ 黄甘棠亦称，苏联“不到几年工夫，居然由落后的农

① 黄甘棠：《苏联二十年来工业建设之成果》，《中苏文化》第2卷第4、5期合刊，1937年5月1日，第57—58页。

② 傅铁狮：《工业化之俄国》（*Industrialized Russia*, 1934, by Alcan Hirsch），《中央日报》1937年6月24日，第3张第1版。

③ Sidney R. Campion：《苏俄印象记》，余文豪译，《中央日报》1936年3月18日，第3张第3版。

④ 袁孟超：《以武力为后盾之和平政策》，《中苏文化》第1卷第7期，1936年12月1日，第8页。

业国，转变为近代的工业国了”，其工业生产总额“已居欧洲第一位了”。[①]时人尤其注意到，苏联的工业基础是极为薄弱的。1937 年 2 月 11 日，《中央日报》报道说：“帝俄时代之国民经济水准，过于低微，故必要之机械类，几全部倾给于国外之输入。”[②] 从苏联工业生产的今昔对比中，时人意识到，苏联是在落后基础上快速实现工业化的典范。

30 年代的苏联工业建设采取了以重工业为重心、以国防为导向的模式。大家对苏联这种工业建设方针的了解是比较透彻的。《中央日报》于 1937 年 2 月 11 日发表文章注意到，苏联的资金主要投向重工业与军事工业，并引斯大林所言称，如不这样，苏联“冶金业、机械制作工业，不能确立，而飞机、战车亦无从制造”。[③] 总体而言，时人对此是赞赏的，认为苏联为了全面改造国民经济的技术与设备，优先发展重工业是必要的。黄甘棠称，苏联之所以将发展重点置于生产工具，而非消费品，是因为苏联需要对包括工业、农业、林业等在内的各经济领域进行全面的技术和设备改造，这就需要大量的生产设备。[④] 更多论者从国防建设角度理解苏联重工业建设的重要性。林雄九认为：“从强化劳农国家的国防力来说，使重工业急速发展，是很必要的。”[⑤] 大家主张，中国亦应像苏联那样以国防为导向优先发展重工业。朱惠之分析，中国同样面临着国防建设的艰巨任务，由于日本步步进逼，中国“更得加紧作战的准备工作”，需要“集中于重工业的发展，并将有国防意义的大企业组织，尽量收归国家经营”。[⑥] 显然，苏联以重工业为重心、以国防为导向的工业建设模式，在 30 年代的中国有着极为深远的思想影响。但仍有论者对苏联优先发展重工业的工业建设模式做了反思。一些论者认为，苏联偏重重工业，会造成轻工业发展滞后，严重影响人民生活的改善。倾向马克思主义的中山大学教授漆琪生分析，苏联二五计划期间轻工业之所以发展缓慢，是由于过于偏重重工业，“年来因为苏

---

① 黄甘棠：《苏联二十年来工业建设之成果》，《中苏文化》第 2 卷第 4、5 期合刊，1937 年 5 月 1 日，第 46、59 页。

② 《苏联对外贸易现势》，《中央日报》1937 年 2 月 11 日，第 2 张第 1 版。

③ 《苏联对外贸易现势》，《中央日报》1937 年 2 月 11 日，第 2 张第 1 版。

④ 黄甘棠：《苏联二十年来工业建设之成果》，《中苏文化》第 2 卷第 4、5 期合刊，1937 年 5 月 1 日，第 54—55 页。

⑤ 林雄九：《一九三六年的苏联经济建设》，《中苏文化》第 2 卷第 4、5 期合刊，1937 年 5 月 1 日，第 116 页。

⑥ 朱惠之：《论苏联工业建设的经验与中国经济建设——献给中国国民经济建设之运动者》，《中苏文化》第 2 卷第 4、5 期合刊，1937 年 5 月 1 日，第 158—159 页。

联以全力热中［衷］于重工业与电气工业之发展的结果，对于轻工业颇感兼顾不遑”。[①] 袁孟超也分析，苏联一五计划因为优先发展重工业，造成日用品供应紧张，“第一届五年计划的执行，却是在全国人民极困苦的生活中来进行的”。[②]

苏联从一五计划开始，推行以集体农场为主要形式的农业集体化政策，至30年代中期，基本实现了农业集体化。同时，苏联在大力推进重工业建设的基础上，大力推进农业机械化。苏联此种农业变革在国统区有着巨大的思想影响。为了庆祝十月革命19周年，中苏文化协会上海分会于1936年11月7日在上海大戏院放映苏联纪录片《苏联之建设》。此片将苏联集体农场描绘成充满生机、人民康乐幸福的人间天堂：“成千累万的农民因为经济集体化的原故，已达到富裕生活的境地。在集体农场里，火犁和收获机代替了原来的木耙和镰刀。”[③] 对于苏联在短时期内迅速实现这种巨大的农业变革，国统区人士是极为钦佩的。钱穆注意到，自苏联政府于1928年提出“集体化是走向富裕和幸福生活的唯一道路”口号后，苏联“掀起了农民集体化运动空前未有的巨浪，集体农场就像雨后春笋一般普遍的生长起来”。[④]

在苏联集体农场的经营体制问题上，时人既肯定其共同劳动原则，又特别关注其按劳分配制度。诸论者认为，苏联集体农场基于生产工具公有的共同劳动，可以极大发展农业生产，改善农民生活。吴铁峰表示，苏联集体农场的共同劳动将“集体原则”与个人幸福相结合，一方面，其特征是土地、农业机械的公有公管和劳动者的集体生产，另一方面，劳动者能够“在共同目标之下从事生产与生产技术之推进”，“社会的财富是大大地增加了，民众的生活也逐渐改良了”。[⑤] 同时，时人特别关注其按劳分配制度。赵康介绍，苏联集体农场劳动成果的分配，以“按件工作制”为基础，将社员的工作量折合成劳动日，“凡社内各社员收入之分配，须依照各人所

① 漆琪生：《苏联经济建设的现状及其最近计划》，《中苏文化》第1卷第2期，1936年6月15日，第6页。

② 孟超：《苏联政党发展史概论（续完）》，《中苏文化》第1卷第7期，1936年12月1日，第103页。

③ 《苏联十九周国庆纪念上海放映〈苏联之建设〉》，《申报》1936年11月9日，本埠增刊第5版。

④ 钱穆：《以国防为基点之苏联经济建设》，《中苏文化》第1卷第7期，1936年12月1日，第20页。

⑤ 吴铁峰：《斯达汉诺夫运动中苏联劳动生产力的发展》，《中苏文化》第1卷第4、5期合刊，1936年10月15日，第6—7页。

作劳动日的数量为标准”。[①] 同时，何大忠分析，这种分配制度有利于增加生产，“因为工作的报酬并不是计时而是计件的，则农民为了多获得报酬起见，不得不努力工作”。[②] 显然，诸论者对苏联集体农场的按劳分配制度是非常赞赏的。人们的这种看法也是受苏联宣传影响的结果。苏联驻华外交人员在向中方介绍苏联集体农场情况时，就刻意申明了其按劳分配制度与按需分配原则的区别。1935年7月4日，鲍格莫洛夫在国民政府立法院谈话会上介绍，苏联集体农场并非“共产主义”，农产品分配不是“完全依照各人需要为标准”，而是以农民的劳力为“分配标准”。[③] 同月21日，苏联驻华使馆中文秘书鄂山荫又致函中央日报社，强调许多人将苏联集体农场视作一切按需分配的“公社（Commune）”，“此种解释，极为错误”，苏联“在社会主义社会中，分配之主要原则，系根据劳力”。[④]

在时人看来，苏联集体农场的生产经营方式不仅适用于苏联，亦具有普遍性，尤其适用于中国。徐恩曾称，苏联农业集体化将“农村散漫的落后的小农经济”转变为“科学的集体经济”，是“现在农村经济发展最合理的道路”，“若能循着这条道路来建设农村经济，才有可能的走向人类社会的乐园”。[⑤] 朱惠之也认为，中国由于农村经济破产，需要“将农村从根本加以改造”，“苏联的集体农场，实为我们一个理想中的参考借镜”。[⑥] 显然，人们对苏联农业集体化的关注，乃是基于对中国自身农业发展问题的思虑。不过，另有一些论者对苏联农业集体化做了反思。浙江大学史地系世界史教授顾谷宜撰文反思了苏联农业集体化的生产效果。他分析，不能将苏联农业发展成就完全归功于农业集体化，苏联广袤的可供开垦的耕地和现代农业技术的应用，亦是苏联农业经济成功的两大推动力。[⑦]

---

① 赵康：《苏联农业集体化之研究》，《中苏文化》第2卷第3期，1937年3月1日，第21—22页。

② 何大忠：《苏联集体农场之现状与展望》，《中苏文化》第2卷第3期，1937年3月1日，第48页。

③ 《苏联大使鲍格莫洛夫出席立院谈话会》，《中央日报》1935年7月5日，第1张第2版。

④ 《苏联大使馆来函，更正本月四日鲍大使在立法院谈话之两点》，《中央日报》1935年7月22日，第1张第2版。

⑤ 徐思予：《苏联农业集体化与中国农村改造问题》，《中苏文化》第2卷第3期，1937年3月1日，第1、2页。

⑥ 朱惠之：《苏联集体农场组织之理论与实际》，《中苏文化》第2卷第3期，1937年3月1日，第26页。

⑦ 顾谷宜：《苏联社会主义农业建设的地理的基础》，《中苏文化》第2卷第3期，1937年3月1日，第67—68页。

苏联农业机械化也受到时人的密切关注，其推进速度尤其成为谈论焦点。大量论者纷纷举出各种数据，说明苏联实现农业机械化的高速度。当时的读者从这些数据中，可以轻易发现苏联农业机械使用数量呈翻倍增长的态势。漆琪生介绍，苏联1934年耕种机数量仅为15万台，1935年达25万台；1933年收割机数量仅为0.88万台，1934年为1.32万台，1935年猛增至2.63万台。[①] 钱穆介绍，苏联1930年拖拉机数量仅为6.6332万辆，1932年达12.5744万辆，1935年更达654.3万辆。[②] 在时人看来，苏联已是高水平的农业机械化国家。在南京板桥农村服务社任职的曾鼎称，“至第二个五年计划时，苏联却已成为世界上最机械化的农业国家了”。[③] 时人认为，苏联农业机械化应成为中国学习的榜样。徐恩曾表示，中国要学习苏联农业机械化经验，使中国农业实现“科学的机械的集体经营”。[④]

在苏联农业集体化、农业机械化、国家工业化三者之间的关系问题上，时人倾向从生产力角度认识三者之间的关系，强调苏联的国家工业化促进了农业机械化，农业机械化又推动了农业集体化，而非相反。徐恩曾、方秋苇集中讨论了这个问题。徐恩曾分析，苏联农业集体化以农业机械化为前提，而农业机械化又基于国家工业化。要实现农业集体化，首先必须实现农业机械化，“一定要将农村经济置在高度的技术基础上，使集体化农业所需要的科学设施和耕种机器，得到充分的供给”。农业机械化又必须以整个国家的工业化为基础，苏联二五计划期间农业“高度的机械化”是“在国家日益工业化的条件之下”。[⑤] 南京《新京日报》主笔方秋苇将苏联农业机械化称作“农业工业化”，将苏联“农业工业化”视作“因”，将农业集体化视作“果”：苏联在推广农业机械化过程中，“一架农耕机器，决不是一人或一家所能购买的，亦不是一人或一家的土地所能应用的”，所以，苏

① 漆琪生：《苏联经济建设的现状及其最近计划》，《中苏文化》第1卷第2期，1936年6月15日，第8页。

② 钱穆：《以国防为基点之苏联经济建设》，《中苏文化》第1卷第7期，1936年12月1日，第20页。

③ 曾鼎：《日益机械化的苏联集体农场》，《中苏文化》第2卷第3期，1937年3月1日，第50页。

④ 徐思予：《苏联农业集体化与中国农村改造问题》，《中苏文化》第2卷第3期，1937年3月1日，第6页。

⑤ 徐思予：《苏联农业集体化与中国农村改造问题》，《中苏文化》第2卷第3期，1937年3月1日，第3页。

联在一五计划期间“实施一种新式的农场组织”。[①] 这说明国统区论者在探讨苏联经济变革问题时，更注重工业化、机械化等生产力要素，而不是单纯重视集体化、公有制等生产关系要素。

30 年代，对苏联经济建设模式的关注与推崇成为国统区一股极为重要的思潮，这绝非偶然。这个时期，苏联迅速建立起迥异于资本主义的社会主义经济体制。时人对这种新型经济体制自然表现出强烈的好奇心。同时，这个时期，苏联经济建设取得了巨大成就，在经济危机导致的 30 年代世界整体经济不景气的情况下，苏联一枝独秀，实现了经济的超常规快速发展。在国人眼中，苏联乃是高速发展经济的典范。这对于民族危机日深、经济停滞的中国而言，无疑是一个值得关注和学习的榜样。

三　对苏联 1936 年宪法、社会建设的认知与评价

30 年代中期，时人高度关注苏联 1936 年宪法、社会建设等问题。十月革命后，苏联逐步建立起迥异于其他国家的全新的无产阶级专政政治制度。苏联于 1936 年 12 月制定的新宪法使这种政治制度进一步定型，引起国统区论者的强烈瞩目。30 年代，随着苏联社会主义建设事业的全面推进，苏联在教育、科技、新闻出版、文学艺术领域发展迅猛，民众的物质与精神生活水平亦迅速提高，呈现出积极进取的精神风貌。这得到国统区论者的高度关注和赞赏。时人对这些问题的谈论，并非空穴来风，而是有着强烈的中国现实关怀。大家希望从苏联政治与社会文化建设中找到有益于中国的经验与启示。

1936 年 5 月，以斯大林为首的苏联宪法起草委员会完成宪法草案的起草工作，并于 6 月公布，在全国发起广泛讨论，12 月 5 日，全国苏维埃第八次非常代表大会通过新宪法。苏联公布并讨论新宪法草案，与中国公布并讨论五五宪草几乎同时。国民政府亦于 1936 年 5 月公布五五宪草，引起国统区各界的广泛讨论。时人以五五宪草为视角，对苏联新宪法表现出极大关注。苏联新宪法的制定过程中，《中央日报》刊发大量消息，做持续性跟踪报道。苏联宪法草案脱稿后的第三天，该报即做出报道。[②] 当年 6 月，苏联中央执行委员会决定公布新宪法草案，交由全国人民讨论。《中央日

① 方秋苇：《论苏联农业之集体化》，《中苏文化》第 2 卷第 3 期，1937 年 3 月 1 日，第 13 页。
② 《俄新宪法脱稿，工农有平等选举权》，《中央日报》1936 年 5 月 18 日，第 2 张第 1 版。

报》于6月14日做了及时报道，并引述了苏联宪法草案的概要。[①] 对于苏联全国苏维埃第八次非常代表大会的情况，该报也予以特别关注。11月25日大会召开的第三天，该报便及时报道了会议召开的消息。[②] 大会于12月5日通过新宪法，该报于12月7日刊发了消息。[③] 作为国民党的中央党报，《中央日报》的频繁报道说明，国民党当局对苏联的新宪法制定过程是相当关注的，而且，通过该报的大量报道，相关情况在国统区广为人知。苏联关于新宪法的全国性讨论，尤其受到时人的关注和肯定。《中苏文化》于1937年1月1日发表《苏联第八次非常代表大会与新宪运动》一文，注意到新宪法草案公布至苏维埃代表大会召开的四五个月中，“苏联全国人民，都热烈的举行讨论新宪法的运动”，并从中看到了苏联人民的巨大政治热情，表示“苏联的劳动者对于这次宪法的讨论，是表现着非常的积极和具有极浓厚的政治兴趣的”。此刊编辑部之所以如此关注苏联新宪法讨论，其出发点还是中国制宪问题，期望中国也能像苏联那样，对五五宪草进行广泛而深入的讨论，表示“我很希望我们中国的人民对于这次国家的根本法（中华民国宪法草案）能予以同样热烈的注意，能在各地同样来一个讨论新宪法、研究新宪法的热烈运动”。[④]

苏联公布宪法草案不久，其中文译本即在国统区各界得到广泛传播。在这方面，张西曼等中苏文化协会人士起了很大作用。张西曼注意到，塔斯社上海分社于1936年6月发表的苏联宪草中文译本，与其俄文、英文本有出入，遂据俄文本重译。[⑤]《中央日报》于1936年7月24日至8月8日以《苏联新宪法草案》为题，分11次连载了张西曼译本。同时，中苏文化协会于1936年7月将张西曼译本印成单行本发行，并于次年1月以《苏联宪法》为题再版。[⑥]《中苏文化》所载《会务纪要》又称，1936年9月，中苏文化协会将张西曼译本印刷3000册，分送该会会员和各界参考。[⑦]

---

① 《苏联宪草即公布》，《中央日报》1936年6月14日，第2张第1版。

② 《全苏大会开幕礼中史达林作三小时演说》，《中央日报》1936年11月27日，第2张第1版。

③ 《泛苏维埃代表大会通过新宪法草案》，《中央日报》1936年12月7日，第2张第1版。

④ 《苏联第八次非常代表大会与新宪运动》，《中苏文化》第2卷第1期，1937年1月1日，第43、45页。

⑤ 《中苏文化协会拟重译苏联宪草，定期追悼高尔基》，《中央日报》1936年7月3日，第2张第4版。

⑥ 张小曼编《张西曼纪念文集》，第409—410页。

⑦ 《会务纪要》，《中苏文化》第1卷第4、5期合刊，1936年10月15日，第1页。

国统区各界对苏联新宪法内容抱有极大兴趣。苏联苏维埃代表大会通过新宪法后，《中苏文化》杂志很快于1937年1月1日出版了一期苏联新宪法讨论专号，该刊编辑部称，“我们这个‘新年特大号’的中心内容是苏联新宪法的研究”。① 时人对苏联新宪法内容的关注，从1937年5月25日上海国际问题研究会举行的午餐会亦可窥一斑。5月11日，上海国际问题研究会理事会决定联合太平洋联会、中苏文化协会上海分会等团体，邀请苏联驻华大使鲍格莫洛夫就苏联新宪法问题发表演讲。② 据5月23日《申报》报道，报名与会者极为踊跃，“闻预请留座者，已达百余人之多，届时当又有一番盛况”。③ 25日的午餐会非常盛大，与会者达200余人，“济济跄跄，颇极一时之盛”。对于中国各界的热情，鲍格莫洛夫亦感受到了。他在演讲中表示：“余即深觉中国一般人士，对该宪之重要性质，已有确彻之了解，余又深感愉快。”④ 国统区人士对苏联新宪法内容的评价是正面的，大多肯定其民主性质。这从《中苏文化》杂志苏联新宪法讨论专号中可见一斑，所发文章均将苏联此部宪法认定为民主宪法。时在南京扶轮日报社主编国际新闻的欧阳敏讷表示，苏联“出现了‘第一部真正的民主宪法’”。⑤ 林宇也认定，“苏联的新宪法，在德谟克拉西的历史上，是一个伟大的跃进”。⑥ 倪克宽声称，苏联新宪法的最大特点“便是国家政制的民主化”。⑦

苏联教育模式在30年代的国统区产生了较大影响。时人的评价是非常正面的，将其视作迥异于其他国家的全新的教育模式。赵康就将苏联教育称作基于“社会经济制度变革”的“新的人类的教育”。⑧ 在时人看来，苏联教育模式有两大特点，一是应用性与实践性。1937年2月23日、24日，《中央日报》连载谢世珍撰《苏联的教育》一文。谢世珍注意到，苏联教育注重实用性，强调与工作实际相结合，“其训练方法，注重实用，应各项特殊之需要，同时，学生智识随时具有工作之技能”。⑨ 赵康指出了苏联教育

① 《编辑室谈话》，《中苏文化》第2卷第1期，1937年1月1日，第204页。
② 《国际问题研究会昨开理事会议》，《申报》1937年5月12日，第3张第11版。
③ 《国际问题研究会昨招待美卡顿·昨与我教育界商交换教授讲座意见·鲍格莫洛夫廿五日演讲“苏联新宪法”》，《申报》1937年5月23日，第3张第10版。
④ 《鲍格莫洛夫讲苏联新宪法》，《申报》1937年5月26日，第3张第9版。
⑤ 欧阳敏讷：《苏联新宪法的特色》，《中苏文化》第2卷第1期，1937年1月1日，第46页。
⑥ 林宇：《两个体制之下的宪法》，《中苏文化》第2卷第1期，1937年1月1日，第64页。
⑦ 倪克宽：《苏联新旧宪法比较研究》，《中苏文化》第2卷第1期，1937年1月1日，第121页。
⑧ 赵康：《苏联教育的基本问题》，《中苏文化》第2卷第8期，1937年8月1日，第13—14页。
⑨ 谢世珍：《苏联的教育》，《中央日报》1937年2月23日，第2张第4版。

的劳动化与生产性特点，认为苏联“将脱离实际的教育，变成为理论与实践相统一、学习与技术相结合的劳动教育，奠定了教育的生产性”。[①] 大家对苏联教育的应用性与实践性是非常认可的。赵康即认为，苏联“把教育和劳动接合起来，消除智力劳动与体力劳动间的差别，这在教育史上将是一个大革命”。[②] 二是工农大众化。时人认识到，苏联真正将教育普及于工农大众之中。赵演介绍，资本主义国家只有“少数之特殊阶级”才能接受高等教育，“而在苏联，此种情形完全相反，仅有劳动阶级或劳动阶级之子女能享受高等教育之机会”。[③] 赵康也表示，苏联将“特权阶级的教育”变为“大众的教育”，这就“奠定了教育的社会性”。[④] 显然，30 年代论者对苏联教育模式是非常关注与赞赏的。

苏联的科技发展也给国统区论者留下了深刻印象，在时人眼中，苏联已经成为世界科技重镇。曾鼎称赞说，苏联“各种科学研究院与科学实验室”遍及各地，“苏联实为世界重视学术、提倡科学之国家”。[⑤] 诸多报刊追踪报道苏联科技方面的最新成就。例如，《中央日报》于 1936 年 9 月 16 日报道了苏联飞行技术的新进展：苏联飞行员驾驶一架载有 5 吨货物的飞机升高至 5 英里以上，创造了世界飞行高度的新纪录。[⑥] 在许多论者眼中，与社会经济密切联系的应用性是苏联科技事业不同于其他国家的最显著特点。有论者称苏联科技界解决了大量社会经济建设中遇到的重大课题。西门宗华介绍，苏联科学院每年召开的全国学术讨论会的主题“必为国家建设中之重要问题”，例如，“苏联如何开发东部富源”、“苏联如何实现‘里海’与‘伏尔加’河之联运”、“苏联应如何解决全国交通网问题”。[⑦]

苏联新闻出版事业在国统区有着极大影响力。《中央日报》等报刊大量报道了苏联新闻出版事业的发展情况。1936 年 8 月 31 日，《中央日报》发表的一篇美国译文介绍，至 1932 年，“苏俄出版的书籍，比英、德、法三

---

① 赵康：《苏联教育的基本问题》，《中苏文化》第 2 卷第 8 期，1937 年 8 月 1 日，第 13—14 页。

② 赵康：《苏联教育的基本问题》，《中苏文化》第 2 卷第 8 期，1937 年 8 月 1 日，第 18 页。

③ 赵演：《苏联大学之演进及现状》，《中苏文化》第 1 卷第 1 期，1936 年 5 月 15 日，第 7 页。

④ 赵康：《苏联教育的基本问题》，《中苏文化》第 2 卷第 8 期，1937 年 8 月 1 日，第 14—15 页。

⑤ 曾鼎：《莫斯科学术文化之建设》，《中苏文化》第 1 卷第 3 期，1936 年 7 月 15 日，第 1 页。

⑥ 《俄飞行家造升高纪录》，《中央日报》1936 年 9 月 16 日，第 2 张第 1 版。

⑦ 宗华：《苏联之科学与文化》，《中苏文化》第 1 卷第 1 期，1936 年 5 月 15 日，第 4 页。

个国家合起来出书的总数都来得多”。[1] 同年 11 月 18 日，中央社记者冯有真在《中央日报》发表通讯，对苏联新闻事业的发展速度极为惊叹，表示“十月革命后，苏联新闻事业的突飞猛晋，确实是一件可惊的事情”。[2] 1936 年 11 月，苏联在英国伦敦举办图书展览会。《中央日报》于 1936 年 12 月 27 日做了详细报道。报道注意到，“苏俄近年来出版书报数量之伙，实足惊人”。[3] 冯有真于 1936 年 9 月实地采访苏联新闻业时，对苏联新闻事业的国营方式极感兴趣。他发现，苏联报纸“没有一种不是由国家经营”，是党和政府的喉舌，起着引领舆论、动员民众，甚至组织民众的作用，“苏联的报纸不但是社会的先导者、机关的代言人，同时，还是良好的组织者、实际的工作者”。他对此表示赞赏，感叹道：“中国的新闻纸与政府人民不能合拍，苏联的新闻纸则站在社会的前线。”[4] 冯有真也非常关注苏联报纸不刊登商业广告问题。他分析，苏联报纸之所以不刊登广告，是因为苏联不存在商业竞争，所有工厂、商店都由国家经营，“不如资本主义的国家以营利为目的，没有竞争的必要，因此，便无需在报纸上刊登广告”。而且，苏联的报纸主要起“社会的组织与先导者”作用，“目的不在牟利，所以，报纸的本身，也无招徕广告的必要”。[5]

苏联文学艺术也极受国统区舆论界瞩目。舆论界特别看重苏联由政府主导、非商业化的文学艺术发展模式。《中央日报》在一系列报道中说明了苏联党和政府对文学艺术的高度重视。该报于 1937 年 6 月 23 日即报道说，1937 年苏联政府用于艺术发展的经费达 5 亿卢布。[6] 舆论界也非常关注苏联文学艺术的非商业化。《中央日报》于 1937 年 5 月 11 日介绍，苏联音乐事业的非商业化是苏联音乐家频出的重要原因。苏联政府提供所有音乐专业学生的学习、生活费用，所以，“苏联乐师出席国际化比赛时，自信极强，因他不必顾虑自己的将来生活，一切出席费用都由政府资助。他的参加比

① Stong：《苏俄的文化事业（一）》，惠君译，《中央日报》1936 年 8 月 31 日，第 3 张第 4 版。
② 《国营的苏联新闻事业（二）——中央社特派员冯有真通讯》，《中央日报》1936 年 11 月 18 日，第 2 张第 2 版。
③ 《苏俄的出版界》，《中央日报》1936 年 12 月 27 日，第 3 张第 4 版。
④ 《国营的苏联新闻事业（一）——中央社特派员冯有真通讯》，《中央日报》1936 年 11 月 17 日，第 2 张第 2 版。
⑤ 《国营的苏联新闻事业（二）——中央社特派员冯有真通讯》，《中央日报》1936 年 11 月 18 日，第 2 张第 2 版。
⑥ 《苏联政府重视艺术》，《中央日报》1937 年 6 月 23 日，第 2 张第 1 版。

赛，又非一种生意。他知道，他是代表发展和充实他的材干的国家”。[①] 舆论界极力渲染苏联文学艺术与普通民众的关系。《中央日报》发表了大量文章，介绍苏联民众对文艺活动的兴趣和参与。该报介绍了苏联民众阅读文学作品的热情。例如，于1936年12月27日报道说，苏联民众对小说抱有极大兴趣，肖洛霍夫《静静的顿河》销量达200万册，“足为明证”。[②] 1936年8月31日至9月4日，《中央日报》分四次连载译自美国《亚细亚杂志》的斯壮撰《苏俄的文化事业》一文。此文介绍，苏联民众积极从事文学艺术创作，“一变而为小说家、诗人、戏剧家”。[③] 苏联文学艺术由于与民众生活、工作密切相关，表现出强烈的现实主义风格，国统区舆论界对此印象深刻。1936年2月20—26日，苏联版画展在上海举行。展后，柳辛在《申报》撰文表示，苏联版画充满着强烈的“艺术的现实性”，将“苏俄的生动的现实及其新的人民与历史的景色，工业建筑中的烟囱与棚架，集合农民耕种着的田地”生动地表现出来，“钢铁的嘶鸣、自然的征服，这里，我们才看见了人类战斗的最高的表现!”[④] 显然，时人透过苏联文艺作品，看到了苏联人定胜天、战胜自然的经济建设成就，看到了苏联民众朝气蓬勃的生活风貌。从舆论界的大量介绍中，不难看出苏联文艺模式对30年代中国的强烈影响。

30年代，苏联广大民众与党和政府团结一致，积极进取，努力工作，呈现出全新的精神面貌。国统区论者对此高度关注。时人期望中国也能像苏联那样，建立一个积极进取的新型社会。大家特别推崇苏联民众与党和政府在思想与行动上的高度一致性。伟夫介绍，苏联政府与人民相互支持，政府对民众生活的关切“无微不至”，“苏联的劳苦群众对苏联政府的拥戴也不是表面的故事，而是出于一片赤诚与热情”。[⑤] 一些论者认为，中国应学习苏联当局动员民众的经验与方法。卜道明表示，中国应当学习苏联发动民众的方式，“我们对于这种组织领导和运用民众力量的实际方法，也有注意研究的必要”。[⑥] 苏联民众积极向上的精神面貌也极受时人推崇。《中央

① 《苏联不久将举行青年音乐天才大检阅》，《中央日报》1937年5月11日，第2张第1版。

② 《苏俄的出版界》，《中央日报》1936年12月27日，第3张第4版。

③ Stong：《苏俄的文化事业（一）》，惠君译，《中央日报》1936年8月31日，第3张第4版。

④ 柳辛：《苏联版画展记略》，《申报》1936年3月1日，本埠增刊第3—4版。

⑤ 伟夫：《苏联制造工业的迈进》，《中苏文化》第1卷第4、5期合刊，1936年10月15日，第5页。

⑥ 卜道明：《俄国十月革命与中国新文化》，《中苏文化》第1卷第6期，1936年11月1日，第2页。

日报》发表了一系列文章，生动描述苏联民众的这种精神面貌。1936 年 3 月 18 日，该报发表英国人坎皮恩撰《苏俄印象记》。此文描述了苏联人民崇尚劳动的精神，介绍说，苏联人民均期望以自己的劳动为国家做贡献，“你在他们的工作中，可以看出使得他们兴奋的那种满足得意，以及表现于工作上的那种快悦之情”。该报在编者按中表示，之所以刊译此文，是因为从此文中“可以看出苏俄的精神之所在”，“这种精神，恐怕也是风雨飘摇、神州暗淡的目前中国所需要的吧?!”[①] 5 月 12 日、13 日，该报又连载法国人维尔突拉克撰《猛进中之苏俄文化事业》，描绘了苏联民众同心同德、致力于国家建设事业的精神面貌。此文介绍说，在苏联各地，“我们都能够看到苏俄民众的那种同心一德，嗜爱完成伟大的公共事业，笃信前途，善寻娱乐，消除劳苦的新气象”。[②] 时人非常赞赏苏联妇女解放事业，认为苏联妇女通过职业化，全面提高了自身的社会地位。一位署名“镜明”的作者在《中苏文化》发表文章，称赞苏联妇女通过参加工作，真正实现了自身解放，表示“妇女尽量参加社会生产事业，才是使妇女真正解放的道路。在这方面，苏联是一个最成功的国家”。[③]《中央日报》亦于 1936 年 3 月 25 日发表《新苏俄的新妇女》一文分析说，苏联之所以能实现妇女的解放，根本原因是广大妇女普遍参加各种社会工作，“已成为社会的重要份子了”。此文反观中国，感叹道，“落后的中国更谈不到妇女真正的解放了”。中国妇女大多数仍是“家庭的奴隶、丈夫的小鸟儿”。[④] 从时人的大量介绍中可见，30 年代的中国社会已经构建起一种相当鲜明的积极向上的苏联民众形象。

1936 年苏联宪法作为苏联政治制度的标本，得到国统区舆论界的强烈关注，时人对苏联宪法的关注有着 1936 年五五宪草公布后中国制宪问题的现实关怀。同时，舆论界高度关注苏联社会建设问题，并给予相当正面的评价。在时人眼中，苏联已经成为教育科技强国，在新闻出版和文学艺术领域成就卓著，这些领域尤其呈现出与社会实际相结合的现实主义风格，而且，苏联人民有着团结一致、积极进取的精神面貌。所有这些均呈现出

① Sidney R. Campion：《苏俄印象记》，余文豪译，《中央日报》1936 年 3 月 18 日，第 3 张第 3 版。

② 维尔突拉克：《猛进中之苏俄文化事业》，郭汉烈译，《中央日报》1936 年 5 月 12 日，第 3 张第 4 版。

③ 镜明：《苏联的妇女》，《中苏文化》第 1 卷第 4、5 期合刊，1936 年 10 月 15 日，第 1 页。

④ 静元：《新苏俄的新妇女》，《中央日报》1936 年 3 月 25 日，第 3 张第 3 版。

与资本主义国家完全不一样的态势。人们从苏联的这些社会发展态势中，找到了中国努力的目标。

关注苏联是20世纪30年代国统区舆论界的重要思想现象，尤其在30年代中后期，人们对苏联的关注陡然升温，形成一股浓厚的“苏联热”。时人对苏联的关注甚至超过了欧美资本主义国家。这其中有着国统区人士出于加快中国国家建设而试图借鉴苏联国家建设经验的考虑。而1935年10月成立的中苏文化协会则是我们考察30年代国统区舆论界“苏联热”的重要标本。透过中苏文化协会的筹备与成立过程，我们可以发现，致力于中苏友好和合作的人员涉及的范围相当广泛，既包括国民党当局中一些具有在苏联学习和工作经历的知苏人士，也包括国民党当局中主张联苏制日的人员，还包括社会上大量文化教育界、工商界人士。这说明，主张对苏联友好几成30年代国统区各界的共识。以中苏文化协会为代表的国统区人士，通过对苏联国情的宣传与介绍，构建起一个鲜明而正面的苏联形象，较完整地反映出苏联国家建设的新进展与特征。

（作者单位：天津师范大学历史文化学院、马克思主义学院）

1935—1936年伦敦中国艺术国际展览会述论*

洪振强

内容摘要 1935—1936年伦敦中国艺术国际展览会是首次以中国艺术为主题的综合性艺术展，它经西人提议，由英中两国共同举办。中国首先在上海举行预展，以选送出品赴伦敦展览。上海预展与伦敦展览相较，前者富有民族、国家意味，有“为国家争体面的立场”，而后者纯粹从艺术与文化角度，宣传中国艺术文化以促进对中国艺术的认识和研究。同时，二者之展览叙事思维迥异，前者注重展品的“艺术性”，以展示中国艺术的线性演进过程，而后者更注重展品的“历史感”，以揭示艺术展品背后的历史文化。伦敦中国艺术国际展览会促进了中英友谊，宣传了中国传统文化，加深了西人对中国艺术文化的认知，推动了中国传统艺术向近代艺术的转型，有利于中国近代艺术学的兴起和发展。

关键词 伦敦中国艺术国际展览会　上海预展　传统艺术　近代转型

清末民初，文化艺术品开始由私藏转向公共，由私产变为国家和民族的象征。各种近代意义的艺术展由此出现。西人最先选送中国文化艺术品参加世博会，并多次举办有关中国的艺术展览会，使得中国艺术逐渐为世人所知。展览是中西文化艺术交流的重要手段和途径。但在相当长时间里，即使到1925年故宫博物院建立之后，海内外有关中国艺术之展览的规模都比较小，且是倾重于某一方面的专题性艺术展（尤其是美术展），其影响远不及有关欧美日的艺术展，更难以反映中国艺术的全貌。1935—1936年，

* 本文为国家社科基金重大项目“中国近现代博览会通史”（项目号：13&ZD096）、国家社科基金艺术学项目“中国艺术博览会的历史、形态及建构问题研究”（项目号：17BF103）阶段性成果。

中英两国合作，共同举办了中国艺术国际展览会，这是第一次以中国艺术为主题的综合性艺术展，引起了较大反响，时人谓之“规模宏大，范围亦广，虽不能谓之绝后，亦可谓之空前”。[①] 对这一展览会，目前虽已有一些记述和从艺术史、“国族、文化的想象”之角度的研究，[②] 但仍有做进一步系统梳理和研究的必要，以明确其发展过程、特点和意义。

一 缘起

从深远社会环境讲，1935—1936 年中国国际艺术展览会缘起于清末民初中国所发生的巨大革新与进步。清末，随着社会开化与进步，中国兴起公共事业，出现了公共展览和博物馆，不仅洋人在华开办诸多展览和博物馆，中国人亦初创博物馆，举办劝业会，比如 1905 年张謇创办的南通博物院，以及 1909 年武汉劝业奖进会、1910 年南洋劝业会。辛亥革命又开启了“天下为公”，随后“皇宫”变成“故宫”，古董艺术品由皇家贵族等上流社会所私藏独有变为社会公共收藏品，成为社会公共文化的象征。1925 年故宫博物院成立，专门收藏、展示中国的文物古董和艺术品。艺术品的社会化与公共性成为中国社会的共识，希望通过艺术品来宣传民族文化，加强社会文化教育。

而 1935—1936 年中国国际艺术展览会直接缘起于西人的提议和催动，“系由英国大学中国委员会及英伦学术界人士发起”。[③] 自晚清始，经过两次英法联军与八国联军的掠夺、诸多汉学家到中国亲历考古发掘和盗掠、长期的中西文化与贸易往来，中国文物大量流散到西方，引发西人对中国艺术的浓厚兴趣，成为西方艺术社会不可或缺的部分。伦敦和巴黎是海外中国艺术集中地，不仅有着最大的中国文物市场，而且有着众多关于中国艺

---

① 庄尚严：《赴英参加伦敦中国艺术国际展览会记》，《国立北平故宫博物院年刊》1936 年第 1 期。

② 如曹鹏《历史上第一次国宝展——1935 至 1936 年伦敦中国艺术品展览摭谈》，《中国书画》2004 年第 6 期；节泓：《第一次远征——1935 年中国艺术国际展览会在伦敦》，《中国书画》2004 年第 6 期；郭卉：《国宝之旅：1935—1936 年伦敦中国艺术国际展览会及其上海预展》，《国际博物馆》（中文版）2011 年第 1 期；吴淑瑛：《博物馆展览与国族、文化的想象——以“伦敦中国艺术国际展览会（1935—1936）”为例的观察》，《近代中国》第 157 期，2004 年 6 月。

③ 《伦敦中国艺术国际展览会筹划近况报告》，刘楠楠选辑《北平故宫博物院参加伦敦中国艺术国际展览会史料选辑》，《民国档案》2010 年第 3 期。

术的记忆，如展览会、拍卖行、画廊、书籍、画册、期刊等，可以说，中国艺术成为伦敦、巴黎等都市生活的重要组成部分。在这样的氛围下，欧洲汉学家、中国艺术品专家和收藏家发起一场大规模的展览会，并不意外。[①]

最初提议举办这场展览会的是英国人佩西卫尔·大维德（Percival David）。他是著名的中国瓷器收藏家和学者，自 1924 年起多次往返中国，协助、赞助故宫博物院的成立及其展品的陈列，并担任故宫博物院顾问。1932 年，受邀协助故宫博物院选品参展 1933 年芝加哥世博会之时，就想把故宫珍贵藏品运到伦敦展出。[②] 回国后，他的这个想法得到英国东方陶瓷协会和皇家艺术学院的支持。此前，英国已多次举办以某国为主题的国际艺术展览会，如意大利、法国、西班牙、比利时、荷兰、芬兰、伊朗等。东方陶瓷协会和皇家艺术学院决定不仅要展览故宫珍藏，而且征集流落世界各地的中国文物艺术品，举办以中国艺术为主题的国际展览会。法国汉学家伯希和于 1933 年到中国，欲研究故宫收藏，但适逢因日本侵犯华北，长城战事正烈，故宫收藏已封箱南运，大部分存于上海租界，未能如愿。1934 年，他到伦敦后，提及故宫珍藏封存上海一事，希冀英国同仁建议英国政府出面，请求中国政府将故宫珍藏移往伦敦展览。而 1935 年正好是英皇乔治五世即位二十五周年，因此，热心中国艺术之巨擘积极活动，请中国驻英大使郭泰祺向中国政府呈请故宫出品，于 1935 年举办中国艺术国际展览会，以“谋中国艺术品之国际欣赏，表扬中国文化，增进中英感情”，同时亦可为乔治五世登基二十五周年之纪念。郭泰祺报告中国政府，谓此会“于国际观念、中英感情获益必大”。[③]

国民政府行政院获悉后，转咨故宫博物院意愿，故宫博物院旋即于第一次理事会上讨论，认为这是中国文化进行国际宣传的重要举措，以确保出品安全为前提，同意参展。行政院随即在第 156 次会议上决定允诺参展，指定教育部会同外交部、内政部筹划一切，并电郭泰祺与英方磋商详情。

① 林秀玲：《西方现代主义与中国艺术的接触初探》，《中外文学》第 29 卷第 7 期，2000 年 12 月；林秀玲：《从伦敦现代主义美学运动与中国艺术的接触谈“全球化”的历史脉络》，《中外文学》第 30 卷第 4 期，2001 年 9 月。

② Rosemary E. Scott, *Percival David Foundation of Chinese Art: A Guide to the Collection*, London, 1989, pp. 10 – 12.

③ 《伦敦中国艺术国际展览会筹划近况报告》，刘楠楠选辑《北平故宫博物院参加伦敦中国艺术国际展览会史料选辑》，《民国档案》2010 年第 3 期。

随后，教育部会同外交、内政二部拟定具体参展办法，提请行政院第177次会议核准，并报告中央政治会议备案。中国政府正式决定与英国共襄展览。

中国之所以赞同举办伦敦中国艺术国际展览会，主要是两大考量：一是从外交上增进与英国的友谊；二是宣扬中华文化，彰显中国文化的国际影响力。“政府以我国艺术在世界文化史上，本有其特殊的价值和地位，一经国际展览，可以使西方人士对于中国文化有更深刻之认识，当表示允予考虑。”[①]“中国国民政府为了敦睦中英邦交，交流文化，并庆祝新王加冕”，[②]“政府宣扬国家文化，促进中英邦交之至意”。[③]

在英之发起人士积极筹划展览事宜，于1934年11月1日成立理事会，以为展览会之筹办组织。由英国前任与时任首相和中国行政院前任与时任院长担任理事会名誉会长，中英两国朝野名流及各国驻英大使公使等56人为荣誉委员，其中中国人有胡适、蔡元培、罗家伦、吴铁城、王世杰、叶楚伧、朱家骅、宋子文、孔祥熙、孙科、陈立夫、戴季陶、马鸿、王溥、郭泰祺15人，并推举李顿伯爵（the Earl of Lytton）为理事长，英国皇家艺术学院院长李威廉爵士（Sir William Llewellyn）和中国驻英大使郭泰祺为副理事长，大维德爵士（Sir Percival David）、马尔今爵士（Sir Niell Malcohm）、李亚士敦（Leigh Ashton）、罗兰士宾仁（Laurence Binyon）、欧摩福波罗士（George Eumorfopoulos）、霍普森（R. L. Hobson）、薛尼李（Sydney Lee）、伯希和（Paul Pelliot）、拉菲尔（Oscar Raphael）、般纳力今（Bernard Rackham）、叶士（W. P. Yetts）、李四光、王景春、陈维城、郑天锡为理事。一切重要事务由理事会会议解决。具体事务之执行以大维德爵士为总干事，皇家艺术学院的秘书林姆（W. R. M. Lamb）为总务秘书，斯宾罗夫（F. St. G. Spendlove）为编目干事，李士达（F. I. P. Richter）为演讲干事。另设选择、陈列、财务、宣传、出版等组，由皇家艺术学院全体职员办理一切事务。

关于展品，理事会一方面函请各国驻英使馆，征集本国的中国艺术品出展，一方面派员到各国寻选出品。罗兰士宾仁、般纳力今、叶士负责欧洲各国展品之选择，李亚士敦负责到欧洲各国寻访出品。大维德、欧摩福

① 《艺展预展会明日开幕》，《申报》1935年4月7日，第2张第9版。

② 傅振伦：《故宫博物院古物第一次出国展览始末》，《中国博物馆》1987年第3期。

③ 《中华教育社请伦敦中国艺术展览会昭示保障古物出国安全》，《申报》1935年3月5日，第3张第11版。

波罗士、霍普森、伯希和、拉菲尔负责亚洲各国。这五人选好中国出品之后，拉菲尔顺道去日本，大维德赴美国及沿途各地。后来，李亚士敦、欧摩福波罗士又赴苏联、中亚等地。在英国的公私收藏品，则专门单独征求。

二　上海预展与中国出品

国民政府行政院于1934年10月成立伦敦中国艺术国际展览会中国筹备委员会，积极筹备赴伦敦展出事宜。筹委会以教育部长王世杰为主任委员，行政院秘书长褚民谊（后为翁文灏）、故宫博物院院长马衡、交通部常务次长张道藩、铁道部政务次长曾仲鸣、内政部政务次长陶履谦等11人为常务委员，并从教育部、故宫博物院、内政部古物陈列所抽调张道藩、雷震、杨振声、袁同礼、徐鸿宝、朱家济、吴玉璋、欧阳道达、傅以文、谭可衡、王荣、张近恒、舒楚石等人，积极参与筹备工作，杨振声担任总干事。11月，筹委会“以展品之征选、保管、运输及计划安全等最为重要”，[①] 决定成立专门委员会和保管委员会，分别专司展品的征选和保管工作。专门委员会由总干事杨振声负责，聘请马衡、吴湖帆、叶恭绰、唐兰、容庚、郭葆昌、徐邦达、朱文钧、陈汉第、邓以蛰、李济、王云五等专家为委员，提选展品。

筹委会于12月6日召开第二次筹备会议，决定“选送物品运英展览前，应在上海开一预展会”，“物品归国后，并应在南京展览一次，以昭明信”；对于特殊重要的物品，要“有保留不予出国展览之权”。[②]

之所以要召开上海预展会，一则便于选品赴伦敦参展，并使之公开化，可减少舆论之指责；二是“为使国内人士得以先睹为快”，“予国人以共见共闻及研究参考之机会”。[③] 中国筹备委员会的前期主要工作就是征选赴伦敦参展之展品，筹办上海预展。

筹委会决定展品征选对象是故宫博物院、古物陈列所、中央研究院、国立北平图书馆、河南省立博物馆、安徽省立图书馆等公共机构，而对

① 《伦敦艺展预展会今日开幕》，《大公报》1935年4月8日，第1张第3版。

② 《北平故宫博物院理事会致伦敦中国艺展筹委会函稿》，刘楠楠选辑《北平故宫博物院参加伦敦中国艺术国际展览会史料选辑》，《民国档案》2010年第3期。

③ 《伦敦艺展预展会今日开幕》，《大公报》1935年4月8日，第1张第3版。

"私人所藏古物，概不征集"。[①] 故宫博物院和古物陈列所，与专门委员一道挑选出品，并自己保存，其他机关的出品则由保管委员会接收、保存。

展品征选以故宫博物院和古物陈列所因躲避日本侵略华北之战乱而南迁存沪的古物为主要标准。故宫博物院存沪古物近一万四千箱，院长马衡派古物馆馆长徐鸿宝及职员傅振伦、李鸿度专程到沪，会同古物监盘专员舒楚石，一并提选古物，送交筹委会第二次复选达 2054 件。内政部古物陈列所存沪古物有 80 余箱，系与故宫博物院古物一并存放在位于上海法租界天主堂街仁济医院旧址的库房，内政部派古物陈列所所长傅以全及职员谭可衡、王荣和中国古物保管委员会的张近恒四人，到沪与故宫博物院驻沪办事处主任欧阳道达接洽，并会同古物监盘专员舒楚石，初步选定古物 80 余件，其中以铜器居多。中央研究院主要是由历史语言研究所考古组提选考古选例类出品，考古选例最初未纳入中方选品范围，是后来应英方要求而征选。

英方理事会派到中国的选品专员共五人，分别是大维德（东方陶瓷学会执委会委员、伦敦各大学中国委员会委员）、欧摩福波罗士（东方陶瓷协会会长）、霍普森（英国博物院陶瓷及人种学部主任）、拉菲尔（英国博物院东方古都部名誉助理员、东方陶瓷学会执委会会员）、伯希和（法国著名汉学家）。这五人均系有关中国艺术的著名学者和收藏家。[②]

这五人与中国专门委员会委员共同对中国初选的出品予以复选，共挑选出 1022 件赴伦敦展览。其中，有些是应英方要求而加入的，如乾隆御用家具及文具共 19 件，"原无艺术上之价值，徒以英人对帝王重视异常，坚请附带运英展览"；[③] 又如，中方因郎世宁是意大利人，其画作不足以代表中国文化而主张不选，但终因英方认为其作品与中国相关，且为难得，而选入了两幅作品。[④] 但并非英方所有要求都得到中方满足，比如，英方认为皇帝冠冕、宫袍等更能引发英国民众的欣赏兴趣，主张挑选若干，而中方

① 《艺展预展第十六日，此次书画出品概要》，《申报》1935 年 4 月 24 日，第 3 张第 10 版。

② 《提选古物，运英展览，今日在沪开箱》，《大公报》1935 年 2 月 11 日，第 1 张第 3 版；《参加伦敦艺展，昨日开始预选古物》，《申报》1935 年 2 月 12 日。此两则新闻都报道英方选品专员中无伯希和，而有叶士（Yetts），实则有误。此后这两大报纸常提到伯希和来中国参与选品，更关键的是中国政府赴伦敦参展的特别专员郑天锡在其所写的参展报告中提及英方赴亚洲各国选品专员没有叶士，而有伯希和（见郑天锡《参加伦敦中国艺术国际展览会报告》，第 2 页）。

③ 《艺展预展第三日乾隆家具等运到》，《申报》1935 年 4 月 11 日，第 3 张第 12 版。

④ 《艺展预展会昨晨开幕，某专家谈选择经过》，《申报》1935 年 4 月 9 日，第 3 张第 9 版。

认为其无关文化，加以拒绝。①

这 1022 件出品有 12 类，来自 8 个出品机关或个人，其分布状况如表 1。

表 1　参加伦敦中国艺术国际展览会的出品来源

单位：件

出品机关（个人）	故宫博物院	古物陈列所	河南博物馆	安徽图书馆	北平图书馆	中央研究院	张乃骥	总计
铜器	60	36	8	4				108
瓷器	352							352
书画	170	5						175
玉器	60	2					65	127
考古选例						113		113
珍本古书					50			50
家具文具	19							19
景泰珐琅	16							16
织绣	28	1						29
剔红	5							5
折扇	20							20
杂件	5	3						8
总计	735	47	8	4	50	113	65	1022

资料来源：郑天锡《参加伦敦中国艺术国际展览会报告》，第 4—5 页。

从表 1 可知，所选出品中，故宫出品数量最多，种类最全，共 735 件，占了约 72%，所有的瓷器、家具文具、景泰蓝珐琅、剔红、折扇都来自故宫博物院，而珍本古书都来自北平图书馆，考古选例都来自中央研究院。原本规定私藏古物不予征集，后在英方要求下，仅以征集张乃骥古玉 65 件，略做表示。

以这些出品为展品，筹委会举办了“伦敦中国艺术国际展览上海预展会”。为了举办上海预展会，筹委会专门设立驻沪办事处，由筹备主任王世杰聘请教育部总务司司长雷震及普通教育司司长顾树森为常务干事，主持

① 《伦敦艺展会美日有出品参加，英来华专员将由沪赴日，希望我将历代皇冠送陈》，《大公报》1935 年 3 月 7 日，第 1 张第 3 版；《伦敦艺展出品选择工作结束》，《大公报》1935 年 4 月 1 日，第 1 张第 3 版。

一切事宜，下设第一、第二两组，分别由王世杰派教育部蒙藏司科长郭莲峰及督学唐惜分为主任，主持各组之一切事务。第一组主要是负责总务工作，设有文书股、庶务股、会计股、编辑股、票务股、招待股；第二组主要是负责展品工作，设有登记股、保管股、陈列股、警卫股。各股设干事若干人，由常务干事派充，分掌各股事务。同时，筹委会请上海市长吴铁城协助指导上海预展会工作，并聘请上海市教育局局长潘公展、上海市政府秘书兼第一科科长李大超、上海公共租界工部局帮办何德奎等人为名誉干事，协调处理相关事务。

1935 年 4 月 7 日，上海预展会举行预展，主要邀请中央和上海的党政要人、驻华外交官员以及商界、学界、文化界社会名流，共六百余人，前往观览。8 日正式开幕，原定 4 月 30 日闭幕，后延期至 5 月 5 日，共历时 29 天，有近 6 万人参观，平均每天约两千人。其间，不少党政要人和社会名流多次赴会参观，并有近百个以学校为主的社会团体赴会观览，4 月 23 日还接待了美国经济考察团一行 21 人。此会之地址在上海外滩仁记路中国银行旧址，原德国总会所在地，共有两层六个陈列室，一楼只有第一室，陈列明清书画扇和宋之织绣；二楼有五个陈列室，第二陈列室为唐五代及宋元书画，第三陈列室为商周及汉之铜器，第四、五两室相通，分别陈列宋元、明清瓷器，第六室陈列珍本古书、玉器、考古选例、景泰蓝、剔红、玛瑙、犀角等。所陈列展品“上自商周，下至明清，所选皆珍贵之品，极瑰奇伟丽之致”。①

上海预展会结束之后，展品即着手装箱运赴伦敦。展品是珍稀古物，安全特别重要，要确保万无一失，因此，中国出展的前提条件是英方确保古物安全。如何确保古物安全，围绕保险问题，国内还发生了较大争论。英方囿于经济困难，以保险费甚巨，且据其多次举办国际艺术展览的经验，虽未保险，也未发生重大安全事故，“仅有关于框架器具之细微损伤”，② 主张对中国古物不予保险。这引发中国学者的激烈反对，陶孟和、徐悲鸿、中华艺术教育社等纷纷力主不保险则不出展，要求以“重金保险”，虽然这不能补偿“古物一失，永难再复”之损失，但可加重英方之责任意识，迫

① 《伦敦中国艺展会在申预展》，《中华教育界》1935 年第 12 期。

② 《伦敦中国艺术国际展览会筹划近况报告》，刘楠楠选辑《北平故宫博物院参加伦敦中国艺术国际展览会史料选辑》，《民国档案》2010 年第 3 期。

使其对古物尽力维护。[①] 而筹委会认为"注重切实的保障，并不拘泥保险"，并呈请行政院核定，行政院议决"因保险须费大宗保险费，并不能增加物品安全"，"应谋切实保障安全办法"，随即筹委会告知英方，如果其"无保障安全之切实办法，此事或终至罢议"。英方以正式照会回复"为预防海盗及其他意外起见"，"愿派军舰护送装运展览品之邮船"，当中国古物入英时，"不在海关查验，而在展览场所同中国代表验看"，英外交部亦表示，"对于一切安全事项，愿尽力协助"。[②]

筹委会于 1935 年 1 月 28 日召开全体会议，专门讨论古物安全问题，拟定了古物出国前、出国时、出国后、归国时及归国后的安保措施，十分细致周详，主要是要加强各个环节的古物封存、保管、登记验册等工作，以及派充足警力看护守卫，要求英方派军舰予以护送，[③] 并由外交部令驻英使馆转英方知照。

中国出品古物每件都摄影造册，分别送行政院、内政部、教育部、古物保管委员会、故宫博物院、古物陈列所，以备查考，另备一份随品赴英，以备随时查对。所有展品编印中英文目录，依类编号，每件附有标识。古物共装 91 箱，计瓷器 31 箱、玉器 5 箱、景泰蓝珐琅 2 箱、剔红 2 箱、铜器 37 箱、书画 7 箱、考古选例 2 箱、文具 1 箱、家具 4 箱，另有 2 箱，装有中国艺术参考书、展品清册和照片等。这批古物由英国远东舰队巡洋舰萨福克（H. M. Suffolk）号运送，1935 年 6 月 7 日由沪起航，至 7 月 25 日抵达英国朴次茅斯港，历时 49 天。

同时，行政院简派司法院政务次长郑天锡为中国特派员，赴英督理中国参展事宜，筹委会亦派教育部督学唐惜分为英文秘书、故宫博物院古物馆科长庄尚严为中文秘书。郑坐邮轮先行抵英，协调处理中国展品到英事宜。唐、庄二人随英舰萨福克号护送展品。中国展品抵英后，当日即由英方派警力护送至伦敦皇家艺术学院封存，并由英国海关加盖封印。

此外，中国亦由故宫博物院派出傅振伦、那志良、宋际隆、朱德明四位专业人员，赴英办理中国展品点验、陈列、装运等事宜。四人于 1935 年

---

① 《古物运英展览，为保全民族文化，国人应慎重考量》，《大公报》1935 年 1 月 20 日，第 1 张第 3 版。

② 《伦敦中国艺展，我国办理之经过》，《大公报》1935 年 1 月 24 日，第 1 张第 3 版；《伦敦中国艺展关于选择保险各问题》，《申报》1935 年 1 月 24 日，第 4 张第 13 版。

③ 《参加英伦艺展物品出展手续及护送问题》，《申报》1935 年 1 月 30 日，第 4 张第 14 版。

9 月 10 日抵英，17 日入皇家艺术学院，在中英双方人员及英海关人员的监督下，开箱点验展品，英方由伦敦中国艺术国际展览会编目干事斯宾罗夫负责点收。

三　伦敦展览

当中国积极筹备上海预展会，提选出品时，伦敦中国艺术国际展览会理事会亦在积极筹划，派员赴世界各地提选展品。中国展品抵英后，英国和其他国家的展品亦陆续到达，理事会共收到来自世界各地的出品 3352 项（每项有一到数件，大多只有一件），后经专家鉴审，提选出 3040 项展品，“上起商周，下迄清末”，包括“铜器、瓷器、书画、玉器、漆器、雕刻、石刻、印刷、木刻、建筑、刺绣等”。[①] 这些展品来自 15 个国家的公私机构和个人，包括 5 个学校、8 个公司、40 余个博物馆，以及 50 多名个人。[②] 其来源地分布见表 2：

表 2　伦敦中国艺术国际展览会展品来源地

国家与地区	英国及其属地	中国	法国及卢芹斋	美国	瑞典	德国	荷兰	日本	比利时	苏俄	瑞士	奥地利	西班牙	丹麦	希腊	十五国
数量	1579	786	215	115	113	85	49	45	28	13	4	4	2	1	1	3040

资料来源：郑天锡《参加伦敦中国艺术国际展览会报告》，第 10 页。原文统计的总数是 3080 项，而笔者核算各国总和，应是 3040 项。

从表 2 可知，英国的出品最多，占了所有出品的一半以上，是中国出品的一倍，而中国，作为此次展览会之展品的源出地，其展品仅约占四分之一。“由原产地中国派送的文物和艺术珍品的数量与流失在海外的相较，居然相形见绌”，[③] 这不免让国人十分尴尬，心情复杂，有义愤填膺者，“我国运英陈列之古物，不过其中之一部分”，外国送展之中国古物，“实足以表现我国历史上之污点”，“吾人对之，实感莫大之耻辱”；[④] 有哀国不幸者，

① 朱宝贤：《中国艺展在伦敦》，《人言周刊》第 44 期，1936 年。

② 傅振伦：《故宫博物院古物第一次出国展览始末》，《中国博物馆》1987 年第 3 期。

③ “Chinese Art Treasures Abroad, Government's Move for Recovery,” *The Times*, 8 February 1937, p. 11.

④ 《在英展览古物将运返，叶恭绰氏意见》，《申报》1936 年 3 月 7 日，第 3 张第 10 版。

“在祖国一向不能观摹的艺术，在海外反得以窥其大概，虽属个人深幸，然国家珍宝，流佚在外，实不幸也”；[①] 有无奈而寻由聊以自慰者，据那志良回忆，郑天锡很讨厌有人说中国出品不好，有一天，郑问他外国出品的铜器比之中国哪个好，他答曰：“外国保管的，也是我们中国的东西，一样好。”郑曰：“不然，我们中国政府的铜器有宝光，他们的没有宝光。”[②]

中国 1022 件出品中，被选中陈列者有 857 件，共 786 项，未被选中者 165 件，其中书画 19 件、考古选例 93 件、古书 27 件、织绣 6 件、瓷器 1 件，及由张乃骥选送的玉器 19 件。这些出品被拒选主要是因为被英方认为“与艺术关系较少”。[③]

展览会在伦敦英国皇家艺术学院所在地伯灵顿大厦（Burlington house）举行，展场分布平面图如下（见图 1）：

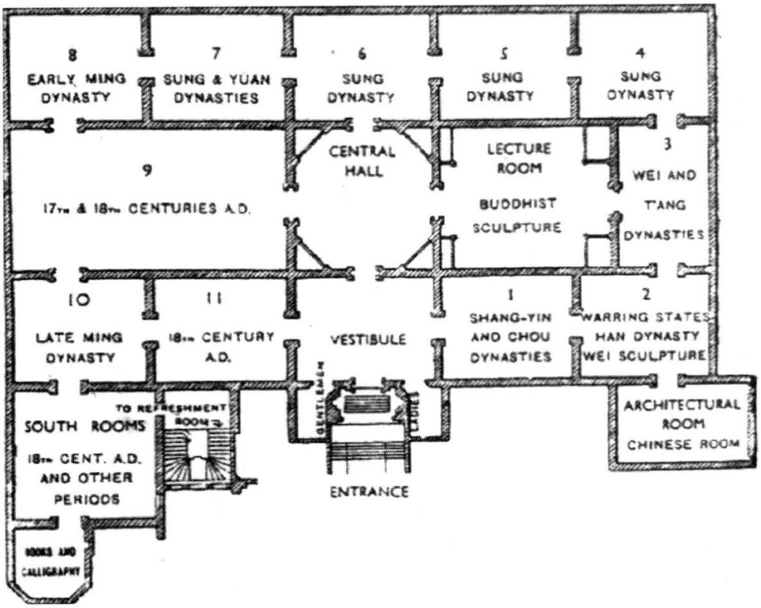

图 1

资料来源：Royal Academy of Arts，“Catalogue of the International Exhibition of Chinese Art”，p. 23。

---

① 黄觉非：《伦敦中国艺展巡礼》，《永安月刊》1940 年第 12 期。亦见《申报》1936 年 5 月 20 日，第 5 张第 17 版。

② 那志良：《我与故宫五十年》，黄山书社，2008，第 84 页。

③ 郑天锡：《参加伦敦中国艺术国际展览会报告》，第 11 页。

从图 1 可知，整个会场有 15 个展室，第一室展陈殷商和周朝，第二室展陈战国、汉、魏的雕刻，第三室为魏唐，第四到第六室为宋朝，第七室为宋元，第八室为明代早期，第九室为 17—18 世纪，第十室为明代晚期，第十一室为 18 世纪，南室为 18 世纪及其他时期，南室里面的小室为古书和书法，演讲室为佛教刻器，建筑室为房舍及家具。此外，在中央大厅和前厅都陈列有展品。展场布置尽量体现“中国”色彩，在大门悬挂“伦敦中国艺术国际展览会”之中英文条幅及中英两国国旗，墙上敷设颇具东方色彩的中国麻布。①

展览会于 1935 年 11 月 25 日、26 日举行预展，分别招待记者和各界嘉宾，27 日正式开幕，1936 年 3 月 7 日闭幕，历时 104 天，共有 42 万多人参观，平均每日 4000 多人，高峰时一日达 2 万人。除英国外，来自德国、意大利、法国、比利时、奥地利、美国、中国等众多国家的观众专赴伦敦参观“有史以来欧洲规模最大的一次中国艺术展”，观众踊跃程度，仅次于 1930 年在伯灵顿大厦举办的意大利艺术展览会。②

展览期间，鉴于参观者“感于展品浩繁，鉴别不易，或以历史不明，统系不分，无从领会者”，特邀请专家，举行有关中国艺术的专题演讲，一共举办了至少 24 场，演讲主题和演讲者见表 3：

表 3

演讲主题	演讲专家
中国艺术国际展览会	Sir Percival David
殷商铜器	Prof. Bernhard Karlgren
中国古代金工	Prof. I. F. Anderson
中国艺术之历史与文化观	郑天锡博士
唐大宗马像	Miss Helen Fernald
中国雕刻	Prof. Langdon Warner
安阳皇陵	Prof. Paul Pelliot
中国画题及其演进	Prof. Paul Pelliot
中国艺展书画	Prof. Yukio Yashiro

① 唐惜分、庄尚严：《伦敦中国艺展近讯及各国出品选述》，《大公报》1935 年 12 月 14 日，第 3 张第 9 版。

② “End of Chinese Exhibition,” *The Times*, 9 March 1936, p. 11.

续表

演讲主题	演讲专家
中国纺织艺术	Mr. Leigh Ashton
中国书画	Mr. Laurence Binyon
中国铜器	Prof. W. Perceval Yeets
中国纺织及其对于西方之影响	Mr. A. F. Kendrick
中国古代陶器	Mr. R. L. Hobson
中国近代陶瓷	Mr. Bernard Rackham
古代中国交通	Prof. C. G. Seligman
中国艺术国际展览感想	Sir Percival David
马可波罗所见之南宋首都	Prof. A. C. Moule
玉器	Mr. Oscar Raphael
蒙古人与中国	Sir E. Denison Ross
中国人士对于书画态度	Dr. Osvald Siren
中国陶瓷	Mr. R. L. Hobson
中国铜器之装饰	Prof. W. Perceval Yeets
中国纺织艺术	Mr. Leigh Ashton

资料来源：郑天锡《参加伦敦中国艺术国际展览会报告》，第 37—39 页。

此外，展览会还编印售卖了 108914 册图录，各种刊物登载了以中、英、法、德、日等语言撰写的有关中国艺术的文章 100 多篇。①

展览结束之后，美国有意邀请中国展品赴纽约展览，但难以提供军舰护运，确保展品安全，而被中方拒绝。随即中国展品于 1936 年 4 月 9 日直接回国，由大英轮船公司的兰浦拉号邮船运送，沿途有军舰分段护送，英方共动用了 1 艘巡洋舰和 4 艘驱逐舰，中方人员郑天锡、唐惜分、庄尚严、傅振伦等 7 人随行监护，于 5 月 17 日平安抵沪，当即由宪警护送运至南京，举办展览，“以昭公信”，即以公开展览形式向国人交验国宝古物赴伦敦展览是否有损坏及遗失。

展品归国前，筹委会就聘任雷震、顾树森为常务干事，组织南京展览，并委派顾良杰、喻德辉、郭莲峰、薛铨曾分任文书、庶务、布置、招待各

① Royal Academy of Arts，“Catalogue of the International Exhibition of Chinese Art”，p. 30；*Annual Reports from the Council of the Royal Academy*，*General Assembly of Academicians and Associates for the Year 1937*，London：William Clowes and Sons，Ltd.，1938，p. 30.

组之主任干事，从教育部、故宫博物院、古物陈列所等机构调派数十人布置会场，并从事展品的登记、保管、陈列等工作，以及会场诸多杂务。

南京展览在考试院明志楼于 6 月 1 日正式开幕，历时三周，于 21 日结束。此次展览共有四室，第一室为明清书画，第二室为唐五代宋元之书画，第三室为商周、春秋战国及汉代的铜器，以及玉器、水晶、玛瑙、青田石、犀角、银器、景泰蓝、剔红、珍本古书、考古选例等，第四室为自宋迄清之瓷器，以及乾隆之宝座和御用文具。展品除了归国的 1022 件古物外，还有外国选送伦敦艺展的中国古物的照片 1360 幅，其中铜器 193 张、瓷器 577 张、书画 107 张，其余均为杂件，如玉器、剔红、景泰蓝、牙刻、石刻等。① 这些照片装入镜框，列于各室，可让国人了解流失海外之古物的大致情形，从而激发爱国之情和保护古物之心。

四　上海预展与伦敦展览之比较

上海预展是为了选品参加伦敦中国艺术国际展览会，可以说是伦敦中国艺术国际展览会的前奏，是其一部分，若没有中国出品参展，伦敦中国艺术国际展览会就失去了意义。即便如此，上海预展会“系征集我国古今艺术品，作一极有系统的展览，在我国尚系第一次创举”,② 故宫古物出洋展览，亦是“亘古以来第一次”,③ 伦敦中国艺术国际展览会在世界历史上是第一次集中综合展示中国艺术品,④ 是欧洲规模最大的一次中国艺术展览会,⑤ 所以二者对中国而言，都是创举。

只是，上海预展会虽然有英方专门委员协助提选展品，但如何选品，如何选址，如何布展之决定权仍然在中国手中，换言之，基本是中国主导了上海预展会。而伦敦中国艺术国际展览会，虽然展品都产于中国，且若没有中国参展，其甚至难以圆满举行，但其展品有近四分之三不属于中国，且其从提议，到布展，直至结束，都操之于英方，很大程度上又与中国无关。这使得二者有着诸多不同之处。

---

① 薛铨曾：《伦敦艺展会中国展品过目记》,《中国新论》第 2 卷第 6 期，1936 年 7 月。

② 《伦敦艺展预展会今日开幕》,《大公报》1935 年 4 月 8 日，第 1 张第 3 版。

③ 林语堂：《对于伦敦艺展的意见》,《大公报》1935 年 4 月 13 日，第 3 张第 12 版。

④ Arthur Sowerby, “Art Notes,” *The China Journal*, Vol. 23, No. 4, 1936, p. 208.

⑤ “End of Chinese Exhibition,” *The Times*, 9 March 1936, p. 11.

从开办之意旨言，虽然中英双方都公开宣示是宣扬中国文化、敦睦中英友谊，但各自的侧重点有所不同，尤其是民间社会所表达出的旨趣有很大差异。伦敦展览主要是从文化与学术角度，通过集中而全面地展示中国艺术文化，促进中西文化交流，增进西方社会对中国艺术的认识，加深对中国艺术的学术研究。比如，英方委员霍普森在上海预展会期间宣扬伦敦展览，认为其“可使中欧文化得以沟通，并使欧洲更能充分了解中国”，“足以使中国艺术能表示其意义”。[①] 赴会观览之人，也基本是为了认识中国，研究中国艺术，“盖研究东方学者，好奇者，以及认识中国不深而欲明了吾民族之真正面目者，莫不借此难遇之机会，以偿夙愿”。[②] 英国皇家艺术学院会员赴会场则潜心研究，甚至有的欲在会场做长期研究。[③] 而且，伦敦展览在欧洲引发了一股研究中国艺术的热潮，报刊发表了大量与中国艺术相关的研究文章，伦敦中国艺术国际展览会理事会还专门组织一批专家编辑出版了《中国艺展》一书，“这本书是为那些想趁这次柏林敦厦的展览会从实物之研究对于中国艺术和它底结晶品获得比任何展览更确切广博的认识者给点帮助而写的”，该书“取材精审”，连中国人读之都足感“外人对我故有文明爱慕之笃，研究之深”。[④]

而上海展览却具有更多的民族、国家意味。上海展览之直接目的是选品参加伦敦展览，因而上海展览与中国参加伦敦展览，二者的意旨很大程度上是合一的。无论政府还是民间，更倾向于从民族、国家角度解读上海展览及随后的中国参加伦敦展览。中国参展古物，在英人看来，就是古董艺术品，而中国却更强调古物的“国宝”、“宝物”、“瑰宝”等身份，使之与国家、民族联系起来，“古物是国家的至宝，是国家文明的象征”。[⑤] 在中国选品参展时，不管是注重出品的代表性，以能体现中国文化，还是强调特别重要的出品，不能出国展览，二者看似矛盾，实则含有强烈的民族国家关怀，都是站“在为国家争体面的立场上”。[⑥] 上海美术生活杂志社基于上海预展是为了“将以中国古代艺术为国争光海外”，才决定派人到会场摄

① 《艺展预展第十一日》，《申报》1935 年 4 月 19 日，第 3 张第 10 版。
② 傅振伦：《中国艺术国际展览会参观记》，《国立北平故宫博物院年刊》1936 年第 1 期。
③ 《万人空巷争看我国古物预展》，《申报》1935 年 11 月 29 日，第 2 张第 7 版。
④ 《伦敦艺展特约专家论中国艺术》，《大公报》1935 年 12 月 14 日，第 3 张第 9 版。
⑤ 薛铨曾：《伦敦艺展会中国展品过目记》，《中国新论》第 2 卷第 6 期，1936 年 7 月。
⑥ 林语堂：《对于伦敦艺展的意见》，《大公报》1935 年 4 月 13 日，第 3 张第 12 版。

影以出专刊，帮助宣传上海预展会，宣传中国古代艺术，以为国争光。[①] 有人即使认为上海预展会可以使普通人士“养成崇尚艺术之风气”，但亦强调其是以“本国文化”为基，“于民族教育文化上之意义，至为重大”。[②] 中国驻英大使郭泰祺在英国皇家中亚细亚协会为伦敦中国艺术国际展览会举行的庆祝宴上，言中国送展之每一珍品都“伏有中华全国之好意”，并言“中国美术绵延历三千余年，实为创造力之象征。中国今日在空前之困难中，而犹能奋勉从事国家复兴事业，端赖此创造力鼓起其精神”。[③] 甚至有人直接认为，中国出品参加伦敦展览，可与“某国”争夺东方文化之祖的地位，“年来某国极力污蔑吾国，称吾国无文化，而以东方文化创造者自居。外人不知就里，故对东方文化产品，皆误认作某国出产。此次展览会中，以吾国为主体，在展览物品上，可以明示吾国古昔在文化上之创造力，而东方文化无一不由吾国蜕化而来，若某国则舍吸收吾国文化外，更无丝毫创造也”。[④]

不过，比之伦敦展览，中国在民族、国家叙事之下，并未在上海预展和参加伦敦展览时做出多少具体实事，以有利于振兴艺术文化。当时的参与者庄尚严事后回忆，将中英双方的作为做了鲜明对比：“英之著作家，在展览期间，所编研究中国美术书籍、刊物，如雨后春笋，不下数十百种之多。反观我国，对于此次艺展，无一本有系统之英文著作，供诸外人参考。夫英人所著内容姑不具论，而一种努力之表现，与我国两相比较，大有天壤之别。英国商人，亦借此千载一时之机，大事考查东方艺术，用作改良其营业之资，如Chinese Blue，Chinese Style等等风行一时，而我国商人则无一家来英营业，坐失良机，诚为可惜。”[⑤] 为民族、国家着想，不能仅停留在空洞的口号或情感上，而要脚踏实地，通过具体实事去时时、处处维护民族、国家的尊严和利益。而且，诸如艺术文化之研究等日常之事，其之做大、做好、做强，未必要冠以民族、国家之名，亦未必要以民族、国家为出发点，其自然而然有利于民族和国家。

从展场布置而言，上海预展和伦敦展览都是近代意义的艺术展览，二

① 《艺展预展第十二日》，《申报》1935年4月20日，第3张第11版。

② 《艺展预展第十九日，薛铨曾参观记》，《申报》1935年4月17日，第3张第12版。

③ 《英皇偕后参观中国古物展览》，《申报》1935年12月3日，第3张第7版。

④ 《古物运英展览，故宫准备参加》，《大公报》1935年1月15日，第1张第14版。

⑤ 庄尚严：《赴英参加伦敦中国艺术国际展览会记》，《国立北平故宫博物院年刊》1936年第1期。

者都与中国艺术品的传统展示方式大不一样。首先，在展示空间上，二者都是在公共场所向社会大众予以展示，而艺术品在传统中国是“私藏”而秘而不宣的，只供少数人赏玩。这两次展览，是清宫变故宫之后，其藏品第一次集中而大规模地向外展示，且展示空间由书房密室变为公共性的展馆，并被分成若干展室。其次，二者都是实行博物馆式的展陈方式，把艺术品按一定秩序予以排列，并置于展柜之中，使观者可观而不可触，且观者要遵守展场的公共规定。这完全不同于中国传统的艺术品赏玩方式，即赏玩者可以零距离接触展品。这样的展陈，把中国艺术品置于公共空间，凸显了其公共性。行政院参事兼中央古物保管委员会常委滕固在观览上海展览后，认为“总观各部门陈列品，大体均甚适善，且合于现代博物馆的陈列方法，对于观赏者尤为莫大之便利”，“此会不独提供外国人认识中国文化，凡为中国人亦应前往一观，以增进历史与艺术之见识”，可以推动“学术研究之公开化”，“一扫旧式鉴赏家得观一物而沾沾自喜之陋习”。①

不过，二者的策展水平却有差异。上海展览为中国人所主导，且属首次，毫无经验，而且没有合适的近代意义的艺术展馆，只能借用前德国总会具有欧式风格的城堡式建筑，因而导致外间“议论颇多”，比如，“不能将出品成为有系统有意义之组织，未免缺少‘史’的意味，故足供欣赏而稍乏供人研究之功能”，但“平心而论，吾国办此等事尚为创举，自不能求全责备”。②

但伦敦展览操之于英人，而英国作为近代展览发源地之一，对艺展驾轻就熟，不仅有多次举办外国艺术品展览的经验，而且有伯灵顿大厦这个专门的艺术展馆，还有大多来自英皇家艺术学院、大英博物馆及维多利亚与阿尔伯特博物馆等专门的艺术品研究和展陈机构的一批专业人员共同策划展览，因而伦敦展览颇获赞誉，“这个展览本身就是一件完美的艺术品”，“无论是展厅的规划，展览的装饰，还是展品的摆放，都很恰如其分，展柜也很优雅、灵巧”。③“此次展览不仅整体上组织得有条不紊，而且从装饰角度看，各展品陈列布置的脉络十分清晰，效果十分明显。……整个展览会犹如一堂生动鲜明的艺术品教学课堂。”④

① 《艺展预展第八日记，滕固观后感想》，《申报》1935 年 4 月 16 日，第 3 张第 11 版。

② 《艺展预展会昨晨开幕，叶恭绰对艺展意见》，《申报》1935 年 4 月 9 日，第 3 张第 9 版。

③ “The Royal Academy: Chinese Art Exhibition,” *Museums Journal*, Vol. 35, 1936, p. 372.

④ “At Burlington House: The Art of China, A Revelation of Form and Colour,” *The Times*, 28 November 1935, p. 15.

而且，二者的展线设计迥异，有着截然不同的展览叙事方式。上海展览无论是选品，还是布展，基本把展品按艺术门类分为青铜器、瓷器、书画和杂件等类，杂件包括织绣、玉器、景泰蓝、剔红、折扇、珍本古书、家具文具、考古选例等，六大展室基本按这样的艺术品门类予以布展，再把每一艺术门类的展品按时代顺序予以排列。显然，这样的布展线路更注重展品的"艺术性"，容易让人欣赏各种艺术在不同时代的发展水平，明了各种艺术的线性演进过程。"该会所陈列各项古物，系迭经慎重审选，并加以整理，自古代以迄今代，悉各依其发展之次第，作有系统之陈列，故各艺术成立之渊源，发展之程序，可以览知。"① "各陈列室中的陈列顺序，大致是顺着时代的先后，使人容易看到吾国艺术演进的阶段，颇合科学方式，是值得赞美的。"② 这样的布展线路，虽然有利于艺术欣赏，但缺乏时代的整体性，正如叶恭绰所说，少了"史"的意味。

而伦敦展览，其提选出品是根据中国艺术品的收藏情况，按国家和地区，向全世界的公私机构征选，但编目布展时并未按出品之来源地予以分类，亦未采用中方之编目："查我国展品，原经我方专门委员编就说明，并译英文。英方编目时，未征求我方同意，竟任意更改，毫不客气。"③ 而是根据中国历史演进的朝代和时间序列予以编目布展，基本是按朝代和时期设计展室，再把各朝代和时期的艺术品集中混杂在一起，"以展示每个朝代的艺术所独有的特色"。④ "展品陈列，大概以时代为先后，每时代中，再分类别，为欲免除观众单调情绪起见，多处不能严守此种原则。"⑤ 显然，伦敦展览虽然展示的是艺术品，但其布展线路并未以艺术品的"艺术性"为主宰，而是更注重艺术品所处的时代，凸显艺术品的时代整体性，强调艺术品背后的"叙事"及其所蕴含的历史文化。在会场专设有演讲室，每周都邀请专家讲解中国艺术，以便观者更好地认知中国艺术文化。这样的布展更有利于人们了解中国历史文化的发展进程，而不仅仅是中国艺术的演

① 《艺展预展第十九日，薛铨曾参观记》，《申报》1935 年 4 月 17 日，第 3 张第 12 版。

② 《艺展预展第十八日，忏因道人投函》，《申报》1935 年 4 月 26 日，第 3 版第 10 版。

③ 庄尚严：《赴英参加伦敦中国艺术国际展览会记》，《国立北平故宫博物院年刊》1936 年第 1 期。

④ "At Burlington House: The Art of China, A Revelation of Form and Colour," *The Times*, 28 November 1935, p. 15.

⑤ 庄尚严：《赴英参加伦敦中国艺术国际展览会记》，《国立北平故宫博物院年刊》1936 年第 1 期。

变脉络。“伦敦艺展……等于缩写中国自商周迄近代约四千年之一部文化史，使观者得一目了然于中国文化之久远，与艺术之伟大。”①

此外，伦敦展览之布展还根据英人对中国艺术的喜好和认知，以及展示的视觉效果与伯灵顿大厦的布局而定。总干事大维德就直接说，尽管伯灵顿大厦是举世无双的艺术展馆，但也不可能把所有展品按中国人的传统方式向成千上万的观众展示。② 入门即到的前厅展示的有英人所喜欢、熟悉的 17、18 世纪的屏风和挂毯。观览最为便利的中央大厅展示的有英皇室的收藏、英人喜欢的宋太宗画像，以及高达 20 英尺、重达 20 吨的隋代大理石造像，这尊造像“万人注目”，是伦敦展览的镇馆之宝。乾隆宝座和御用文具本被中国视为与艺术无关而拒绝出展，英国人却十分青睐，视其为中国文化之瑰宝，而力求选入，并把其从专门展陈中国房屋家具的建筑室中移出，置于面积最大的第九室中的显要位置予以展示，以满足观众对中国皇文化的好奇心。这些毫无章法的布置招致中国人严厉批评：“不以时代，不以类别，杂然无章，未有系统，徒求迎合观众好奇之心理，故有此种不艺术化不学术化之现象。”③

亦为人所诟病的是对书画作品的布展。作为中国国粹的书法作品和珍本古书，因英人认知和兴趣不足，最不受重视，置展于最偏僻、最狭小、观览最不方便的小南室。中国手卷绘画作品被去掉挂轴后，有的被装裱于木框，盖以玻璃，有的被折叠后置于封闭的玻璃展柜内，使得画卷上的题跋难以展示，而且大多悬挂于高处，使得观众难以端详品味画之意蕴。“书画一类，英人只注重画之本幅，上下题跋，认为无足重轻，多隐卷不露，又多悬之寻丈以上，昂首仰视，加以玻璃反光，自下观之，极为不易。”④ 连英人都认为这些绘画“被装饰性的展示效果给吞噬了”。与绘画因展示空间有限而被悬于高处形成鲜明对比的是，艺术价值较低而为英方所重视和喜爱的漆器屏风与皇帝御座却占据了广阔空间。⑤

---

① 《社评：伦敦中国艺展开幕》，《大公报》1935 年 11 月 28 日，第 1 张第 2 版。

② David Percival, "The Chinese Exhibition," *Royal Society of Arts Journal*, December 1935, p. 113.

③ 傅振伦：《中国艺术国际展览会参观记》，《国立北平故宫博物院年刊》1936 年第 1 期。

④ 庄尚严：《赴英参加伦敦中国艺术国际展览会记》，《国立北平故宫博物院年刊》1936 年第 1 期。

⑤ R. L. Hobson, W. P. Yetts, H. E. Fernald, W. W. Winkworth and L. Ashton, "The Exhibition of Chinese Art," *The Burlington Magazine*, Vol. 68, 1936, p. 30.

五　展览会之意义

上海展览和伦敦展览共同构成的伦敦中国艺术国际展览会，在中国是创举，在欧洲亦史无前例，“这是中国门户开放以后的一件大事，也是中国文化史值得大书特书的一件大事”。[①] 在中国艺术文化史和中西艺术交流史上应有其地位，其意义主要有三：

第一，敦睦中英友谊，在欧洲掀起一股中国文化热，促进中英文化交流。虽然中国选品参展时，国内有不少反对声音，但展览取得巨大成功，古物安全回国，没有发生任何事故，从而也就无人质疑展览会“敦睦中英邦交，交流文化”的旨意及其效果。展览结束之后，英国皇家艺术学院院长李威廉电谢国民政府主席林森，曰“余等确信此次艺展之巨大成功，对于中英两国之相互尊重与交谊，必将更有所增进”。[②] 展览期间，英国报刊大量报道展览会消息，刊载有关中国的文章，“中国瓷、中国绸缎、茶叶畅销一时，十余家中国餐馆生意也极兴隆。英国皇后还特订制了中国蓝的服装。‘中国热’达到高潮”。[③] 有巴黎时装公司采用中国式样与色彩制作时尚新衣，英国染织公会亦采定数种中国色素及图样为下一年春季新装衣料的样板，此外，“欧陆各处文学文化商业团体，每日向柏林敦厦探询简便旅行至英参观办法函件，源源而至”，并有“时装公司与室内装饰专家，庭院设计专家均就此次展览研究新款”。[④] 展览结束后不久，著名收藏家欧摩福波罗士把所藏近 3000 件（其中仅 200 件在伦敦中国艺术国际展览会上展览过）中国艺术品，以仅及原价极少部分的 10 英镑廉价售予维多利亚和阿尔伯特博物馆，长年公开展览，中国驻英大使郭泰祺称赞其“实足使上次展览会之纪念，垂诸久远”。[⑤] 显然，这些都显示了中英友好文化交流。

不过，亲历者庄尚严却对展览期间英国的“中国热”有另一种看法。他认为，“艺展之在英伦，固曾哄动一时，若谓由是可以增睦邦交，提高国际地位，虽非缘木求鱼，亦等镜花水月”，并以印度为例，认为英人亦很热

① 余一：《龟与狮——参观伦敦预展以后》，《申报》1935 年 5 月 9 日，第 4 张第 16 版。

② 《伦敦艺展闭幕，英皇家学院长电谢》，《申报》1936 年 3 月 10 日，第 1 张第 4 版。

③ 傅振伦：《伦敦中国艺展始末①》，《紫禁城》2014 年第 1 期。

④ 《伦敦艺展盛况》，《大公报》1935 年 12 月 1 日，第 1 张第 4 版；唐惜分、庄尚严：《伦敦中国艺展近讯及各国出品选述》，《大公报》1935 年 12 月 14 日，第 3 张第 9 版。

⑤ 《伦敦博物院中国美术展览》，《申报》1936 年 4 月 19 日，第 2 张第 5 版。

衷印度文化，但印度“岂非仍在大英帝国支配之下?”即便专门研究者，除了欣赏、感慨，“未闻其对于现在印人，加以青眼”。从而警醒国人，不可“以文明古国自傲”，“抱残守缺”，而应“努力科学建设新中华民国”，“急起直追”。[①] 其言不无道理。

第二，进一步加深西方对中国传统艺术的认知。展览会把自殷商以迄明清的 3000 多件中国艺术品集中予以展示，让西人第一次非常直观地从整体上系统认知中国艺术品，毫无疑问，“很可帮助东西人士得到更佳的了解”。[②] 因展览会而泛起的有关中国艺术的诸多演讲、各种宣传资料、文章和书籍，也有利于西人认知中国艺术，正如罗兰士宾仁在为由西方艺术研究专家所编《中国艺展》一书所作的序言中所说：“这本小书能帮忙参与这个盛会的人对中国艺术更了解多点，欣赏的愉快更增添一点，因为中国艺术慢慢地一步步展开它的秘密，是很能教它底美的钻研者得到丰富底收获的。”[③]

大多数西方人一直认为中国艺术品就是陶瓷器，其他的都是工艺品、装饰品，[④] 而伦敦中国艺术国际展览会有助于改变西人对中国艺术的这一认知。英国皇家艺术学院院长李威廉认为：“对于大多数人而言，中国艺术就是指明代陶瓷，而这个展览将告诉我们，中国其他时期的艺术及除陶瓷之外的艺术，也同样非常发达。”[⑤] 郑天锡亦谓：“盖国际人士初意我国艺术品，即彼等常见之我国古董摆设，其后目睹如此伟大奇观，非始料所及。”[⑥] 不少西方人观览之后，才发现一直被其视为装饰品的中国艺术品亦有精美的艺术，尤其是认识到一直为西方所忽视的书画才是中国艺术的主流，相比陶瓷和青铜玉器，他们对中国书画的研究和认知相当肤浅。[⑦] 位于格拉斯哥的 *The Herald* 谓：“中国艺术发展之成就，世界各国莫能比拟，历史悠远，莫之与竞，西方人士之不明他国艺术，亦尤以此为最，观其图案、设色、诗赋，使吾人不得不崇尚备至而其所以能生此项艺术之思想史矣，遂觉切

① 庄尚严：《赴英参加伦敦中国艺术国际展览会记》，《国立北平故宫博物院年刊》1936 年第 1 期。

② 《英国艺术批评家对中国艺术的认识》，历樵译，《大公报》1935 年 10 月 21 日，第 3 版。

③ 《伦敦艺展特约专家论中国艺术》，《大公报》1935 年 12 月 14 日，第 3 张第 9 版。

④ “The Chinese Art Exhibition: Decorative Objects,” *The Times*, 17 December 1935, p. 12.

⑤ “Sir W. Llewellyn on Chinese Art: Scope of London Exhibition,” *The Times*, 23 November 1935, p. 11.

⑥ 《回国古物昨晨到沪》，《大公报》1936 年 5 月 18 日，第 1 张第 3 版。

⑦ Gray, Basil, “The Chinese Exhibition: Painting and Calligraphy,” *Apollo*, Vol. 22, 1935, p. 313.

要。陶瓷、家具、漆红、织绣、石刻，而尤以书画在在足征中国历史之光荣。”[①]《泰晤士报》亦谓：“中国艺术……对于我们充满了价值和魅力，它不仅是另外一种艺术，更是另一种生活哲学，它为我们的思想开启了一扇窗户，让我们从一个全新的角度去观察、发现我们未曾发现的东西。中国艺术作为亚洲最具代表性的艺术，将会完全改变及加深我们对艺术及艺术与生活之关系的理解。”“中国艺术更富有智慧，更能淡泊明志，对生活有着更丰富的想象力。”[②]

第三，有利于推动近代艺术博物馆的构建，促进中国传统社会的艺术品向近代社会进一步转型。艺术展览会可以说是一个短期的艺术博物馆，而艺术博物馆亦是一个固定的长期的艺术展览会，且要不定期举办众多艺术展览会。上海展览和伦敦展览以近代展示方式展陈中国古艺术品，一方面对古艺术品进行系统整理，予以分类编目，并编配介绍说明，这有利于艺术品学术化，推动艺术品研究。虽然故宫博物院 1925 年就成立了，但故宫藏品“大多散漫凌乱，精粗并见，未遑整理，故于考古家及艺术家之研究，未为便利”，[③] 而且，“吾国国内向乏大规模之陈列所及专门研究之机关，故有系统之搜集、保管、陈列、整理、流通，均所欠缺，致一般人欲研究吾国艺术者，每苦无从下手”，[④] 因而，“此次展览，公诸观众，使专门学者，多资参考，据实批评，于我国艺术史上，不无裨益”。[⑤]

另一方面，把古艺术品集中向社会展示，有利于推动传统艺术品的社会化、大众化，促进大众艺术欣赏和教育的兴起和发展，养成社会崇尚艺术的风气。中国传统的艺术品之展示和欣赏仅限于少数人封闭的交际圈，“作为一种礼节性的交流，艺术品在中国只被展示于少数知识渊博、趣味相投的宾客中”，[⑥]“惟往者国体专制，视艺术之鉴赏，几为帝王及贵族阶级所专有，一般民众，皆无欣赏机会，民间所藏者，皆一鳞半爪，秘而不宣”。[⑦] 而上海预展会及古物回国后的南京展览，把难得一见的古物公之于众，让

---

① 唐惜分、庄尚严：《伦敦中国艺展近讯及各国出品选述》，《大公报》1935 年 12 月 14 日，第 3 张第 9 版。

② “Chinese Art: Complementary to European, a Revelation to Britain,” *The Times*, 3 December 1935, p. 19.

③ 《艺展预展会明日开幕》，《申报》1935 年 4 月 7 日，第 2 张第 9 版。

④ 《艺展预展会昨晨开幕，叶恭绰对艺展意见》，《申报》1935 年 4 月 9 日，第 3 张第 9 版。

⑤ 吴湖帆：《国际艺展之所见》，《大公报》1935 年 4 月 13 日，第 3 张第 9 版。

⑥ David Percival, “The Chinese Exhibition,” *Royal Society of Arts Journal*, December 1935, p. 113.

⑦ 《艺展预展第廿三日，施翀鹏之观感》，《申报》1935 年 5 月 1 日，第 4 张第 13 版。

民众可以堂而皇之地集中欣赏，享受艺术之美，这有利于“养成崇尚艺术之风气”与“建设大众艺术”，[1] 因而有人期望展览结束之后，“连同国内所存之书画古物，设馆陈列，作长期之展览”，那么，“中国艺术，不但不致中绝，且可发扬光大”。[2]

（作者单位：华中师范大学历史文化学院）

① 《伦敦艺展预展会今日开幕》，《大公报》1935 年 4 月 8 日，第 1 张第 3 版；《艺展预展会昨晨开幕，叶恭绰对艺展意见》，《申报》1935 年 4 月 9 日，第 3 张第 9 版。

② 《艺展预展第廿三日，施翀鹏之观感》，《申报》1935 年 5 月 1 日，第 4 张第 13 版。

近代学人对古代“史官”之阐释*

王　锐

内容摘要　近代学人对“史官”及其相关概念有许多认识与诠释。随着清代章学诚、龚自珍等人学说在近代的盛行，史官被有心摆脱经学纷争、重新探讨上古学术源流的学人所重视。他们视史官为上古学术枢纽。然彼等阐扬史官的同时，对《汉书·艺文志》中道家出于史官说亦援引申论，强调道家得史官真传，使其地位水涨船高，对儒学的正统地位产生极大冲击。因上古史官地位之重要，目睹近代变局的学人遥想由史官而生的“史权”，认为其乃对君权的有力制约，成为中国古代对抗专制权力的利器，史官一职成为他们批判、改造近代政教的重要思想资源。随着近代新史学的流行，如何评价史官成为致力于斯的学人梳理、检讨中国传统史学时颇为关注的问题。强调其位置重要者，同时也反思史官对史学的消极影响，阐扬其意义者，乃是借之力言中国传统史学的价值，这展示了各人自己的史学思想，甚至是对时代变局的感观。

关键词　史官　上古学术　史权　史学

近代以来，中国遭遇前所未见的世变，在思想领域，由于西学的传入，以及传统学术内部的变迁，出现了新的“道术将为天下裂”之局面。许多传统思想与学说在时代的激荡之下，被文化立场与学术取向各异的学者赋予了许多新的阐释，使其先前所蕴含的各种面向被重新阐扬或表彰，成为构建近代知识体系的一部分。特别是一些古代已有的概念，由于本身辞约旨远、言简意赅，加之年代久远、书缺有间，难以在各类典籍中将其含义钩沉索隐，进而一一确切实证，更是赋予了人们足够多的阐释可能性。而

---

* 本文为上海市教育委员会科研创新计划重大项目“重构中国：中国现代史学的知识谱系（1901—1949）”（项目号：2017－01－07－00－05－E00029）阶段性成果。

这些阐释背后，也显现出近代中国知识分子面对世变与学变之时所做的各种思考甚至焦虑。研究这些古代名词以及其背后蕴含的观念在近代衍生出的各种阐释，对于更为全面且深入地理解近代中国的思想与学术之变迁不无裨益。

中国传统学术里，史学为一大宗，不但渊源甚早，而且各类史籍卷帙浩瀚，相较于世界各地其他具有悠久历史的文明，史学之发达堪称中国文化主要特色之一。岛田虔次曾分析中国古代“史”的含义，认为除了作为事件的史事与作为载籍的史书之外，“还必须加上另一种意思，那就是史官、记录者。在中国，‘史’字的本来含义，实际上就是如此”。通过对古代史官制度的考证与梳理，他指出中国“文明的恩人们原来都是史官，都是记录者”。所以中国古代“史”字“最根本最原始的意思是所谓记录者、史官”。[①] 这一观点对理解中国史学之特质颇有启发。与其关注点相似，近代以来也有不少中国学人对“史官”这一概念有过各种阐释，且其着眼点与结论往往不尽相同。仔细绎读这些文本，颇能看出他们对近代世变下的思想与学术的各种感观与思考。[②]

一 史官地位的抬高与扩大

史官之名在先秦典籍中已有出现，《左传》里记载了不少当时各诸侯国史官的名字。然对其性质与流变进行系统梳理者，当自唐人刘知几的《史通》始。他强调世人无论贵庶，皆图不朽，欲达此境，唯有姓名事迹著于竹帛。因此在他看来，“苟史官不绝，竹帛长存，则其人已亡，杳成空寂，而其事如在，皎同星汉”。正因为“史之为用，其利甚博，乃生人之急务，为国家之要道”，所以“史官之作，肇自黄帝，备于周室，名目既多，职务咸异。至于诸侯列国，亦各有史官，求其位号，一同王者”。[③] 此外，“寻自

① 〔日〕岛田虔次：《六经皆史说》，刘俊文主编《日本学者研究中国史论著选译》第7卷，中华书局，1993，第186—190页。

② 关于“史官”的讨论，还有一个不容忽视的部分，即国民政府成立以来对“国史馆”这一机构的各种建制以及人员选拔与任用的讨论，然此一内容，牵涉到许多具体的行政与人事问题，而本文主要着眼于梳理近代学人对古代“史官”这一概念的阐释，所以关于近代“国史馆”的相关内容，本文从略。

③ （唐）刘知几著，（清）浦起龙通释《史通通释》，上海古籍出版社，2009，第280—281页。

古太史之职，虽以著述为宗，而兼掌历象、日月、阴阳、管数”，[1] 不但司人间载笔之事，还具有很强的宗教性格。

值得注意的是，对于史书的作用，刘知几指出：“史之为务，申以劝诫，树之风声。其有贼臣逆子，淫君乱主，苟直书其事，不掩其瑕，则秽迹彰于一朝，恶名被于千载。”[2] 但是在他生活的年代，众人官修国史这一古代史官的衍生行为却是弊病甚多。在《史通》的《忤时》篇中他痛言：史书成于众人，导致各自为政，协调困难；史书编撰过程中，尚未成书，其中梗概已被人知晓，致使难当客观；总领其事者如同挂名，于修史方针少有指授，导致参与其事者多因循苟且。凡此种种，使得当时官修之史，质量难以保证。[3] 在这里，他因亲历其事，故而言之凿凿，对当时的史官制度大加抨击，其所指诸弊病，颇对近代学人阐释史官有所影响。

到了清代，史官在上古文化中的地位与重要性开始被人详细论及。章学诚的“六经皆史”说早已为人所熟知，尽管这一观点并非他最先提出，[4] 但是他对此进行了许多具体讨论，其中也包括对史官角色的论述。他指出上古之时，“有官斯有法，故法具于官；有法斯有书，故官守其书；有书斯有学，故师传其学；有学斯有业，故弟子习其业。官守学业皆出于一，而天下以同文为治，故私门无著述文字”。[5] 所以图书载籍，具备于官守。基于此，他详论史官的角色：

> 或问《周官》府史之史，与内史、外史、太史、小史、御史之史，有异义乎？曰：无异义也。府史之史，庶人在官供书役者，今之所谓书吏是也。五史则卿、大夫、士为之，所掌图书、纪载、命令、法式之事，今之所谓内阁六科、翰林中书之属是也。官役之分，高下之隔，流别之判，如霄壤矣。然而无异义者，则皆守掌故而以法存先王之道也。[6]

在他看来，虽然上古史官具体地位有高下之别，但作用并无歧异，其

① （唐）刘知几著，（清）浦起龙通释《史通通释》，第284页。
② （唐）刘知几著，（清）浦起龙通释《史通通释》，第179页。
③ （唐）刘知几著，（清）浦起龙通释《史通通释》，第553—559页。
④ 汪荣祖：《史学九章》，台北，麦田出版公司，2002，第311—312页。
⑤ （清）章学诚著，王重民通解《校雠通义通解》，上海古籍出版社，2009，第1页。
⑥ （清）章学诚著，仓修良编注《文史通义新编新注》，浙江古籍出版社，2005，第270页。

所执掌与整理者，乃是为王官图籍与典章，这皆为“先王之道”之所借以保存者。而在章氏眼中，六经皆为先王之政典，上古之时，学者所学，不出官司典守、国家政教之外，故而能道器合一，不以虚言应世务。由此史官的地位愈显重要。①

此外，在史书编撰方面，章学诚指出：“即如六典之文，繁委如是，太宰掌之，小宰副之，司会、司书、太史又为各掌其贰，则六典之文，盖五倍其副贰，而存之于掌故焉。其他篇籍，亦当称是。是则一官失其守，一典出于水火之不虞，他司皆得藉征于副策，斯非记注之成法详于后世欤！”②“官礼制密而后记注有成法，记注有成法而后撰述可以无定名。以谓纤悉委备，有司具有成书，而吾特举其重且大者笔而著之，以示帝王经世之大略。而典、谟、训、诰、贡、范、官、刑之属，详略去取，惟意所命，不必著为一定之例焉。斯《尚书》之所以经世也。”③ 在这里，章学诚对史官的论述，主要是突出其作为王官之一员，掌握了丰富的官书典籍，因而能够达到著史的理想境界，后世官师分离，著史成为私家之事，撰述有成法而记注无定名，所以“伪乱真而文胜质，史学不亡而亡矣”。④ 在章学诚看来，官师是否合一，为学术兴衰一大关键，是故两相对比，史官的重要性也于焉凸显。而在清代朴学大为盛行的学术氛围里，章学诚虽然深不满当时学人竞相趋于饾饤上古典章名物，但他的对抗之法，依然也是回到对上古制度职官的阐释，以提倡自己的治学之道，在这一点上可以说他并未游离于所处时代。

到了龚自珍那里，史官的地位与作用被进一步抬高。他指出：“周之世官大者史。史之外无有语言焉；史之外无有文字焉；史之外无人伦品目焉。史存而周存，史亡而周亡。”⑤ 视史官为一切文化之所出，同时其地位与国之兴亡休戚相关。他继承章学诚的“六经皆史”之论，认为“六经者，周史之宗子也。《易》也者，卜筮之史也；《书》也者，记言之史也；《春秋》

---

① 有论者言，在章学诚的“六经皆史”说里，“六经皆周官掌故”为“最基本也是很重要的见解”。参见刘巍《章学诚“六经皆史”说的本源与义蕴》，《历史研究》2007 年第 4 期。此论甚有见地。而在此基础上，“史官”的作用便越发重要，可以说，史官是否具有完善的职能，乃上古黄金时代与后世学术每下愈况之间的重要区别之一。

② （清）章学诚著，仓修良编注《文史通义新编新注》，第 20 页。

③ （清）章学诚著，仓修良编注《文史通义新编新注》，第 21 页。

④ （清）章学诚著，仓修良编注《文史通义新编新注》，第 20 页。

⑤ （清）龚自珍：《古史钩沉论二》，《龚自珍全集》，上海古籍出版社，1999，第 21 页。

也者，记动之史也；《风》也者，史所采于民，而编之竹帛，付之司乐者也。《雅》、《颂》也者，史所采于士大夫也。《礼》也者，一代之律令，史职藏之故府，而时以诏王者也。小学也者，外史达之四方，瞽史谕之宾客之所为也”。[①] 此外，在他看来，“诸子也者，周史之小宗也”，具体言之，道家祖为“任照之史”，农家祖为“任天之史”，法家祖为“任约剂之史”，名家祖为“任名之史”，杂家祖为“任文之史”，阴阳家祖为“史之任讳恶者”，墨家祖为“任本之史”，小说家祖为“任教之史”。[②] 他将《汉书·艺文志》（以下简称《汉志》）所言“道家出于史官”之论扩大，强调诸子各派皆源于上古史官，这无疑使史官在学术传承上的重要性更为凸显。至于龚氏何以认同章学诚之言，或许正如钱穆所论，二人学说大体上皆为乾嘉朴学之反动，是故有相通之处。[③]

然龚自珍对史官的论述，不单从学术渊源角度着眼。他指出：“王者，正朔用三代，乐备六代，礼备四代，书体载籍备百代，夫是以宾宾。宾也者，三代共尊之而不遗也。夫五行不再当令，一姓不再产圣。兴王圣智矣，其开国同姓魁杰寿考，易尽也。宾也者，异姓之圣智魁杰寿考也……王者于是芳香其情以下之。玲珑其诰令以求之，虚位以位之。”[④] “故夫宾也者，生乎本朝，仕乎本朝，上天有不专为其本朝而生是人者在也。是故人主不敢骄。”[⑤] 在龚自珍看来，上古的政治结构，“宾”的地位可以与“王者”相匹敌，虽然身为臣子，但是受到“王者”的极度礼遇，以此显示后者对文化传承的重视与尊重。而“史之材，识其大掌故，主其记载，不吝其情，上不欺其所委贽，下不鄙夷其贵游，不自卑所闻，不自易所守，不自反所学，以荣其国家，以华其祖宗，以教训其王公大人，下亦以崇高其身，真宾之所处矣”。[⑥] 强调史官因具备各种华美之质，在王朝政治结构中，也应为“宾”。可见，依龚自珍之见，史官之地位，已绝不仅仅是载笔之士或文化的传承者，而是具有极高的政治地位，使得“人主不敢骄”。这一论述，实则与龚自珍对当时清廷政治文化之批判息息相关，他认为当时朝中“左

① （清）龚自珍：《古史钩沉论二》，《龚自珍全集》，第 21 页。
② （清）龚自珍：《古史钩沉论二》，《龚自珍全集》，第 21—22 页。
③ 钱穆：《中国近三百年学术史》下册，台北，台湾商务印书馆，2009，第 595 页。
④ （清）龚自珍：《古史钩沉论四》，《龚自珍全集》，第 27 页。
⑤ （清）龚自珍：《古史钩沉论四》，《龚自珍全集》，第 28 页。
⑥ （清）龚自珍：《古史钩沉论四》，《龚自珍全集》，第 28 页。

无才相，右无才史，阃无才将”，[①] 而清朝君主对于有识之士尽力束缚、百般屈辱，使大臣长期处于战战兢兢的状态下，同时制造各种牵制之术，让臣工难有作为，稍不慎即触犯律例，如此使得朝政弊病丛生，士大夫廉耻丧尽。[②] 他对古代史官的阐扬与表彰，其意即通过道古事以讽谏当下，希图让统治者有所警醒。

史官及其相关问题为人所重视的另一面，即持相反观点者视此问题颇有严重性，因而对之批评。章学诚之学，自晚清以来开始受人重视，欲为章氏“身后桓谭”者也不乏人。[③] 康有为在治学之初，本着学以经世的立场，也曾对章学诚学说颇有援引与承袭，这在《教学通义》一书中有很明显的体现。[④] 不过后来康氏学术转向，强调上古史事茫昧无稽，六经皆为孔子所作，因此对章学诚所阐释的上古学术图景甚为不满。章氏强调六经皆先王政典，由史官负责执掌，政教不二，官师合一，因此集古圣大成者为有德兼有位的周公。在康有为看来，“章实斋谓集大成者周公也，非孔子也，其说可谓背谬极矣”。进而强调：“学者知六经为孔子所作，然后孔子之为大圣，为教主，范围万世而独尊称者，乃可明也。”[⑤] 循此思路，则孔子以布衣之身，行天子之事，古代经典，由此而生，那么史官的地位与重要性遂变得无关紧要。康有为之所以汲汲于此，正如张荣华先生所分析，康氏在戊戌变法前后俨然视章学诚为论敌，通过对后者的批判来强调自己“德高于位”的素王改制变法之论，以此为政治行动创造理论体系。[⑥]

康有为之学在当时掀起波澜，无论赞成或反对，皆必须直面其巨大影响。陈三立在为乃父陈宝箴作传时，指出后者当“康有为之初召对也，即疏言其短长所在，推其疵弊，请毁其所著书曰《孔子改制考》”。[⑦] 极力表明陈氏的改革主张不同于康有为的改制变法之论，这一点其实在陈三立自己的文章中也有体现。他指出：

---

① （清）龚自珍：《乙丙之际箸议第九》，《龚自珍全集》，第 6 页。

② （清）龚自珍：《明良论四》，《龚自珍全集》，第 34 页。

③ 张荣华：《章太炎与章学诚》，《复旦学报》2005 年第 3 期。

④ 刘巍：《康有为、章太炎与晚清经今古文之争》，桑兵、关晓红主编《先因后创与不破不立：近代中国学术流派研究》，三联书店，2007，第 212—216 页。

⑤ 康有为：《孔子改制考》，中华书局，2012，第 243—244 页。

⑥ 张荣华：《康有为〈孔子改制考〉进呈本的思想宗旨》，《复旦学报》2013 年第 1 期。

⑦ 陈三立：《皇授光禄大夫头品顶戴赏戴花翎原任兵部侍郎都察院右副都御史湖南巡抚先府君行状》，《散原精舍诗文集》下册，上海古籍出版社，2003，第 855 页。

古者圣智不虚生，上之行其道，为君为相；次之修其道，而为史官，垂宪法。皆以治世致纯太平而已。孔子之时，周道陵夷，官司之守，渐以散堕。孔子既不得位而从大夫之后，犹得退而私其业，举废阙绍明世，凡以明旧典也。故曰：述而不作，信而好古，窃比于我老彭。老，老聃，彭，彭祖也，为殷周史官。孔子窃比之，以成《春秋》，以序《易》，以定《诗》、《书》、《礼》、《乐》，皆述也，史之所有事也。或曰：孟子称孔子作《春秋》，非与？曰：文成数万，其指数千，义近于作也。然而孔子谓之曰“述”，以据鲁史、据百二国之宝书事与文，同于述也。故曰：其义则某窃取之矣。笔削之例，亦当循老彭相传之旧法，而博采通人，损益文质，以集群史之大成焉尔。曰：盖有不知而作之者，我无是也。於乎！尚得以素王称天纷纭之说而疑孔子哉？①

陈三立强调史官在上古政教体系中有非常重要的位置，后世王官陵夷，史官之法遂为孔子所借用，因之以作《春秋》，所以书中体例，仍循史官旧法，素王之说，并非确论。他很可能是对康有为抨击章学诚的思路心有会意，故而借彰显史官的重要性来对抗康氏之学，由此更可见对史官的阐释在当时的学术论争中渐处重要的位置。

二 史官与上古学术

时至1920年代，康有为回顾世变与学变，颇为愤慨地说道：“近世学术之谬，圣教之衰，大抵自章学诚为最甚矣。”因为“至章学诚乃谓诸经为史，则孔子改制之义皆灭矣。夫惟教主之作乃尊为经，其弟子后学所述，则谓为传、记、义。故虽《系辞》、《论语》之尊，亦只称为传。佛道之尊教主亦曰经，其他则曰论，义亦固也。佛道之经，未闻降级。若以六经为史，则孔子非教，中国无教主，宜其若明若昧，人心败坏，风俗陷溺，一至于此也”。② 正如他所抨击的那样，章学诚之学并未因《孔子改制考》的问世而受人轻视，反倒是越来越多立场各异的学人受章氏启发，对上古学

① 陈三立：《读论语四首》，《散原精舍诗文集》下册，第779页。

② 康有为：《与支伟成》（1926年），张荣华编校《康有为往来书信集》，中国人民大学出版社，2012，第24页。

术图景进行述论。这其实显示出，随着亘古未有的世变，中国传统学术遭遇极大危机，长期以来居于官学地位的经学体系开始动摇，如何面对庞大的经学遗产，如何在新的时代里安置经学的地位，甚至如何改造经学义理中与现代性诉求相背离之处，凡此种种，让许多学人参与到相关讨论当中，其中重新梳理上古学术谱系乃极为重要的议题，而这些言论里，便包含对史官的阐释。

晚清国粹学派对于中国传统思想与学术多有阐扬。邓实、黄节等人借鉴当时日本学者的“国粹论”，极力鼓吹中国“国粹”。他们区分“国学”与“君学”，认为中国学术自晚周诸子以降，多被“君学”所笼罩，学术思想成为帝王专制的工具，堪称真“国学”者寥寥无几。[①] 在这种诠释思路下，其所极力鼓吹的“国粹”，名为复古，实则暗含许多古所未闻的思想种子。[②] 他们对于史官，也在这样的诠释思路下有所论述。邓实强调：“史官者，神州学术之微也。”“夫史为古今天下学术一大总归，文书之库，而知识之府，故史之权于通国为独重，而史之识，亦于通国为独高。”不但六艺皆为史，诸子九流亦同出于史，上古学术之兴盛，皆赖有其史官传统。在这里邓实对史官如此阐扬，乃是为了突出后世专制政治下中国已无史，借提倡某种“国粹”来批判其眼中中国传统文化的弊病。他痛陈：“悲夫！中国之无史也，非无史，无史材也。非无史材，无史志也。非无史志，无史器也。非无史器，无史情也。非无史情，无史名也。非无史名，无史祖也。呜呼！无史祖、史名、史情、史器、史志、史材，则无史矣。无史则无学矣，无学则何以有国也？诸夏䵝䵝，神州莽莽，中区鱼烂，道术将裂。”[③]可见在邓实眼中，史官为“国粹”的体现，有史或无史，关乎文化兴衰。邓实表彰史官，视史官为中国古代学术的权舆，借此为“君学”之外的真国学寻找源头。

钱基博梳理近代史学流派，指出其中“言史例史意者一派，绍明章学诚之绪论，如张尔田、何炳松是也”。[④] 张尔田自己也承认“余之服膺实斋者也”。[⑤] 其继承实斋之学的意愿甚为明显。《史微》一书，为张氏学术代表

① 邓实：《国学真论》，桑兵等编《国学的历史》，国家图书馆出版社，2010，第 91—93 页。

② 王汎森：《从传统到反传统——两个思想脉络的分析》，《中国近代思想与学术的系谱》，台北，联经出版事业股份有限公司，2003，第 123 页。

③ 邓实：《国学微论》，桑兵等编《国学的历史》，第 27、28、32 页。

④ 钱基博：《古籍举要》，上海古籍出版社，2011，第 77 页。

⑤ 张尔田：《汉书艺文志举例序》，《亚洲学术杂志》1921 年第 2 期。

作，他自言著书目的：“《史微》之为书也，盖为考镜六艺诸子学术流别而作也。”并且认为：“尝见挽世解经之书，是丹而非素，入主而出奴，专以一己爱憎为取舍，甚至一简之内，借口择善而从，予夺互施，竟不知古人命谊之所在。”[①] 因此他在书中对上古学术流别提出自己的看法，关于史官的阐释，便是其中一个重点。

在张尔田看来，正如章学诚所言，六艺皆为史，百家道术，乃是六艺之支与流裔。因而太史一职，在上古地位非常重要。他说道：

> 太史者，天子之史也。其道君人南面之术也，内掌八柄以诏王治，外执六典以逆官政，前言往行无不识，天文地理无不察，人事之纪无不达，必求博闻强识疏通知远之士，使居其位，百官听之以出治焉。故自孔子以上，诸子未分以前，学术政教皆聚于官守，一言以蔽之，曰史而已矣。[②]

在这里，他基本上继承了龚自珍的观点，认为史官的地位非常重要，是王朝政治与文化的中枢。后世“道统既异，官亦无足轻重矣”，使得“虽有良史，不过致谨于书法体例之间，难以语乎观微者已”。[③]

值得注意的是，张尔田对史官之阐释，绝非绍述前人观点。在言及自己著书目的时，他自诩《史微》一书价值：“盖六艺诸子自向歆校书后，今日始一理董也。”[④] 这体现出他对向、歆之学的认同。在以《七略》为本节略而成的《汉志》中，史官乃是道家之学所从出，因此在对史官的阐释过程中，张尔田非常强调后者与道家之间的关系。他指出，东周以降，天子蒙尘，王官四散，百家之学开始勃兴，诸子各派各得王官学之一端，而“史官之大宗独降为道家”，因此“六艺皆王者之史，根据于道家”。[⑤] 如此一来，依张氏之见，甚至章学诚的“六经皆史”说亦存缺憾，他认为：“实斋阐史，有宗周祧孔之论，皆可谓知二五而不知十一也已。”[⑥] 总之，道家的地位与重要性，在张尔田那里便随着史官地位与重要性的彰显而水涨船高。

---

① 张尔田：《史微·凡例》，上海书店出版社，2010，第1页。

② 张尔田：《史微·原史》，第1页。

③ 张尔田：《史微·史官沿革考》，第7—8页。

④ 张尔田：《史微·题辞》，第1页。

⑤ 张尔田：《史微·原史》，第2页。

⑥ 张尔田：《史微·史学》，第6页。

因此张尔田指出："百家者，六艺之支与流裔也。六艺本古史，史之大宗属道家，故百家莫不祖史，而以道为之原。昔者黄帝正名百物，得君人南面之术，百官以察，万民以治，首立史官，于是乎有六艺，道家守之以进退百家，百家禀道家以修其职，如众星之拱北辰也……道家实已兼百家之所长矣，故百家皆上承道家，以为出治之本，此三代政教所由备哉灿烂欤?"[①] 诸子各派，其思想皆与道家相同，因而道家的地位便成为百家之首。"闲尝论之，道家为君人南面之术，君道也，百家皆出于官守，臣道也，臣道不能独治，必上禀君道而统之，此古帝王设官分职之遗意也。故诸子立言虽歧，合其要归，未有不原于道家者，即其闲异户同门，互相诋謷，此乃辩生于末学，岂九师之道本然哉?"[②] 而后世六艺尽属儒家，使得史官正宗降为九流之一，导致了学术日渐衰微，百家之言归于泯灭。张尔田对史官的阐释，对《汉志》之言广为引申，在表彰史官在上古学术的重要性同时，使道家的地位也水涨船高，这恐怕绝非刘向、刘歆、章学诚等人所能想象。

虽然如此，张尔田依然以儒者自居，视孔子为教主，力陈孔教应为国教,[③] 认为"我孔子之制六艺也，盖示后王以明治天下之道而已"。[④] 那么他在视源于史官的道家为百家之首的论述里，如何安置儒家，就成为一个颇费心思的问题。他指出，"孔子之道，君人南面之术也"，是故"孔子实兼道家也"。[⑤] 但是这并非降低孔子地位，因为道家宗旨为明天，儒家宗旨为明人，"孔子之道则不然，道家先法天道，孔子则修人道以希天；儒家先尽人道，孔子则本天道以律人"。[⑥] 所以"惟其兼道家之统，故高出乎儒家；惟其兼儒家之统，故又不纯乎道家"。[⑦] 因此在张尔田看来，孔子兼得儒道两家之长，已非一派所能涵盖，单单视孔子为儒家，并非突出道统，实乃卑视先圣，故他感慨后世儒者"致使夫子由司徒一官上承君人南面之统，以为万世帝王师表者，屈在臣邻之列，而无一人智足知圣焉"。[⑧] 言下之意，

① 张尔田:《史微·祖道》，第 115 页。
② 张尔田:《史微·祖道》，第 118 页。
③ 张尔田:《为定孔教为国教事敬告两院议员》，《庸言》第 1 卷第 20 号，1913 年 10 月15 日。
④ 张尔田:《论六经为经世之学》，《亚洲学术杂志》1921 年第 1 期。
⑤ 张尔田:《史微·原儒》，第 42 页。
⑥ 张尔田:《史微·征孔》，第 62 页。
⑦ 张尔田:《史微·征孔》，第 65 页。
⑧ 张尔田:《史微·征孔》，第 65—66 页。

他的这番诠释，堪称发千古未发之覆。

张尔田对史官的阐释，实话说来已非完全根据遗世载籍立论，而是有不少流于主观之处，这一点他早有认识。他不满于古文经学“言必有据”的治学路数，认为“自章枚叔（按：即章太炎）辈出而古文又弊矣”。相较于今文经学，“古文之弊难见”，是故“难见其患深”，进而“患深且将灭种”。[①] 而在他看来，学问之道，“有一种不能及时示人证据，必待事变之来而吾言方验”，他名之曰“纵的考据”。[②] 因此，他在《史微》中对史官的阐释，便是其治学方法的体现。对此许多强调治学应实事求是者颇不以为然。王国维虽与张尔田熟识，却认为《史微》“中多无根之谈”。[③] 据金毓黻回忆，黄侃对《史微》评价为“不佳”。[④] 此外，虽然张尔田自认为这一解释并未降低儒家地位，反而越发彰显孔子的伟大，但是因表彰史官而将道家的地位抬得如此之高，承认所谓“异端之学”的巨大价值，此举已然喧宾夺主，使孔子的独尊地位受到极大冲击，开启后来反传统之人借诸子以批孔的“洪水闸门”。因此张氏的挚友孙德谦后来在《诸子通考》一书中对此回应道：“儒家以仲尼为祖，仲尼在庶，虽未得天子之位，而其删修六经，固有王者起，必来取法者也……若是孔子者，万世帝王之师表也。儒家一流，远承其统，则道家虽为君道，其不能与儒家争长也，亦可悟矣。”[⑤] 极力强调儒家地位远在百家之上，以此防微杜渐，免得世人小看孔子。

与张尔田相似，江瑔也颇受章学诚、龚自珍等人的影响。关于六经的定义，江氏指出：“六经者，古代之史也。《尚书》记言，为唐虞三代之史。《春秋》记事，为春秋列国之史。《易》为上古羲农之史。《诗》为商、周、十五国之史。《礼》、《乐》尤为一代制度之史。古代声名文物，咸萃于此。”同时他特别强调：“六经皆史，李卓吾、章实斋、龚定庵诸人力持其说，颠扑不磨，殆成定论。”[⑥] 但是章学诚的“六经皆史”之说，乃是为了彰显上古之时官师合一，政教不二，因而突出周公的地位，然江瑔却把老子也置

---

① 张尔田：《孱守斋日记》，《史学年报》第2卷第5期，第366页。

② 张尔田：《致王国维》，马奔腾辑注《王国维未刊来往书信集》，清华大学出版社，2010，第259页。

③ 王国维：《致罗振玉》（1916年），《王国维全集》第15卷，浙江教育出版社、广东教育出版社，2010，第205页。

④ 金毓黻：《静晤室日记》第6册，辽沈书社，1993，第4116页。

⑤ 孙德谦：《诸子通考》，岳麓书社，2013，第104页。

⑥ 江瑔：《新体经学讲义》，华东师范大学出版社，2014，第10页。

诸有功于上古经典形成的圣人系谱当中。在他看来，“大氐古代之六经，昌明于周公，世掌于老聃，而集大成于孔子”。[①] 在这里，他很明显是认同了司马迁在《史记》里对老子生平的记载，即其人为“周守藏室之史”，而“孔子适周，将问礼于老子”。[②] 这与《汉志》所言的道家出于史官说在内容上相辅相成，江瑔在重构上古学术图景时遂对此进行阐释。

江瑔认为上古之时，巫、史并重，各自掌管天下学术，渐渐的史盛而巫衰，史官的职权与作用日益扩大，最终夺巫之席。“百官庶职皆史掌之，巫之所司不逮万一。惟政事日繁，而设官亦因以日多，虽名目纷歧，实皆由史氏递变而来。然则谓诸子百家之学尽出于史官非诬语也。”[③] 可见他也非常强调史官的重要性。所以依江氏之见，《汉志》中对道家出于史官的论述可做如是引申：

> 《六经》之书为古人之史，世为道家之所守，在古代以之教人，谓之“六艺”。既入于道家，则以己之箸书专号以名之，故称曰《六经》。及孔子从老子传其业，更从而删订修纂以行于世。孔门之徒溯源寻委，故复起《六经》之名，以符其渊源之所自，木本水源，固可按而寻也。是可见《六经》之名实源于道家，非出于孔氏。[④]

在这里，江瑔不但强调因道家出于史官故传六经，甚至认为后者皆为道家所著。在对史官进行阐释的同时，他对道家重要性的抬高，较张尔田更胜一筹。

循此思路，江瑔认为不但六经传自道家，诸子各派也是各得道家之一端。他指出：

> 道家之学，无所不赅，彻上彻下，亦实亦虚，学之者不得其全，遂分为数派。其得道家之玄虚一派者，为名家，为阴阳家，及后世之清谈家，神仙符箓家。得道家之实践一派者，为儒家。得道家之刻忍一派者，为法家。得道家之阴谋一派者，为兵家，为纵横家。得道家

---

① 江瑔：《新体经学讲义》，第 15 页。

② （汉）司马迁：《史记》第 7 册，中华书局，1959，第 2139、2140 页。

③ 江瑔：《读子卮言》，华东师范大学出版社，2012，第 28 页。

④ 江瑔：《读子卮言》，第 46 页。

之慈俭一派者，为墨家。得道家之齐万物、平贵贱一派者，为农家；得道家之寓言一派者，为小说家。传道家之学而不纯，更杂以诸家之说者，为杂家。是春秋、战国之世，百家争鸣，虽各张一帜，势若水火，而其授受之渊源，实一一出于道家。[①]

基于此，江瑔认为：“道家之学，秉要执本，以为即治天下之要术，后世当共遵循之而不可易。”[②]

不过值得注意的是，虽然江瑔引申《汉志》之言，极力表彰道家的重要性，但是他绝非借此以贬低长期处于官学地位的儒家，而是依然对孔子甚为尊崇。他对“经”的解释，视其与“简”、“册”同意，为古代书籍的通称。[③] 这一点很明显受到章太炎《国故论衡》一书关于“经”的定义。[④] 不过章氏反对从经书当中申论所谓“微言大义”，视“通经致用”为妖妄之谈。但江瑔出于尊孔的目的，却强调：“六经虽为往古之陈迹，而实为后来所取资；虽为事实之记载，而实为学理所隐寓。自孔子删订修纂以后，一字一句，莫不有深意存乎其间。有大义焉，有微言焉。”所以“六经之为学，大之可以求典章制度之宏，小之可以为广见博闻之助，显之可以致家国天下之用，微之可以获身心性命之益。其道至广博而无涯，为万世学术所从出焉”。[⑤] 只是与张尔田一样，江瑔将道家的地位抬得如此之高，使得孔子“万世师表”的地位遭受极大动摇，既然儒家也与诸子各派一样皆出于道家，且各得道家学说之一端，那么诸子各派的地位实则与儒家旗鼓相当，与其尊孔，何如尊老，凡此种种，皆显现出对于正统学术极强的冲击力。或许正是认识到了这点，胡适在《中国哲学史大纲》一书里特意将江瑔的《读子卮言》列为参考书之一。

总之，张尔田与江瑔，皆秉承章学诚等人的观点，对史官在上古学术体系中的位置进行阐释，认为其执掌王官之学，乃各类学术所从出，因此重要性非比寻常。然他二人在阐释史官的同时，顺带将《汉志》所言出于古之史官的道家之地位抬高，认为后者因得史官余绪，为诸子百家之首。

① 江瑔：《读子卮言》，第 64 页。
② 江瑔：《读子卮言》，第 47 页。
③ 江瑔：《新体经学讲义》，第 5 页。
④ 章太炎：《国故论衡 · 文学总略》，上海古籍出版社，2001，第 53—54 页。
⑤ 江瑔：《新体经学讲义》，第 1、2 页。

这一观点，虽然二人本意并未拿来扬道抑儒，批判儒学，但客观上对儒家地位的冲击却是在所难免。晚清以来，诸子之学广受提倡，“异端学说”喧宾夺主，张尔田与江瑔虽极力表明自己的尊儒立场，但面对滔滔而来的学变，在表达其学说时亦难免不深受影响。①

三　史官与“史权”

近代中国，由于深陷危机，传统的政治体制日渐遭受质疑。旧有体制缺陷何在？应该采取哪些补救之道？移植域外制度之时，应如何与本土制度接榫？中国传统政教体制中有无可为今世创新制之资源？凡此种种，乃近代政治论争中的重要面向。作为传统政教体制中重要一环的“史官”，也由此被人关注。前文谈到，依龚自珍之见，史官之地位，已绝不仅仅是载笔之士或文化的传承者，而是在整个政教体系中具有极高的政治地位，致使“人主不敢骄”。这一认识到了近代被不少学人进一步阐释，从政治文化的角度阐释史官的重要性。

在《释史》一文里，王国维通过对“史”字本义的详细考证，指出：“史为掌书之官，自古为要职。殷商以前，其官之尊卑虽不可知，然大小官名及职事之名多由史出，则史之位尊地要可知矣。”后世史官的职能有所缩减，乃是因为“‘史’之本意为持书之人，引申而为大官及庶官之称，又引申而为职事之称。其后三者，各需专字，于是‘史’、‘吏’、‘事’三字于小篆中截然有别：持书者谓之‘史’，治人者谓之‘吏’，职事谓之‘事’。此盖出于秦汉之际，而《诗》、《书》之文尚不甚区别，由上文所征引者知之矣”。在上古时期，“官以大史为长，秩以内史为尊。内史之官虽在卿下，然其职之机要，除冢宰外，实为他卿所不及。自《诗》、《书》、彝器观之，内史实执政之一人。其职与后汉以后之尚书令，唐、宋之中书舍人、翰林学士，明之大学士相当，盖枢要之任也”。总而言之，“前古官名多从史出，可以觇古时史之地位矣”。②

① 一个相似的例子是，张尔田虽然对胡适等推崇西学之人深为不满，但在论述中国历史发展趋势时，依然使用肇自远西的“历史公例”概念来申说己意。这表明张氏不自觉地将西方历史演变视为寰宇通则，所有国家概莫能外。参见王汎森《中国近代思想中的“未来”》，《探索与争鸣》2015 年第 9 期。

② 王国维：《释史》，《王国维全集》第 8 卷，第 171—179 页。

王国维考论古代史官在整个政治体系中的位置，虽然强调后者地位崇高、职责关键，但主要还是考证史事，以此明了古代政治文化本相。然他的这一观点，在近代绝非空谷足音，许多学人都对古代史官之地位有所体认，而随着目睹当时政治窳败、国势陵夷，他们遥想古昔，通过论述史官在国史进程中的升降，揭露时代弊病，并且呼吁借重新提倡史官之精神，展示他们理想中中国学术的面向，并借之来对抗统治者的政治权力。

邓实在晚清之时指出：“尝闻之旧史氏矣，古者天子诸侯，必有国史，皆世其官。官存而史存，史存而国存；官亡而史亡，史亡而国亡。左史记言，史之外无有言焉；右史记事，史之外无有事焉。是故六经者，史之大宗，经亦史也。诸子者，史之小宗，子亦史也。周之世官，其大者皆史官也，其异性之闻人，皆史材也，史岂不若是邪。”而降及后世，中国“无一精神史也，其所有则朝史耳，而非国史；君史耳，而非民史；贵族史耳，而非社会史。统而言之，则一历朝之专制政治史耳”。所以他疾呼：“中国无史矣！非无史，无史家也，非无史家，无史职也。”[①] 随后他列举见于传世典籍的古代史官名字，认为这些人之后，再无掌史职者，因而中国步入“无史”的阶段。在邓实看来，古代史官之职为史学撰写的关键，可以与君主相抗衡，后世史官没落，历史书写遂被君主所控制，导致中国很长一段时间内只有“专制政治史”，而无代表全体国民精神的历史。在这里，他很明显受到梁启超等人提倡的新史学之影响，强调“国民”在今世的重要意义，由此将“君史”与“民史”对立，认为历代所流传者，皆为专制君主一家之“史”，而与全体国家社会无关。[②] 史官的意义，不但可以保证历史的书写权不被专制君主攘夺，更能借史书流传，使后者有所戒惧，成为对专制政治的制衡。史官已不仅是学问传承中的重要一环，更成为体现今人政治诉求——抨击君主政治，向往民主政治——的一项古昔之标识。

在《黄帝纪年说》一文里，刘师培强调历史纪年应注意民族、政体与文化。他列举许多在他看来值得专门标出的历史事件。其中与“政体”有关者，他说道：“夏禹即位，曷为记？为君主世袭记也；商汤即位，曷为记？为诸侯革命记也；周民逐厉王，曷为记？为平民革命记也；秦始皇、陈

① 邓实：《史学通论一》，《政艺通报》第12期第23张，1902年8月18日。

② 王汎森：《晚清的政治概念与“新史学”》，《近代中国的史家与史学》，复旦大学出版社，2010，第16页。

涉曷为记？为君权、民权之消长记也；是为中国政界之活动。”① 可见他所重视的，乃是君主专制的沿革和可与之对抗的历史因素。循此认识，史官遂成为他眼中与君主权力抗衡的主要力量。

在为陈去病的《清秘史》作序时，刘师培指出：

> 予思书契以降，君权、史权互为消长。周室初兴，诗篇陈于太史，然吾即三百篇之词观之，外陈刑政之苛，内陈宫闱之隐，事涉君亲，词无回匿，殆所谓“言者无罪，闻者足戒”者耶！及迹熄《诗》亡，《春秋》继作，而南史、董狐仗义直书，不避强御，遗芳余烈，彪炳古今。秦汉以降，史职多亏，然马迁著史，力述武帝之非；班固修书，不讳元后之恶。吾意当此之时，史官之权犹足与君权相埒，视后世献媚工谀者固有间矣。魏晋以还，五胡宅夏，又虑史臣之议其后也，于是假君权之焰以摧抑史权。观师彧修史于前赵，而刘聪焚其书；赵渊秉笔于前秦，而苻坚去其籍。降及胡魏，文网益严，崔浩诸公至以史臣受戮，而魏收秽史遂以流传，史臣曲笔自此始矣。呜呼！魏晋以上，史臣操监督政府之权；魏晋以下，政府操监督史臣之权。然史权消灭之原因，悉由于胡羌之肇乱，则甚矣夷祸之可惕也。②

刘师培将古代史官的作用称为“史权”，通过历史的记录与书写来抗衡君权。这一传统，在司马迁与班固那里仍有影响，因此《史记》与《汉书》中有对君主的讥刺。在这里，刘师培将古代史官刻画成君主专制的对抗力量，很明显已越出历史本相。如《汉书》固然有对君权的微词，但书中视汉为正统之意至为明显，并且在班固看来，司马迁著《史记》“退处士而进奸雄”，已然有悖名教。因此刘师培对史官所具备的“史权”之阐扬，乃是借古事以浇心中块垒，出于对世局的焦虑，希望寻找出中国古代反对君主专制的历史因素，以之作为真正的“国粹”。

此外，依刘师培之见，“史权”衰微，是由于异族占有中夏，荼毒学术。这一论调与他当时政治上的排满立场息息相关。在激烈鼓吹排满革命的《攘书》中，他强调《春秋》“内中国外夷狄”的传统，认为“马、班

① 刘师培：《黄帝纪年说》，邬国义、吴修义编校《刘师培史学论著选集》，上海古籍出版社，2006，第 3—4 页。

② 刘师培：《陈去病清秘史序》，邬国义、吴修义编校《刘师培史学论著选集》，第 7 页。

以降，四裔之传，附于史册之末，使蛮夷大长，不复与中土抗列。《春秋》贬绝之义，赖此不堕”。到了西晋末期，五胡乱华，北方少数民族开始进入中原，致使“史臣无识，南北并书，则是齐宗周于荆越，而等蜀汉于魏吴”，犹有进者，在异族政权之下，史臣无复有夷夏之辨，因此在史书撰写上，“等夷于华，隐恶扬善，甚至效韂索虏，以斥南土为岛夷，《春秋》之义，荡然泯矣！”① 视异族政权为摧残“史权”的罪魁祸首。由此可见，刘师培的“史权”论，固然是针对批判中国专制政治而言，但更不可忽视的，是他强调“史权”中区分华夷的意义。在革命党的历史论述话语里，极力寻找、构建一条绵延历代而不绝的华夷之辨谱系，乃下笔立言时的重中之重，在刘师培看来，身处夷夏交争时期的历史书写，无疑深刻体现了汉族士人的种族之思，故应对此进行表彰。这与章太炎视本国历史为先人遗泽，观之可让人心生抵御外族的民族主义之论极为相似，都是将本国历史作为激励民气、鼓吹革命的利器。

当然，对“史权”的论述，并非持排满革命立场者所独擅。谈及近代中国新史学的兴起，不能忽视清末任教于各类新式学堂的陈黻宸。陈氏一方面继承南宋以来浙东史学之风气，一方面对各类新知广为吸取，在这一时期对史学的意义与效用多有论述，其中就包含了对史官及“史权”的阐释。

陈黻宸认为中国史学自《汉书》以来，便充满了“君臣尊卑”观念，因此对专制君主的杀伐攘夺记之甚详，但较之近代西方与日本，中国史籍对于人民生计极为忽略。循其原因，乃中国的史家在历史撰写中丧失“独权”久矣。在他看来，“古者史权特重，司过之职，载于传记甚详矣。夫执简侍坐，岂徒书之而已。我知必有谏诤之言，纠绳之事，君举或误，理无缄默”。② 强调古代史家对君权的制衡。之所以如此，因为“史之贵于古久矣。自夏以降，代有专职。是故终古奔商，向挚归周，载其图法与之俱亡，以是知史权之特重也。汉制，太史爵位在丞相上，而天下计书又必先上太史，而后以其副上丞相，此必前古之遗教矣”。③ 可见在陈氏看来，正是因为古代有史官制度，所以能够保证“史权”的存在，能够让史家秉笔直书，不必屈从于君主权威之下。而后代“史权”之衰，便是君权日盛所致。陈

① 刘师培：《攘书·胡史篇》，《刘师培辛亥前文选》，三联书店，1998，第21页。

② 陈黻宸：《独史》，陈德溥编《陈黻宸集》上册，中华书局，1995，第564页。

③ 陈黻宸：《独史》，陈德溥编《陈黻宸集》上册，第565页。

黻宸指出中国之史有三大厄，一为汉宣帝，一为汉明帝，一为南北朝。汉宣帝将杨恽诛而族之，显示出君主对良史的憎恶；汉明帝下诏命班固等人撰写前朝史事，使得后世无私撰的国史；南北朝时期，南北政权对峙，导致史无定评，褒贬混乱，史书沦为政权之间争夺正统的工具。[①]

或许是认识到了“史权”的存在，不能仅求之于在君主淫威下秉笔者的道德品质，因此陈黻宸强调欲恢复“史权”，必须在制度上有所作为，即“首复汉制太史公之职，而兼采章氏实斋之说”，将古代史官之制“创造性转化”。具体言之：

> 今拟位太史公于诸王公上，于京师辟一太史馆，以太史公主之。太史公有参政之责，议政之任，如东西邻之司法大臣然。国有大事，则议而决之，且书而垂之。忤上意者，勿得罪。如是，斯可以言史之独权矣。而各直省府州厅县，遍设分史馆，以乡大夫主之，弗孚民望者黜不庸，重其责，多其员，以察民之好恶性情与其风俗事业之不同，如欧美各强国之调查然，上其事于太史公。太史公不称职分，以各史馆卿大夫议之。太史公之去就，视乎各史馆卿大夫。各史馆卿大夫之进退，视乎民。如是，斯可以言史之独权矣。[②]

在《明夷待访录》中，黄宗羲曾将学校制度设计为既为讨论学术之所，又为议论政治之地。与之相似，陈黻宸主张在中央与地方设立“史馆”，不但负责史籍编撰，而且负有参政之责，史官任免以民主投票方式决议，并且注重民众呼声。这样方能保证“史权”长存不衰。在此规划下，史官与其说参照汉代“太史公”，不如说与近代民主政治中的议员更为相似。可以说在陈黻宸眼中，相较于史籍之良莠，他更为看重史官在政治上的作用，这与他在当时热心于立宪政治息息相关。[③] 在清末的政治论争中，革命党与立宪派，大体而言，除了是否排满之外，对未来制度的思考相似处极多，除去像章太炎这样主张以吸收本国制度特色者之外，多认为未来中国应施行源于近代西方的民主政治，因此，关于“史权”的诠释，陈黻宸与邓实、刘师培等人在思路上基本一致。

---

① 陈黻宸：《独史》，陈德溥编《陈黻宸集》上册，第 565—566 页。

② 陈黻宸：《独史》，陈德溥编《陈黻宸集》上册，第 568 页。

③ 1909 年浙江省谘议局成立时，陈黻宸担任正议长一职。

新文化运动以来，随着新思潮的涌入，在史学领域，开始强调史学为社会科学一支，史学研究应以追求客观为职志，中国古代史学所强调的经世与训诫功能，不再被新派学人奉为治学目标。在这样的时代风气下，当时南京高等师范学校的师生强调传统史学的意义与价值，形成与北方新文化运动的中心北京大学极为不同的学风。在南高学派中，柳诒徵为代表人物。他在当时反对新文化运动，反对疑古学风，其治学思想根植于中国传统史学。① 柳氏对比新旧学风，认为：“从前的旧式教育，和今日的学校比起来，有一种最大的区别，就是旧式的教育，有若干人熟读古史，今日的学校却没有人熟读古史。”② 所以1940年代初，他出版了《国史要义》一书，系统阐扬中国传统史学之精神。其中史官与“史权”为他在书中所着重论述的部分。

柳诒徵通过征引典籍追溯古代史官制度，强调春秋时期“各国史官职权之尊，实具有特殊地位，非后世史官仅掌撰述之比”。具体言之，“国法国令之贰，咸在史官，以考政事，以逆会计……举凡爵禄废置、杀生予夺，或王所未察及其未当者，均得导之佐之。是史虽仅仅文官幕僚之长，而一切政令，皆其职权所司。由是可知周之设官，惟史权高于一切”。③ 正因为中国有因史官制度而衍生的“史权”，所以中国的史籍也自具特色。在柳诒徵看来，此绝非“帝王家谱”四字可以概括。他指出：“后世史籍所以广志礼乐、兵刑、职官、选举、食货、艺文、河渠、地理，以及诸侯世家、列国载记、四裔藩封，非好为浩博无涯涘也。自古史职所统，不备不足以明吾史之体系也。”④

与陈黻宸相似，柳诒徵也表彰“史权”在古代政治中的作用。他说道：“古史之职，以书谏王，其源甚古，不必始于周代。其原则实在天子不得为非一语。使一人肆于民上，以从其淫，其祸至烈。”抑有进者，“夫自天子失度，史可据法以相绳，则冢宰以降，孰敢纵恣。史权之高于一切，关键在此”。⑤ 正因为有此监督作用，所以“两千年中之政治，史之政治也；两

---

① 关于南高学派与柳诒徵本人在新文化运动时期的活动与思想，参见彭明辉《历史地理学与现代中国史学》，台北，东大图书公司，1995，第51—117页。

② 柳诒徵：《讲国学宜先讲史学》，《柳诒徵史学论文集》，上海古籍出版社，1991，第499—500页。

③ 柳诒徵：《国史要义·史权》，商务印书馆，2011，第32页。

④ 柳诒徵：《国史要义·史权》，第33页。

⑤ 柳诒徵：《国史要义·史权》，第35页。

千年中之史，亦即政治之史也。子母相生，最可玩味。苟欲经世保邦，必倚史以成文治，此其利与得也”。[①] 在柳诒徵看来，“史权”的监督对象不仅是君主，还包括一切政府官员。其地位堪称维系政府正常运作之关键。近代学人对史官与“史权”的阐释，自此臻于极致。而正如论者所言，近代中国，在经学日趋没落的情形下，时人纷纷出现“通史致用”的趋势，史学成为有识之士从中国传统思想中寻找救世资源的重要凭借。[②]“史权”说的出现，便是这一大的思想背景之具体而微的表现。

四 史官与史学

近代以来，许多中国知识分子面对西学的涌入，以之作为参照，开始反思传统学术体系，许多传之已久的学问其合理性开始受到严重质疑，史学便是其中之一。王国维在清季明言：“自近世历史为一科学，故事实之间不可无系统。抑无论何学，苟无系统之智识者，不可谓之科学。中国之所谓历史，殆无有系统者，不过集合社会中散见之事实，单可称史料而已，不得云历史。”[③] 所以当时许多学者开始极力引进西说，以此建构“新史学”，以期能回应世变与学变。[④] 虽然梁启超认为“于今日泰西通行诸学科中，为中国所固有者，惟史学”，[⑤] 但在构建新史学体系之时，必然要对中国古代的史学传统进行反思，其中包括如何看待古代史官。

1922 年梁启超出版《中国历史研究法》一书，在当时被不少人视为谈史学方法著作中的佳作。对于中国传统史学，梁氏说道：“中国于各种学问中，惟史学为最发达，史学在世界各国中，惟中国为最发达。其原因何在，吾未能断言，然史官建置之早与职责之崇，或亦其一因也。”[⑥] 尽管以近代新史学眼光视之，“当时之史，只能谓之簿录，不能谓之著述。虽然，世界上正式的年代史，恐不能不推我国史官所记为最古”。[⑦] 论及后世史官地位

---

① 柳诒徵：《国史要义 · 史权》，第 45 页。

② 罗志田：《通史致用：简析近代史学地位的一度上升》，《社会科学战线》2010 年第 2 期。

③ 王国维：《东洋史要序》，《王国维全集》第 14 卷，第 2 页。

④ 关于近代“新史学”与西学的关系，参见桑兵《近代中国的新史学及其流变》，《史学月刊》2007 年第 11 期。

⑤ 梁启超：《新史学》，《饮冰室合集 · 文集之九》，中华书局，1989，第 1 页。

⑥ 梁启超：《中国历史研究法》，《饮冰室合集 · 专集之七十三》，第 9—10 页。

⑦ 梁启超：《中国历史研究法》，《饮冰室合集 · 专集之七十三》，第 11—12 页。

下降，梁氏不像前文所列举诸人那样，归结于君主淫威肆虐，而是从学术发展本身着眼。他认为汉代以后，先前史官所掌握的知识，已渐渐传布于民间，加之文化工具日新，收藏传抄更为方便，史料因此易于搜集，所以史官不再为撰史之唯一人选。[①] 基于此，他讨论史官之弊端，指出：“若隋唐宋元明诸史，则如聚群匠共画一壁，非复艺术，不过一绝无生命之粉本而已。坐此之故，并史家之技术，亦无所得施。史料之别裁，史笔之运用，虽有名手，亦往往被牵制而不能行其志。故愈晚出之史，卷帙愈增，而芜累亦愈甚也。”因此“我国古代史学，因置史官而极发达，其近代史学，亦因置史官而渐衰敝。则史官之性质，今有以异于古所云也”。[②] 正如汪荣祖先生所言，在《中国历史研究法》一书里，梁启超主要是以他所知的西方史学之烛，照中国传统史学之幽，在书中以西方史学理论与史学考订方法为准，提出研究中国历史之道。[③] 书中对史官的论述与评价，可以说就是这一思路的具体体现。

梁启超 1920 年代任教清华大学国学院，成为研究所导师。门下弟子之中，姚名达颇有志于继承梁氏之史学，在他的不少学术论著中，都能看到梁启超观点的影子。在生前并未付梓的《中国史学史讲义》中，他用大量篇幅叙述古代史官沿革，以此展示中国古代史学的特点。与梁启超相似，姚名达也认为：“中国史学现在虽然不如西方，但就其发展的过程上看，则中国史学的发达，较之世界各国均早，其中最重大原因，就是史官的建置，中国有了‘历史’的记述，就有了史官制度了。这不能不说是一种奇迹。考察历史的历史，差不多中西都是一样，其所演进的过程亦是相同，但其所产生的结果，却是大异。中国的史官制度，就是一种特殊现象。”[④] 强调史官制度对中国史学传统的巨大影响。

依姚名达之见，史官制度在古代中国如此发达，主要由于史官与文字之间联系紧密。上古神道盛行，巫风极盛，祈祷祭祀之事，需要有文字进行记录，史之职能于是焉生。后来巫地位日渐没落，史官因掌握文字与图籍，遂成为社会上唯一的知识中枢。加上古代政教合一，史官与政治紧密

① 梁启超：《中国历史研究法》，《饮冰室合集·专集之七十三》，第 17 页。
② 梁启超：《中国历史研究法》，《饮冰室合集·专集之七十三》，第 19 页。
③ 汪荣祖：《论梁启超史学的前后期》，《学人丛说》，中华书局，2008，第 180 页。
④ 姚名达：《中国史学史讲义（遗稿）》，《姚名达文存》，江苏人民出版社，2012，第 244—245 页。

相连，甚至“吾人可以说，离开了‘史’就没有政治，也不见得荒谬。中国史官制度之所以发生，这亦是一个重要原因”。[①] 但在姚名达看来，也正因如此，古代史官难以从政治之中独立，虽能保持秉笔直书，但基本上仍属于御用之士，只是因为官位世袭，地位重要，故未受到政治权威的过度侵扰。然后世史官衰微与中国史学之“不发达”，也由此埋下远因。[②]

许多人表彰史官，多以汉代职官中太史令位在丞相之上一语为据。然姚名达认为，这句话的意思“并不一定说其职位在丞相上或其秩爵在丞相上之谓，只是说在朝会上坐位在丞相之上而已！”[③] 其地位着实不高。因此在帝制时代，史官撰写史书，掣肘与弊病甚夥。到了东汉末期，战乱频仍，更使斯文扫地。“史官之地位逐渐低落，其所纪余的不仅不敢不为君主讳，就是对于大臣亦不得不故为谀辞。”[④] 所以他总结两晋南北朝时期的史官制度，痛言：“在这种处境下的史官，只是帝王的一种侍臣，其所表现于书本上的，必定很多忌讳，一方面既为自身的利益所束缚，一方面又被天子、大臣所桎梏；因此，使‘史’官修史书，其所记载与史料的本身，有相差甚远之处。吾人后世研究古代史实者，对于正纪载，每多发现矛盾扞格以及与事实不同等等原因，使在研究过程中，发生许多问题。”[⑤] 正如前文所引，姚名达认为中国史学在当时落后于西方，既存此先入为主之念，在梳理史官制度时，他便着眼于寻找“落后”的原因。在这里，他将史官视为中国史学不发达的祸首之一：史官受到政治干涉，历史书写极不自由，致使史籍质量不尽人意。只是用近代以来方形成的“学术自由”概念诠释古代学术体制，是否存方凿圆枘之失，这在追寻史学“现代化”的姚名达那里，就未有过多虑及了。

谈及近代新史学的发展，朱希祖的地位亦非常重要。他长期担任北京大学历史系主任，在学科建制与课程规划上极力引进西方的历史研究理念。朱氏自言：“研究历史，应以社会科学为基本科学。我那时就把北京大学历史系的课程，大加更改。本科第一、二年级，先把社会科学学习，做一种基础，如政治学、经济学、法律学、社会学等，再辅之以生物学、人类学

① 姚名达：《中国史学史讲义（遗稿）》，《姚名达文存》，第250页。
② 姚名达：《中国史学史讲义（遗稿）》，《姚名达文存》，第260页。
③ 姚名达：《中国史学史讲义（遗稿）》，《姚名达文存》，第269页。
④ 姚名达：《中国史学史讲义（遗稿）》，《姚名达文存》，第281页。
⑤ 姚名达：《中国史学史讲义（遗稿）》，《姚名达文存》，第283页。

及人种学、古物学等。特别注重的，就推社会心理学。”[①] 同时学术论著中，他也以近代的史学观念为基础，检讨中国传统史学。

《中国史学通论》一书，最先为朱希祖在北京大学的授课讲稿，后来经过修改，于1943年刊行。在书中他对于史官的论述，重点在区分“书记官”与“历史官”之别。他自言：“区分书记官之史与历史官之史，性质不同，破数千年历史官起于黄帝之旧说，为前人所未发见。”[②] 对自己的诠释颇为自负。具体言之，在他看来，《说文解字》中对“史”字的解释，即“右手持册之记事者”，乃是“记事之书记官”。[③] 而“历史之作，必起于图书荟萃之地”。古代聚集图籍之所，首推太史一职。是故“历史之记载，必萌芽于太史”。[④] 但与许多人不同，朱希祖并不认为太史所记录者为“历史”。他指出：“其初之所作，仅记述一时一代之政典礼仪，与夫辨世系及昭穆而已。如《尚书》、《仪礼》、《周官》、谱牒等皆是。凡此记载，正名定分，仅足称为史料，未足僭名历史；盖因果之关系，时间之观念，为历史最粗浅之条件，尚且未明也。”[⑤] 朱希祖在新文化运动时期，对西方史学观念汲汲吸取，他认同胡适的观点，视章学诚的“六经皆史”为“六经皆史料”，并以此审视中国古代典籍。[⑥] 总之，他对古代史官与史籍的阐释，具体而微地显现了当时新学风下对待中国传统学术的态度。

与朱希祖、姚名达等人不同，出身于南京高师的郑鹤声认为古代史官实有值得表彰之处。他认为：“古代学术，重实际，贵实验，其思想贯通天人之间，而祝与史实为枢纽。祝本于天以推于人，史鉴于祖以措于今，皆言吉凶之道，故祝史杂糅几不可别。惟其然也，故古代史官，好言祸福，而致力于天人之际，非若后世史官，徒托空言，肆力于著述而已。”这一点在司马迁身上犹有体现，他“盖欲借事实而发明哲理，实传古代史官之精神”。[⑦] 郑氏对传统史学极力回护，显示出南京高师一派治学之路数，即强调传统的价值，反对过分厚今薄古。但是他所指出的古代学术之优点，如

---

① 朱希祖：《〈新史学〉序》，周文玖选编《朱希祖文存》，上海古籍出版社，2006，第375页。

② 朱希祖：《中国史学通论》，中华书局，2012，“自序”。

③ 朱希祖：《中国史学通论》，第6页。

④ 朱希祖：《中国史学通论》，第9页。

⑤ 朱希祖：《中国史学通论》，第9页。

⑥ 王锐：《章太炎晚年学术思想研究》，商务印书馆，2014，第164—166页。

⑦ 郑鹤声：《古史官考略》，《史学杂志》第2卷第1期，1930年。

“重实际”、“贵实验”，基本上还是以当时流行的科学主义为标准，以此置诸古人身上。由此可见，面对新文化运动以来的新式学风，对其保持距离之人，亦难免深受影响。

面对西方史学思潮的巨大影响，长期致力于中国史学史研究的金毓黻希望能既采西学之长，同时表彰中国传统学术潜德幽光，以平复扰攘纷繁的新旧之争。因此他在《中国史学史》一书里尝试阐述自己对中国传统史学的认识。[①] 在他看来，“史学寓乎史籍，史籍撰自史家。语其发生之序，则史家最先，史籍次之，史学居末”。[②] 所以他在书中对史官颇多论述。

金毓黻认为：“史之初职，专掌官文书及起文书草，略如后世官署之掾吏。”地位并非十分崇高。因此“史官之始，不过掌书起草，品秩最微，同于胥吏，只称为史，如汉人所称令史是也”。至于其名称流变，“凡官之以史名者，既掌文书，复典秘籍，渐以闻见笔之于书，遂以掌书起草之史，而当载笔修史之任。初本以史名官，继则以史名书，而史官之名，乃为载笔修史者所独擅”。[③] 这一论述，与当时许多学者大不相同。而对整个史官制度，他指出：

> 史为官名，其初如吏，后乃进当记言记事之任，一也。周代之左史右史，即为《周礼》之内史大史，而《周礼》五史，又为经制，不得轻疑，二也。汉世去古未远，史官之制未废，故司马迁以世为史官而修《史记》，三也。史为书名，起于汉后，古代无之，只以名官，四也。古代学在王官，典籍为史官所专掌，故私家无由修史，欲考古代之史学，舍史官外，别无可征，五也。兹叙吾国史学，上溯其源，必首史官，义不外此。[④]

在这里，他不将史官制度视为中国史学发达的原因，而是力求探寻其本来面目，言下之意，讨论中国史学得失，不必胶着于评价史官的优劣。在论及自己对史学史的理解时，金毓黻说道：“愚谓能自撰一史者，乃得谓

① 张凯：《改造旧史与编纂新史：金毓黻〈中国史学史〉之学术旨趣》，《河南大学学报》（社会科学版）2012年第1期。

② 金毓黻：《中国史学史》，商务印书馆，2003，第5页。

③ 金毓黻：《中国史学史》，第6、7页。

④ 金毓黻：《中国史学史》，第27页。

之通史学，否则高语撰合，鄙视记注，则成家之作必少。”[①] 可见他所重视的，乃是历史著作本身，这才是讨论史学得失的根本。因此对史官的评价，必须置诸史籍之中，否则以各种立场空言得失，失之远矣。

近代中国史学一大内容，乃是“以史代经”，将古代经书以历史著作视之。[②] 这一点章太炎为主要代表人物。章氏在晚清之时认为历史为国粹的最主要载体，可以借之宣传民族主义，激励民气，所以他说：“孔氏之教，本以历史为宗，宗孔氏者，当沙汰其干禄致用之术，惟取前王成迹可以感怀者，流连弗替。《春秋》而上，则有六经，固孔氏之历史学也。《春秋》而下，则有《史记》、《汉书》以至历代书志、纪传，亦孔氏历史之学也。”[③] 及至晚年，章氏目睹国势衰微，在许多场合提倡历史之重要，主张读史应识大体，熟知历代政治社会之变迁，通过对于历代史事的稔熟于胸，能够从中吸取足以为当下所借鉴与取法之处。[④] 成书于当时的《春秋左氏疑义答问》一书为其一生研究《左传》的总结之作，书中主要从史籍编撰的角度谈《左传》的成书与性质，其中也包括对史官的论述。

关于《左传》“书法”中的讳恶问题，章太炎指出：“列国史官，皆出周太史陪属，于其国不为纯臣，故董狐、齐史书曰‘赵盾弑其君’、‘崔杼弑其君’，明非史官之君也。独鲁、太宰周公之后，祝宗卜史素皆周公僚属，其后常为鲁臣，故宣公数史克以违君命，史克亦自言臣违君命不可不杀，既为之臣矣，书弑其君则不可，易之则又无辞，故书‘公薨不地’以示微旨。孔子为鲁司寇，同为臣下，又不得不尊焉。”[⑤] 他认为春秋史官制度，各国史官皆为周天子之臣，所以能够直书诸侯国之事。可鲁国为周公封地，王朝史官皆为周公下属，所以对鲁国史事，必须有所隐晦，以示臣道。正因为章太炎视《左传》为史书，所以对其中的“书法”从史官制度的角度进行讨论。此外，关于“《春秋》从赴，孔子不改，安用修为”之问，章太炎指出：“鲁之为国，不过藩侯，非能使邦国之治皆萃于鲁，其作《春秋》者，日月相次，临时取办，而又不见他国所记，虽有行人觇国之所得，盖亦仅矣，自非依于赴告，当何所隐据以书外事？是其法守不得不然

① 金毓黻：《静晤室日记》第6册，第4591页。

② 关于这一点，参见刘巍《经典的没落与章学诚“六经皆史”说的提升》，《近代史研究》2008年第2期。

③ 章太炎：《答铁铮》，《章太炎全集》第4册，上海人民出版社，2014，第388页。

④ 王锐：《章太炎晚年学术思想研究》，第222—230页。

⑤ 章太炎：《春秋左氏疑义答问》，《章太炎全集》第5卷，第280页。

也。及孔子观周，具见百国与诸官府之所记载，甚翔实矣，然犹弗敢窜易者，鲁非周室，身非天王左右之史，不得取鲁史而剟定之，使同于王室之史也。是故存其旧文于《经》，而付其实事于丘明以为《传》，错行代明，使官法与事状不相害，所谓《经》、《传》表里者此也。”① 此亦从周天子与诸侯国之史官的区别立论，认为鲁国史官难以看到其他诸侯国的史书，所以记载上有所隐饰。孔子虽看到王室典藏之图籍，但身非王室史官，也不能擅改史文，故让左丘明在《左传》中记录其事。

这些关于春秋史官的叙述，所涉及者虽小，却体现了章太炎“以史视经”的一贯主张，并在立论上更加深入细致，这对传统经学的冲击不言而喻。或许是有见于此，曾经受教于廖平与蒙文通的李源澄致信章太炎，强调《春秋》是经非史，所重者在于微言，而“《左氏》所记则档案，足资稽考而已”。② 对此章太炎答曰：“旷观海外通达之国，国无经而兴者有矣，国无史，未有不沦胥以尽者也。夫中国之缕绝复续者，亦国史持之耳。经云、史云，果孰重孰轻耶？档案者，儒生之所轻，而国家之所重。”他特别奉劝李源澄：“此不须苦辩者，读书阅世久，自知之也。”③ 可见他对《左传》的阐释，着眼点乃是强调历史对民族与国家的重要性。置诸 1930 年代内忧外患加剧的背景，章太炎的这番认识，反映了他对时局的深刻焦虑。

五　结语

关于思想史的研究，李弘祺先生谈道：“如果能善用‘观念史’的方法，我们一样能抽绎出与历史文化背景有密切关联的观念，以纵的发展为经，以它在当代各文化面的表现或意义为纬，而探讨其时间上所形成的增减转化，以描绘出一个活生生动态的思想史。”④ 本文即通过梳理论述近代学人对“史官”及其相关概念的认识与诠释，窥见在近代中国遭遇时代危机与转型之时，中国思想与学术的诸面向。随着清代章学诚、龚自珍等人学说在近代的盛行，史官被有心摆脱经学纷争、重新探讨上古学术源流、

① 章太炎：《春秋左氏疑义答问》，《章太炎全集》第 5 卷，第 282 页。

② 李源澄：《上章太炎先生书二》，林庆彰等编《李源澄著作集》第 2 册，台北，中研院中国文哲研究所，2009，第 994 页。

③ 章太炎：《答李源澄书二》，林庆彰等编《李源澄著作集》第 2 册，第 1002—1003 页。

④ 李弘祺：《试论思想史的研究》，韦政通编《中国思想史方法论文选集》，台北，水牛出版社，2006，第 255—256 页。

思索近代变局下中国如何光大传统学术的学人所重视。他们视史官为上古学术之枢纽，各种典籍赖其保存，诸子百家皆源于斯。然彼等阐扬史官的同时，对《汉书·艺文志》中道家出于史官说亦援引申论，强调道家得史官真传，使其地位水涨船高，虽不存异端之心，却光大异端之学，对儒学的正统地位产生极大冲击。因上古史官地位之重要，目睹近代变局的学人遥想由史官而生的“史权”，认为其乃对君权的有力制约，成为中国古代对抗专制权力的利器。或是抚今追昔，盛赞往昔“史权”之效，感叹后世“史权”零落，致使时代昏暗；或是多方参照，设想在这个时代构建新的“史权”。总之，史官一职，成为他们批判、改造近代政教的重要思想资源。最后，随着近代新史学的流行，如何评价史官成为致力于斯的学人梳理、检讨中国传统史学时颇为关注的问题。强调其位置重要者，同时也反思史官对史学的消极影响；阐扬其意义者，乃是借之力言中国传统史学的价值。每一种对史官的评价，实则展示了各人自己的史学思想，甚至是对时代变局的感观。由此显示，近代中国的思想与学术流变，一方面固然是大量西说的纷纷涌入，所谓“巨变”由是而生；但另一方面，中国自身的学术传统同样不容忽视，近代中国思想与学术呈现出的面貌，乃是在中国传统学术的固有基础之上展开的。从后者视角出发，分析各种传统学说在近代的面貌，同样是考察此一时段中国思想与学术不容忽视的问题。而经历百余年中西之间的纷繁纠缠之后，未来中国文化之重建，窃以为正是根基于此。同时不容忽视的是，与本文相关的许多问题，如近代学人对中国古代学术图景的论述，“史权”在近代政治观念中更为深入且具体的影响，近代中国史学史的研究中，如何从“点鬼簿”变为关注具体概念在史学领域的流变及影响，这些都是值得进一步探讨的问题。姑且揭出，以俟他日详论。

（作者单位：华东师范大学历史系）

崔适《五经释要》的思想宗旨

崔庆贺

内容摘要 崔适的遗作《五经释要》是晚清民国思想史上今文经学的重要著作，也是崔适本人经学思想的总结之作。此书继承康有为考辨古文经书的成果，但反对康氏的“孔子作六经”之说，他的主张是“五经述作”，此观点来源于《史记·孔子世家》。崔适认为《孔子世家》中记载的孔子“述作五经”所蕴含的微言大义，才是今文经学的正统义理。此观点不仅涉及晚清民国今文经学的内部争论，也涉及经学与政治、经学与史学的关系。

关键词 崔适　五经述作　《五经释要》　康有为　六经皆作

引言

1931年3月，钱玄同为顾颉刚校点的刘逢禄《左氏春秋考证》写“书后”时，列举了从刘逢禄以来百年间十部考辨伪经之作，其中崔适的《史记探源》与《春秋复始》名列其中。钱氏强调崔适两书最终完全揭破了伪古文经的骗局。[①] 对于这两部著作学界已有研究，周予同在《经今古文学》中说：“崔继康《伪经考》的研究，著《春秋复始》，说《穀梁》也是古文；又著《史记探源》说《史记》是今文学，其所以杂有古文说，全由刘歆的窜乱，作为他自己主张古文经传的根据。”[②] 之后学界对这两部书的研

① 钱玄同：《〈左氏春秋考证〉书后》，张荣华编《中国近代思想家文库·钱玄同卷》，中国人民大学出版社，2015，第215—217页。

② 周予同：《经今古文学》，朱维铮编《周予同经学史论著选集》（增订版），上海人民出版社，1996，第22页。

究甚少。[①] 蔡长林在专著《论崔适与晚清今文学》中，将清代中叶到民国初年的今文经学派分为今文学与公羊学两个学门，并以偏向考证（学术）和偏向义理（政治）分别为各自特色，将崔适之学定为“今文学”。[②] 在钱玄同、周予同的基础上，蔡长林将之前的观点进行了深化，继续研究崔适对康有为《新学伪经考》考证辨伪的继承和发展，并对《史记探源》、《春秋复始》在晚清民国今文经学史上的地位做了总结。

蔡长林根据钱玄同的总结，建立了一条从庄述祖关于《尚书》与《夏小正》考证之言、刘逢禄《左氏春秋考证》到崔适《史记探源》与《春秋复始》的学术考证式的“今文学”系谱，并认为崔适两书是此系谱的完成。[③] 若只从学术考证式的著作而论，此脉络自然问题不大。但是，钱玄同、蔡长林所举之人如廖平、康有为等辨伪古文经典的目的，在于“以经术为政论”，阐发圣人的“微言大义”。虑及此点，则考证辨伪仅为廖、康等人经学的一部分，并非全部。蔡氏所说“今文学”系谱仅以学术考证式的著作为据，颇有断章取义之嫌。

从钱玄同、周予同到蔡长林，均强调康有为、崔适之间的学术联系，其所举之书，于康有为是《新学伪经考》，于崔适是《史记探源》、《春秋复始》。《新学伪经考》、《史记探源》主要是辨伪刘歆对《史记》的窜乱，《春秋复始》主要是论证《公羊传》为唯一的《春秋传》。换言之，这三本著作未对今文经学经典的义理与性质做全面总结，并不能完整体现康有为、崔适的今文经学思想，也不能完整体现崔适对康有为今文经学的态度。

综上所述，目前学界关于崔适的研究，基本以《史记探源》、《春秋复始》为依据，不能完整体现崔适的今文经学思想。然而，据《钱玄同日记》记载，崔适除《史记探源》、《春秋复始》之外，还有一部经学著作即《五经释要》。由于此书长期以来未被发现，所以无人研究。2009 年林庆彰主编的《民国时期经学丛书》第 4 辑才根据民国时期的铅印本将此书影印出版，直至今日，尚未有专门研究此书的论著。故本文围绕《五经释要》研究崔适的今文经学思想，同时将之与康有为的经学思想进行比较，论述崔适及

① 蔡长林总结了从梁启超到王汎森关于崔适的研究，这些论著关于崔适的部分，均比较简略，对崔适的经学思想没有进行深入研究，可参见蔡长林《论崔适与晚清今文学》，桃园，圣环图书股份有限公司，2002，第 16—19 页。

② 蔡长林：《论崔适与晚清今文学》，第 27—64 页。

③ 蔡长林：《论崔适与晚清今文学》，第 65—68 页。

其著作在近代经学史与思想史上的重要地位。

一 《五经释要》的撰述与出版问题

作为崔适弟子，钱玄同与崔适关系密切，其日记中有关于《五经释要》的记录。《钱玄同日记》也是目前有关《五经释要》撰述与出版情况的最重要的资料。

《钱玄同日记》1914年9月18日条云：

> 至打磨厂恒发栈访崔师。崔师谓《左氏》不特书法全非，即事实亦不足信。此言三年前已闻其法，今得暇读《春秋复始》矣。师又言，春秋以前《诗》《书》《礼》《乐》皆古书，为孔子所修，非孔子所作。孔子果作，何以三百篇非一律？康门以三代事实为依托，实中西学之毒。可谓至理名言。①

成书于1914年的《春秋复始》是处理《春秋》的问题，加上崔适所称"《诗》《书》《礼》《乐》为孔子所修"之观点，已经涉及"五经述作"的问题，而这也是《五经释要》的核心观点。据此条日记可知，《五经释要》观点的基本形成当不晚于1914年。《钱玄同日记》1922年1月12日条云："午前将至两校领薪水，先访崔师。他又编了几张《五经释要》，顺便替他带到北大付印。"② 1923年6月28日条云："为崔先生校《五经释要》印稿。"③ 1924年8月13日条云："下午四时出城至湖馆，清理先师书籍，将他的《五经释要》原稿取来，以便续编整理。"④ 1933年7月23日条云："下午再弄书物，取崔编《五经释要》写目录拟印。"⑤ 此后，《钱玄同日记》中再无关于《五经释要》撰述与出版问题的记载。据这几条日记可知，《五经释要》起撰早于1922年1月12日。崔适撰此书过程中，可能将之分章付印。崔适于1924年8月12日去世，此时《五经释要》并未完稿，后由钱玄同续编，则此书可

---

① 杨天石主编《钱玄同日记（整理本）》（上），北京大学出版社，2014，第274页。
② 杨天石主编《钱玄同日记（整理本）》（上），第386页。
③ 杨天石主编《钱玄同日记（整理本）》（中），第540页。
④ 杨天石主编《钱玄同日记（整理本）》（中），第598页。
⑤ 杨天石主编《钱玄同日记（整理本）》（中），第945页。

视为崔适与钱玄同的合撰之书。钱玄同说他为《五经释要》写目录并拟印，但今《民国时期经学丛书》第4辑所收之《五经释要》并无目录，也无出版信息，书口上只有“京师大学校师范部”和“京大文科出版课印”文字。因此，目前不能确定钱玄同续编后的《五经释要》的具体出版时间。

《五经释要》共十八卷，无目录与序，每卷之下均署名“吴兴崔适”。全书可分为两部分。第一部分即第一卷，论“孔子述作五经之大纲”；从第二卷到第十八卷为第二部分，辨伪刘歆对五经的窜乱、颠倒的具体史实，其实是对《史记探源》、《春秋复始》观点的继续论证。如前所述，前人于这些观点已多有研究。因此，研究《五经释要》中的经学思想，可以第一部分为主要依据。纵观此书，可以看出崔适经学思想的发展历程。《五经释要》在《史记探源》、《春秋复始》的基础上，全面总结孔子与经书的关系，提出“五经述作”的观点，反驳康有为的“六经皆作”说，力图恢复司马迁《史记·孔子世家》中的今文经学思想。

二　五经真相与康氏之谬

崔适、康有为在今文经学上的区别，除了《史记探源》、《春秋复始》相对于《新学伪经考》在考证方面的推进之外，上引1914年9月18日《钱玄同日记》关于经书修作的记述，才是崔适在今文经学的根本方面有别于康有为之处。

康有为在《孔子改制考·六经皆孔子改制所作考》中说：“然如旧说，《诗》、《书》、《礼》、《乐》、《易》，皆周公作，孔子仅在删赞之列，孔子之仅为先师而不为先圣，比于伏生、申公，岂不宜哉！然以《诗》、《书》、《礼》、《乐》、《易》，为先王周公旧典，《春秋》为赴告策书，乃刘歆创伪古文后之说也。歆欲夺孔子之圣而改其圣法，故以周公易孔子也……孔子之为教主，为神明圣王，何在？曰：在‘六经’。六经皆孔子所作也，汉以前之说莫不然也。学者知‘六经’为孔子所作，然后孔子之为大圣，为教主，范围万世而独称尊者，乃可明也。知孔子为教主，‘六经’为孔子所作，然后知孔子拨乱世，致太平之功，凡有血气者，皆日被其殊功大德，而不可忘也。”①康有为明言六经绝非周公作，反对孔子只对其进行“删赞”

① 康有为：《孔子改制考》，姜义华、张荣华编校《康有为全集》第3集，中国人民大学出版社，2007，第128页。

之说。六经为孔子所作这一点也是孔子具有儒教教主与神明圣王双重身份的证明。孔子所作六经包含了他托古改制的微言大义，具有开万世太平的伟大意义。刘歆窜伪六经之后，才出现“《诗》、《书》、《礼》、《乐》、《易》，为先王周公旧典”的谬说，而这种谬说造成的后果，就是遮蔽掉了孔子圣王与教主的身份，也使后人难以知道孔子托古改制的事业。因此，康有为强调六经为孔子所作，有史事考证上对刘歆的驳斥，但更重要的是，这是其孔子托古改制、圣王教主学说的证据。

虽然崔适在史事判断上也对刘歆进行反驳，但他并不认为六经皆孔子所作。崔适告诉钱玄同：“《诗》、《书》、《礼》、《乐》皆古书，为孔子所修，非孔子所作。”[①] 这种说法是对《史记·孔子世家》中关于孔子与六经关系判断的继承。《史记·孔子世家》云：“（孔子）序《书传》……《书传》、《礼记》自孔氏。……古者《诗》三千余篇，及至孔子，去其重……孔子晚而喜《易》，序《彖》、《系》、《象》、《说卦》、《文言》。……（孔子）乃因史记作《春秋》。”[②] 这种观点也是西汉今文经学对六经修作问题的大体看法。崔适在经学上的学术目的就是恢复西汉今文经五经八师的传统，[③] 所以他于六经性质取则司马迁。在以司马迁为准的前提下，崔适认为《史记》反映的是西汉今文经学立场，进而论证《左传》是刘歆伪造，《谷梁传》是古文学，《公羊传》才是孔子所作之《春秋》唯一的真传，这些观点主要在前述《史记探源》与《春秋复始》中。

在《春秋》之外的经典性质上，崔适也是发挥司马迁的说法，反对康有为“六经皆孔子所作”之说，认为孔子对六经有述有作。崔适《五经释要》云：

> 《庄子·天运篇》：“孔子谓老聃曰：‘丘治《诗》、《书》、《礼》、《乐》、《易》、《春秋》六经。’”是则孔子且自称经矣。然庄子之生，后于子思，且多寓言，是言果否出于孔子？不可知也。但称《诗》、《书》、《礼》、《乐》、《易》、《春秋》为六经，实始于此。《乐》无经，

① 杨天石主编《钱玄同日记（整理本）》（上），第 274 页。

② （汉）司马迁撰，（宋）裴骃集解，（唐）司马贞索隐，（唐）张守节正义《史记》卷四十七《孔子世家第十七》，中华书局，2011，第 1935—1943 页。

③ 关于崔适恢复西汉今文经学五经八师传统的努力，参见蔡长林《崔适论“谷梁氏亦古文学”之探讨》，《书目季刊》第 27 卷第 3 期，1993 年 12 月。

> 实五经而已。《诗》三百五篇，《书》二十八篇，《礼》十七篇，皆孔子所定。《易》上下经二篇，文王作卦辞，周公作爻辞，孔子作《彖传》二篇、大小《象》各二篇。弟子述孔子之言，则作《系辞传》二篇、《文言》一篇以释之。此皆孔子所述也。惟《春秋》十一篇孔子所作。[①]

崔适溯源六经之名实，称只有《春秋》为孔子所作，《乐》本无经，孔子于其他四经是述而非作，其观点可总称为“孔子述作五经”。这凸显了崔适在经书述作问题上的历史主义态度。康有为的“六经皆孔子所作”，则希望在哲学意义上把孔子的六经论证成一个改制立教的完整体系。这是崔适与康有为在五经、六经经数问题上的区别及其背后的义理异同。

接下来崔适继续深化他在《史记探源》、《春秋复始》中的观点，论证《周官》、《尔雅》、《左传》、《谷梁传》都是伪经，是刘歆等窜乱经典的结果。崔氏认为康有为的功劳就在于他对刘歆窜乱经典的驳斥：“惟今人南海康君乃始发明古文为刘歆所伪托，以别真孔学为今文，见于其所作《新学伪经考》，信有拨乱反正之大功。”[②] 但是，崔适指出康有为在五经修作的问题上矫枉过正，“但以刘歆谓《春秋》亦非孔子作，变而为《诗》、《书》、《礼》、《易》皆孔子作，《伪经考》已发其端，《孔子改制考》乃牵缠附会，实为矫枉过直之巨谬。案‘孔子改制’之说，出董仲舒《春秋繁露·三代改制质文篇》，曰：‘王者改制作科，故《春秋》应天作新王之事。’‘王鲁’‘绌夏’‘亲周’（亲通‘新’，《春秋传》作‘新周’，是也）。故宋是董生所谓‘孔子改制’者，专主《春秋》一经而言，何尝通谓六经耶？今订康君之误，以见孔子之真焉。”[③] 崔适引用《史记·孔子世家》之“《书传》、《礼记》自孔氏”、“乐正，《雅》、《颂》各得其所”、“三百五篇孔子皆弦歌之”、“序《彖》、《系》、《象》、《说卦》、《文言》”为据，证明《书》为孔子所序，《礼》为孔子所记，《诗》为孔子所去取，《易》为孔子

---

① 崔适：《五经释要》，林庆彰主编《民国时期经学丛书》第4辑第1册，台中，文听阁图书有限公司，2009，第1页。

② 崔适：《五经释要》，林庆彰主编《民国时期经学丛书》第4辑第1册，第1—2页。

③ 崔适：《五经释要》，林庆彰主编《民国时期经学丛书》第4辑第1册，第2页。按，此处崔适所引董仲舒《春秋繁露·三代改制质文篇》的“王者改制作科，故《春秋》应天作新王之事”，是节引，非原引。查《春秋繁露》原文，“王者改制作科”与“故《春秋》应天作新王之事”这两句话是分开的。参见苏舆《春秋繁露义证》，中华书局，1992，第185—187页。

所述。[①] 崔适认为，总括来说，《诗》、《书》、《礼》、《易》皆孔子所述，非孔子所作。对于《春秋》，崔适也不完全同意康有为之“《春秋》为孔子改制所作”说。崔适说：“《六经皆孔子改制所作考》于‘孔子之作《春秋》’，自无所用其异议矣。”[②] 对于康有为在《春秋笔削大义微言考》中“《春秋》在义，不在事与文”之说，[③] 崔适反驳说，康有为所指之《春秋》非孔子之《春秋》。康有为认为，《春秋》有鲁史原文即“不修之《春秋》”，有孔子笔削“已修之《春秋》”。[④] 崔适分析道，此论前后矛盾，前说非，后说是。《春秋》大义的形式并非一种，“《春秋》因事以成文，因文以讬义。特有书见之义，有口授之义。书见者，其义隐，董生所谓经是也；口受者，其义显，董生所谓传是也。传者，《公羊传》也。（班孟坚《白虎通》尚称《公羊传》为《春秋传》，郑君始以《春秋传》属左氏）是故《春秋》者，合经与传而名焉者也”。[⑤] 孔子所修之《春秋》既有自修经文，又有因鲁氏之旧者，康有为不明此点，故其说《春秋》于经于史均有误解。孔子之微言大义，必须合经传与董仲舒、何休的解说方可得知：

> 《春秋》之大义微言，包孕于经，发育于传，孳乳于《繁露》、《解诂》。《繁露》、《解诂》所谓“张三世”、“通三统”、“黜杞”、“故宋”、“新周”、“王鲁”之属，董生、胡毋生（何氏《解诂》依胡毋生《条例》，见于何氏之序）口受于公羊子，公羊子口受于七十子之徒，七十子之徒口受于孔子者也。是故为合经传董、何之文，而《春秋》之义乃全，可也。谓《春秋》之义在公、谷、董、何（康氏公、谷并称，不知《谷梁》亦古文。于《公羊》要义多相反，详下。且董、何不为谷梁之学，介《谷梁》于《公羊》、董、何之间，亦格不相入），而无与于经文，不可也。[⑥]

崔适所指之传，即《公羊传》，此说在《史记探源》、《春秋复始》中已经论证。在《五经释要》中，崔适重申《公羊传》即《春秋传》，《公羊

---

① 崔适：《五经释要》，林庆彰主编《民国时期经学丛书》第 4 辑第 1 册，第 2—15 页。
② 崔适：《五经释要》，林庆彰主编《民国时期经学丛书》第 4 辑第 1 册，第 16 页。
③ 康有为：《春秋笔削大义微言考》，姜义华、张荣华编校《康有为全集》第 6 集，第 5 页。
④ 康有为：《春秋笔削大义微言考》，姜义华、张荣华编校《康有为全集》第 6 集，第 9 页
⑤ 崔适：《五经释要》，林庆彰主编《民国时期经学丛书》第 4 辑第 1 册，第 18 页。
⑥ 崔适：《五经释要》，林庆彰主编《民国时期经学丛书》第 4 辑第 1 册，第 20 页。

传》在孔子、七十子与董仲舒、何休之见的微言大义传承中处于承上启下的地位。要了解孔子笔削《春秋》的微言大义，就要将从孔子经七十子、公羊家说到董仲舒、何休关于经、传的解释全部打通。而康有为的错误在于他主要发挥董仲舒、何休之说，且不知《谷梁》古文伪传，更不知经义之得必须“合经传董、何之文”。两汉的今文之学从孔子而来，传至董仲舒、何休，可以说授受明确，师法甚严。康氏“孔子改制作经”之说，在经义上不合《春秋》经传，在史事上不顾历史本然。所以，崔适总结说：“康氏卓识冠千古，谬说亦冠千古。吾于其卓识，不能不步其后尘，于其谬说，不得不为之诤臣。但求于经，各返其真而已。”①

综论崔适之辨，他所说的康有为冠绝千古的卓识，是康氏发现刘歆伪造古文经书对今文经学的窜乱。至于康有为冠绝古今的谬论，则是“六经皆孔子所作”与其背后的“托古改制”。在六经述作的问题上，崔适与康有为之间，是考证辨伪之争，更是经学理念之异。崔适信奉从孔子以来到两汉传承不绝的今文师法，而康有为则主要从董仲舒、何休之学发挥出“六经皆孔子所作”与“托古改制”的新理论。康氏新说，在传统经学家气质很强的崔适眼里，可谓是离经叛道了，故斥曰“谬说亦冠千古”。

三　从《史记探源》到《五经释要》的经学义理

1921年钱玄同在《论今古文经学及〈辨伪丛书〉书》中说：“康氏之《伪经考》，本因变法而作，崔师则是一个纯粹守家法之经学老儒，笃信今文过于天帝，他们一个是利用孔子，一个是抱残守缺。”② 钱氏之分别崔适、康有为，指出康有为考证辨伪是“以经术为政论”。但于崔适，主要还是从辨伪考证的角度论述他的学术成就，并未阐明崔适守的今文家法到底何意，也未仔细比较二人经学考证所蕴含的义理追求及其异同。细察崔适之作，绝不能只考虑他的考证成就，在考证之中，崔适还发挥了他深刻的义理思想。

朱祖谋为《史记探源》所作的序就已经透露出崔适的考证辨伪之学，绝不仅是学术意义上的。朱祖谋序《史记探源》曰：

① 崔适：《五经释要》，林庆彰主编《民国时期经学丛书》第4辑第1册，第20页。

② 钱玄同：《论今古文经学及〈辨伪丛书〉书》，张荣华编《中国近代思想家文库　钱玄同卷》，第88—89页。

> 吾友崔觯甫所撰《史记探源》成，其书凡八卷，予读而伟之，为之叙曰："甚哉！古文家之乱经学以乱政学，赖此书出而救正之也。……古文家主于专制政成之世，尊君如天，故不许文王称王，《礼记·大传》乃有追王之说；不许周公摄王，《尚书·金滕》削其践阼之文。后世亲王宰相卑若舆台，小民之呼吁绝无由上闻，而坊川一溃，动成伏尸百万、流血千里之巨祸，此其弊也。明王记灾异不记祥瑞，所以资修省而不启骄盈也。古文家脂韦性成……五德之说……刘歆用以帝莽……是言今文，则与古今中外政理无所不通；言古文则无所不阂。……岂惟有功于史学，其有功于经学、政学何如哉！"①

朱祖谋此序所说的今古文经学之别，一在篇目文字之异同，二在经学、政学之关系。朱氏认为经学、政学之关系尤其为今古之分的关键。古文家如刘歆所以窜乱经典者，在于其媚上干禄之心；今文经学的意义在于救正帝王错失，故今文家言灾异而不说祥瑞。一重制约帝王，一主专制媚上，今古文经学在经学、政学关系上的区别一目了然。古文经学以政统形塑道统，今文经学则以道统指导政统。崔适探源《史记》、恢复五经的根本目的，就在说明今文经学的道统理想。《史记探源》云："《史记》者，五经之橐籥，群史之领袖也。……刘歆之续《史记》，非不足于太史公也。亦既颠倒《五经》，不得不波及龙门以为佐证，而售其为新室典文章之绝技也。其所以颠倒《五经》者，刘向在成帝世，刺取《春秋》灾异作《洪范五行传》，端绪虽纷，要以讥切世卿比例王氏为宗旨。歆主翊戴新室，务与向说相反，于是夺孔子之《春秋》而归之鲁史，自造《书序》百篇托之孔子……此千数人者，孰不仰体国师嘉新公之意旨，向壁虚造妖诬之言以备采纳。于是群经皆受其窜乱，而《史记》为《五经》门户，则亦不得不窜乱矣。"② 崔适认为，刘歆之所以窜乱《史记》，是为了掩饰其窜乱《五经》之事实，之所以窜乱《五经》，是为了"翊戴新室"，为王莽篡汉寻找经学依据，亦即谄媚权贵，为贰臣张目。崔适之"探源《史记》"，非仅为史学之考辨，亦为经学大义之探幽抉隐，重现今文经学讥刺政治之传统。故曰

① 朱祖谋：《史记探源·序》，崔适著，张烈点校《史记探源》，中华书局，1986，第1—2页。

② 崔适著，张烈点校《史记探源》，第1—2页。

《史记探源》看似史学之作，实乃经学、政学之书。

另一位为《史记探源》作序的施茂华说："自有古文学，始与今文分门；……夫八师真孔学，古文伪孔学。……此于真孔学为反本，于伪孔学为改良，是真二千年来不可无一、不可有二之书矣。自今而后，真孔学其日昌乎。"[①] 施茂华此序与朱祖谋之序关注点不同，施茂华对古文经学不但批评其为伪孔学，还指出古文经学门户愈多、学问日碎而不能实用。他所谓的真孔学是西汉今文经学，又强调真孔学之用。朱祖谋与施茂华所说的今文经学及其蕴含的经学、政学关系，是古文经学家刘歆所要反对的"改制"思想，而这正是崔适所要继承的。

《春秋复始》亦指出，刘歆窜乱群经既是学术造假，又有攀附王莽之目的。《春秋复始》云："（刘歆）伪造《左》、《谷》二传，借以破坏《春秋》，为莽饰非，为己文过之诡计。凡与《公羊传》义略同者，率其常义，传之精义。《谷梁》则削除之以孤其援，《左氏》反对之以篡其统。如王氏世卿，故《左》、《谷》尽去讥世卿之文；新室篡汉，故《左》、《谷》始终不见一篡字。此歆之为莽饰非也。《春秋》崇正，则擅造丑语以诬之。如《谷梁》诋隐公探先君之邪志，《左氏》诬孔父以艳妻贾祸之类。《春秋》恶谖，则多陈阴谋以矫之。如《谷梁》诬公子友给杀莒挐，《左氏》谓先轸请执宛春以怒楚，栾枝使舆柴伪遁之类。此歆之为己之文过也。"[②] 察崔适此语，则知《春秋复始》不仅为学术辨伪之作，驳斥刘歆窜乱经典，而且是"以经术为政论"，批判刘歆之谄媚新朝。若仅以"偏向考证的今文学"目之，则有得其形而失其神之偏，无法把握崔适今文经学的真精神。

因此，崔适之"探源《史记》"，"复始《春秋》"，学术考证之外，更有以道统指导政统的经学理想。

《五经释要》继续发展《史记探源》、《春秋复始》中蕴含的经学义理，崔适在这些著作中对从孔子、《公羊传》到董仲舒、何休微言大义传承的辨证，正是其"政学"思想的表达。崔适的经史考证之学，在学术史上恢复《史记》中今文经学的真相，辨证《公羊传》的经传一体，恢复西汉五经八师的传统，在思想史上重申董仲舒、司马迁、何休等继承的自孔子以来的

① 施茂华：《史记探源·序》，崔适著，张烈点校《史记探源》，第3页。

② 崔适：《春秋复始》，《续修四库全书》编纂委员会编《续修四库全书》一三一经部《春秋》类，上海古籍出版社，2002，第383页。

今文经学的微言大义，这当然有明显的义理内涵与政治关怀，绝不只是偏向于考证。从这个意义上讲，从钱玄同、周予同到蔡长林对于崔适考证辨伪成就的强调，只能代表崔适经学体系的学术层面，而忽略了其思想层面。以学术考证的标准将崔适《史记探源》、《春秋复始》看成是晚清民国“今文学”系谱中的完成之作，显然没有注意到崔适辨伪古文经书的义理追求。虽然崔适没有明确表达过他要以何种形式对政治发声，但是从他著作中对讥刺王侯的表彰、对谄媚权贵的批判来看，崔适的政治抱负应该是今文经学的“微言大义”，尤其是其中的“微言”。与崔适经学思想关系最密切的是西汉今文经学大师董仲舒。① 黄铭将董仲舒的改制思想分为三个层次，分别为“受命应天”、“救衰补弊”、“改制而不变道”，这些思想从根本上来讲，均来自孔子，也是师统、道统的代表。可以说，崔适继承的就是西汉今文经学以经学限制王权的传统，主张“改制”，以改制致太平，使经学与政治处于一种良性互动的状态，总体上是道统指导政统的态势。② 这种微言大义，也就是“天不变道亦不变”之“道”。斯道者，何道也？孔子修作《春秋》，其义丘窃取之之道也。显然，康有为不顾历史本事与孔子真言的“托古改制”、“立教”之说，已经越出今文家此道之轨则。崔适的志向正是继承孔子以来的微言大义之道，面对康有为之怪说，他焉能不为之痛心疾首，驳斥辨证。崔适“五经述作”论表达的义理与政治思想，并非如康有为“六经皆作”那样，不顾学术真相而对现实政治发言，他是以今文经学关于经学与政学的良性互动为准，在学术层面恢复今文经学本来面目的基础上，希望从微言大义中推演出现实关怀。

钱玄同、蔡长林等提到崔适对康有为的继承时，多指《新学伪经考》方面，很少触及《孔子改制考》，而崔适认为他真正的对手却是作《孔子改制考》的康有为。崔适明确说他对康有为的继承主要是《新学伪经考》，《五经释要》对康有为的驳正则从《新学伪经考》延伸到《孔子改制考》。崔适精准地发现了康有为这本书是“孔子改制立教”理论体系的核心。崔适步康之后尘与做康之诤臣的根本目的，就是在于入室操戈，以考证的方法驳倒康氏的谬说，从学术上恢复西汉五经八师的传统，从义理上探明孔子以来的微言大义。因此，崔适的学术考证，虽然看起来属于器的层面，

---

① 董仲舒之《春秋》学实是《公羊》学，这是崔适论《公羊传》乃真正的《春秋传》的思想来源。此点可参见蔡长林《论崔适与晚清今文学》，第 245—255 页。

② 黄铭：《董仲舒春秋学研究》，博士学位论文，复旦大学，2013，第 102—107 页。

但是其中蕴含的道大矣深矣，这才是崔适的“专宗今文”。要完整了解崔适的今文经学体系，必须将《史记探源》、《春秋复始》、《五经释要》综合起来考察，尤其要研究这些考证著作之中所蕴含的义理。

（作者单位：复旦大学历史学系）

青岛大学“新月派”、“大同盟派”与杨振声校长的辞职风波

张家豪

内容摘要 1930年国立青岛大学成立后，杨振声校长将其在北平结识的几名“新月派”故友聘为教员。按以往记述，“新月派”教员是校内学阀，平日干涉校务，致使学生在1932年夏发起抗议，而杨振声则被指为“滥用私人”，并在校内“大同盟派”及“何思源派”的排挤下与数名“新月派”背景的教员相继离职。但实际上1930年代的国立青岛大学校内教员关系和洽，杨振声离职的原因主要在于学生运动及政府方面的压力，并无来自教员的“排挤”，而所谓“大同盟派”亦属子虚乌有，这种派系之争的传言主要出于学生反抗策略的需要以及学运领袖晚年的回忆。

关键词 新月派 大同盟派 杨振声 青岛大学

近代山东高等教育发展缓慢，省内第一所国立大学——国立青岛大学直至1930年秋方才成立。学校规模有限，然而“科研勤奋，校风朴质，温古崇新，无学术门户之见”,[①] 各教职员一直关系融洽。不过1932年6月，部分学生因不满校方修改学则而发动罢课罢考，此次抗议持续两个月，导致杨振声校长辞职，多名教员离校，青岛大学（以下简称“青大”）遭遇不小打击。根据部分当事人的回忆，“六月风波”主要针对“新月派”教师对校务工作的干涉，同时涉及校内“大同盟派的赵太侔”、“山东教育厅长何思源派的杜光埙”与“新月派”的内争;[②] “赵太侔跟何思源一起把杨振声

① 张晋三:《山东大学南迁见闻纪略》，青岛市政协文史资料研究委员会编印《青岛文史资料》第8辑，1989，第14页。

② 王端阳:《父亲和黄敬》，高永中主编《中国共产党口述史料丛书》第6卷（下），中共党史出版社，2013，第626页。

挤走，赵太侔就当了校长。那种社会，你不挤掉他，你也呆不下去。”① 不过，学生与“新月派”教员以及杨振声本人的争执起因为何？所谓“大同盟派”、“何思源派”与杨振声的内争又是否存在？这些是否为杨振声离职的原因？以往学人在讨论杨振声以及青大“新月派”时重在叙述其办学实践和日常活动，涉及杨振声辞职的原因以及学校内部的派系问题时往往语焉不详，或直接引用上述当事人的说法后简单带过。② 本文将对青大内部派系的缘起、互动以及杨振声离职的具体原因进行详细梳理和考察。

一　“新月派”进入青大

自1920年代以来，媒体对学界拉帮结派的官僚化倾向不无讥评，尤其对于长期把持北大的“太炎弟子”颇多诟病。因而某位学人一旦被论敌冠以某派系的“走狗死党”，简直如蚁附膻，避之唯恐不及。于是鲁迅不得不一再澄清自己绝非“某籍某系”，顾颉刚宁可就职于教会大学，也尽量避免与同学旧友共事，以免招尤纳侮。③ 但一般而言，当时文艺界及教育界为便利起见，常习惯于将某些社团或报刊同人统归为“某某派”，即使社团内部各人意见立场不尽相同。国立青岛大学成立后，闻一多、梁实秋、陈梦家、方令孺、费鉴照等学者先后来校任教，他们即所谓的“新月派”教员。当时学生中间还流传着“新月派包揽青大”之类说辞，④ 可见其地位之高。那么青大校内的“新月派”之名从何而来？这与他们此前的经历有关。

“新月派”最早得名于徐志摩、胡适、丁西林等人于1923年在北京发起成立艺术团体“新月社”（社名源自泰戈尔的《新月集》），社员以《现代评论》及《晨报》各种副刊为言论舞台，发表新诗、政论、散文或译作，

① 刘光鼎：《我和我的父母及兄弟姐妹》，《党史博览》2006年第4期。

② 傅宏远的论文述及“新月派”在青大的活动，但将杨振声与“新月派”离校归结为学潮的结果（《1930年代前期青岛的文学生态——以国立青岛/山东大学为中心》，硕士学位论文，北京大学，2011）；陶野将杨氏离职原因简单概括为经费缺乏和学潮问题，并未深究其背后缘由（《杨振声研究》，硕士学位论文，山东师范大学，2018）；王丽媛的文章则侧重新月派的文学教研工作，并未涉及人事关系（《山东大学与新文学——以1930年代山大的新文学家教员为考察中心》，硕士学位论文，山东大学，2013）。

③ 《顾颉刚致罗家伦函》（1930年7月31日），罗久芳、罗久蓉编辑校注《罗家伦先生文存补遗》，台北，中研院近代史研究所，2009，第384页。

④ 李林、王林：《回忆青岛大学两年三次罢课斗争》，《山东文史资料选辑》第9辑，第120页。王林即王弢，李林即李仲翔，两人是1930年代青岛大学的学运领袖。

倡导自由主义的政治立场和“为艺术而艺术”的创作理念。闻一多留美时期，在纽约与赵畸（字太侔，北京大学毕业生，时在哥伦比亚大学研究戏剧，后任青大教务长）相识，两人 1925 年 6 月结伴回国后，一同参与创立北京国立艺专。恰在此时，闻一多因向《现代评论》投稿而结识该杂志编辑杨振声，两人成为好友，随后闻一多又加入新月社。1926 年 1 月，闻一多在致梁实秋信中称“时相过从的朋友以‘四子’为最密，次之则邓以蛰、赵太侔、杨振声等。国家主义的同志中有一般人也常到我家里开会，新月社每两周聚餐一次”。[①] 同年 4 月，闻一多、杨振声、徐志摩创办《晨报·诗镌》，《诗镌》停刊后，闻一多与赵畸续办《晨报·剧刊》，杨振声、梁实秋均曾为《剧刊》供稿。不久北京教育界爆发“八校欠薪”风波，各校学潮不断，政治形势日趋紧张，闻、梁、赵、杨四人先后离京。1928 年 3 月 10 日，《新月》杂志在上海首刊后，徐志摩、闻一多、梁实秋先后担任主编，闻一多还将其在南京第四中山大学（即后来的中央大学）的学生费鉴照和陈梦家的文章推荐给《新月》发表。

闻、梁二人的政治及学术立场充分反映了新月社成员的普遍取向。闻一多早年是激进的民族主义者，对共产主义持反对态度。留学美国期间，他与好友梁实秋及部分中国留学生曾在芝加哥聚会讨论，“认为现在国家的危急的处境，不愿侈谈世界大同或国际主义的崇高理想，而宜积极提倡国家主义（nationalism），厉行自由民主之体制，拥护人权，主张国家倡导从农业社会进而为工业社会，反对以阶级斗争为出发点之共产主义”，最后与会诸君成立一个松散的团体“大江会”，“信仰大江的国家主义”。[②] 回国后，闻一多依然坚持此立场，并与中国青年党人来往频繁。在写给梁实秋的信里，他称中共党人为“赤魔”。梁实秋晚年曾回忆，“一多对于国家主义者与共产主义者的冲突与斗争，虽非积极领导的分子，但是确曾躬与其役”。[③] 闻一多对阶级斗争观念和共产主义者的排斥一直持续到抗战后期。

1927 年 1 月梁实秋在《复旦旬刊》创刊号发表《卢梭论女子教育》，梁认为男女在“自然”上便是有差别的、“不平等”的，所以现代人即使主

---

① 《闻一多全集》第 12 卷，湖北人民出版社，1993，第 229—230 页。四子为朱湘、饶孟侃、杨世恩、刘梦苇。

② “大江”即象征中国之伟大悠久。梁实秋：《谈闻一多》，《梁实秋文学回忆录》，岳麓书社，1989，第 287 页。

③ 梁实秋：《谈闻一多》，《梁实秋文学回忆录》，299—300 页。

张女子经济独立、可以做“时髦女子”、可以经商从政，即使女子在这方面比男子做得还好，“她已失去了她的女子特性”。[①] 该言论在上海文坛激起轩然大波，鲁迅1928年1月起接连在《语丝》发表《卢梭和胃口》、《文学和出汗》、《拟豫言》等文章指斥梁实秋，鲁迅好友郁达夫也在《北新》半月刊发表《卢骚传》、《翻译说明就算答辩》等文章，暗示梁“多读几年卢骚的书再来批评他罢”。[②] 此后直到1930年代中期鲁、梁及双方支持者又为“文学的阶级性”、“硬译”等问题论战不断，由学术争论发展到意气之争，互相攻击对方“拿苏俄卢布”、“资本家的乏走狗”。

梁实秋的“论敌”并不只鲁迅一人。梁氏留美归国后，致力于宣传其师白璧德（Irving Babbitt）倡导的新人文主义理论，对时下部分文人颓废糜烂的生活方式颇为不屑（主要指郁达夫等创造社成员），他认为：“在我们中国‘文人无行’已成为一句成语，假道学的口吻固然令人讨厌，真荒唐的行为岂是应得鼓励的?”[③] 缘此，1927年春梁实秋在上海编《时事新报·青光》，以漫画形式攻击张竞生的《性史》，梁实秋认为此事并非针对张本人，而是“当时冒张先生之名而印行的《性史》有十几册之多”，而且上海不少小报，“不是鸳鸯蝴蝶，便是低级趣味”，[④] 亦是《青光》的批评对象。但张竞生对此大为不满，遂在自己主编的《新文化》月刊上以极下流之辞攻击梁氏。[⑤] 此外，梁实秋的论争文章大多发表于《新月》，而胡适、罗隆基也在该刊发表抨击一党专政、倡导自由民主的文章（后收入《人权论集》），招致国民党当局不满，不久《新月》便被迫停刊。虽然梁实秋对自己被归为“新月派”感到啼笑皆非，[⑥] 但在1920—1930年代，《新月》杂志同人与创造社、左联及国民党当局都“结下梁子”，备受攻击。直到抗战时期，梁实秋与左翼文人（他称之为“左翼仁兄”）仍不断发生争论。[⑦]

---

① 梁实秋：《卢梭论女子教育》，《复旦旬刊》（上海）1927年1月创刊号。

② 郁达夫《卢骚传》，《北新》（上海）1928年第2卷第6期。

③ 梁实秋：《关于卢骚·答郁达夫先生》，《时事新报·书报春秋》第53期，1928年3月15日。

④ 梁实秋：《我与〈青光〉》，《梁实秋文学回忆录》，第58页。

⑤ 竞生：《时事新报：研究系尾巴，淫虫秋郎，梁实秋》，《新文化》（上海）1927年第1卷第5期。

⑥ 梁实秋后来在台湾回忆，“新月派”这一顶帽子是“自命为左派的人所制造的”，他们不过是一起办杂志的一伙人，并非一个有组织有共同主张的团体。见梁实秋《忆〈新月〉》，《梁实秋文学回忆录》，第105页。

⑦ 梁实秋：《“岂有文章惊海内”——答丘彦明女士问》，《梁实秋文学回忆录》，第77页。

1928 年，闻一多经王世杰之邀来到武汉大学任文学院长，不过武大在 1930 年夏爆发学潮，闻一多成为被攻击的对象，无奈辞职赴沪；正在上海任教并主编《新月》的梁实秋亦陷入沪上文坛的笔战，不堪其扰。此时两人的故友杨振声被任命为新成立的国立青岛大学校长，正在沪为学校物色教员，在杨氏力邀下，闻、梁携手来青，分别主持青大中文系与外文系的教研事务。两人与随后到校的方令孺、陈梦家、费鉴照等教员之前均与新月杂志社有或多或少的交往，被学生称为“新月派”教员。

闻一多、梁实秋、杨振声在京沪各地的经历，多少影响到三人对青大教员的甄选及治校风格。杨振声虽非新月社同人，但一向与“新月派”及“现代评论派”诸君交好；另一方面，杨振声与鲁迅素无交情，与左翼文学家群体保持一定距离。杨振声的成名作——小说《玉君》得到“现代评论派”成员陈源的高度赞誉，后者称之为“中国新出的最有价值的书 11 种”之一；[①] 而鲁迅并不认同《玉君》“说假话才是小说家”的叙事方式（但对杨氏其他作品如《渔家》则予以嘉赏）。[②] 1930 年冬，废名想在青大谋一教职，托恩师周作人致信杨振声求情，此前周作人曾向杨振声推荐杨晦被婉拒，便不想再碰钉子，又写信给俞平伯请其帮忙。1931 年 1 月，俞平伯在清华大学也收到废名的求助信，但他直接劝其打消去青执教的想法。学人多以此事证明杨振声聘教师“不徇私情”,[③] 但废名素与“语丝派”人士过从甚密，加之脾气古怪，难免不为杨振声所喜。与此同时，赵少侯、沈从文等曾经《语丝》的“论战对象”——《现代评论》撰稿的学者却陆续被杨氏延聘，闻一多也将自己的好友及学生招徕至校。

“新月派”教员在青大校园声望甚高，不仅校长杨振声、教务长赵畸与他们关系密切，全校教职员亦大多倾向“新月派”。[④] 他们秉承之前新月社倡导的治学理念，强调为学术而学术，主张学生应埋首书桌、潜心学业，不应过多涉足政治、介入社会事务或党派活动。1931 年 7 月，青大召开第 23 次校务会议，针对“每学年必修学科有三门不及格，或全学年所修学科有二分之一不及格者”如何处理一事展开讨论，教职员中梁实秋等三人主

---

① 西滢：《西滢闲话》，新月书店，1933，第 344—345 页。

② 鲁迅：《导言》，《中国新文学大系·小说二集》，良友图书印刷公司，1935，第 3 页。

③ 余玮、吴志菲：《杨振声——被历史遗忘的百年学人》，《杨振声研究资料选编》，山东人民出版社，2016，第 395 页。

④ 李林、王林：《回忆青岛大学两年三次罢课斗争》，共青团青岛市委青运史办公室编印《青岛青运史资料：常识专辑之一》，1985，第 25 页。

张开除之，但经举手表决后，最终议决“每学年必修学科有三门不及格，或全学年所修学科有二分之一不及格者，留级一年，四年中留级两次者，即令其退学”。[①] 此规定施行不到一年，1932 年 4 月学校第 43 次校务会议又将该条学则改为“学生全年学程所修学程有三种不及格或必修学程二种不及格者，令其退学”。[②] 此外，1931 年底青大学生赴南京请愿归来后，闻一多曾主张开除请愿学生首领，虽然最后并未落实，但“新月派”教员严厉的治学态度亦可得窥一斑。

二　杨振声受累“新月派”

杨振声长校期间，青大曾经爆发三次风潮。第一次是 1930 年底反对甄别证书事件，由于教务长张道藩找来军警干预，很快平息下去；[③] 1931 年九一八事变后，各地学生对国民政府的妥协政策深感不满，相继赴京请愿抗议，青大全校学生当年底亦冲破各方阻挠奔赴南京请愿。梁实秋回忆道：

> 北方学生一批一批涌向南京，在南京也造成了纷乱的气氛，我们冷静观察认为是不必要的，但是我们无法说服学生不这样做。学生团体中显然有所谓左倾分子在把持操纵，同时学校里新添了几个学系，其中教员也颇有几位思想不很平正的人物在从中煽惑。在校务会议中，我们决议开除为首的学生若干名，一多慷慨陈词，认为这是“挥泪斩马谡”，不得不尔。[④]

杨振声同情学生的爱国热情，但又感难以向政府交代，便主动呈请辞职，后在教育部挽留下继续长校。他并未狠心开除请愿学生，只是将几名学生领袖以布告的形式记过了事。但闻一多和梁实秋在校务会议上处理罢课的严厉态度招致部分学生不满，成为 1932 年 6 月学运中二人的“罪状”

① 《第二十三次校务会议记录》，《国立青岛大学周刊》1931 年 7 月 6 日；《对修正学则第 12 条第 6 节第 6 项一按语请挥定表决由》，山东省档案馆藏，J110 - 01 - 0326 - 008。

② 《国立青岛大学一览》，1932，第 13、18 页。

③ 不过据次年青大参与反对“学分淘汰制”罢课活动的学生印发的《驱闻宣言》所讲，张道藩离校后曾表示通知军警者为闻一多，这成为学生指责闻一多的另一项“罪行”。见闻黎明、侯菊坤编著《闻一多年谱长编》上册，上海交通大学出版社，2014，第 379 页。

④ 梁实秋：《谈闻一多》，《梁实秋文学回忆录》，第 320 页。

之一。

1932 年 4 月，校方修改学则，对学年课程不及格者予以重罚。此项决策招致学生抗议。在部分左翼学生看来，校方是“阴谋开除大批进步学生，并且逼着一般学生死读书而无暇关心国家大事”。[①] 此时学运领袖将斗争矛头指向“新月派”教员，指出“新月派”曾经对学生借阅书籍严加限制：

> （“新月派”）除了在讲堂上倾销反动透顶的英美资产阶级毒品以外，还用“焚书坑儒”的办法，取缔图书馆里极有限的几本马列主义的英文著作和中文的左翼文艺书刊。图书阅览室里原本有一部左翼刊物《新文艺》，这一期上有马雅可夫斯基《谈诗》一文的译文，支部用它作为培养赤色群众的武器，忽然有一天不见了，党团员以为收藏起来了，就问图书馆管理员。图书馆管理员说是被馆长梁实秋检查出来禁止出借了。她并且指着堆在屋角的其它被禁止借阅的革命书籍叫党团员看。[②]

1932 年 5 月，学运领袖在上海左翼文学刊物《文艺新闻》发文，称青大现在完全被“新月派、民生派等国家主义者所统治”，学生在校园贴出壁报，抗议“新月派”在图书馆内“清书”，将鲁迅、蒋光慈等人的著译作品“不下二百余种完全清出”，但“新月派小说家沈从文和诗人陈梦家冒雨来看了之后，不到一个钟头，壁报就被撕去，代替的是恻吓的‘训令’，学校当局调遣一批走狗同学暗中调查办报的人，新月派所施行的自由主义德谟克拉西，原来如此！”[③]

杨振声受到来自政府和学生的双重压力，5 月初赴南京辞职，之后回北平静养。闻一多受校务会议委托，来北平劝说杨氏回校，杨、闻回青后，校中谣言四起，称闻一多北上是“逃走的”。学生在罢课示威之余，还印发《驱闻宣言》，声称闻一多“援引了好多私人及其徒子徒孙，并连某某左右其手包围杨振声校长”。梁实秋曾回忆，罢课学生在教室黑板上画了

---

① 李林、王林：《回忆青岛大学两年三次罢课斗争》，《青岛青运史资料·常识专辑之一》，1985，第 36 页。

② 李林、王林：《回忆青岛大学两年三次罢课斗争》，《青岛青运史资料·常识专辑之一》，第 36—37 页。

③ 《“自由思想”如此这般》，《文艺新闻》（上海）1932 年 5 月 23 日，第 2 版。

一只乌龟和一只兔子，旁写“闻一多与梁实秋”，还题了一首抗议闻一多的“新诗”：

闻一多，闻一多，你一个月拿四百多，一堂课五十分钟，禁得住你呵几呵？[①]

闻一多深感无奈，在给饶孟侃的信中抱怨：

现在办学校的事，提起来真令人寒心，我现在只求能在这里教书混碗饭吃，院长无论如何不干了……我与实秋都是遭反对的，我们的罪名是“新月派包办青大”，我把陈梦家找来当个小助手，他们便说我滥用私人，闹得梦家几乎不能安身……你在他处若有办法最好，青岛千万来不得，正因你是不折不扣的新月派……在这里我两人几乎是自顾不暇了，实秋的系主任与图书馆长也非辞不可，没想到新月派致之害人一至于此！……大风潮又来了，正写信时，学生提出五项要求给校长限三日答复。其中一项是图书馆买书应不限任何派别，各种书都买。这又是为新月派而发的，因为从前已有过新月派包办图书馆的烦言。[②]

6月底，因未得到满意答复，大部分学生在王弢等人率领下宣布罢考。而此时学潮针对目标已不仅是闻、梁，杨振声与教务长赵畸在部分学生眼中也已成为包庇“新月派”的帮凶，必欲逐之而后快。罢课学生发表《全体学生否认杨振声校长并驱逐赵畸、梁实秋宣言》，称杨振声“职长青大，于兹二年，善政不闻，过失彰著，耗费公款，滥用私人”，赵畸则“平居无建树之功，遇事起摧残之念”，梁实秋“与闻一多狼狈为奸，操纵校务，欲以新月派一手包办青大，对职务不谋尽忠，对学生唯取压迫”，尤其痛斥赵、梁在上年底处理赴南京请愿学潮时的严厉态度。[③]

可以肯定的是，这次风潮，事先有中共青岛市委和青大地下党学生俞

---

① 梁实秋：《谈闻一多》，《梁实秋文学回忆录》，第321页。闻一多上课有“呵呵……”的口头禅。

② 闻一多：《致饶孟侃》，《闻一多全集》第12卷，第257—258页。

③ 《青大学潮解决无期》，《青岛民报》1932年6月30日，第6版。

启威、王弢、李仲翔等人的周详策划，从偶尔抗议发展到集体罢考，均在学生领袖的计划中。俞启威 1931 年秋考入青大后，与中共党员王弢成为好友，两人合作发起海鸥剧社从事文艺活动。从《全体学生否认杨振声校长并驱逐赵畸、梁实秋宣言》的主题和文风以及当事人事后回忆看，其虽声称代表“我青大全体同学”，但应该出自李仲翔或王弢手笔。

闻一多、梁实秋之所以被罢课学生针对，连累杨振声一并受到抨击，关键在于“新月派”教员严厉的治校风格以及对左翼文化的排斥态度，同关心国运的学生产生极大冲突。其实“新月派”教员平日在学校里与同事及大部分学生相处无碍。杨振声时期的三次学潮，教员中基本无同情罢课学生者，而学生中亦不乏“新月派”的拥趸。梁实秋在青大授课极受学生欢迎，以至于学生联名劝挽其赴北大任教；闻一多被迫离校前，也有不少门生如冉昭德、臧克家、王先进、许星园、李桂生等为其送行。[①] 关于图书馆“清书”问题，最早传播此事的，便是青大学生投在《文艺新闻》里的那篇文章，连鲁迅也有所耳闻，但梁实秋晚年否认了“封杀鲁迅著作”的传闻，只承认将书架上的“低级黄色书刊”取去注销。当然梁实秋出于个人偏好，确曾采购大批莎士比亚著作及相关研究书籍，因而有学者认为梁有无清空鲁迅作品及左翼书籍之行动，直到现在都是一桩“迷案”。[②] 不过外文系学生郭良才当年可从图书馆借到柔石的《旧时代之死》、叙述日本社会主义者生活的小说《恋爱与牢狱》以及抨击资本主义制度的小说《密探》等书，[③] 或可间接证明梁实秋并未清除左翼书籍。

因而“新月派包办青大”之辞，主要反映了“新月派”与青大部分激进学生关于“革命救国”抑或“安心学业”两种取向的分歧。当时的激进学生多奉鲁迅为精神导师，鲁迅对“新月派”人士的抨击自然会对青大学运领袖产生潜移默化的影响。俞启威考入青大前曾是前上海南国社成员（南国社解散后，其成员多加入左翼戏剧家联盟），他来青后与“剧联”领导人之一的赵铭彝（也是前南国社领袖）取得联系，秘密成立“剧联”青

① 《冉昭德学术年谱》，见杨倩如编著《冉昭德文存》，山东大学出版社，2014，第 375 页。其实当年青大校内有《新月》背景的人，亦非铁板一块。沈从文经新月派骨干徐志摩推荐至青大任讲师，但其在教员中较为边缘化，而沈氏创作的小说《八骏图》因有讽刺闻一多和梁实秋之嫌，导致几名同仁对沈不满，此种情形在当年青大教师群体中极为少见。见沈从文《水云》，《文学创作》（桂林）第 1 卷第 4 期，1943 年 1 月。

② 魏斌宏：《梁实秋“清书事件”考辨》，《鲁迅研究月刊》2013 年第 7 期。

③ 郭良才日记，1931 年 12 月 10 日，见散木编《郭根日记》，三晋出版社，2012，第 273 页。

岛小组。而海鸥剧社所演剧目多为“剧联”成员作品，可见上海左翼文化运动对青大学运的影响。学潮平息后，闻一多、费鉴照、陈梦家陆续离校，梁实秋则在杨振声劝说下留在外文系继续任教，但为“避嫌”起见，辞去了图书馆馆长职务。数十名学生被“甄别”后开除（包括李仲翔及王弢）。而杨振声在被学生指为“滥用私人”，受到攻击后，连续三次向教育部递交辞呈，终得批准，赴北平编纂教科书。

三　所谓“大同盟派”排挤杨振声

前文提及的“大同盟派”，又称“孙文主义大同盟”或“中山主义大同盟”，是北伐前国民党中央党部北京政治分会成立的一个松散组织。1920 年代北京政局动荡、经济困窘，校内学术与言论环境日趋恶劣，不少学生同情革命，加入国民党。国共合作以后，在北京的不少国民党青年党员（多为学生）标榜彻底贯彻三民主义的政治主张，反对共产党的阶级斗争思想，成立“孙文主义大同盟”。“大同盟”以郭春涛、王振钧等北大学生为代表，拥护丁惟汾、王乐平（国民党北京执行部委员）、路友于、顾孟余（北大教务长）等党内大员。该社团成员遍布各省（以山东和湖南人最多），一度多达数百人，主要活跃于华北和长江流域。1926 年后，大同盟成员逐渐分化，路友于等人虽与共产党为敌，却也同国民党内的“西山会议派”和“CC系”水火不容，反对蒋介石的“清党”和“取消农工运动”，因而被“CC系”分子指为“准共产党”。1928 年后，随着丁惟汾在南京政府逐渐失势，“大同盟”成员星散，大部分加入改组派。①

赵畸（1889—1968），字太侔（一字海秋），山东益都（今潍坊青州）人，1907 年进入烟台实艺学馆专习英文，在此期间经丁惟汾、王乐平介绍加入同盟会山东分会。② 民国成立后，赵畸加入国民党，1914 年考入北大英

① 李冠洋：《关于中山主义大同盟》，郝任夫：《中山主义大同盟的历史概况》，见《文史资料选辑》第 142 辑，中国文史出版社，2000，第 94—107 页；范体仁：《记“五四”运动前后北京若干团体》，《文史资料选辑》第 61 辑，中华书局，1979，第 77—78 页；毛德富主编《百年记忆：河南文史资料大系（政治卷）》卷二，中州古籍出版社，2014，第 914—922 页。

② 李希章：《两任国立山东大学校长赵太侔》，山东省政协文史资料委员会编《悠悠岁月桃李情：山东大学九十年》，中国文史出版社，1991，第 25 页；张业赏编著《邓恩铭》，中共党史出版社，2005，第 61 页。

文系，在校期间成为著名的无政府主义者，与黄凌霜、袁振英等人发起成立实社。大学毕业后回山东省立一中任英文教员，不久与杨振声等考取山东官费赴美留学。1925 年回国后，赵畸在闻一多当校长的北京国立艺专任教并在北大兼课，其间与杨振声、闻一多等青大创办人过从甚密。1925 年后，在京大学教师纷纷南下，赵畸则远赴广州任国民党中央青年部秘书，参与筹备广州中央美术学院。北伐军攻占武汉后，赵畸在陈友仁手下任外交部秘书（此时闻一多在武汉政府下的总政治部短期工作），一年后转赴南京。1928 年“济南惨案”发生后三天，国民党山东省党务指导委员会在泰安成立，赵畸任省党部常委。[①] 此后赵畸曾受何思源之邀入职省教育厅，并短期兼任过省立一中校长及省立实验剧院院长。1930 年国立青岛大学成立后，赵畸担任教务长。

赵畸为“大同盟派”成员的说法，出自当年学运人物以及教员家属的回忆，难免夹杂一些意识形态和个人感情色彩。虽然丁惟汾与赵太侔同为山东籍国民党员，丁又是赵的“伯乐”，但目前尚无史料证明赵畸加入过“孙文主义大同盟”。若回到当年语境，其实不少史料反而证明，不仅青大教员中间并无“大同盟派”，即使杨振声与赵畸二人亦无私怨。他们皆有山东—北大—留美的经历，回国后在北京共同为《晨报》编辑副刊并撰稿，又同时参与筹办青大。杨振声长校的两年间，与赵畸、邓初（校医）住同一阁楼。[②] 杨、赵不仅工作上合作无间，私下亦时常与教职员酒聚。青大同人大多好文且嗜酒，“健饮之名几闻全国”，[③] 查《黄际遇日记》，青大教员有时甚至一周七天均有酒会。杜光埙（总务长）也是酒桌常客，省教育厅厅长何思源亦时常自济南来青赴会。[④]

1932 年“六月风波”后，青大被教育部解散整顿，罢课学生大部分在“甄别”后被开除。杨振声辞职得到教育部批准，随后杨氏致信梁实秋，建议赵畸继任校长一职：

目前有两种重要问题，一为省府为难，一为教员问题，关于省方，

---

① 《民国山东通志》第 1 册，台北，山东文献杂志社，2002，第 583—584 页。

② 梁实秋：《忆杨今甫》，《梁实秋文学回忆录》，第 393 页。

③ 潮汕历史文化研究中心编《黄际遇日记》卷三，1934 年 7 月 10 日，汕头大学出版社，第 401 页。黄际遇时任青岛大学理学院院长。

④ 见潮汕历史文化研究中心编《黄际遇日记》卷一，1932 年 6 月 18 日、1932 年 7 月 24 日，第 25、115 页。

> 太侔若肯担任，协款及其他，皆可作为担任时先决条件，较弟为易（弟不能再有条件也）。省方若不肯除销大学，其条件必易解决；若志在除销，弟归亦为无益，徒自取辱。……弟在平与青一样，同时可稍观望省府对此发展如何。[①]

在写该信之时，杨振声已“同时有致太侔、之椿一信，劝太侔为校长，之椿为教务长”，他私下曾对梁实秋说：“校长一职一定要让太侔，因为对于他正在进行中的婚事将有决定性的助益。”[②] 按《黄际遇日记》所记，赵畸接替杨振声长校后，各教员依然酒会不断，杨振声还曾多次返青与赵畸及其他教员痛饮畅谈；[③] 此外，1947 年国立山东大学（即国立青岛大学）复校后，在北京大学任教的杨振声还曾受邀担任山大北平校友分会会长。[④] 由于“孙文主义大同盟”成员在 1930 年左右已星散各地，在青大校内并未结合为所谓“大同盟派”，即使将赵畸勉强归为之前北平“大同盟派”之列，他与杨振声之间亦无内争，学校面临的困难主要在于省政府方面的压力。

四　杨振声的辞职真相

由上述分析可知，杨振声不太可能是被子虚乌有的“大同盟派”挤走，而是另有缘由：

一是杨振声与省政府之间的矛盾。本文开始交代的所谓“何思源派”即是省政府方面的势力。虽然目前尚无史料证实杜光埙与杨振声“争权”以及杜氏是否属于“何思源派”，但青大校方与省政府确实在经费及学校方针方面存在较大分歧。青大在法理上属国立大学，校长任免权归教育部，后者却一向对其疏于关照；青大大部分经费由省政府负担，而省方却无法染指学校管理，校内人事变动及发展规划基本由校务会议及教授会负责；

---

① 《杨振声致梁实秋函》（1932 年 8 月 26 日），梁实秋：《看云集》，台北，志文出版社，1974，第 96—97 页。

② 梁实秋：《忆杨今甫》，《梁实秋文学回忆录》，第 395 页。所谓“婚事”指赵畸当时正在追求戏剧演员俞珊（时任青大图书管理员），“之椿”即吴之椿。

③ 见潮汕历史文化研究中心编《黄际遇日记》卷二，1933 年 5 月 27 日，第 318 页；《黄际遇日记》卷三，1934 年 7 月 22 日，第 421 页。

④ 《北平校友分会成立》，《国立山东大学校刊》，1947 年 10 月 25 日，第 7 页。

再加上省主席韩复榘非蒋介石嫡系官员，与南京政府貌合神离，这种局面导致中央政府、山东省政府及青大校方之间形成多重张力，也使青大历任校长（尤其杨振声与赵畸）在筹集财源方面面临诸多阻难。虽然在杨振声任职的两年间，省政府一直如数供给青大经费，但双方的争执始终存在。归根结底在于韩、何关注“本省教育”（包括中小学、师范、职业教育等）而杨关注“大学教育”，尤其杨振声与何思源关系微妙。杨振声长校的两年，“大学设在青岛，而省教育之重心在济南，虽中间交通尚便，而声息不免隔阂，减少彼此间切磋之益”，[①] 何思源认为青大既然主要由省政府供资维持，则须回馈本省教育。杨、何二人职务、立场、观点不同，多次因经费与学校发展规划产生龃龉，杨振声逐渐萌生去意。16 年后，杨振声承认“我就为这名称的地方性太大（虽然我是山东人）而辞职了”。[②] 这一说法得到梁实秋文章的印证。梁实秋晚年回忆，杨振声曾对其透露“辞职的主要原因是与省方不恰”，“今甫曾很微妙的称赞何思源，说他善于做官。做官就不能不坚持官的立场，私人间友谊所能发生的作用自然就有其限度了，今甫属名士类型，与官场中人不可能沆瀣一气”。[③]

二是频繁爆发的学潮使中央、省政府对青大学生行为极为恼火，甚至打算停发经费；[④] 而学生更是寸步不让。在规模最大的“六月风波”中，学生最初将矛头指向闻一多、梁实秋等“新月派”教员，不久又指向杨振声本人，并以罢课罢考相要挟，要求杨振声辞职。于是形成政府指责杨振声管理不力，学生认为杨振声“包庇”新月派的局面。杨振声夹在中间十分为难，且不被双方理解。在此双重压力下，杨振声索性辞去行政职务而回到北平教书。因此，杨振声在校内所面临的压力主要来自学生一方，而非赵畸、杜光埙等教职员的排挤。

总之，青大的派系之争并非在教职员内部，校内虽有“新月派”教员的存在，但他们与其他教员并无矛盾和内争，其主要反对者为左翼学生，由此连累杨振声辞职；而校内更无“大同盟派”一系。杨振声离职的真正造因，其实在于学生攻击“新月派”时夹杂着对杨振声“滥用私人”的不

① 《校长报告》，《国立青岛大学周刊》，1931 年 5 月 4 日。

② 杨振声：《为追悼朱自清先生讲到中国文学系》，《文学杂志》（上海）1948 年第 3 卷第 5 期。

③ 梁实秋：《忆杨今甫》，《梁实秋文学回忆录》，第 395 页。

④ 《青大少数学生尚留校》，《申报》（上海）1932 年 7 月 5 日，第 4 版。

满，以及无可避免的来自省方的压力。所谓“新月派”与“大同盟派”之争导致杨振声离职的传言，是罢课学生出于斗争策略的考量所作的宣传文字，不无夸大色彩。

（作者单位：山东政法学院马克思主义学院）

中共早期制度史研究的回顾与展望*

孙会修

中共向以组织严密著称，在早期①虽经历多次重大挫折却从未出现大面积的组织溃散，总能重整队伍奔向新目标，其背后有完备的制度支撑是重要原因之一。中共早期的制度建设奠定了其组织架构和形态，锻造了党员的思维方式和行为规范，确立了党的组织风格和气质，深度形塑了现当代中国，意义不言而喻。遗憾的是，学界对中共制度史，特别是早期制度史的研究，远不如史实丰富，研究深度亦有待加强。这一问题在党史研究长时段视野和整体史观缺乏的背景下更显突出。有鉴于此，有必要俯瞰20多年来的党史学术史，分析中共制度史特别是早期制度史研究存在的问题，为下一步研究寻找方向。

一　20多年来党史研究简要回顾

20世纪90年代中期，中共党史研究还处于不尽如人意的境地。② 但自此之后直到目前，党史研究状况已有很大改观，甚至呈现出前所未有的繁荣：有重要学术影响的成果迭次推出；多重研究范式共生，③ 研究课题不断推陈出新；整个专业领域形成了高水平的研究梯队，出现了较多在学界有

---

* 本文是中国博士后科学基金资助项目（项目号：2018M630099）和北京师范大学青年教师基金项目的阶段性成果。

① 中共早期是一个相对概念，并无明确的划分，本文指建党至中央苏区时期。

② 茅海建：《不同的声音——读〈中间地带的革命〉》，《近代史研究》1995年第1期，第281页。

③ 沈传亮：《中共历史研究中的多重范式共生趋向分析》，《党史研究与教学》2005年第2期；何云峰：《也谈中共历史研究的范式——兼与沈传亮博士商榷》，《党史研究与教学》2006年第4期。

重要影响的研究群。具体到研究视角或方法，主要表现在以下两个方面：

第一，政治史的勃兴。中共自诞生以来几乎一直是中国政治发展最具决定性的力量，奋斗历程波澜壮阔。因此从1979年党史学术化进程以来，[①]政治史一直是研究的重点。进入新世纪，党史政治史研究呈勃兴之势，在宏观研究、事件史、人物史三个方向均产生了有重要影响的学术成果。本文无意全景呈现，仅以在学界产生较大影响的部分著作勾勒其概貌。在宏观性研究方面，有石川祯浩的《中国共产党成立史》、杨奎松的《中华人民共和国建国史》和黄道炫的《张力与限界：中央苏区的革命（1933—1934）》等；事件史研究有刘统的《北上：党中央与张国焘斗争纪实》和张永的《六届四中全会与罗章龙另立中央》等；人物研究有唐宝林的《陈独秀全传》和潘佐夫的《毛泽东传》等。[②] 这些研究多聚焦于重要党史问题，学术水准较高，也引起了较多的社会关注。

第二，以社会史和新文化史等方法推动党史研究。张静茹最早在1991年呼吁以社会史为基础研究党史，[③] 在学界引起积极回应。[④] 何友良的《中共苏维埃区域社会变动史》和王奇生的《党员、党组织与乡村社会：广东的中共地下党（1927—1932）》[⑤] 是这方面的代表作，起到了典范效应。而新文化史研究方法自20世纪90年代传入后即在史学领域广泛应用，近些年的党史研究亦受影响，产生了可观的研究成果，郭若平的《塑造与被塑造——“五四”阐释与革命意识形态建构》即是这方面的代表作。[⑥]

此外，地方党史、党史学术史、党史思想史、党史知识史等研究视角，

---

① 吴志军：《一九七九年：中共党史研究学术化进程的起步》，《中共党史研究》2010年第4期。

② 〔日〕石川祯浩：《中国共产党成立史》，袁广泉译，中国社会科学出版社，2006；杨奎松：《中华人民共和国建国史》，江西人民出版社，2009；黄道炫：《张力与限界：中央苏区的革命（1933—1934）》，社会科学文献出版社，2011；刘统：《北上：党中央与张国焘斗争纪实》，广西人民出版社，2004；张永：《六届四中全会与罗章龙另立中央》，《近代史研究》2007年第1期；唐宝林：《陈独秀全传》，社会科学文献出版社，2013；〔俄〕潘佐夫：《毛泽东传》，卿文辉等译，中国人民大学出版社，2015。

③ 张静茹：《以社会史为基础深化党史研究》，《历史研究》1991年第1期。

④ 韩晓莉：《社会史视角下中共革命史研究的突破与反思》，《中共中央党校学报》2015年第6期。

⑤ 何友良：《中共苏维埃区域社会变动史》，当代中国出版社，1996；王奇生：《党员、党组织与乡村社会：广东的中共地下党（1927—1932）》，《近代史研究》2002年第5期。

⑥ 郭若平：《塑造与被塑造——“五四”阐释与革命意识形态建构》，社会科学文献出版社，2014；吴志军：《试论新文化史层级下的中共党史研究——〈塑造与被塑造——“五四”阐释与革命意识形态建构〉》，《中共党史研究》2016年第1期。

也为党史研究发展提供了增量。

但最近几年，党史研究隐然显出后劲乏力，甚至一定程度的内卷化发展趋势[①]。之所以如此，除获取新的有价值史料难度增加外，有两个原因值得重视。第一，新的研究方法带来的冲击力缺乏持久性。以新文化史下的党史研究为例，该方法把日常生活、社会记忆和仪式、社会心态纳入研究范围，固然丰富了党史研究的内容，但结论同质化现象明显。第二，长时段视野缺乏。传统的党史研究以长时段叙述为突出特征，善于阐释社会形态变化和历史规律，这与马克思主义的学术特点有关。但如今无论是党史事件史、人物史，还是党史社会史、地方党史、新文化史视野下的研究，均不同程度存在碎片化现象。研究者过于执着具体问题的描写，不能“以小见大”甚或“通大”，一定程度造成党史叙述破碎，主体问题模糊。如有学者认为新文化史研究使“我们固然可以对从前许多习焉不察的事情知道得越来越多，但却愈来愈难以概括它们”。[②] 此论断对党史研究应有一定适用性。

党史研究存在的问题是学术潮流起落的必然现象，在某种意义上也是党史学术化进程的一部分，对此不必过于担心。一般而言，任何史学研究视角或范式的解释力都有一定限度，其主导位置会逐渐被新的研究方法取代。但我们并非无所作为，而是应积极寻找研究新路。从上述分析不难看出，目前党史研究的突出问题是选题多注重微观研究，缺乏整体观念和宏观视野。本文以为，以宏大视野和整体史观面目出现的制度史视角可能成为党史研究重要的新方法，而早期制度史研究又是其中的重要方面。

二　中共制度史特别是早期制度史研究现状

现代学术意义上的中国政治制度史始于 20 世纪初，并很快成为一门专史，且在世纪末迎来研究高峰。进入新世纪，它曾因社会史勃兴暂时沉寂，

① “内卷化发展”经黄宗智引入华北经济社会研究而被中国学界熟知，可简单概括为劳动投入增加，单位劳动日报酬递减，又名“没有发展的增长”（黄宗智：《华北的小农经济及社会变迁》，中华书局，2000；刘世定、邱泽奇：《“内卷化”概念辨析》，《社会学研究》2004 年第 5 期）。该概念很快被引入其他学术研究领域，泛指没有发展的增长。党史内卷化发展，是指党史研究人群逐年增加，研究成果总量依然庞大，但研究水平未见明显提高，研究课题名异实同情况较多，结论亦缺乏新意，重复前说现象突出。

② 张仲民：《新文化史与中国研究》，《复旦学报》（社会科学版）2008 年第 1 期。

近些年又重新活跃。[①] 制度史对于党史研究也有极为重要的意义。中共是由先驱知识分子不满社会制度黑暗、向往苏俄先进的社会制度的背景下建立，之后又迅速成为中国最具制度竞争力的政党。可以说，制度史是认识和研究中共党史研究的基础。

不无遗憾的是，中共党史视域下的制度史研究一直有些寂寥：权威的党史著作多侧重党组织发展和重大政治活动，涉及制度史时常止于连带叙述；专题研究以制度史为课题的数量不多，研究深度仍显不足，距离党史研究专史或分支学科的程度尚有不少距离。以中共监察制度研究为例，相关研究似显不少，既有着重探讨中共监察制度的通史著作《中共监察制度与法制研究》，也有《论民主革命时期党内监察机制及其启示》、《九十年来党的纪检监察制度的沿革和特点》、《党的纪检监察体制演变的历史回顾》、《党内监督工作领导体制的历史演变与新发展》、《新中国成立初期反腐败制度建设论析》等专题论文。[②] 这些成果一定程度推动了中共监察制度研究，但客观来说，总体仍处在概述式的介绍阶段。考虑到中共监察制度在近些年颇受重视，相关研究却难孚众望。其他方面的党史制度史研究亦难让人乐观。

从学术史角度看，党史制度史研究不足自有其原因。首先，应与中共党史研究潮流演变规律有关。党史研究学术化进程在 20 世纪 90 年代中后期进入深化阶段后，突出特征是大量引用史学研究范式，党史研究潮流开始与史学潮流共振。而此时史学研究的突出特征是社会史研究方法勃兴，党史社会史应时而起。当新文化史潮流盛起时，新文化史视野下的党史研究随之而兴。但制度史在史学脉络中一直以专史面目存在，在党史研究中却一直没有相应位置。其次，与对党史制度史研究的片面认识有关。中共制度史兼具政治制度史和组织制度史特性，但以往探讨多因袭考察典章制度这一狭义的政治制度史研究方法。一些学者片面以为党史制度史只是研究中共历

---

① 白钢：《二十世纪的中国政治制度史研究》，《历史研究》1996 年第 6 期；刘伟、谭春玲：《近十年中国近代政治史研究的回顾与思考》，《安徽史学》2012 年第 1 期。

② 张晋藩主编《中共监察制度与法制研究》，中国法律出版社，2017；吴珏：《论民主革命时期党内监察机制及其启示》，《学术界》2009 年第 2 期；范光杰、李成学、赵平：《九十年来党的纪检监察制度的沿革和特点》，《毛泽东思想研究》2011 年第 4 期；陈自才、陈惠：《党的纪检监察体制演变的历史回顾》，《中州学刊》2014 年第 4 期；黄晓辉：《党内监督工作领导体制的历史演变与新发展》，《福建师范大学学报》（哲学社会科学版）2014 年第 5 期；王传利：《新中国成立初期反腐败制度建设论析》，《政治学研究》2014 年第 6 期。

史上的组织架构、组织管理制度、具体机构的演变等，导致相关研究一定程度上止于对某个机构或部门沿革的梳理或对其历史意义进行简单认定。

考镜制度的渊源是制度史研究的基本方法，任何关于中共制度史的探讨必然从它的起源谈起。中共建党后迅速实现了组织大发展，到 1927 年 4 月中共五大时，已有近 5.8 万名党员，实现了从组织上和制度上建党。[①] 到苏区时期，中共在局部地区执政，党建制度和行政管理制度更为丰富。把握住中共早期制度史，对党史研究无疑能起到高屋建瓴、顺流而下的作用。目前对中共早期制度史在整个党史制度史研究中成果相对较多，但也存在不少问题，主要表现在以下两个方面。

第一，研究多集中于民主集中制、批评与自我批评、苏维埃等少数课题。以中共组织制度的核心民主集中制为例，它是早期制度史研究的关键，学界一向重视。通过中国知网检索可知，从 1992 年至 2018 年，核心期刊发表以民主集中为主题的论文共计 1488 篇，年均 55 篇，这其中大概有三分之一的文章属于党史研究范畴，且大多提到了中共早期的民主集中制。如果再计入同时段关于中共民主集中制历史的专著，总量更为可观。但除这些课题外，很难再找出某一研究较多的中共早期制度，这难免会给人造成中共早期党建制度单薄的假象。

第二，研究方法相对单一。苏友良的《苏区制度、社会和民众研究》是少有以社会史方法动态展示中共早期苏维埃制度的专著。[②] 但现有对中共早期制度史的研究偏于静态展示，多从文本层面考察制度，以呈现制度的生成过程、领导层的多样认识，以及制度对党组织的意义。此方法自有其合理性，但不免使制度史研究陷于平面化乃至简单化的倾向。仍以对民主集中制的研究为例，何益忠是对民主集中制研究较有代表性的学者，他对中共建党初期“民主集中制”概念在党内的生成，以及“民主”与“集中”的辩证关系有较为详细的考证。[③] 其研究廓清了以往的模糊认识，但民主集中制在各层级实施的历史，党内围绕民主集中制产生的复杂认识，民主集中对党组织发展的作用，中共实施民主集中制后与其他政党特别是联

---

① 孙会修：《旅莫支部归国干部与大革命期间中共组织制度的改造》，《中共党史研究》2015 年第 5 期。

② 苏友良：《苏区制度、社会和民众研究》，社会科学文献出版社，2012。

③ 何益忠：《中共创建时期“民主集中制”考》，《党的文献》2012 年第 1 期；何益忠：《民主集中制之“辩证统一”探析》，《中共党史研究》2014 年第 3 期。

共（布）的差异等问题，仍需要解答。

三　中共早期制度史研究如何深化

首先，应具备“长时段”视野。此“长时段”并非回到某种简约的宏观论述，而是结合布罗代尔所谓影响历史发展起决定作用和长期有影响的因素进行研究之方法。① 下面具体从党史和民国史两个维度讨论。

第一，在党史维度应把握中共早期组织特征。中共早期革命历程跌宕起伏，突出特征是组织快速发展：规模迅速扩大，党员人数从数十人发展至苏区时期的最高峰 30 万人，② 群团组织同样亦有巨大发展；活动空间扩大，从早先集中在上海、北京、广州等大城市，迅速扩展至西北、东北地区以及境外；工作机构增多，组织层级延伸，建立了从都市到乡村的组织体系。这几个特点是中共早期制度史研究的内在背景，任何相关研究对此都应有一定程度的回应。但须注意，制度与组织发展存在互动，甚至互为因果关系。如为在空白地区发展党组织，中共在建党不久即设立了特派员制度。特派员承担了开疆破土的任务，使组织快速发展，同时又催生了更多的特派员，且特派员本身的职能也逐渐丰富。③

第二，在民国史中讨论中共早期制度史。中共建党之初就以全面改造社会为己任，其所有的制度均依存于当时社会而存在。抛开社会谈制度，必然使制度缺乏抓手，成为无所依凭的骨架。让制度沉入社会，才能有效呈现制度生活史，使制度史的整体性与社会史的细致性相结合，展示更为立体丰满的党史。以大革命时期中共上海区委的支部制度为例，是时上海区委把支部工作视为组织工作的核心，但由于工人的阶级意识不清、“封建关系”强等因素影响，支部工作的效果并不理想，沪区在革命活动中不得不寻求与资本家、帮会合作。这一情况折射出了中国城市革命的历史境遇。④

其次，扩大研究范围，增加研究内容。中共早期制度丰富而多变，为制度史研究提供了丰富的内容。如在组织制度方面，除民主集中制和支部

---

① 赖国栋：《时间的等级游戏：长时段与微观史》，《江海学刊》2013 年第 1 期。

② 中共中央组织部等编《中国共产党组织史资料》第 2 卷（上），中央党校出版社，2000，第 22 页。

③ 孙会修：《中国共产党早期党群组织特派员制度述论》，《中州学刊》2015 年第 3 期。

④ 孙会修：《大革命时期中共上海区委的城市支部研究》，《中共党史研究》2016 年第 1 期。

制度尚需进一步研究外，不同级别党组织间工作机制、各级组成部门工作制度、派出机构制度等，均含有诸多值得研究的课题。而研究中共组织生活方面的制度，能有效揭示中共的制度特色和组织风貌，如会议制度、党籍制度、批评与自我批评制度、思想汇报制度、工作汇报制度、党纪制度、党组织对党员的鉴定制度、发展党团员制度，等等。此外，中共在苏区实行的苏维埃制度、土地制度、社会管理制度，亦是制度史研究的重要内容。

研究上述制度要注意让制度“活”起来。① 第一，人是制度史研究的主体，充分关注制定制度的人以及在制度内生存的党员和群众。第二，应注意将“制度置于所处的制度网络之中”。② 任何制度都不能孤立于系统内其他制度，中共早期的制度关联度高，为构建严密的组织共同提供支撑。如会议制度就与民主集中制、批评与自我批评、工作汇报制度、党纪制度等相依存，离开这些就不能称其为中共的会议制度。第三，把握制度的实践性。当制度付诸实践方可称为制度，否则就是一纸空文。制度设想的支撑条件是理想状态，往往会与实际情况存在差异，两者之间会不断调适，这赋予制度以实践品格，推动制度创新或更生。

最后，注重联共（布）党建制度传入的研究。中共早先是共产国际的中国支部和下级，党的领导人也非常认同联共（布）取得的成就，所以极为真诚地学习联共（布）的党建制度。正因如此，相关课题均要考察制度是否为联共（布）传入、如何传入，并比照在苏俄的执行状况。但还须注意，联共（布）党建制度传入中共有其特殊的背景。共产国际对中共的领导主要由远东局或赴华专使执行，以路线指导或人事管理为主，并不负责中共党内具体管理或者组织制度的制定，这些工作主要由中共早期留苏归国干部执行。20世纪20年代，由中共选派在莫斯科东方大学、莫斯科中山大学和列宁学院等学校留学的党员干部，系统接受了联共（布）党建学习和训练。他们中的部分人成为党的高级干部后，积极以联共（布）党建经验改造中共。在中共早期历史上，两次大规模的制度改造均由留苏归国干部主导：一是中共四大（1925年1月）前后，由旅莫支部归国干部主导的

① “活”的制度史最早由宋史专家邓小南提出，认为制度史研究应着重把握制度变迁背后的人事权力关系（邓小南：《走向“活”的制度史——以宋代官僚政治制度史研究为例的点滴思考》，《浙江学刊》2003年第3期）。该观点实际是提倡以社会史方法研究制度史，在制度史研究领域产生了重要影响。

② 刘伟、谭春玲：《近十年中国近代政治史研究的回顾与思考》，《安徽史学》2012年第1期。

党组织改造，彭述之、罗亦农、赵世炎、陈延年等人是具体执行人；二是中共六届四中（1931 年 1 月）全会后，莫斯科中山大学党支部局归国干部推行的组织制度建设，王明、张闻天、秦邦宪等是执行者。留学归国干部积极把联共（布）党建制度应用于中共，推动了后者的制度化和规范化。

留苏学生使联共（布）党建制度整体上比较平稳地在中共落地生根，这在国际共运史上都是非常罕见的成功案例。他们带来的并非简单的制度条文，而是其在莫斯科训练的系统经验。留苏学生在苏的制度化实践本身即带有吸收转化，甚至是中国化的特性。如旅莫支部在民主集中制的实践中，迅速实现了偏重集中的体制，这并不同于当时联共（布）党内民主讨论较多的民主集中制。[①] 此情况对大革命时期中共集中制党组织的构建产生了重要影响。[②] 同时，留苏学生对联共（布）制度并不是一味模仿，也有一定的创造。如学界知之甚少却产生了重要影响的三人团制度，它同样起源于莫斯科中山大学。1928 年，中大开始在每个班级设立三人团制度，由班长、党小组组长、俄方指导员组成。该制度属中大首创，是研究联共（布）对中共制度史影响的重要范本。

史学研究的创新主要体现在史料和研究方法两方面。在史料创新短期内难以明显突破的情况下，上述研究方法能有效勾连传统史料并呈现新的内容；能把诸多其他史料纳入中共早期制度史的讨论中来，形成新课题。即便现有史料也有可挖掘的空间。如冯军荣编著的《红场记忆：中共早期留苏档案解密》[③] 是一份重要的档案汇编，含有诸多中共早期留苏学生党建制度实践的史料。该书出版问世已有时日，但目前仍未见利用。诸如此类情况应不是孤例，“上穷碧落下黄泉，动手动脚找东西”，制度史研究搜集史料的功夫仍需增强。

相信上述研究方法对其他时段的中共制度史研究也有一定启示。

（作者单位：北京师范大学历史学院）

① 1927 年 11 月，托洛茨基、季诺维也夫开除出党后，联共（布）的民主集中制也出现偏重集中的情况。

② 孙会修：《旅莫支部归国干部与大革命期间中共组织制度的改造》，《中共党史研究》2015 年第 5 期。

③ 彭军荣：《红场记忆：中共早期留苏档案解密》，中国文史出版社，2015。

中国近代海关史研究的新进展：史料、问题与方法

郑成林　赵海涛

中国近代海关在资本主义全球扩张的时代背景下产生，对近代中国与世界有着广泛的影响。中国近代海关史研究不仅是对有关研究领域的补充，更是对中国近代史研究的丰富。为了进一步推动中国近代海关史的研究，2018年12月15—16日，华中师范大学举办了“海关与近代中国”国际学术研讨会，共有60余位学者参加，提交学术论文40余篇。与会学者从史料的整理与应用、新问题的提出以及新研究方法应用三个方面进行了深入探讨。

一　史料发掘现状与问题

史料是历史研究的基础，近年有大量海关史料出版，但也存在重复出版、海关本体档案资料较少等问题。鉴于此，与会学者对海关档案资料整理和利用进行了深入探讨。

滨下武志先生和戴一峰教授从学科建设的高度对海关史料的整理与运用进行了规划。滨下武志（华中师范大学亚洲研究院）的《海关资料研究的三个循环——近代的新资料与新方法》认为，应该重视海关洋员亲人、后代的回忆录、照片、书信、个人档案、生活志的研究价值，结合中国近代海关的国际运作，从全球史视角了解中国近代社会、经济、文化的内涵与外延。并提出“三个循环”研究规划，即充分利用医疗、气象报告，注重地图、照片的应用，进行自然、科技史的“大循环”研究；利用贸易报告、领事报告与地方志等进行“中循环”的社会经济史研究；利用同文馆、邮政部、海关学校以及海关洋员社会活动的资料进行“小循环”的教育、

文化、生活史研究。其还认为海关资料是系统的史料，通令、Despatch、私人信件等存在内在联系，应开发整理海关资料，并建立数据库。戴一峰（厦门大学海关史研究中心）在《中国近代海关研究的现状与前景》中认为海关史料可分为海关出版物、海关本体档案、关系部门档案，要重视海关洋员私人传记、日记、信函及口述史料的价值，充分发掘国家档案馆、地方档案馆、海外收藏的海关档案，辅以其他调查报告等资料，以达到互补、互证。

吴松弟（复旦大学历史地理研究中心）的《中国海关总署档案馆藏未刊近代海关出版物的内容及其价值》认为海关出版物部分仅限内部使用，因此具有稀有性，保存完整，数据准确、系统，但仍需要地方资料如地方调查资料的配合运用。李培德（华中师范大学亚洲研究院）的《中国海关与香港：研究成果和资料》认为香港大学图书馆藏赫德私人文书对了解赫德的工作、社会生活及其对中国时局的看法等都有帮助，进而介绍了香港大学馆藏汉口文库中的海关出版物、工具书、个人编撰的研究报告，亦有较大价值。朴敬石（延世大学）的《韩国的朝鲜海关研究及资料介绍——以朝鲜海关的对外依存性为中心》认为资料欠缺是近代朝鲜海关研究不足的重要原因，指出应重视海关老职员口述资料的价值，韩国海关史研究应从中国资料入手。侯彦伯（中山大学历史系）的《以 Despatch 为中心的海关资料体系》对总税务司与税务司往返的“Despatch”的规范、内容进行介绍，认为“Despatch”对于近代中国史研究的重要性并不低于通令、半官函、海关出版物，以其为中心可以联系任何一类海关资料。郑彬彬（上海交通大学历史系）的《英国驻华使领与英外交部中国档案（1843—1895）》认为，英国外交部中国档案与英国驻华使领的外交、司法、商务职能密切相关，但在运用时不可忽视英国驻华外交机构的性质，档案的解读离不开多重史料的匹配。

李娜娜、吴成国等介绍了各地海关档案整理经验及面临的问题。李娜娜（郑州大学信息管理学院）介绍了广东省海关档案整理的提出与实践，其《粤海关税务司署档案目录与文本问题初探》就粤海关税务司署档案的目录与文本问题展开探析，从宏观上对该档案的内容构成、形成历史进行研究，以使学界加深对该档案的认知，便于利用。陈海忠（韩山师范学院历史文学院）的《海关史研究现状及潮海关档案整理研究的路向》认为应更加重视粤海关、潮海关等地方性海关档案整理，使海关文献更加完整、丰富和生动，以加深对海关在各地运作的差异性、不同区域的政治经济文化环境对海关的影响，以及海关与华南区域社会关系等问题的探讨。陈永生（中山大学资讯管理学院）的《近代广东海关档案文献整理述略》介绍了粤海关档案保存状况和内容，认为近代海关档案具有标准化、规范化、序次化特征，档案文献整理应本着为学术服务的理念，从根本上改变文献利用方式，在整理中秉承尊重档案的原始记录性、尊重档案全宗、尊重档案原有构成的原则，审慎开展工作。吴成国、何强（湖北大学江汉关研究中心）的《论江汉关档案及其史料价值》认为江汉关档案涉及近代武汉及湖北的社会经济变迁，而且可与旧海关出版物相互印证、补充，是深化江汉关史、武汉城市史、湖北地方史以及中国近代史研究的一座资料宝库。并指出存在的开放度不够、整理混乱、利用不便等问题。马斗成（青岛大学历史学院）的《胶海关研究述评及研究空间探析》认为胶海关档案文献具有独特的史料价值，在中国近代海关发展史、青岛与山东乃至华北区域史、中国近代经济史、社会史及影像史等诸多相关领域研究中具有基础性与前提性作用。

二　新问题的提出与解决

海关史研究成果丰硕，但依然存在时间、空间分布不均，研究对象尚需扩大，新专题研究尚需深入等问题，海关史研究在广度和深度上都有很大的空间。

虞和平（中国社会科学院近代史研究所）从宏观上对海关史研究状况进行了分析，认为改革开放以来，海关史研究经历了总体概括到向近代社会经济问题转移，再到回归问题、对历史做出新解释、为现实提供借鉴的发展历程。其还认为应注重专题研究与整体研究的结合，注重海关与世界的关系。同时，提出海关史研究要注意的几个问题，即海关是中国机构还是外国机构，海关在中西关系中是主体单位还是服务单位，洋员之个人行为是否代表海关？

贸易与区域经济变迁是海关史衍生专题，而海关出版物出版进一步推动了此专题的研究。李中庆（河北师范大学历史文化学院）的《融入世界市场的进程与技术水平的末端化趋向：近代中国出口大宗商品结构变迁（1840—1937）》基于对近代中国丝、茶等大宗商品的统计分析，认为“丝茶衰落”主要指丝茶国际市场占比下降，而出口量并未减少，这既是国际市场替代商品冲击的结果，也是外贸资本可供选择商品多元化的结果，是近代中国出口贸易扩张进程中的正常现象。马光（山东大学历史文化学院）的《土洋之争：近代广东土产鸦片的生产与消费问题初探》认为，近代广东市场的土产鸦片因质优价廉而成为外国鸦片的竞争对手，而土洋鸦片既相互竞争又相互依赖，形成了错综复杂的联系。张永帅（云南师范大学历史与行政学院）的《香港贸易网络与近代滇粤贸易关系研究（1840—1937）》从空间的视角进行分析，认为近代以来构筑的香港贸易网络是滇粤经济发生变化的空间动因，而口岸开放，交通格局变动则加强了这种经济关系，应将这种省际经济关系置于全球史的视角之下加以重新认识。刘雅媛（上海财经大学城市与区域科学学院）的《转变与泛化——区域发展与长江三角洲概念的演化》对近代以来“长江三角洲”概念演变过程进行梳理，认为长江三角洲概念的转变与泛化，是学术研究、区域发展、国家政策多方因素共同作用的结果。张军（东北师范大学历史文化学院）的《近代东北海关与区域经济变迁》认为近代东北海关的设立促进了东北与关内和国际的贸易往来，客观上促进了东北的近代化，但海关作为资本主义侵略的产物，为列强侵略提供方便，阻碍了东北民族资本主义的发展。

海关制度研究是海关本体研究的重要部分，成果十分丰富。此次会议上，学者提出了新问题。孙健（复旦大学历史地理研究中心）的《清末九江地方厘务人员薪酬水平与厘金浮收关系述论》对海关册所载九江各卡局员官方薪酬与粮价水平、九江厘卡浮收金额与实收金额进行对比，从制度设计的角度，认为九江局卡基层人员勒索私征与其薪金报酬偏低存在正相关性。谭嘉伟（复旦大学历史地理研究所）的《再论近代海关两》认为以往研究将其他货币折算为海关两时，往往只考虑成色，而将秤差及火耗等置之不理，而成色、秤差及火耗等在实际操作中又取决于各地的海关银号，因此兑换中有极大的人为操作空间。岳鹏星（河南大学经济学院）的《清末东清铁路陆路关税制度的生成》对清末东清铁路陆路关税制度的生成进行梳理，认为日俄在南北满的竞争构成了北满税关问题的暗线，中俄的具体谈判则构成了北满税关问题的明线，中、日、俄三方的角力促成了北满税关问题的出现，而东清铁路对于陆路关税制度的影响，折射出铁路与税制变迁的内在联系。

从空间上拓展海关史的研究，亦是此次会议学者们着力之处。温长松

（重庆市档案局）的《日俄战争后清政府在东北三省开埠设关述论》认为日俄战争后东北设关既是受日俄压力，也是清廷维护在东北主权的行为，而设关后外国资本的进入也使东北政治、经济发生较大变化。杨敬敏（上海海关学院思政部）的《〈塘沽停战协定〉后长城沿线设关与通关问题研究》认为，南京国民政府在长城沿线设关是抵御日伪向关内渗透，防范长城各口日货走私的积极举动，而中日签订《长城线海关设置协议》，则使国民政府在长城沿线失去了缉私自主权，为随后华北地区经济国门的崩塌埋下了祸根。张弘毅（北京师范大学历史学院）的《东北海关二五附加税的开征和中日交涉》认为，随着民族主义风潮蔓延到中国海关，“赫德体系”动摇，日本在东北海关中的影响有所增强，而海关监督在对日交涉中的不卑不亢，体现出海关中“中国意识”的觉醒。金庆（首尔大学亚洲史系）的《近代“东亚海关”之概念及海关“丙戌体系”的形成》认为，“东亚海关”概念于 19 世纪后期产生并对朝鲜海关发展产生很大影响，基于此产生的朝鲜海关“丙戌体系”是一种介于“概念”与“现存”之间的特殊形态，朝鲜海关从未正式成为中国海关的一部分，“丙戌体系”很大程度上影响了东亚历史。

水海刚（厦门大学中国海关史研究中心）的《战时经验与制度变迁：山东解放区对东海关的接收与改造（1945—1949）》以东海关为例，梳理了解放区政权对旧海关的接收与改造过程，探讨海关在人民政府掌握下的制度变化，认为东海关虽然因垂直管理系统崩溃而导致管理上不适，但在新政权的要求下继承了旧海关部分制度，并吸收创新了中央苏区和边区征税经验，为新中国海关的创立培养了税务人才，积累了管理经验。张小彤（华中师范大学人文社会科学高等研究院）的《抗日战争胜利前后内地关所裁撤研究（1944—1949）——兼论长沙关裁撤》对抗战胜利前后内地关所裁撤的计划、实施和落实进行梳理，认为内地关所增减是不同时期、不同局势下国家意志和经济需要双重作用的结果。郑成林、赵海涛（华中师范大学中国近代史研究所）的《主权抑或利益：抗战胜利后梧州关裁撤与蒋桂博弈》在近代海关、地方与中央财政分配纠纷的大背景下，对战后梧州关裁并这一历史事件进行梳理，认为梧州关裁并是三方博弈的延续，梧州复关是桂系对蒋介石幕后操控财政、军政所做出的较为有力的反击，此间商业团体卷入蒋桂之间的博弈之中，并且发挥了强大的力量，此事件名为主权之争，实质上却是利益之争。谷光辉（华南师范大学历史文化学院）

的《1949年梧州开放案：广州航商的抵制与反对》对1949年反对梧州开放一事进行梳理，探讨广州航商在梧州开放案中的应对措施。杨焕宇（南昌大学马克思主义学院）的《政局变动与海关人事更迭：以梅乐和与易纨士争权为中心的考察》认为北伐胜利，总税务司任命权转移至国民政府手中，国民党派系之争决定了海关人事变更，银行界与国民政府的分合、民族主义的融入也影响到海关权力交替，而列强则降至次要位置，海关权力变动步入新时代。

海关出版物的面世为海关附属事业研究提供了丰富的史料，部分与会学者也利用这些史料对统计、灯塔、渔业博览会、传染病、海图等进行探讨。木越义则（名古屋大学）的《近代东亚贸易数据库的构建》认为在近代国际标准化普及之前，东亚出现中国海关和日本财政部两种贸易统计制度，二者基于欧洲大陆统计方法建立，并在20世纪开始转向英国模式，但并未完全融入国际标准。李爱丽（中山大学历史系）、罗家辉（香港中文大学）的《全球视野下的近代宁波渔业——1880年柏林渔业博览会上的宁波展品》以海关洋员福威勒整理的展品目录、报告为基础，介绍了海关参加1880年柏林国际渔业博览会的状况，以及清政府驻德使馆人员对此项展会的认识，认为19世纪中后期欧洲博物学家将中国沿海水产品纳入现代生物学知识体系，向世界介绍宁波与舟山地区的水产品和渔业状况，促进了全球渔业知识交流，也促进了中国有识之士从科学知识和发展经济的角度认识渔业问题。薛莉（复旦大学历史地理研究中心）的《19世纪中日霍乱传播一体化研究——基于中国旧海关传染病传播地图的分析》对19世纪东亚传染病传播进行梳理，并对中日霍乱发生的关联性以及中国海关检疫制度的形成进行论述，认为各国经济联系的加强，是传染病传播的主要原因，而霍乱传播促使中国、日本疫制度的建立，流行病成为东亚交流的一个重要切面。姚永超（上海海关学院思政部）的《近代海关与英式海图的东渐与转译研究》对海关在英式海图东渐及中国化中的作用进行综合考评，认为近代英式海图技术的东渐经历了由海关传播，再由海关培育海道测量人员，实现初步的中国化，最后彻底实现融合的过程。

三　新研究方法的运用

方法是研究的手段和工具，方法创新直接关系研究的发展。海关史研究应放宽视野，突破某种固定的理论范式的局限，进一步整合各学科研究理论，地理学和统计学等学科的理论与方法更有用武之地。

滨下武志认为海关有区域性特色，应将自然景观、医疗报告、港口一腹地联系起来，将地域关系系列化，并纳入全球系统之中。其还认为应该利用计算机技术，将海关史数据化、可视化、空间化。戴一峰认为在海关史研究中，新方法、新技术与其他史料相印证，以后研究应以数据为主，要用全球史的视野，进行跨文化、跨地域研究，同时注重地方性、区域性研究，注重海关在地方经济社会变迁中的影响，华员、洋员如何参与建构地方社会，再由地方建构全国、全球体系。

张志云（上海交通大学历史系）的《时空人事数据库与中国海关关员研究》认为新的研究工具与方法的运用是“第三代海关史研究”的契机，应注重计算机软件的运用，数据库或可视化呈现可以加快整理和调取史料的速度，并以调取的信息制作图层，打破单问题、单数据库、单图的迷思，进而提升为多数据库、多图、多问题的思考模式，让数据库加上图层的多样呈现方式，替研究者找出问题，再进行深入研究。

费志杰（国防大学政治学院）的《晚清外洋军品进口贸易情形初探》在对旧海关通令数据库进行文本研究及量化分析的基础上，对晚清华洋军品贸易进行探讨，指出军品进口促进了近代中国军事的现代化，在近代中外关系史和中外经济史上占有重要地位。谭新喜（陕西理工大学马克思主义学院）的《晚清海关养老金制度述略》运用现代公共部门人力资源管理理论和新制度经济学理论对海关养老金制度的演变进行梳理，认为海关养老金制度的制定与实施，带有时代的进步性，但加重了清廷的财政负担，是列强对华经济掠夺的财务实证。

方书生（上海社会科学院经济研究所）、李哲（复旦大学历史地理研究中心）的《近代中国旧海关统计数据的样式与质量》认为在“大数据”思维下，利用海关统计数据研究经济史，必将丰富和拓宽以往人们对近代中国经济的认知，但要谨慎地辨析与考证数据，明晰其内容、形式与含义，并与其他数据互补。马欢（复旦大学历史地理研究中心）的《旧海关出版物所载中药材贸易统计数据的解释与使用》通过对不同时段的中药材贸易统计的分析，认为种类繁复的统计报表背后隐藏着一套海关综合数据采集系统，在保证海关高效、便利地收集各种所需信息的同时，也有益于海关自身的运作。

曹瑞冬（温州大学人文学院）的《灯塔的景观叙事与中国的地理想象

(1856—1936)》用新文化史的研究方法，以灯塔为中心探索景观叙事的历史演进，认为晚清以降，景观成为新文化形态中的强势叙事符码，殖民者通过对灯塔的叙事，建构中国“被霸权统治”的想象，而中国民众对此既有“西化”之崇拜，又有对霸权之抵制，政府对景观话语的“挪用和重编”建构了未来中国的理想图像，“领土—主权”话语贯穿国族塑造与政权创建始末，诸方关于灯塔的叙事反映其认识能力和思想场域，以及社会关系的变动过程。

王哲（复旦大学历史地理研究中心）的《近代中国邮政空间研究——基于多版本邮政舆图的分析》运用 GIS 技术将邮政地图数字化，并运用邮政网点数据库，对近代国内市场网络和市场运行实态进行重建，认为近代邮政网络并非凭空诞生，而是依赖已有交通物流网络加以精心选择而形成，而且由于邮政网络建设的低技术含量和低资金需求量，20 世纪初虽然政局不稳、财政紧张，但有了民信局、侨批等机构的铺垫及国有化运营，邮政快速扩张。

杨洵奕（华中师范大学中国近代史研究所）的《近代湖南邮政空间变迁(1899—1937)——基于历版〈通邮处所集〉的分析》采用经济地理学的研究方法，对近代湖南邮政局所的时空特征、发展轨迹、空间结构及其与近代经济发展的关系进行分析，认为近代湖南传统政治中心及商业城镇在邮政发展中拥有一定优势。而随着社会发展，邮政向基层拓展，呈现整体从东北向西南扩散的特征，进而引起邮政重心的移动，但由于近代湖南邮政核心区在湘东、湘北，近代湖南邮政空间体现东重西轻、北重南轻的特点。

学者们对邮政网络构建中运用计算机技术、经济地理学研究方法进行了讨论。滨下武志、李培德等认为应该了解《邮政舆图》与《通邮处所集》的内在联系，将两者结合进行数据处理，构建网络空间。戴一峰、吴松弟认为《邮政舆图》和《通邮处所集》应与 20 世纪 30 年代各地的调查统计报告以及《满铁调查报告》中的数据相互补充、相互印证。前辈学者为年轻研究者提出了宝贵的建议。

综上所述，与会学者围绕史料整理、问题转换、方法创新等进行了热烈而客观的讨论，一定程度上推进了中国近代海关史的研究。

（作者单位：华中师范大学中国近代史研究所）

城市发展与民间参与

——《近代中国城市社会发展进程中的民间市政参与研究》读后

李学智

近年来，中国城市史日益成为学界关注的重要研究领域，方秋梅教授之《近代中国城市社会发展进程中的民间市政参与研究》（中国社会科学出版社，2018，以下简称《参与研究》），即为中国城市史众多研究成果中富有特色的力作。读后深受启发，获益良多。

此著以近代汉口与上海两个城市为重点研究对象，考察近代民间社会市政参与过程中的种种情况。《参与研究》一书考察的事项涉及市政规划、决策、经费筹措、市政设施的建设与管理，乃至争取城市自治权等，并以现代性的视角论述了民间社会对于市政建设和管理的参与对近代中国城市社会发展所产生的影响，以进一步揭示民间市政参与和近代中国城市乃至整个国家“现代性滋长”之间的关系。虽然关于市政这一概念的内涵，目下学界的认识并不一致，但是已有关于市政研究的论著所涉及的主要内容，多为道路、桥梁、公共交通、河道、公园、卫生设施及公共建筑等关涉民众日常生活的“硬件”设施的建设与管理，以及某些公用事业的兴办。此著的考察对象基本也在这样一个范围之内。

《参与研究》对汉口与上海两地民间市政参与的情况、利弊得失进行的比较研究是其重要特点，尤具学术价值。1914 年汉口对旧市区的重建基本完成，但街道的宽度未能按照原定规划标准进行修建，错失汉口城市重建的良机。其中，除了资金不足之外，很重要的是因为政府主导重建事宜，依据传统的政治强势，对商界表现得十分蛮横，使得民间参与失序。相较之下，上海的民间市政参与则坚持法治精神的原则，商界自身照章办事，制止商民违反管理规章的行为，使民间对市政的参与依法有序，并对市政当局的违规操作进行揭发和阻止，从而使市政建设效率高，在较短时间内市民见到效益，形成一种良性循环。作者的比较抓住了近代市政建设中的根本性问题，事例具体生动，言之有据，难能可贵。

此著观察视角独特，考察深入，微观宏观具备，令人耳目一新。笔者拟就此著中所论近代中国民间市政参与的背景如何表述，谈一点粗陋的想法。

《参与研究》认为，关于民间市政参与问题，既有研究存在的一个不足，就是其研究“尚处于一种散在的状态，缺乏整体关照”，[①] 而此著将民间市政参与起始的背景置于清末在全国推行的地方自治运动之下，称清末因为有《城镇乡地方自治章程》的颁行作为依据，民间市政参与得以在全国有序展开。此后，随着清王朝的覆亡与民国的建立，有关地方自治、市自治的章程、法令，要么颁行不久被废，要么格于地方形势，经费捉襟见肘难以落实，此后之民间市政参与濒于失序或陷于失序的阻滞状态。[②] 具体而言，此著主要是从主体意识的觉醒、城市自身发展的需要、市政当局的需要、新式社团和报纸杂志的兴起以及民族主义意识的激励等若干方面，展开对于近代中国民间市政参与形成的各种条件的论述，并称这些情况为近代中国城市社会民间参与市政构筑了大舞台。[③]

笔者以为，上述诸多方面，尤其是新式社团的出现与成长，确实与近代民间市政参与有相当的关系，但是社会生活上述诸多方面的发展变化，实际上都是在近代以来开启的中国社会转型，即由传统农业社会向现代工业社会转型这一历史背景下发生的，特别是在清末新政推行以来经济、社会、教育、法律乃至制度等诸方面发生变革的影响下出现的。于此或可使我们对民间市政参与的背景有更为宏观和准确的把握。

如何认识民间市政参与的社会历史背景涉及一些问题的表述，如“城市的觉醒直接推动民间参与市政”一说。[④] 所谓“城市的觉醒”，笔者以为，它的实际内涵当为近代以来，随着近代工业设备技术的引进，近代工商企

---

① 《近代中国城市社会发展进程中的民间市政参与研究》，第 25 页。

② 《近代中国城市社会发展进程中的民间市政参与研究》，第 275—276 页。

③ 《近代中国城市社会发展进程中的民间市政参与研究》，第 39 页。

④ 《近代中国城市社会发展进程中的民间市政参与研究》，第 39 页。

业在沿海、沿江一些城市的建立，以及为其服务或与之配套的教育文化事业的兴起，[①] 出现了新型工商阶层和新型知识分子阶层，这些人成为近代城市中民间社会的中坚力量，从而引发了近代中国城市中一系列维护自身利益及国家民族利益的政治的或非政治的风潮，从而显示了“城市的觉醒”。再如，“新式社团、报纸杂志的兴起为民间参与市政提供了便利”一语。[②] 准确地说，清末民初中国社会转型过程中出现的新式社团是民间市政参与的主体或实体，民间人士正是通过商会、救火会、市政研究会、纳税同人会等各类新式社团组织，来实现其市政参与的，换言之，没有新式社团即没有“民间市政参与”，而不仅是一个“提供了便利”的问题。且民间市政参与只是清末民初民间社团参与社会生活的一个方面，其他诸如兴办教育、改良风俗、从事慈善事业等，均为当时民间社团参与社会生活的重要方面。

作者对于近代中国民间市政参与和现代化转型之间的关系，其实已有相当深刻的认识，《参与研究》在论述关于民间市政参与城市乃至国家的现代性关系时明确提出：近代民间市政参与的过程中，中国城市的现代性得以滋长；民间市政参与的广度和深度在很大程度上是衡量一个城市乃至整个国家现代性强弱的重要尺度；近代中国城市与国家现代性的获得，很大程度上就是通过来自社会的民间力量的市政参与实现的。[③] 但是对于民间市政参与的社会背景问题尚需做进一步的宏观把握及切合历史逻辑的表达，而鉴于此著中所述近代中国民间市政参与和地方自治运动所存在的十分密切的关系，[④] 也许将深受地方自治运动的影响视为近代中国民间市政参与的一个显著特点，更为妥切。

此外，《参与研究》中使用了“现代性滋长”的表述。自20世纪90年代以来，以罗荣渠教授为代表的学人致力于现代化理论及中国现代化进程研究，对于有关现代化理论及在中国的应用、中国的现代化进程的开端及发展阶段等问题的研究均取得重要进展，“现代化范式”成为中国学界研

---

① 近代工业设备和技术的引进、工商企业的建立，需要掌握近代自然科学技术的人才，为培养这些人才陆续建立了一些新式教育机构并向海外派遣留学生，而文化即附着在所有这些事物与事务之中。

② 《近代中国城市社会发展进程中的民间市政参与研究》，第45页。

③ 《近代中国城市社会发展进程中的民间市政参与研究》，第32页。

④ 《近代中国城市社会发展进程中的民间市政参与研究》，第205页。

究中国近代史的重要理论与方法。故在考察论述涉及近代中国社会“现代性滋长”的诸种情况或表现时不妨以“现代化进程”如何名之，于理解近代中国的民间市政参与的历史价值或亦不无助益。

（作者单位：天津师范大学历史文化学院）

Table of Contents

Sino-Japanese Negotiations over the Introduce of 2. 5 Per Cent Surtax in Manchurian Customs: Based on the Japanese Documents of Foreign Affairs *Zhang Hongyi*

Abstract: Manchurian customs system was the cornerstone for Japan to enter the Chinese Maritime Custom System(CMCS) and to strengthen its forces in it. Therefore, the introduction of 2. 5 per cent surtax declared by Beijing Government struck Japanese vested interests in Manchurian customs system and prompted Japan to stir up quarrels and conflicts to CMCS and Chinese authorities. Initially, facing the pressure from Japanese consulates, the Superintendents in Manchurian customs had to release announcements without practical action, but soon they found that the surtax could be levied from Japanese under protest as same as the Tientsin custom. So they went to make some substantial preparation. Under these circumstances, Yoshida Shige contacted with Shidehara Kijūrō for the declaration solution to those Japanese tradesfolk, and finally they considered the Japanese should pay the traffic separately, which meant the 2. 5 per cent surtax should be paid outside the leased territory and South Manchuria Railway Zone, or be paid under protest. That dissatisfied the Japanese merchants and Yoshida. Thus, he advised Foreign Affairs Minister to admit the surtax by consulting Fengtian authorities, exchanging those opportunities that extended the Japanese impeachable economic interests in Manchuria. However, Ministry's vehement opposition, and Mo Dehui's uncompromising attitude toward the negotiation, made the assumptions go wrong. Consequently, the Manchurian customs, except Dairen, successfully introduced the surtax, but with particular compromises since the Japanese pressures and interventions, causing much more tensions in Sino-Japanese relationship. During the grave situation, the Chinese tax collectors improperly levied the tax, comparatively the Lungchingtsun customs suffered a violence by the Japanese and Korean rogues with threat to the Inspector and the Superintendent. Finally the negotiations of surtax between Japan and Beijing Government ended up in vain. The Japanese strikes concerning the 2. 5 per cent surtax, indicated that the conflicts in Manchurian CMCS between the Chinese reinforcement of control and Japanese increasing incursions. Actually, The Manchurian custom system was in danger during the period of struggling for tariff autonomy.

Keywords: 2. 5 Per Cent Surtax; Manchurian Customs; Manchuria-Mongolia Problem; Sino-Japanese Relationship

Wartime Experience and Institutional Change: Reception and Reconstruction of the Chefoo Customs by the Regime of the Liberated Areas in Shandong, 1945 – 1949

Shui Haigang/Zhang Tingzhen

Abstract: Accompanied by the liberation of Yantai, the history of Chefoo Customs entered the period of the people's customs from the period of foreign customs commissioners. In order to meet the needs of the war, the original management system of the Chefoo Customs was broken up, and the original customs were under the jurisdiction of the local industrial and commercial bureaus. At the same time, the customs administration of the Shandong Liberated Areas also showed the Characteristics of high tax rate, emphasizing the political reliability of the customs staff, decentralizing the direct leadership of the customs, and actively carrying out the "mass line" type of anti-smuggling activities, etc. which were all the new measures to adapt to the war situation. The reception and transformation of the Chefoo Customs in the Shandong Liberated Areas has in fact shown the characteristics of "overall reception and gradual transformation". With the training and flow of customs management personnel in the Liberated Areas, this experience and management model has also changed from wartime experience to new institutional practice, thus laying the foundation for the innovation of the PRC's customs management system.

Keywords: Customs Reception; Yantai; The Chefoo Customs; Shandong Liberated Area

Research on the Source of Working Capital of Beijing Hardware Shops in Modern China

Lu Zhongmin

Abstract: The source of working capital of Beijing hardware shops was diverse, flexible and operable in modern China. It was an indispensable source for the survival and development of shops. This article mainly discussed the stability, status and amount of funds for the source of working capital which mainly included several aspects, such as the original capital, capital of protecting the original capital, capital of protecting human stock, and so on.

Keywords: Modern China; Beijing; Hardware Shops; Working Capital

From Shantou to Shanghai: The Historical Process of the National Government's Abolishing the Tales of Silver and Unifying the Currency System by Silver Dollar, 1925 -1933

Chen Haizhong

Abstract: In 1925, KMT succeeded in Abolishing the tales of silver and unifying the currency system by silver dollar in Shantou. Then, the National Government accumulated corresponding experience, following the practice in Hankou, Fuzhou and Qingdao from 1927 to 1929. It took nearly ten years for the National Government to achieve complete success in Shanghai until 1933. During this process, Shantou as a pioneer became a strong evidence for later advocates and a model for later reformers. Abolishing the tales of silver is the demand of modern economic development for the unification of market and finance, as well as the inherent demand of modern society for the end of local separatism and the realization of national unity. But in essence, it is a struggle between the KMT and local forces in the process of building a unified state power. Its results depend on the political control and financial strength of the National Government authorities.

Keywords: Shantou; Shanghai; Abolishing the Tales of Silver and Unifying the Currency System by Silver Dollar; The National Government

The Campaign of Peiping Merchants Abolished the Chongwenmen Taxation around 1930

Li Jianguo

Abstract: Chongwenmen Taxation was established in the Ming Dynasty. From its initial opening, there were various names of "bad taxes". Its vitality is very strong and lasts until the Republic of China. During the Republic of China, because the disadvantages of Chongwenmen Taxation, there was a call for it to be classified as a local tax, and there was also an opinion to abolish it. Until the National Government moved to Nanjing in 1928, the merchants of Beiping saw it is impossible for Peiping to be the capital and they actively carried out the petition activities to abolish the taxation of Chongwenmen. Under the main participation of the Beiping business community and the solidarity of businessmen and people in Hebei and Tianjin, the Chongwenmen taxation was finally abolished on New Year's Day in 1931. At the same time, the burden of the merchants in Beiping has been alleviated, and it has also provided new opportunities for the recovery of the Peiping economy.

Keywords: Beiping; Chongwenmen Taxation; Beiping Chamber of Commerce

The Origin and Development of Hong Kong's Steamboat Industry in the Early 20th Century

Xia Jufu

Abstract: The origin and development of Hong Kong's shipping industry in the early 20th century was mainly reflected in the positive measures implemented by the British Hong Kong Government, the expansion of shipping capital and the expansion of the shipping market. With the Hong Kong of British Government's active and effective measures to create a good investment environment for the Steamboat industry, it was the fact that Hong Kong's foreign ships and Chinese capital had invested in Hong Kong shipping companies to help Hong Kong's steamboat industry. With the fierce competition of shipping companies, the surge in the throughput of Hong Kong's shipping industry and the expansion of the shipping industry in Hong Kong's steamboat industry reflected the new expansion of the Hong Kong shipping and shipping industry during this period. Such indications indicate that the emergence and development of Hong Kong's shipping industry in the early 20th century prompted the establishment of the status of Hong Kong's entrepot, and thus clarified the role of the shipping industry in the modernization process of Hong Kong.

Keywords: Early 20th Century; Hong Kong; Steamboat Industry

The Rise and Initial Development of the Wuhan's Machine Flour Industry in the Late Qing Dynasty and the Early Republic of China

Chang Pingjing

Abstract: The machine flour industry in Wuhan, which was started in the Guangxu period of the Qing Dynasty developed rapidly during the First World War. It was thus laying a foundation for its indispensable status in the industry. With location advantage and policy support, it has attracted a large number of foreign and local businessmen to invest and build factories here, and took the opportunity to develop during the European War, laying the foundation for the future machine flour industry in Wuhan. In this article, the author regards its production level as the main object of investigation, and combines its special geographical location and historical background to analyze development characteristics and causes of Wuhan's modern machine flour industry. From the beginning and development issues, it not only reflects the twists and turns of Wuhan's modern process, but also the development and deficiencies of the Chinese machine flour industry in the early stage.

Keywords: Wuhan; The Late Qing Dynasty and the Early Republic of China; Machine Flour Industry

Sino-Soviet Cultural Association and Constructing of the Soviet Union's Image in Middle 1930s Kuomintang-controlled Area

Yan Shuqin

Abstract: Through Sino-Soviet cultural association, we can find a great mass fervor paying close attention to Soviet Union in middle 1930s Kuomintang-controlled area. Sino-Soviet Cultural Association was initiated by Kuomintang personnel who understood Soviet Union. The association received enthusiastic response of personnel of various factions of Kuomintang authorities and various sections of society. The Soviet Union's diplomatic personnel in China also took part in the association's activity. The association's propaganda has constructed a very positive Soviet Union's image in Kuomintang-controlled area. People admired the high speed of Soviet Union's economic construction, advocated to learn Soviet Union's economic constructive patterns, such as planned economy, industrial constructive experience laying emphasis on heavy industry, agricultural collectivization and mechanization, etc. Considering Chinese constitution-establishing problem, people paid high attention to the constitution of Soviet Union of 1936. Soviet Union's social model of development brought far-reaching influence upon the ideas of Kuomintang-controlled area.

Keywords: Sino-Soviet Cultural Association; Kuomintang-controlled Area; Soviet Union

Commentary on the London International Exhibition of Chinese Art in 1935 – 1936

Hong Zhenqiang

Abstract: London Chinese Art International Exposition of 1935 – 1936 was a comprehensive art exposition concentrated on Chinese art for the first time. It was originally proposed by the western people and was held in London by the Chinese and the British Government. To select proper exhibits to be sent to London, the Chinese government held a pre-exposition in Shanghai. Compared with the London exposition, the Shanghai exposition focused more on Chinese nation and state, intending to bring respect for the nation, while the London exposition simply propagandized Chinese art and Chinese culture from the perspective of art and culture itself, so as to help promote understanding and research of Chinese art. Meanwhile, the two expositions differed from each other in their exposition ideology, with the shanghai exposition focusing on the artistic features of the exhibits, so as to illustrate the linear development of Chinese art, and the London exposition focusing on the historical sense of the exhibits, so as to show the history and culture embedded in the exhibits. London Art Exposition deepened the friendship between China and Britain, demonstrated traditional Chinese culture, helped the westerners' appreciation of Chinese art and culture, promoted the transformation of traditional Chinese art to modern art, and therefore, was beneficial to the rise and development of modern Chinese art.

Keywords: London Chinese Art International Exposition; Shanghai Pre-exposition; Traditional Art; Modern Transformation

The Interpretation of Ancient "Historians" by Scholars in Modern China

Wang Rui

Abstract: Scholars in modern China made many understandings and interpretations of "historian" and its related concepts. With the popularity of Zhang Xuecheng and Gong Zizhen's theories in modern times, historians had been focused on by scholars who intentionally broke away from the disputes of Confucian classics and re-explored the origin of ancient scholarship. They regarded historians as the academic hub of ancient times. However, while explaining, they also quoted the extended theory of Taoism in *Hanshu Yiwenzhi*, emphasizing that Taoism acquired the true biography of historians, which made its status rise, and had a great impact on the orthodox status of Confucianism. Because of the importance of the position of historians in ancient times, scholars who witnessed the changes in modern times were reminded of the "historical power" created by historians, believing that it was a powerful restriction on monarchy and became a sharp weapon against autocratic power. The post of historian became an important ideological resource for them to criticize as well as reforming modern politics and religion. With the popularity of the new historiography in modern times, how to appraise historians became a matter of great concern to scholars in combing traditional Chinese historiography.

Keywords: Historian; Ancient Academy; Historical Power; History

The Ideological Motive of Cui Shi's *WUJING SHIYAO*

Cui Qinghe

Abstract: Cui Shi's posthumous work *WUJING SHIYAO* was the important writings in the history of thought of late Qing Dynasty and Republic of China, and was summary of Cui's Confucian thought. This book inherited the achievements of Kang Youwei's differentiation about the books of Old Text Confucianism, but he opposed Kang's "The six classics were made by Confucius", his opinion was "Confucius inherited and made five classics". Cui's opinion came form Kongzi Shijia of *Shi Ji*. Cui Shi thought the "sublime words with deep meaning" of "Confucius inherited and made five classics" of Kongzi Shijia was the orthodox of New Text Confucianism. This view not only relates to the internal controversy of New Text Confucianism in late Qing Dynasty and Republic of China, but also relates to the relationships between Confucian Classics and politics, Confucian Classics and history.

Keywords: Cui Shi; Confucius Inherited and Made Five Classics; *WUJING SHIYAO*; Kang Youwei; "The Six Classics were Made by Confucius"

"Crescent School" and "Great Alliance School" in TsingTao University and Principal Yang Zhensheng's Resignation Storm

Zhang Jiahao

Abstract: After the establishment of National TsingTao University in 1930, principal Yang Zhensheng employed several old friends of the "Crescent School" he met in Peiping as faculty. According to previous accounts, the "Crescent School" teachers were scholar-tyrants who interfered in school affairs on a daily basis, resulting in the students' protest in the summer of 1932. Yang Zhensheng was accused of "jobs for the boys" and resigned with several teachers from the "Crescent School" under the crowding out of the "Great Alliance School" and "He Siyuan School". But in fact, faculty in TsingTao University had a harmonious relationship in the 1930s. The reason of Yang Zhensheng's leaving was mainly the student movements and pressure from the government. There was no "crowding out" from the faculty, and the so-called "Great Alliance School" was a myth. The rumors of the factional struggle were mainly for the needs of the strategy of the students' revolt as well as the memory of the leaders of the students' moments.

Keywords: Crescent School; Great Alliance School; Yang Zhensheng; TsingTao University

稿 约

《近代史学刊》为近代史学界交流学术成果之公开园地，原由华中师范大学出版社出版，至第11辑始，由社会科学文献出版社出版。由于学界的支持与厚爱，本刊在近代史学界获得了比较好的评价，并成为CSSCI收录集刊，中国知网也已经收录本刊全部论文。2014年起本刊改由社会科学文献出版社出版，并每年增加为两辑。为了进一步提升学刊水准，非常希望得到您的支持和赐稿。

本刊倡导“走出中国近代史研究中国近代史”，因此，研究对象可以是1840—1949年的“近代中国”历史，也可以是1840年以前及1949年以后与近代中国历史源流有关的内容，以求融会贯通地理解近代中国的“古今之变”。本刊奉行英雄不问出处、佳作不拘形制的开放性编辑方针，专题论文、问题争鸣、学术综述、书介书评、读史札记均所欢迎，字数长可3万，短可数百，选取稿件唯在学术建树，实行匿名审稿，不收取任何费用。

本刊注释一律采取脚注形式，每页单独排序，标为①②③……具体规范请登录社会科学文献出版社网站（www. ssap. com. cn），从作者服务模块下载。

来稿邮箱：jindaishixuekan@ 126. com。一经刊用，将寄赠样刊并略致薄酬。

《近代史学刊》编辑部

勘误声明

原刊于第 20 辑的李动旭《“泰西藩属”的诞生——国际法翻译中的“藩属”观念与晚清藩属观念的衍化》一文，拟就以下部分进行更正：

1. 第 168 页，标题《“泰西藩属”的诞生——国际法翻译中的“藩属”观念与晚清藩属观念的衍化》，更改为《晚清国际法翻译中的“藩属”概念与藩属观念的衍化》。

2. 第 191—192 页，余论部分，原文中“晚清人回应这种西方标准的挑战有明显的分歧”至“可知西方‘藩属’观念对晚清中国人思考藩属问题中的影响”部分，更改为“面对西方标准的挑战，将中国藩属与泰西相比较或者类推的思虑不能局限于思想的领域，还影响到了清朝对藩属政策的决策过程。其实践过程中，出现清朝需要模仿西方对待‘藩属’的办法改变既往的藩属政策以回应西方及日、俄的威胁的主张，但也存在强调清朝的体制与西方体制的不同，并主张清朝的藩属政策虽可稍稍变通，但不能从根本上改变的看法；也有人援引中国传统的思想资源却主张将清朝的藩属政策改为类似西例的内容。而晚清的藩属政策的决策充斥着这些主张相互对立与竞争的张力，可见西方‘藩属’观念对晚清中国人思考藩属问题产生的影响。”

3. 第 192 页，余论部分，原文中“另一方面，现代学者也带着同样收到西方‘藩属’观念的影响。19 世纪 30 年代”，改为“同样，现代学者也受到西方‘藩属’观念的影响。20 世纪 30 年代”。

图书在版编目(CIP)数据

近代史学刊. 第21辑 / 马敏主编. -- 北京 : 社会科学文献出版社, 2019.10

ISBN 978-7-5201-5783-4

Ⅰ. ①近… Ⅱ. ①马… Ⅲ. ①中国历史-近代史-研究-丛刊 Ⅳ. ①K250.7-55

中国版本图书馆CIP数据核字(2019)第243352号

近代史学刊（第21辑）

主　　编 / 马　敏

出 版 人 / 谢寿光
责任编辑 / 邵璐璐

出　　版 / 社会科学文献出版社·历史学分社（010）59367256
地址：北京市北三环中路甲29号院华龙大厦　邮编：100029
网址：www.ssap.com.cn

发　　行 / 市场营销中心（010）59367081　59367083
印　　装 / 三河市龙林印务有限公司

规　　格 / 开　本：787mm×1092mm　1/16
印　张：18.25　字　数：305千字

版　　次 / 2019年10月第1版　2019年10月第1次印刷

书　　号 / ISBN 978-7-5201-5783-4

定　　价 / 98.00元